中國青銅古都——大冶

政协大冶市委员会 编

文物出版社

封面题字：傅继成
责任印制：陈　杰
责任编辑：肖大桂

图书在版编目（CIP）数据

中国青铜古都——大冶／政协大冶市委员会编.—北京：文物出版社，2010.7

ISBN 978-7-5010-2997-6

Ⅰ.①中… Ⅱ.①政… Ⅲ.①青铜器（考古）— 大冶市—文集 Ⅳ.①K876.41—53

中国版本图书馆 CIP 数据核字（2010）第 132451 号

中国青铜古都——大冶

政协大冶市委员会　编

*

文 物 出 版 社 出 版 发 行
（北京东直门内北小街 2 号楼）
http://www.wenwu.com
E-mail:web@wenwu.com
湖北省黄石市智和彩印科技有限公司印刷
新　华　书　店　经　销
787×1092　1/16　印张：22
2010 年 7 月第 1 版　2010 年 7 月第 1 次印刷
ISBN 978-7-5010-2997-6　定价：48.00 元

铜绿山古铜矿遗址博物馆老馆外貌

铜绿山古铜矿遗址博物馆新馆外貌

铜绿山古铜矿商代采矿遗址

铜绿山古铜矿已发掘的春秋战国古矿巷道及纷至沓来的观众

铜绿山古铜矿采矿的指示物铜草花和孔雀石

铜绿山古铜矿采矿的铜工具——铜锛、铜镢、铜斧

铜绿山古铜矿一条采矿平巷

铜绿山古铜矿发掘现场一角

青铜鼎（大冶五里界古城出土）

铜砝码（大冶五里界古城出土）

铜锭（铜绿山古铜矿出土）

鄂王城城垣（右）、护城河、墓地（远方土丘）

铜绿山古铜矿现代露天采矿场

1979年8月铜绿山古铜矿遗址保护方案论证会

中共大冶市委书记、市人大常委会主任傅继成（前右2）、大冶市人民政府市长荣绪俭（后右1）、政协大冶市委员会主席胡志国（左2）、劲牌公司总裁吴少勋（左1）陪同政协湖北省委员会主席宋育英（前中）、政协湖北省委员会秘书长王树华（后右2）、政协黄石市委员会主席郭远东（右1）参观铜绿山古铜矿遗址青铜器

2010年元月，中共大冶市委书记、市人大常委会主任傅继成（右），大冶市人民政府市长荣绪俭（左）出席铜绿山古铜矿遗址保护建设规划方案论证会

2005年5月，中共中央委员、中央人民政府驻香港特别行政区联络办主任彭清华（前排右7）率香港知名企业家考察团参观铜绿山古铜矿遗址

新中国考古工作的主要指导和组织者，中国现代考古学奠基人之一，著名考古学家夏鼐生前两次亲临铜绿山古铜矿遗址考察，并亲笔题写“铜绿山古铜矿遗址”馆名，镶嵌在遗址博物馆展览大厅门首

中国国家文物局原局长张德勤参观铜绿山古铜矿遗址

中国文化部原部长、中国对外文化交流协会会长朱穆之（前排左四）参观铜绿山古铜矿遗址文物陈列

中国科学院院士柯俊教授（前排右3）陪同世界著名冶金史专家史密斯教授（前排右2）考察铜绿山古铜矿遗址发掘现场

1981年10月25日，北京首届古代冶金技术国际学术会议的国外权威专家参观铜绿山古铜矿遗址，在古铜矿遗址前留影

1992年德国宇航院材料研究所所长邦克教授参观铜绿山古铜矿

1998年9月6日，联合国教科文组织派国际古迹遗址理事会遗产项目协调员亨利·克利尔博士等来铜绿山古铜矿遗址考察

津巴布韦非洲民族联盟代表团一行参观铜绿山古铜矿遗址后留影

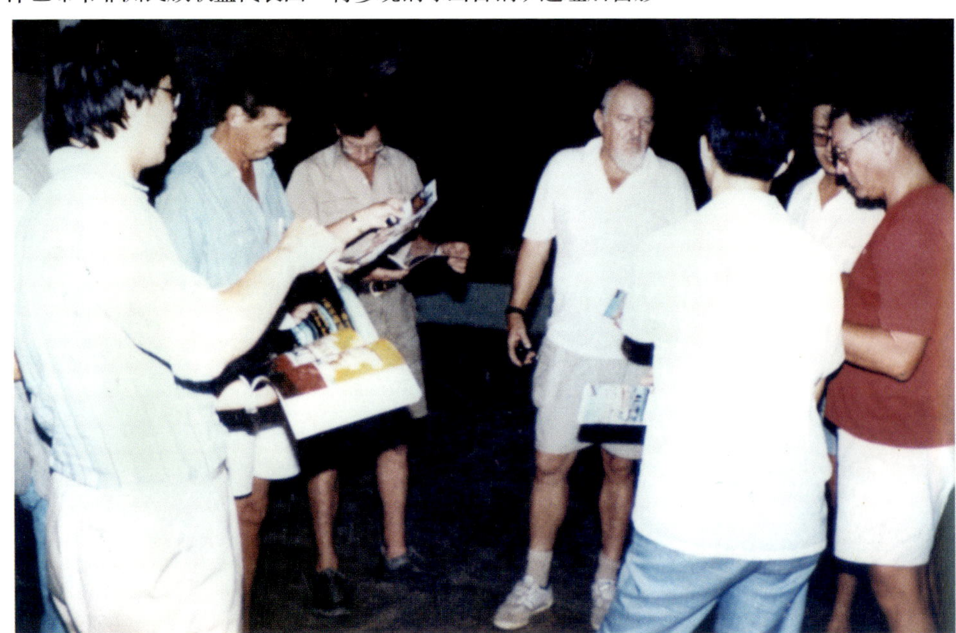

国际友人在铜绿山古铜矿遗址参观、研究

中国社会科学院研究员、考古学家殷玮璋教授（前排左5），湖北省社科院楚史研究所所长、中国著名楚史专家张正明教授（前排左4），湖北省社科院副院长刘玉堂教授（前排左2），湖北省博物馆原馆长谭维四教授（前排右3），湖北省文物研究所副所长李天元教授（前排右2），武汉大学博士生导师徐少华教授（前排右1）与大冶市政协主席李尚荣及黄石市、大冶市有关单位和部门负责人于2001年10月参加《青铜文化与大冶发展研讨会》后留影

2010年5月6日，李学勤教授（右1）在清华大学办公室接见编著《中国青铜古都——大冶》一书执行主编万维加（左1）

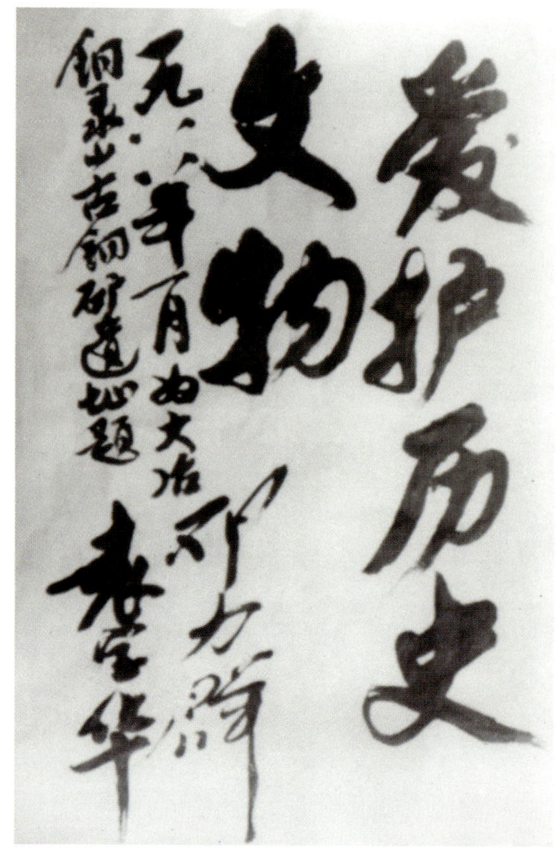

时任中顾委委员邓力群、时任国家经委副主任袁宝华参观铜绿山古铜矿题词

原中共中央委员、中央财经领导小组顾问高扬文参观铜绿山古铜矿题词

目 录

序一 ………………………………………………………………… 胡志国（1）
序二 ………………………………………………………………… 殷玮璋（3）

文物保护和考古调查

国务院关于湖北省大冶铜绿山古铜矿遗址保护方案的批复
………………………… 中华人民共和国国务院（1991年8月20日）（3）
铜绿山古铜矿遗址申请列入《世界文化遗产》预备清单
………………………………………… 国家文物局（1994年3月20日）（4）
在国家文物事业管理局、湖北省人民政府奖励保护铜绿山古铜矿遗址有功单位、个人大会上的讲话
……………………… （1981年12月1日）国家文物局副局长 孙轶青（8）
大冶境内古铜矿遗址的分布和发掘 …………………… 黄石市博物馆（10）
湖北铜绿山东周铜矿遗址发掘
………………………… 中国社会科学院考古研究所铜绿山工作队（19）
湖北铜绿山古铜矿再次发掘——东周炼铜炉的发掘和炼铜模拟实验
………………………… 中国社会科学院考古研究所铜绿山工作队（27）
湖北铜绿山春秋战国古矿井遗址发掘简报 ……… 铜绿山考古发掘队（36）
中国青铜时代的采掘炼铜技术——湖北大冶铜绿山古铜矿遗址简介
…………………………………………………………… 黄石市博物馆（47）

专家学者点评研究

专家学者点评铜绿山古铜矿遗址 ………………………………………（53）

湖北铜绿山古铜矿 ………………………………… 夏鼐 殷玮璋 (56)
铜绿山古铜矿遗址发现的意义及在古史研究中的作用 ……… 殷玮璋 (73)
青铜器原料探谜——铜绿山古铜矿的发现 ……………… 殷玮璋 (76)
大冶铜绿山古铜矿的国属
——兼论上古产铜中心的变迁 ………………… 张正明 刘玉堂 (80)
商周王朝南进掠铜论 ………………………………………… 万全文 (92)
人类文明的科技之光——大冶铜绿山古铜矿遗址 ………… 谭维四 (105)
中国矿冶第一驿——大冶铜绿山古铜矿遗址 ………………… 龚 良 (110)
大冶铜绿山在商史研究中的地位 …………………………… 曲 毅 (118)
铜绿山孔雀石的工艺性研究 ………………………………… 胡承诚 (121)
从船形木斗功用探寻铜绿山古铜矿的黄金资源 …… 吴琴英 胡 杨 (126)
青铜时代 ……………………………………………………… 曾纪鑫 (136)
回忆铜绿山古铜矿遗址发掘 ………………………………… 黄华臣 (151)
回忆决策永久保护铜绿山古铜矿遗址的前前后后 ………… 周保权 (155)
历代各方对大冶铜(铁)的争夺初探 ………………………… 李贤浚 (159)
铜绿山古铜矿粗铜去向分析研究 ………………… 张国祥 龚长根 (169)
大冶铜绿山古铜矿产铜约 10 万吨去向探析 ………………… 邹天福 (178)
铜绿山古铜矿遗址生活区调研报告 ………………………… 余炳贤 (196)
大冶先秦时期铜矿居民点浅析 ……………………………… 余炳贤 (205)
铜绿山古铜矿的生产安全与环保 …………………………… 余炳贤 (211)
铜绿山青铜文化的历史地位 ………………………………… 徐显之 (216)
大冶青铜文化溯源 …………………………………………… 徐显之 (241)
大冶青铜文化研究中的“寻根”意识述评 …………………… 李雄安 (247)
给青铜文化史上的大冶戴上王冠 …………………………… 李雄安 (267)
大冶之火 …………………………………………………… 吴晓梅等 (279)

铜绿山古铜矿的青铜之光 …………………………………… 刘益善（282）
铜草花——记铜绿山古铜矿遗址 ……………………………… 沈光华（284）
大冶怎样做活青铜文化文章 ………………………………… 万维加（289）
建设中国青铜古都——大冶的构想 ………………………… 张国祥（303）
铜绿山古铜矿遗址大事记 …………………………………… 张国祥（307）

历史渊源

中国青铜文化的发展和特点 …………………………………熊志红（313）
何谓中国青铜文化（概要） ……………………………………万维加（317）
大冶石龙头旧石器时代遗址简介 ………………… 黄石市博物馆（320）
大冶五里界古城简介 ………………………………………… 龚长根（322）
大冶鄂王城简介 ……………………………………………… 龚长根（326）
大冶草王嘴古城简介 ………………………………………… 龚长根（331）
大冶五里界古城、鄂王城、草王嘴古城与古铜矿采冶业关系推测
…………………………………………………………… 龚长根（334）
大冶市建置沿革初录 ………………………………………… 方英杰（337）
如何申报世界遗产——积极推动铜绿山古铜矿遗址申报工作
…………………………………………………………… 龚长根（340）
后　记 ………………………………………………………… 编委会（349）

序一

政协大冶市委员会主席　胡志国

中国青铜文化是人类文明史上辉煌的篇章，青铜文化的产生和发展，有力地推动了中国社会发展的进程。中国古代先民创造的青铜文化是人类文化宝库中绚丽璀璨的一部分。大冶是中国青铜文化重要发祥地之一。铜绿山古铜矿遗址的发现是中华人民共和国成立以来重大考古新发现之一，是我国迄今发现的古铜矿中时代久远、生产时间长、规模大的一处遗址。1982 年铜绿山古铜矿遗址被列入全国重点文物保护单位，1994 年被申请列入《世界文化遗产》预备清单。它雄辩地证明早在 3000 年前，我国采矿和冶炼技术已达到很高水平，在世界上处于遥遥领先地位。铜绿山古铜矿遗址的发现，为中国古代辉煌的青铜时代找到了一个十分重要的原料产地，把中国古代采矿与冶炼的先进技术展示在全世界面前。铜绿山古铜矿的采冶技术成就直接影响了中国铁器时代的发展。因此，铜绿山古铜矿遗址已成为传播历史知识、弘扬民族文化、进行爱国主义教育的一个重要基地。它不仅具有重大的历史与科学价值，而且对当代社会进步、经济发展具有极其重要的借鉴价值。

大冶因“大兴炉冶”而举世闻名。三千多年来，大冶每一个辉煌时期都同青铜文化的发扬光大紧密相关。从殷商时期开始铜矿开采到南唐设置青山场院，从岳飞铸剑至近代张之洞创建汉冶萍公司，乃至当代大冶成为全国最重要的工业原料基地之一，青铜文化在大冶发展的历史上始终起着极大的推动作用。

青铜文化是大冶城市文化的根基，是大冶城市文化的灵魂，是大冶的城市名片，是大冶人民世代固守的精神家园，是大冶城市发展的动力资源。青铜文化内涵十分丰富，它的主要精髓是敢为人先、开拓创新的精神；艰苦奋斗、攻难克坚的精神；锐意进取、自强不息的精神；求真务实、科学发展的精神。青铜文化的这些精髓，是构成大冶精神的深厚历史文化底蕴。现在，全市人民在市委、市政府的领导下，坚持科学发展观，坚持改革开放，开拓进取，实现城市转型，争创全省城乡统筹发展排头兵，正是进一步弘扬青铜文化精神，是青铜文化精神的丰富和发展。研究青铜文化，弘扬青铜文化，既是大冶人民不可推卸的历史责任，也是新时期大冶跨越发展的战略需要。在这个方面，大冶人民已经做了许多卓有成效的工作，像铜绿山古铜矿遗址的保护、铜绿山古铜矿博物馆的建设、青铜文化广场的设置、各类青铜文化研究文章的问世与专著的出版，各种青铜文化活动的开展，表明大冶在青铜文化研究和建设中取得了可喜的成果。为迎接“中国黄石首届国际矿冶文化旅游节”暨“中国青铜文化——大冶论坛(2010)”，市政协主持编纂了《中国青铜古都——大冶》这部专著，专著收入了国内外著名的专家、学者关于对铜绿山古铜矿遗址的点评论述，这些文章，在介绍铜绿山古铜矿遗址的发现与发掘的过程，探讨铜绿山古铜矿遗址的地位、价值的同时，较系统地论述了大冶在中国古老的青铜文化中的历史地位。论述了弘扬青铜文化与促进大冶经济建设、社会发展的关系。专著中不少篇章是青铜文化研究的探析成果，具有较高的学术研究价值，为铜绿山古铜矿遗址申报世界文化遗产提供了重要史料依据。

以铜绿山古铜矿遗址为代表的青铜文化瑰宝，不仅属于大冶，而且属于中国乃至世界。探究青铜文化这张大冶城市名片，大力促进青铜文化研究，进一步弘扬青铜文化精神，必将有力促进大冶经济社会又好又快地发展。在市委、市政府的正确领导下，勤劳智慧、勇于开拓创新的大冶人民一定会再创佳绩，再铸辉煌，谱写出青铜文化更加璀璨的新篇章。

序 二

中国社会科学院考古研究所 殷玮璋

大冶，在我国两千多个县市中是为数不多的历史文化名城之一。

大自然赐予这方土地丰富的矿产资源，在勤劳而富于创造力的人民手中，使这些矿产资源在很久以前就被开发与利用。它因"大兴炉冶"而得名。

从这里开采与冶炼所得的大量金属，为各个朝代的生产发展、人民生活品质的提高注入了新的动力。它也为历史车轮越来越快的运转，起到了积极的推动作用。

人类告别野蛮时代，进入文明社会，是与金属冶炼术的出现密不可分的。我国古代先民发现与使用金属的时间不比西方早，但它的发展之快，技术之精巧，工艺水准之高，却是同时代的西方世界不能比的。

早在三千年前后，我国古代先民铸造了数以万计的青铜器，器类有上百种之多；其用途之广，涉及社会生产、生活、军事、商业、交通、宗教、艺术等各个领域。当时铸造的工具、兵器、礼器、乐器、车马器、建筑构件、艺术品、货币等等，都大量存留到今天，为人们鉴赏与收藏，也成为学者们研究古代社会的重要对象。其中不少青铜器，以其形体之硕大，造型之奇特，纹样装饰之华美，工艺技术之精湛，铸刻铭文的价值之高，即便在今天看来都是无以伦比的精品。这是我国古代先民为民族文化做出的巨大贡献；也以其杰出的成就，大大丰富了世界文化宝库。

然而，从研究的角度审视，我国古史中存在很多谜团。例如，1928 年开始对安阳殷墟发掘是第一次由中国学者主持发掘的考古项目。它的发掘，揭开了一个青铜王国的世界。可是，此后的 40 余年间，有关铜金属的产地及其采、冶工艺，成为人们寻觅与待解的谜团。

正当考古人员"踏破铁鞋"到处寻觅之时，有色金属总公司所属铜绿山矿在生产过程中发现了老乡们称为"老窿"的竖井与平巷，还出土了各种工具、用具，于是一个古代采矿遗址展现在人们的眼前。不久，又在炉渣堆中找到了古代炼炉等遗存。这些遗存表明，当时采掘矿石与冶炼铜金属的工作是在同一地点进行的。

这是我国发现的第一个古代铜矿。经中央和省、市各级文物、考古部门进行发掘，证明它是距今2500年前后的古铜矿遗址。在周围的调查中还发现了许多古矿遗址，它们涉及的年代很长，前后跨越了上千年。结合历代文献记载，使人们真正认识到"大冶"这一名称的确切内涵。

不过，如果说大冶以它在历朝历代的采冶业为民族发展做出的贡献而为国人所认识的话，那么，让世界认识与了解大冶的则是铜绿山古铜矿的发现。1980年夏鼐先生在美国纽约大都会艺术博物馆召开的古代中国青铜器研讨会上，宣布在大冶铜绿山发现古铜矿的消息后，立即为世界各大媒体报导。这一发现引起国内、外学术界的高度重视，人们在关注考古发现的同时，也关注大冶的历史与现状。

青铜业是古代世界的"高精尖"行业。它的产品在今天看来颇为简单，甚至有点笨重，但与原始社会居民使用的石器相比，它的产品在生产与生活中所起的作用是难以相比的。在研究中国先秦时期的历史时，离不开对三代青铜器及其采掘、冶炼和铸造工艺的研究。

约在五千年前，我国古代先民已经掌握了青铜铸造技术。在三千五百年前已出现铜、铅、锡的三元合金，能用复合范铸造出鼎、斝、爵、盉等青铜器，还出现了镶嵌绿松石的铜牌等，所用技术相当复杂。对铜绿山古铜矿的发掘与研究证明：当时采掘中使用的木质支护系统，冶炼中出现的配矿工艺，都相当进步，在古代世界均居于领先地位。它的发现具有重要的研究价值，其工艺之进步让世界为之震惊。难能可贵的是，这些"老窿"保存状况良好，竖井与平巷的组合关系十分清楚，各种遗存的保存也很完整。这种情况也是世上罕见的！

所以，当人们看到这些历时两千余年仍完好地保存下来的木质支护系统时，不能不为之惊叹！它向人们展示的虽是古代采矿的一个场景，却是凝聚了古代先民聪明才干的智慧结晶。所以，国家做出了宁愿少产些铜矿石，也要保护好这个遗址的决定。

1981年在北京召开的第一届冶金史国际讨论会上，来自各国的著名学者在对古代冶金工艺进行交流的同时，对铜绿山古铜矿的发现及其学术价值给予很高评价。

1982年，经国务院批准，铜绿山古铜矿被列为国家级重点文物保护单位。

铜绿山古铜矿是中国的骄傲，更是黄石和大冶人民的骄傲。它向世人展示了生活在这里的古代人民，在从事开采与冶炼中完成了生产任务，并以其工艺的先进性创造了历史辉煌！

为了对铜绿山古铜矿进行有效的保护，从1979年起，文物部门与生产单位进行了长时间的充分协商。保护地点最初确定的是Ⅺ号矿体的冶炼遗址。以后，发现Ⅶ号矿体的采矿遗址保存较好，特别是1号点的“老窿”保存完整，组合清楚，在反映当时的采掘技术、工艺水准方面更具典型性；生产单位也为采掘更多铜矿资源用于经济建设，提出将原定的Ⅺ号矿体与Ⅶ号矿体对换。文物考古部门接受了这一意见。此后，在如何保护的问题上还出现了异地搬迁还是原地保护的讨论。前后十年间，专家与领导在深入细致的讨论与论证之后，最后做出了将Ⅶ号矿体的古矿址原地保护的决定。

为向观众展示古代先民在2500年前开拓的井巷系统，用木质支护构建完整的支护系统及排水系统等方面的杰出创造，决定将Ⅶ号矿体1号点的发掘现场建为遗址博物馆。

铜绿山古铜矿的发现，填补了我国冶金史上的一个空白；也使人们对东周时期的采矿、冶炼、铸造的工艺有全新的认识。此后，在十几个省、市、自治区陆续发现了不同时期的古矿遗址，使中国的冶金史研究提升到新的高度，有力地推动了我国青铜文化的研究。这些工作，还促使矿冶考古成为中国考古学的一个学科分支。

今天，在国家启动的“中华文明探源工程”中，把金属冶炼的起源与早期发展作为一个课题进行探索，以期对开采、冶炼与铸造方面的问题进行更全面、深入的研究。这一课题也引起世人的关注。

今年以来，大冶市领导为切实做好铜绿山古铜矿的保护工作，对Ⅶ号矿体的陡边坡作了加固，将Ⅶ号矿体 1 号点上的遗址博物馆作了整修。同时，对遗址区周围的环境进行整治，组织力量制定铜绿山古铜矿遗址的总体保护规划。他们还决定在今年八月召开“中国青铜文化——大冶论坛(2010)”，为学者们探索我国青铜文化发展中的各种问题，提供一个讨论与交流的平台。

以铜绿山古铜矿及其它古文化遗存为载体，用以推进我国青铜文化的研究进程，让宝贵的文化遗产在弘扬中华文化、建设文明社会的活动中发挥更大的作用！这一想法很有远见，其举措也极富创意。我相信会得到各方面的支持！

这一本《中国青铜古都——大冶》的文集，是大冶市政协为配合“中国黄石首届国际矿冶文化旅游节”暨“中国青铜文化——大冶论坛(2010)”的盛会所做的前期准备之一。由于种种原因，围绕铜绿山古铜矿开展的考古发掘、研究与保护工作停顿了一段时间。所以在这本文集中收录的大多是过去发表的文章：铜绿山古铜矿的发掘简报与研究文章；领导与各方专家的点评；反映大冶不同历史时期的文化遗存简介；涉及保护方面的设想及申报世界文化遗产项目的思考等等，内容相当丰富。这些文章从不同侧面反映了人们此前的认识，今天看来多有不足之处。但温故而知新，它对铜绿山古铜矿遗址总体规划的制订，未来的开发、利用；对加强全市的精神文明建设等方面，仍有很好的参考价值。读者从中可以认识到大冶历史的久远；看到古代先民在历史长河中为民族文化的发展做出的贡献！它使我们更加珍爱这方热土，珍爱这些历史文化遗产！

此书出版之前，大冶的同志要我写个小序，我难以推托！在此，祝愿大冶人民在科学发展观的指引下，各项建设取得突飞猛进的新业绩！让灿烂的青铜文化在继承与发展中永放光芒！

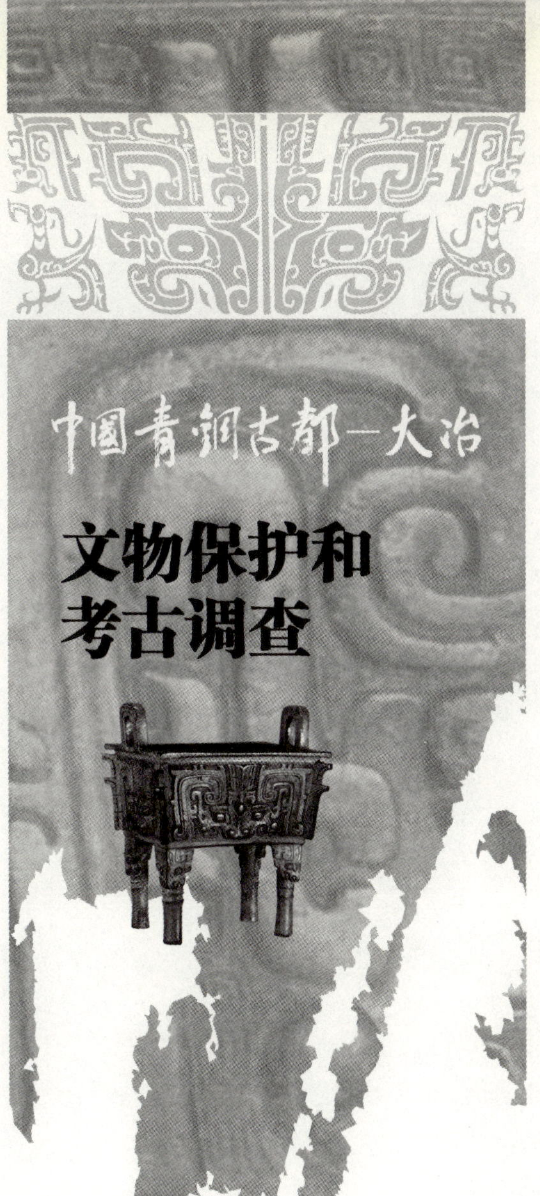

文物保护和考古调查

国务院关于湖北省大冶铜绿山古铜矿遗址保护方案的批复

国家计委、国家文物局：

你们报来的《关于大冶铜绿山古铜矿遗址保护方案论证会情况报告》(计原材[1991]1224号)收悉，现批复如下：

一、原则同意经专家论证会评审通过的“大冶铜绿山古铜矿遗址原地保护与合理采矿方案”，根据专家评审意见，中国有色金属工业总公司要尽快组织矿山设计部门对标高负185米以上露天开采、负185米以下坑采方案进行修改，提出更为详尽的开采设计方案，该方案要尽可能考虑减少因矿山生产对古铜矿遗址产生的不良影响；文物保护部门要进一步加强对古铜矿遗址的保护，尽快解决古铜矿遗址文物保护工作中存在的问题。

二、古铜矿遗址保护费用按《中华人民共和国文物保护法》的有关规定执行。其中，陡边坡加固维护及坑采后胶结充填等矿山建设所需费用由中国有色金属工业总公司负责；古铜矿遗址的正常保护及长期保护所需经费由文物保护部门负责。

三、由湖北省人民政府和中国有色金属工业总公司牵头，会同有关部门联合组成铜绿山古铜矿遗址保护协调委员会，协调遗址保护与矿山生产建设中发生的问题。

一九九一年八月二十日

铜绿山古铜矿遗址
申请列入《世界文化遗产》预备清单

国名: 中华人民共和国

制表单位: 国家文物局

日期: 1994 年 3 月 20 日

遗产名称: 铜绿山古铜矿遗址

地理位置: 湖北省黄石市大冶县

东经:114° 56′

北纬:30° 05′

遗产地情况概述: 铜绿山古铜矿遗址所处的大冶县,矿产资源丰富,已发现的矿产达五十余种,是中国重要的原材料工业基地之一。早在三千多年前,人类就在此进行铜矿的采冶生产。县内现已发现的采矿遗址和冶炼遗址就有近五十处,铜绿山古铜矿的遗址就是其中之一。大冶县始建于公元 967 年的五代时期,因历代在此"大兴炉冶"故名"大冶"。

遗址所处的铜绿山矿区为一接触交带型矽卡岩矿床,蕴藏着丰富的铜、铁、金、银等矿石资源,矿体埋藏浅,品位高,储量大,易于开采。矿区内有十二个矿体,古代都进行过不同程度的开采。20 世纪 70 年代初,在进行现代开采时,发现大量古代采冶生产的遗迹和遗物。1974 年至 1985 年进行了大规模考古发掘。1982 年国家决定将古矿井埋藏丰富的 7 号矿体不予开采,作为采矿遗址永久保留。为此,国家将少开发 10 亿元左右的矿产资源,1982 年列入全国重点文物保护单位。

符合的标准: 符合列入《世界遗产名录》标准,第三条,第四条,第五条。

真实性及完整性保证：铜绿山古铜矿遗址是中国迄今发现的古矿遗址中年代久远、生产时间最长、规模最大的一处古铜矿遗址。其分布范围约两平方公里，地表遗留的古代炼渣在四十万吨以上。从1974年起先后对1、2、4、7、11号矿体进行了考古发掘，已清理出西周至西汉(公元前11世纪至公元1世纪)千余年间不同结构，不同支护方法的竖井、斜井数百座，平巷百余条，以及一批春秋(公元前770—前476年)早期的炼铜竖炉。随同出土的还有大量用于采矿和冶炼生产的铜、铁、竹、木、石制生产工具。这些都真实地记载着中国矿冶业发展的悠久历史和卓越的技术成就，为研究中国古代矿冶技术的发展提供了一批珍贵的实物资料，集中完整地反映了中国青铜文化时期采矿生产中井巷的开拓与支护，矿井的提升、排水、通风、照明等一系列技术水平。也真实地反映了这一时期炼炉的形态与结构，筑炉材料的选择、矿石和燃料的选用及其工艺水平，是当时矿冶生产力发展状况最富特色的典型例证。

作为遗址永久保留的7号矿体保护范围约五万平方米，经考古勘探和考古发掘证实，该矿体的古矿井遗存有四处。其中1号古采区分布范围669平方米，古矿井最大埋藏深度15.92米，地表浅部进行了考古发掘，同位素^{14}C测定的年代距今2700年左右，时代为春秋，遗址上部修建了遗址博物馆。

2号古采区分布范围260平方米，埋藏深度14.66米，地表浅部进行了考古发掘。^{14}C测定的年代距今3200年左右，时代为商代晚期至西周。

3号古采区分布范围620平方米，古矿井最大埋藏深度16.30米，未发掘。^{14}C测定的年代距今2280年，时代为战国。

4号古采区分布范围360平方米，埋藏深度约6米，时代为东周。

由于7号矿体上部已经生产剥离，现地表已低于原始地表20—30米，因此古代矿井的开采深度一般都在40—50米。现地表以上的古矿井遗存在现代露天采矿时已遭损坏，下部保存完好。

为了使这处遗址得到妥善保护，矿山和文物部门采取了必要的保护措施，以确保遗址安全。

由于遗址西部紧临铜绿山矿北露天采场，露天采场的坑底标高与遗址平面高差约230米，边坡角为56°，为此将对边坡采取综合加固措施，露天开采结束后予以回填，以确保遗址安全。遗址下部将进行地下开采，采空区将用膏体充填，以防止地表沉降或开裂。

为防止古矿井的自然损坏，对遗址区的水文及地质环境进行了勘探和调查，在此基础上提出了综合治理措施，其中包括地表水引流及地表水的防渗工程，以使地下潜水位降落到古矿井以下。针对有害微生物对古坑木的腐蚀，也进行了大量的灭菌试验，并取得了一定的研究成果，即将着手进行治理。此外还建立了气象观测和水文观测系统以及边坡稳定的监测系统。

为加强对古铜矿遗址的保护和管理，现已建立了铜绿山古铜矿遗址博物馆，配备了相应的管理人员和一支从事文物保护工作技术队伍。

与其他类似遗产的比较：

铜绿山古铜矿遗址发现后，在中国的内蒙古、湖南、江西、安徽等地也陆续发现了一批同时期的古铜矿遗址，但就其开采规模、实物资料的丰实和完整，以及保存的完好程度，都不及铜绿山古铜矿遗址。铜绿山古铜矿是中国目前唯一列为全国重点文物保护单位的一处古铜矿遗址。

与列入《世界文化遗产名录》的同类型遗址比较，挪威的勒罗斯(采矿重镇)，铜的提炼和铸造始于1644年，比铜绿山晚两千余年，现在地面上尚可见到18、19和20世纪比较典型的房屋建筑。

另一处列为《名录》的是波兰的维耶利奇卡盐矿。该矿始采于13世纪，开采的对象与铜绿山不同。它的纪念价值主要是“水晶体岩洞”洞内众多的由盐凝聚后形成的大型晶体盐标本而显得珍贵。该处还发现有第三纪中新世时期的动植物化石和保存完好的能体现矿藏地壳构造形成的地质剖面。

1991年10月，北京举行的“古代冶金技术国际学术讨论会”后，一批世界著名的冶金史专家到铜绿山参观考察，一致认为：“铜绿山古铜矿的发现和发掘，是世界冶金史的一件大事。”美国哈佛大学考古系麦丁教授说：“在世界其他地方，看了许多古代矿冶遗物，铜绿山是第一流的，中东等地虽然很早就开始了铜矿的冶炼，但没有这样大规模的地下采掘遗址，较完好的冶炼用炉、炉渣温度高、流动性好、含铜量低是很少见的，留下十分深刻的印象。”美国麻省理工学院史密斯教授说：“我们在这里看到了世界其他地方看不到的东西；这在我们一生中是永远不会忘记的。”后来，丹麦欧尔豪杰博士前来参观后也表示：“我到过世界许多地方，但这是我第一次看到如此有趣的古老的铜矿遗址。”

在国家文物事业管理局、湖北省人民政府奖励保护铜绿山古铜矿遗址有功单位、个人大会上的讲话

国家文物局副局长　孙轶青

1981 年 12 月 1 日

同志们：

今天，我们在这里召开保护湖北大冶铜绿山古矿冶遗址有功单位和个人的奖励大会，我首先代表国家文物事业管理局向大会表示热烈的祝贺!向为保护古矿冶遗址作出贡献的有功单位和个人表示热烈的祝贺!

铜绿山古矿冶遗址是中华人民共和国成立以来重大考古新发现之一，根据对出土文物的科学测定，它的年代从西周，经过春秋战国一直延续到西汉，是我国迄今已发掘的古铜矿中时代久远、生产时间最长、规模最大的一处，为回答我国灿烂的青铜文化的铜是怎样开采和冶炼的这一历史课题，第一次提供了可靠的科学依据。它有力地证明，早在两千多年以前，我国采矿和冶炼技术已达到很高的水平，在世界上处于遥遥领先的地位。这是中华民族的骄傲。而且发掘的成果表明，我国古代矿冶发展史具有明显的独立性和连续性，有力地否定了所谓中国青铜文化外来说的错误观点。因此，铜绿山古矿冶遗址的发现和发掘，不仅具有重大的历史和科学价值，而且还有现实的政治意义。做好铜绿山古矿冶遗址的保护、发掘、研究、宣传工作，无疑将对帮助人民认识自己的历史和创造力量，激发人民爱国主义热情，鼓舞人们积极投身我国社会主义四个现代化建设的斗争起着重要的作用。

从1973年开始发现这一重要遗址，到现在已经八年了，八年来，大冶有色金属公司、铜绿山矿等有关单位和个人在遗址保护和发掘中作出了很大的贡献。遗址发现的线索就是铜绿山矿的同志们提供的，以后在保护和发掘的工作中，铜绿山矿在人力、物力等各个方面又给予大力支持。因此，我们在这里要向为保护遗址有功的单位和个人表示衷心的感谢！

我们还要特别提出的是，铜绿山古矿冶遗址能够得到很好的保护，是和冶金部、湖北省、黄石市、大冶县各级人民政府的领导和重视分不开的。为了保护这一重要遗址，冶金部和湖北省人民政府的领导十分重视，下了很大决心。1979年和1981年两次召开座谈会，研究确定保护方案，具体体现了党和政府的文物保护政策。在这里，我代表国家文物局向冶金部和湖北省人民政府、黄石市人民政府表示衷心的感谢！

当前，我国正在进行宏伟的社会主义建设工程。在我们这样一个具有悠久历史、地上地下文物极为丰富的国家，进行大规模基本建设、生产建设，必然会不断地发现文物。事实证明，中华人民共和国成立三十二年来，绝大多数的重要考古新发现，都是在配合建设工程中发现的，这一方面说明正是国家的经济建设，为我们文物考古工作开辟了广阔的前途。但另一方面，在建设过程中与文物保护也的确存在着一定矛盾，如何贯彻“既对基本建设有利，又对文物保护有利”的方针，恰当地处理这些矛盾，是文物部门和有关建设部门共同关心的重要问题。铜绿山古矿冶遗址的保护为正确解决这个矛盾提供了很好的范例。我们认为，这个经验具有普遍的意义，值得大力提倡，广为宣传。我们希望，铜绿山保护遗址的经验，能够推广到各条战线的建设部门去，从而使文物考古工作在配合各项建设过程中取得更好的成绩，为保护祖国文化遗产作出更大的贡献。

（原载胡新生主编：《黄石文博50年研究成果》，武汉大学出版社，2008年11月第1版。）

大冶境内古铜矿遗址的分布与发掘

黄石市博物馆

一、大冶境内古铜矿遗址的发现与分布

据《大冶县志》及有关史籍记载，大冶县(现改为县级市)为五代十国时南唐始建。唐天祐二年(905年)，吴国在武昌郡永兴县设置青山场院，进行采冶生产，宋乾德五年(967年)南唐国主李煜升青山场院，并将武昌三乡与之合并，取“大兴炉冶”之意，将县名定为“大冶”。

1973年，大冶铜绿山古铜矿遗址的发现及随后十余年的考古发掘，把大冶矿业开发的历史上溯到商周时期。为了全面掌握黄石大冶境内古矿冶遗存的分布情况，黄石市博物馆、大冶县博物馆对该区的古铜矿遗址以及与矿冶生产有关的其他遗存作了详细调查。到目前为止，黄石、大冶地区共发现古代文化遗址109处，其中矿冶遗址达55处，占古文化遗址总数的一半以上。这批矿冶遗址的时代，绝大部分属于先秦时期。此外，在大冶境内，还发现了3座东周时期的古遗址。其中有两座古城址处于矿冶遗址较为集中的地方，且时代与矿冶遗址时代相当，疑为管理矿冶生产的所在地。

这批矿冶遗址的面积大小不等，最大的有200万平方米以上，最小的也有数千平方米。遗址中文化层的堆积厚度一般为1—2米，最厚达3—4米。这些都反映了古代大冶矿冶业的发达和矿冶生产规模的宏大，是我国早期矿冶生产的主要基地之一。

这些矿冶遗址可分为采矿遗址和冶炼遗址两类。

采矿遗址 古代的采矿遗迹，由于时代久远，经自然和人为破坏，其井口部分有的坍塌、有的封闭、有的掩埋，很难保存下来，其井下部分又深埋地下，

只有在现代矿山开采或在地质勘探中才能被发现。

在现代矿山开采过程中，除大冶有色金属公司所属的铜绿山铜铁矿以外，该公司所属的铜山口铜铁矿、叶花香铜矿、赤马山铜矿、丰山铜矿(属阳新县)、新冶铜矿以及武汉市在大冶开办的石头咀铜铁矿、大冶县开办的冯家山铜矿、东角山铜矿等，也都发现了老窿(古矿井)。这些老窿多用木料支护，从采集的支护构件看，其支护方法多为榫接式方框支护，也有搭接式支护。这两种支护形式，与铜绿山古铜矿遗址发掘出土的矿井支护完全相同，可知这些老窿的时代与铜绿山遗址的时代相当。在这些矿山的地表，还发现有文化层堆积，文化层中的包含物有陶鼎、鬲、豆、罐、瓮、甗、盆等生活遗物的残片，其器形、种类、陶质、陶色及纹饰风格等与铜绿山遗址所出的同类器基本一致，也说明这些采矿遗址的时代应为商周时期。

有的矿山在现代开采中还发现了不少古代用于开采的生产工具，如铜斧、铜镢、木铲、竹筐等。近年来，黄石市博物馆和大冶博物馆仅征集的铜工具就有 100 余件，有的还有明确的出土地点。

古代采矿遗存除在现代开采中屡有发现外，在地质勘探中也有所发现。1983 年，湖北省鄂东南地质队在铜绿山西 4 公里处的灵峰山进行地质勘探时，于 ZKl201 孔的 30 米深处取出古坑木一段。该样品虽无法鉴定其支护形式，但材质和炭化程度与铜绿山遗址发掘出土的古坑木无异。标本距地表 30 米，即为古矿井的开采深度，与铜绿山遗址早期的开采深度相同。

冶炼遗址　古代开采的矿石，一般在采矿遗址附近筑炉冶炼，并遗存下大量炼渣、炉壁残块、石砧、石球、炼炉遗迹以及木炭、矿石、铜锭等其他冶炼遗物。由于炼渣不受自然因素破坏，保存十分完好，且数量大，往往堆积成片，是发现古代冶炼遗址的极好标志。到目前为止，在大冶境内发现的冶炼遗址多达 40 余处，一般分布在古代矿山周围。在炼渣堆积中，还含有大量陶质生活用品的残片，为遗址断代提供了依据。

二、铜绿山古铜矿遗址的分布

铜绿山古铜矿遗址是一处采冶结合的大型遗址。遗址包含着采矿和冶炼两大类遗存、现根据地质勘探、考古调查、勘探与发掘、地质雷达探测以及矿山生产揭露等有关资料，对古代采、冶遗址分述如下：

(一)采矿遗址

采矿遗址可分露天开采遗址和井下开采遗址两大类。

1.露天开采遗址

根据地质勘探资料和现代矿山开采所揭露的情况，在铜绿山共发现有古代露天采场7个。主要分布在Ⅱ号矿体、Ⅰ号矿体、Ⅳ号矿体、Ⅺ号矿体和Ⅵ号矿体。露天开采深度一般为2—30米。露采标高随矿体露头标高变化。露采坑规模也随矿体出露地表的多少而大小不一。据矿山提供的资料，Ⅺ号矿体的古露采矿，在海拔标高25米以上全部为人工堆积物，约有20万立方米。这些堆积物可能是相邻露天采场剥离时排出的废石，也可能是露天开采结束后又进行地下开采时将废石回填而成。这类遗迹现象在Ⅱ号矿体、Ⅰ号矿体等处均有发现。

古代露天采坑一般都没有完全封闭，即在采矿的某一部位留有一出口，以便于矿石和废石的运输。而位于Ⅵ号矿体的古露采坑，则是一个完全封闭的露天采坑，其封闭圈的范围约为130×130米，坑口标高15米，坑底标高为5米。该坑的两侧，各有一个人为堆积的小山丘，后人称之为“乌鸦山”。是古代进行露天开采时，堆积废石的排土场。该露天采坑结束后未进行回填，而形成一水塘，后人称之为“乌鸦卜泉塘”。

由于未进行考古发掘，目前尚无直接资料说明铜绿山古代露天开采的年代，但从开采程度推断，应早于同一矿体井下开采的年代。

2.井下开采遗址

井下开采是铜绿山矿区古代开采的主要形式。在Ⅰ、Ⅱ、Ⅲ、Ⅳ、Ⅵ、Ⅶ、Ⅷ、Ⅸ、Ⅺ号矿体中均已发现井下开采。其开采年代始于殷商，迄于西汉，延续时间长达1000余年。

(二)冶炼遗址

铜绿山矿区冶炼遗存最为突出的是遍布矿区的古代炼渣，经地质部门测算，约在40万吨以上，炼渣堆积最厚者达3米以上，其间还夹有大量炼炉壁的残块。为了深入研究古代冶炼技术，我们曾选择了两处先秦时期的冶炼场进行考古发掘。其一在矿区西部的柯锡太村，共清理出2座战国时期的炼铜炉残体。其二在铜绿山东北坡的Ⅺ号矿体采矿遗址的上部，清理出10座春秋早期的炼铜炉残体，其中有的炼铜炉除上部炉身坍塌外，炉缸、炉基部分尚保存完好，除炼铜炉外，还发现大量与冶炼有关的遗迹和遗物。

据此可以划定铜绿山古铜矿遗址的分布范围；北起大冶湖边的乌鸦卜林塘，南迄铜(山口)大(冶)铁路；东起铜绿山矿尾矿库，西迄柯锡太村。东西长约1公里、南北长约2公里，面积约2平方公里。包括铜绿山、大岩阴山、小岩阴山、蛇山、破钟山、仙人座等低山丘陵。

三、遗址的发现与发掘经过

(一)发现

大冶有色金属公司铜绿山铜铁矿，始建于1965年，1971年正式投产。在建矿前，即发现矿区内14万平方米地面上堆积着约40万吨古代遗留的炼渣。渣呈薄片状、黑色、渣面显示流动波纹。根据民间传说及1960年省市联合进行的文物普查，这些炼渣均被误认为是宋代遗物。1973年6月至10月，铜绿山矿在南露天采场北端剥离距地表40余米(海拔10—15米)的铜矿富集带时，在一群古代采矿井巷中，先后发现铜斧(每件重达3.7公斤左右)、铜锛及木槌、木铲、陶罐等器物。矿山一些领导和技术人员将这批文物收集并进行研究，认为铜斧应为采矿工具，运用铜工具开采，其年代肯定早于宋代。当时，黄石市尚未设置文物机构，于是矿领导将一件保存完好的铜斧邮寄给中国历史博物馆，并函告发现铜斧的现场情况，遂引起重视。中国历史博物馆随即派员会同湖北省和黄石市、大冶县的文物工作人员前往现场进行调查，认定这是春秋战国时期一处大型采矿遗址，具有重要的历史、科学价值，并写了调查报告(参见《考古》1974 年第 4 期《湖北古铜矿遗址调查》)。1973 年 12 月，湖北省博物馆向湖北省文化局申请对铜绿山古铜矿进行考古发掘，经同意后，于 1974 年 1 月由湖北省博物馆考古队副队长王劲同志主持，并会同省、市、县文物考古人员，对这处采矿遗址进行了第一次发掘。

(二)发掘经过及组织

从 1974 年 1 月至 1985 年 7 月，连续对铜绿山古铜矿遗址进行考古发掘，先后发掘清理 6 处采矿遗址、2 处冶炼遗址。其中，铜绿山矿Ⅵ号矿体是在矿山生产剥离前从原始地表进行发掘的，其余均是在矿山生产剥离时发现遗迹后配合生产进行发掘的。

11 年发掘总面积约 4923 平方米，出土古代采矿竖(盲)井 231 个，平(斜)巷 100 条，炼炉 12 座。

具体组织如下：

1974 年 1 月至 1975 年，由湖北省博物馆主持并组织黄石市、大冶县文物考古人员及铜绿山、铜山口、龙角山、丰山等铜矿业余考古人员参加，发掘Ⅱ号矿体 12 线、Ⅰ号矿体 24 线、Ⅶ号矿体 5 号点古采矿遗址。

1976 年至 1979 年夏，由黄石市博物馆主持组织铜绿山铜铁矿、铜山口铜矿、丰山铜矿、大冶红卫铁矿等单位业余考古人员参加，发掘Ⅶ号矿体 1、2、3 号点古采矿遗址(3 号点只作表面清理)及Ⅺ号矿体和柯锡太村冶炼遗址。

1979 年秋至 1980 年夏，由国家文物局黄景略同志负责，组织中国社会科学院考古研究所、河南省博物馆、内蒙古昭乌达盟文化站、湖北省博物馆、黄石市博物馆等单位部分考古人员参加，发掘Ⅶ号矿体 1、2 号点及Ⅳ号矿体部分古铜矿遗址和Ⅺ号矿体冶炼遗址。

1981 年至 1985 年夏，由黄石市博物馆主持发掘Ⅺ号矿体古采矿遗址。

在铜绿山古铜矿遗址考古发掘的全过程中，始终得到铜绿山矿的大力支持帮助，还曾得到大冶有色金属公司、大冶钢厂、源华煤矿、武汉钢铁公司矿山研究所、北京科技大学冶金史研究室、中国历史博物馆、上海历史博物馆等单位的指导和帮助。湖北省电影制片厂在现场进行了拍摄，最后编辑成纪录片——《铜绿山》，经国家电影发行领导部门批准，现已公开发行。

四、发掘方法

对于在矿山生产中已揭出的古代采矿遗址，主要选择井巷分布密集或支护形式不同的地区地行发掘，并力争大面积地进行平面揭露，以便了解井巷的相互关系及采矿辅助设施。

对于矿山生产尚未揭露的地段，则依据矿山地质钻探部门提供的地下资料以及四周裸露的迹象，综合选择，选定发掘地点，然后按分文化层的方法进行发掘，以揭示古代采矿遗迹与地层的关系。

对于冶炼遗址，则选择地表遗留有关冶炼遗物如炼渣、炉壁等最多的地区，按分文化层的方法进行发掘。

在发掘古代采矿遗址的准备阶段和进行发掘时，都曾根据需要和条件的许可，请矿山生产单位运用机械配合发掘，以减少排土量及清除围岩和大型矿石的障碍，使发掘工作得以顺利进行。

为尽可能客观准确地分析、认识发掘中出现的各种遗迹、遗物，我们曾多次邀请地质、采矿、冶炼等方面的专业技术人员，前来现场进行分析研究和指导。

五、发掘的特点及难度

大规模地配合矿山露天开采进行矿冶考古，在我国始于铜绿山。它是我国考古学新开辟的一个领域，没有前人的经验可供借鉴。

现代矿山生产是采用爆破和大型机器设备分段(每一段约 12 米)层层进行露天开采，而古代采矿主要是在地下掘进井巷进行开采(即井下开采)。古代采矿遗存深埋在地下，最大深度达 60 余米。发掘前，考古钻探工具根本无法探明古代采矿遗迹位置，现代地质钻探工具虽能穿透岩层，但也只能从宏观上而不能从微观上提供其详细的分布情况，而且在矿山进行生产剥离时，不可能架设钻机进行详探。因而古矿遗迹分布情况只能在矿山剥离时才能够发现。最常见的情况是：古矿遗存最丰富的地方，也是矿体富集、矿石品位高、矿山最需要开采的地方。而在剥离时，虽然发现了古矿遗存，矿山生产仍需按预定计划继续推进，不能中途停顿。而且，由于矿山特有的地质条件，考古发掘还需矿山机械配合才能顺利进行。因而发掘工作始终处于被动地位，与矿山生产的矛盾十分尖锐。

10余年来，矿山生产部门及上级领导部门为支持这项重要的考古发掘，曾先后采取临时让路、暂缓剥离，直到短时期内停产等措施，但由于生产与发掘在进度上存在极大反差，发掘工作仍不可避免地受到矿山生产的严重制约，特别是每当考古发掘延深到7—10米处，出现险峰(有时发掘工地耸立在高出三个采矿平台的峭壁上)或低洼时，远离发掘工地的矿山生产机构也是爱莫能助。为考古人员和文物的安全考虑，也只能忍痛割爱停止发掘了。据有关人员估计，若发掘一处深达60米的古矿遗址，在时间允许的条件下，配备一套专供考古发掘使用的小型矿山机械，坚持常年不断地发掘，约需10年左右才能完成。更何况铜绿山古铜矿遗址分布范围很大。

因而，在长达11年的考古发掘中，面对如此大型的古铜矿遗址，虽然择重点努力进行发掘，但所得的资料仍然是局部的，其中有的是一处古代采矿遗址的上部(如Ⅺ号矿体采矿遗址)，有的是其中部(如Ⅶ号矿体5号点采矿遗址)或底层(如Ⅶ号矿体2号点采矿遗址)。出土的文物资料虽属从未见过，但距整个古矿、甚至是某一矿体古代开采的全貌，仍相距甚远。

另外，古人开采出矿石后，是在铜绿山就地筑炉冶炼的，地面上大量遗留至今的炼渣可以为证。但绝大部分炼炉在使用过程中或使用后已损毁，幸存下来的炼炉残体，历经沧桑，特别是在铜绿山矿初建期的生产剥离、建房、修路中又遭损毁。至今在大面积炼渣堆积下幸存的只是极少的炼炉残体，而且在发掘前也无法用钻探方法准确地探明其位置，只能依靠地表的某些铲探迹象(如残炉壁等)，有选择地、近似海底捞针式的大面积平面揭露才能发现，而大面积揭露也受矿山生产及现在建筑物覆盖等客观条件制约，难度很大。

六、遗址保护现状

铜绿山古铜矿遗址是在矿山露天生产剥离过程中被发现的。从文物保护角度来看，矿山不进行开采，深埋在地下数十米处的古代采矿遗址无法发现，而一旦发现，如不及时采取保护措施，转瞬间，大片大片的古矿遗迹将在生产剥离推进中荡然无存。因而，文物保护与生产的矛盾十分突出。

随着这处遗址发掘成果增多，其主要价值也被越来越多的人们认识，眼看着大片大片的古矿遗迹在生产剥离中被毁掉，无不为之痛惜。于是，各方面对保护这处遗址的呼声越来越高。首先，中国科学院自然科学史研究所仓孝和所长于 1979 年 4 月向国家文物局发出保护这一遗址的呼吁，随即，国家文物局向冶金工业部转达了这一呼吁。紧接着，新华通讯社在 1979 年 5 月印发的《内部参考》上又反映了黄石市博物馆要求选择重点进行保护的要求。连续两次呼吁，引起冶金工业部和国家文物局的重视。1979 年 8 月，冶金工业部和国家文物局在黄石市联合召开第一次文物保护座谈会，并形成《纪要》，批复将铜绿山Ⅺ号矿体永久保留；对已剥离 70 万方土石的Ⅶ号矿体停产两年，移交有关部门进行考古发掘。后来，由于保存Ⅺ号矿体影响矿山南露天采场扩帮延深，加之Ⅶ号矿体的考古发掘在两年内也无法完成，冶金工业部和国家文物局于 1981 年 4 月在黄石市又召开第二次文物保护座谈会，决定将Ⅺ号矿体交给矿山生产，Ⅶ号矿体永久保留，并划定保护范围。1982 年经国务院批准后，铜绿山Ⅶ号矿体采矿遗址被列为全国重点文物保护单位，并于 1984 年在Ⅶ号矿体 1 号点发掘原址上建成铜绿山古铜矿遗址博物馆。但在 1983 年后，铜绿山矿进行二期工程设计，中国有色金属工业总公司为加快开发铜绿山矿产资源，决定将原设计的小露天坑采改为全露天开采。这样，原定保留Ⅶ号矿体又成了全露天生产障碍。生产部门为保护Ⅶ号矿体尚存的古矿遗址，遂提出将古矿遗址切割成三大块，往东搬迁 400 米，脱离生产区进行长期保护。对此，双方几经论证，并组团出国考察，寻求借鉴，但意见仍然分歧。湖北省人民政府为履行文物保护的职责，于 1990 年 1 月召开省长办公会议，专题听取矿山生产部门和文物部门对保护遗址的意见。省政府鉴于遗址的重要价值和文物的不可再造性，认为铜绿山古铜矿遗址应当原地保护，不同意搬迁，并将此呈报国务院。1990 年 7 月，国务院罗干秘书长在北京主持协调会，听取中国有色金属工业总公司、国家文物局、湖北省人民政府对遗址的保护意见。会上，三方意见仍不能统一。国务院为保护这处遗址，下发了这次会议《纪要》，提出了解决这一矛盾的指导思想和原则。总的精神是：文物保护是主体，妥善保护文物是前提，矿山生产建设要服从文物保护，在妥善保护好文物的前提下，文物兼顾矿山生产，为矿山生产创造一定有利条件。同时，国务院还决定由湖北省人民政府牵头召开现场办公会议，对遗址采取应急保护措施，以免因争论而延误保护。并要求双方深入研究和完善各自提出的保护方案，然后再组织专家论证、评审。1991 年 6 月，国务院办公厅委托国家计委和国家文物局，在黄石市召开评审会，邀请文物、考古、采矿、冶金、地质、工程等方面 32 位高层次专家参加，对中国有色金属总公司提出的《铜绿山古铜矿遗址搬迁保护方案》和湖北省方面提出的《铜绿山古铜矿遗址原地保护与合理采矿方案论证报告》进行认真、充分地论证和评审。最后，基本上取得一致意见，同意原地保护方案。1991 年 8 月，国务院正式批复原地保护方案，从而使矿山生产与文物保护的矛盾最终得到解决。

湖北省和黄石市文物部门，根据国务院批复精神，按照国家文物局审定的具体保护方案，对遗址实施了各项保护措施。

（原载大冶市政协文史委员会编:《大冶——中国青铜文化发祥地》,2001 年 8 月。）

湖北铜绿山东周铜矿遗址发掘

中国社会科学院考古研究所铜绿山工作队

1979年冬，我们在湖北大冶铜绿山矿区对东周时期的古铜矿进行了发掘。铜绿山矿区的古铜矿前几年就被发现，湖北省博物馆和黄石市博物馆的同志曾配合基建作过清理工作，并且发表过发掘简报(见《考古》1974年4期；《文物》1975年2期)，我们这次选择的发掘地点，在以前发掘地点的东北约一公里处，系另一矿体，生产单位将它编为Ⅶ号矿体。发掘面积为400平方米。

这个地点原名大岩阴山，又称铜锣山。山顶部的高程为海拔91.90米。发掘点位于铜锣山的北坡，原高程为海拔70米以上。这个地点也蕴藏有丰富的铜铁矿床，因而有关部门将它列为近几年开采的对象，古矿井就是在生产过程中发现的。由于铜绿山矿领导的重视，发现后立即报告有关文物部门。国家文物局获悉后相应地采取了保护措施，并组织人员配合发掘。我们前往发掘时，山岗上部已被采掘机械推掉，地表高程已降至海拔53.8米。所以，在这一矿体的表面已经露出了几处古铜矿采掘点。为区别于其它几个地点，这里编为Ⅶ号矿体的一号点。

在我们发掘一号点的同时，河南省博物馆、湖北省博物馆、黄石市博物馆以及昭盟文物站的同志在其它地点也进行了发掘。

一号点所在位置，处于大理岩与火成岩的接触带上。这里岩石破碎、容易采掘，因氧化富集作用，矿体内含铜品位比较高，因而成为古代工匠们比较理想的开采对象。他们为了把深藏在地下的铜矿石采掘出来，在所挖的巷道中用木材制成一幅幅方形框架。框架外侧布衬木棍、竹编织物等作为支护，以防止围岩塌落，保证采掘者在坑道中能安全、正常地进行操作。

用开拓坑道的方法采矿，所用的巷道有垂直巷道、水平巷道和倾斜巷道之分。竖井即是与地面有直接出口的垂直巷道。若与地面无直接出口的垂直巷道则称为盲竖井，简称盲井，一般都在平巷的底部。平巷是指沿矿体走向开掘、无直通地面的水平巷道。斜井则是与地面相通的倾斜巷道。在这一季度的工作中，我们发掘清理了几十条巷道。无论是竖井、盲井或平巷，它们的方框支护大多保存良好，因而使我们对一号点古代矿井的结构及其在矿体内采掘的情况有了进一步的认识。

这次发掘的竖井和盲井，其形制、结构基本一致。方形框架系由四根木料用榫卯法制成。两根公榫木一般选用直径 6 厘米左右的圆木制成(它的两端被砍削出圆形榫头)。两根母榫木则多选用直径在 10 厘米左右的圆木对剖，然后在它们的两头凿出方形榫孔。用这样的四根木料两两穿接，就组成一幅方形框架。不过，母榫木的两端还砍出锐角，以使整幅框架楔入竖井外侧的围岩，把框架固定在井壁之上。这种框架的内径，大多在 60 厘米左右。在竖井中(盲井也一样)，一幅幅框架的间距在 40 厘米上下。

框架外侧四壁围岩的表面，工匠们常用拌以草茎的青膏泥涂抹，有的还围以竹编织物。同时，每壁还用直径在 3 厘米左右的圆木棍，在上下两幅框架之间别住。这样既防止了四周围岩的塌落，也有利于空气的流通。整个竖井成了一个封闭式的井筒。

有些竖井的框架之间，还用竹索挂住。一般是在框架的两根母榫木上，分别吊挂两根竹索。设置竹索的目的，是为了增强竖井内框架的牢固性，使该井中的上下框架连结成一个整体。这种做法与近代采矿工艺中的吊框结构(一称悬吊式井框支架)十分相似，功用也应相同。因此，如果把这一发现看作是近代吊框结构的前身可能是合适的。诚然，就其实用价值而言，这一设施还有助于采掘者上下之便，因为它能够起到与梯子类似的作用(图版伍，1)。

但是，在发现的竖井之中，也有一些差异。这主要表现在竖井底部的“马头门”结构上：有的井底设有“马头门”，有的则没有这种结构。

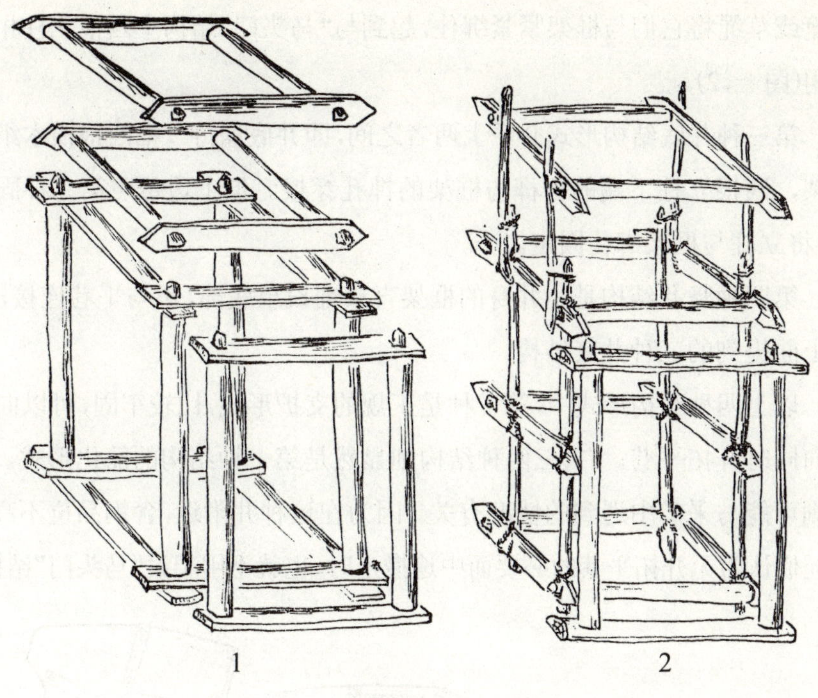

图一　框架结构复原图

1. 第一种"马头门"主体框架结构　2. 第二种井底框架结构

所谓"马头门"结构是在四根立柱的上部和下部，用榫接法穿接四根横木所组成的框架。每根立柱两端的公榫穿接两根横木。在这框架的外侧，除了留作门的那一面(假如这个竖井同时连接两条平巷的话，应留出两个门)外，都用直径 3 至 4 厘米的圆木棍作壁板。这种壁板与上部框架不同，所有木棍都作横向平行排列，比较紧密。马头门框架的高度，则与平巷的高度一致。一般竖井(或者说比较正规的竖井)的底部，如果有平巷与之相通，几乎都有这样的结构(图一，1)。

第二种竖井井底的结构是上面那种马头门结构的简化形式。它是将前面介绍的方形框架一直架设到井底。但在与平巷的连接处，人为地将下部一、二幅框架的一根母榫木拆除，形成与平巷相通的门。当然，这种作法会影响框架的牢固性。为此，工匠们在框架内侧四角另用四根木棍作为立柱。用竹篦或草绳将它们与框架紧紧绑住，起到与“马头门”结构中四根立柱相同的作用(图一，2)。

第三种井底结构形式介乎上两者之间，即井底保持一幅四根横木组成的框架，四根立柱下端的公榫与框架的榫孔穿接。但上边仿照第二种固定形式，将立柱与框架绑住固定。

第四种竖井结构是用井身的框架直接铺设至底部，不与平巷连接，因此无上面提到的三种井底结构。

以上四种结构形式中，第一种是正规的支护形式，比较牢固，可以向不同方向同时开拓平巷。二、三两种结构则显然是第一种结构的简化形式。第四种则可能与采矿中遇到的情况有关。因为在这种井附近，含铜品位不高。当工匠们认为无开拓平巷的必要而中途撤走时，也就不用架设“马头门”结构了。

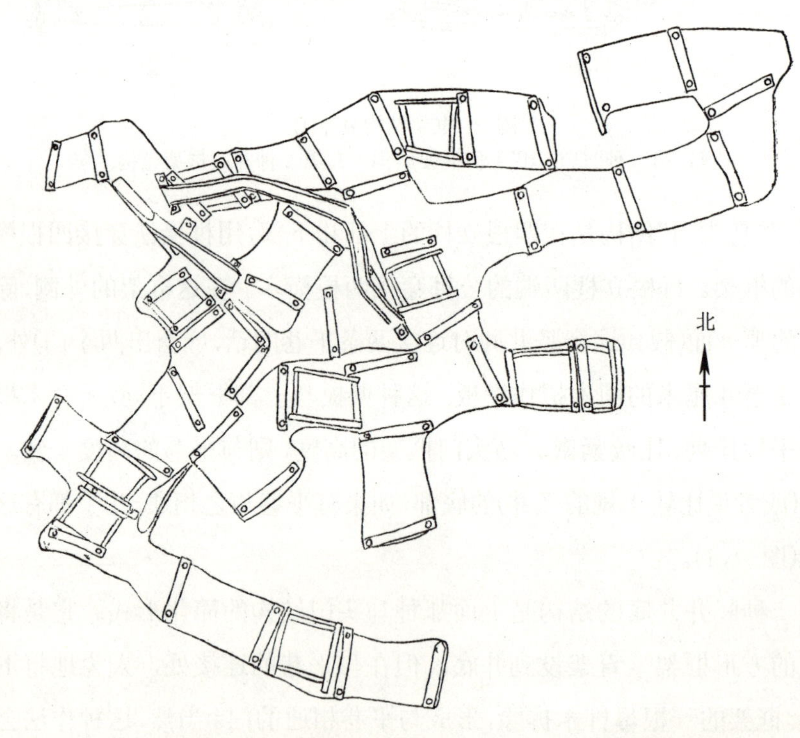

图二　一组完整的井巷平面图(约1/75)

平巷中的支护也用木材制成方形框架，穿接方法也用榫卯法，即是两根立柱的上下两端凿出公榫，分别与顶梁、地梁两端的榫孔穿接。这种结构实际上与竖井用框架的结构是一致的。平巷的框架之间，在立柱的外侧也有背板，一般是用横向平行的三至五根圆木棍。但也有在围岩表面涂抹拌有草茎的青膏泥的。在顶梁的上部，则普遍选用直径约 5 至 6 厘米的圆木棍作平巷的顶板。顶板的排列，大多比较整齐紧密，方向与平巷的走向一致。顶板的长度略长于两幅框架的间距，每段顶板的交接处，圆木棍多作交错排列。平巷的宽度多在 0.8 米左右，高则在 1 米上下。

发掘的情况表明：并非每一个竖井的下部都有平巷与之相通。不过，每条平巷必有一个或一个以上竖井与之相连。所有竖井都是垂直的，但平巷在矿体内的走向则是多种多样：有的"一"字形；有的"丁"字形；更多的是弯弯曲曲，很不规则。平巷的底部，往往还有盲井。在发掘区内，井巷纵横交错，层层叠压，说明一号点目前所在的海拔高程，已经到了古铜矿的采掘面了。

通过竖井和平巷到达矿体，从矿体中掘取矿石，大概是古今采矿业中运用坑采时所采用的共同的方法。但使发掘者特别感兴趣的是，看到了若干条平巷围绕竖井而成组出现的情况(图二)。更确切地说：古代工匠们在掘进过程中，通过几个竖井在矿体中拓展平巷，从中有效地采掘矿石。不仅如此，平巷的底部又开掘盲井，继续向下采掘。这次揭露的一组井巷中，在不足六十平方米的范围内，巷内共发现了七个盲井。这些盲井的结构与上述第四种竖井的结构一致。盲井之间的距离多在 2 米左右，有的几乎是紧挨在一起，相当密集。

清理过程中发现，巷道中大多塞满充填物，充填的多为红色黏土、废石、铁矿石以及废弃的支护木等等。由许多迹象判断，这些充填物并非在巷道废弃时一次充填所致，而是有先有后的。有的原来相通的两条巷道，却发现有用木棍和青膏泥等封堵的；甚至原来就是一条巷道，也有这种封堵的遗迹。这种遗迹应是这一组井巷废弃之前人为地造成的。事实上，在废巷中充填废石废料，也是进一步掘进的需要。它可以减轻工作面(掌子面)采空区的压力，增强采掘工作的安全系数。因此，这种情况的发现，对探讨当时在巷道内进行采掘的工艺及其过程，是很有意义的。

当然，充填与封堵的现象，与当时坑下的通风情况也有关系。当时没有机械通风，仅靠自然风来调节巷道中的空气。当平巷与盲井距地表已有相当距离的时候，为使作业面上不出现缺氧的情况，及早充填无用巷道并把它们封堵起来，将有助于新鲜空气顺利地流向深处的作业面，使采掘者免受窒息之苦。

在这一期发掘中，我们还发现了比较完整的排水系统。水道有两种：一种是废弃的巷道或开掘较窄的巷道；另一种为铺设的木制水槽。这种水槽，大多用较粗的树干挖空后制成。水槽放置的位置：有的放在平巷的外侧，有的则置于废弃的平巷之中，顺着巷的一侧而通往排水井。当水槽不可避免地通过一个竖井时，为了不影响该竖井在提升矿石、支护用器材等方面的工作，于是将这一段水槽的上部整齐地铺垫了一层木板，使它成为一条暗槽。

所有水槽在架设时，为了不使其渗水或漏水，在两节水槽的接头处和它

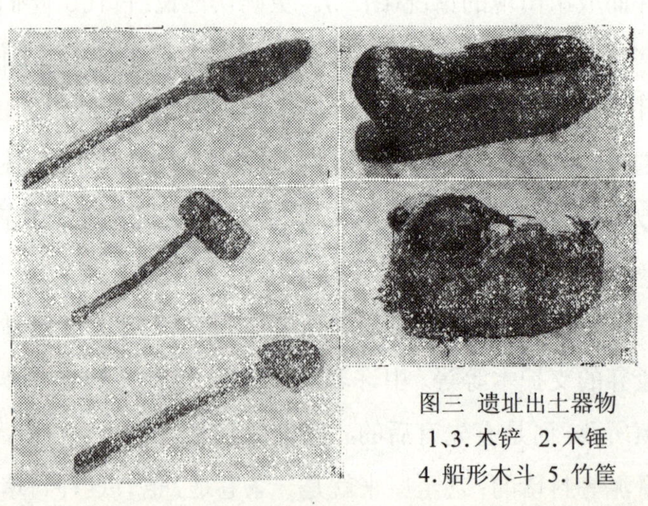

图三 遗址出土器物
1、3. 木铲 2. 木锤
4. 船形木斗 5. 竹筐

们的底部，都涂抹和铺垫了一层青膏泥，同时，为了固定其位置，不使移动，在水槽的两侧还插立若干小木棍。甚至在敞口的木槽上部，也间隔一定距离放置一段小圆木棍。这种做法，可能为防止其它东西掉进槽内，影响流通的缘故。在上面提到的那一组中，两条水槽都按一定高差向北边的一口竖井汇合。这口竖井底部还有一层淤土、木桶、竹篮等遗物，从而表明这是一口排水井。反之，另两口竖井则是专门提升矿石、器材和人员上下之用。

这次出土的遗物以竹木器居多，没有发现陶器与金属工具。在出土物中与装载或提升矿石有关的工具，有木铲、草绳、竹筐、竹篓等等(图三，1—3、5)。这次没有发现木质辘轳。以前在别的矿体的巷道中出过木质辘轳，但那些巷道的时代比一号点的矿井要晚一些。不过这里没有发现是否意味着这一时期还没有使用辘轳，还有待今后的工作进一步证实。所出的木桶、木质水槽以及木瓢，则与排水有关。此外，还发现了两件船形木斗 (图三，4)。这种用具的确切用途尚不明确。目前有些地方的矿工用这种木斗进行重力选矿，或可推测古代工匠们也曾用作重力选矿，借此测定矿石中铜品位的高低以决定坑下采掘的方向。在充填物中还曾出过不少竹签，一般都很短，一端有火烧的遗迹。这些竹签是燃烧后的残余，但是否属古代工匠们在坑下作业时用于照明的物质遗存，也还有待今后进一步工作加以证实。

关于Ⅶ号矿体一号点古代矿井的时代，因在古巷道内迄未发现可以断代的器皿而带来困难。我们曾采了四个标本送我所实验室作碳十四测定年代，测定的结果为：ZK—876(井 2)为 2705±80 年，树轮校正年代为 2795±130 年；ZK—877(巷 19)为 2720±80 年，树轮校正年代为 2810±130 年；ZK—878(巷 28)为 2575±80 年，树轮校正年代为 2635±130 年；ZK—879(巷 32)为 2475±80 年，树轮校正年代为 2515±90 年(以上都是距今年代，^{14}C 半衰期均为 5730)。这四个数据中，876 号标本的数值高于 879 号标本的数值，这与两者的打破关系不合，应认为 876 号数据有误差。其它几个数据如果没有误差的话，那么一号点古矿遗址主要应属春秋时代的遗存，上限则可能到西周。

对湖北铜绿山古铜矿的发掘工作，湖北省和黄石市的考古工作者们作过很多工作，积累了不少资料。我们这一季度的工作，为这一课题的研究增添了一些资料，也使发掘者对古代采掘工艺有了新的认识。

对于采掘对象的选择，无疑应考虑到这样两个因素：(一)储藏丰富，(二)采掘容易。古代工匠们选择大理岩与火成岩间的接触带作采掘铜矿石的场所是极为理想的。在这里，因氧化富集(或称二次富集)而往往埋藏有较高品位的铜矿石，同时，岩石破碎，即使采掘工具比较落后，用手工操作也可以开采。发掘的情况表明，古代工匠们用木构框架作巷道的支护，已经有效地承受矿体中的顶压，低压和两旁侧压，保证了坑道的畅通和作业的正常进行。特别重要的是，我们在古铜矿坑下采场的采掘面上揭露出成组的井巷关系，从而为探讨古代的采掘工艺提供了宝贵的新资料。诚然，对于古代工匠在采掘过程中的掘进、提升、通风、排水、照明等技术的探讨，还有待今后工作中获得更多的资料。

执笔：殷玮璋

（原载《考古》，1980 年第 1 期。）

湖北铜绿山古铜矿再次发掘

——东周炼铜炉的发掘和炼铜模拟实验

中国社会科学院考古研究所铜绿山工作队

1980年4月至6月，我们在湖北大冶铜绿山矿区，对东周时期的古矿冶遗址继续进行发掘。这次的工作，主要有三项内容：

①在Ⅶ号矿体一号点继续发掘采矿遗址；

②在Ⅺ号矿体的东周冶炼遗址发掘炼铜炉；

③根据发掘的古炉炉型、结构，复原并夯筑实验用炉，进行仿古炼铜实验。

Ⅶ号矿体一号点古矿遗址于1979年冬开始发掘，已有简报发表于《考古》1981年2期。这一次的任务是继续前一年的发掘，将第一层井巷清理完毕，再发掘第二层井巷。收工时，局部地方已清到第三层。在发掘过程中看到，下层古矿井中的支护用木构框架，其形状和结构都跟第一层矿井的一致。但这次找到的井巷间的打破关系，为判断其间的时间早晚提供了依据。特别需要提到的是：这次又发现了古代矿工在采掘过程中开拓的井巷组合和一组较完整的排水设施，证实和补充了前一年工作中获得的、关于井巷之间存在有机的组合关系的认识。这些发现，使我们对古代的采矿技术及其成就有了进一步的认识。

铜绿山矿的工程技术人员曾协助对该地点进行钻探，发现Ⅶ号矿体一号点所在的接触带上，在距目前的海拔高程(53.8米)以下十米处还有古代矿井；表明当年的矿工们采掘铜矿时所开拓的井巷已接近接触带深部的底盘上缘。因为围岩的滑塌现象严重，清完第二层井巷时已不宜再向下发掘。发掘工作只得在当年六月底暂时告一段落。现在，一号点的古采场遗存已由有关方面采取措施，进行现场保护。

在Ⅺ号矿体发掘冶炼遗址，对古代的冶铜工艺进行探索，是我们在铜绿山工作时进行研究的另一个课题。湖北同行们前几年也曾在这里进行发掘，发现了几座古代炼炉[①]。1980年春，我们在这里也发掘了一座古炼炉，按顺序编为10号炉。在搞清了它的形制、结构之后，我们又夯筑了两座实验炉，进行了一次炼铜模拟实验。这里，我们先行介绍古炼炉的形制和结构。

古炼炉所在地点的地层堆积为：①近代层；②隋唐层，出有瓷片和其它一些遗物；③东周层，出有大量较纯净的炉渣和一些陶质的鬲、颜、罐、豆等器物的碎片(图一)。陶器表面普遍饰有绳纹，也有少量弦纹和小方格纹。豆盘内发现有暗纹。古炼炉就在这一层内。炼炉的周围还有当时的工作台面。

这次发掘的古炉属炼铜竖炉。竖炉的上部已经毁坏，但从残存部分仍可看出炉基、炉缸和炉身三个部分(图二)。炉基部分在工作台面以下，内筑有

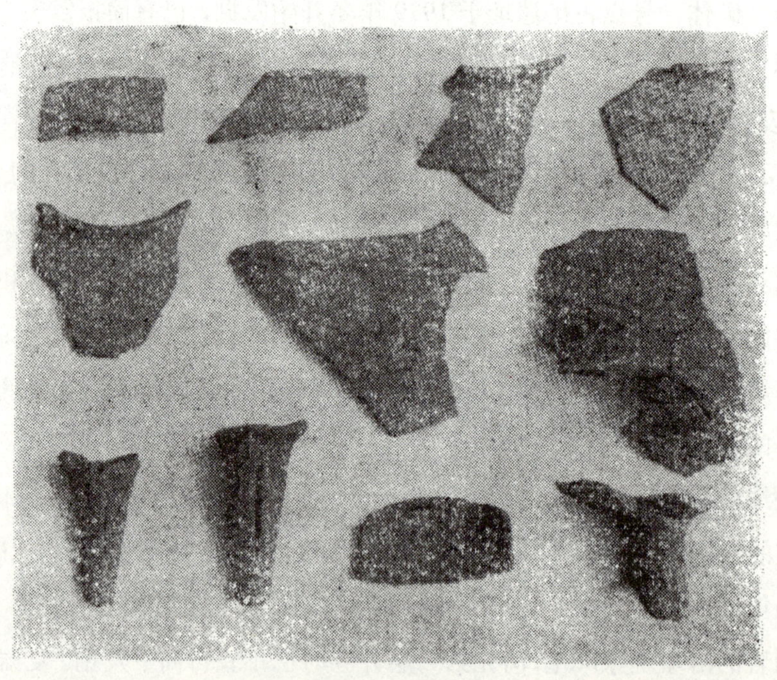

图一　和古炼炉同出的陶器残片

“T”字形风沟(又称防潮沟,形状与过去发掘的3、4、5、6号炉一样)。主风沟在金门下为东西方向,长2.7米,宽0.6米;自中腰向南分出一支,长1.3米,宽0.6米。风沟的三个口外,各连一个坑。从解剖知道,古代工匠筑炉时是先挖一坑,再构筑风沟。沟壁的外侧垒以石块和红色黏土,并经过一层层夯筑而成。风沟的内壁有的地方用红色黏土涂抹,有高温烘烤的痕迹,呈红褐色。风沟的底部还有2厘米厚的木炭和灰烬。这种风沟能起防潮保温的作用。

炉基上面设有炉缸,截面为长方形。炉缸长边的西壁筑有金门。金门保存完整,还能看出它的全形:内宽外窄、内低外高,顶呈拱形。金门底向内坡下21°,深41厘米。内口宽40厘米,高13厘米;外口宽27厘米,高15厘米。当初夯筑时应有模具支撑(图二)。炉缸内壁和金门内口区10厘米一段残留有加衬的耐火材料。耐火材料以高岭土和石英砂为主。金门内口区一段分四层,共9厘米(厚)。炉缸内壁厚2—3厘米。

炉身大部分已经毁坏,炉子原来的实际高度已不可知。但从断面可以知道炉壁的厚度为40厘米。炉壁的外层用红色黏土、铁矿粉和烧土块筑成。10号炉的风眼已毁,但从前发掘的4号炉残存有一直径5厘米的风眼,外高内低,倾度为19度,为直筒式。这种风眼需要鼓风器,不能只依靠自然抽风。

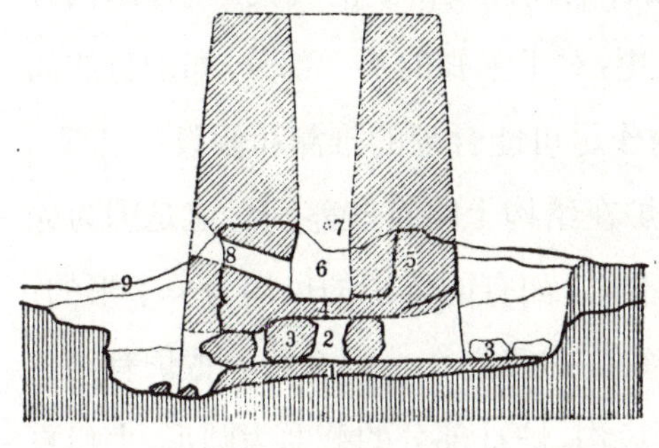

图二　古炉结构图

1.炉基 2.风沟 3.风沟垫石 4.炉缸底 5.炉壁(包括部分炉衬) 6.炉缸 7.风口 8.金门 9.工作面

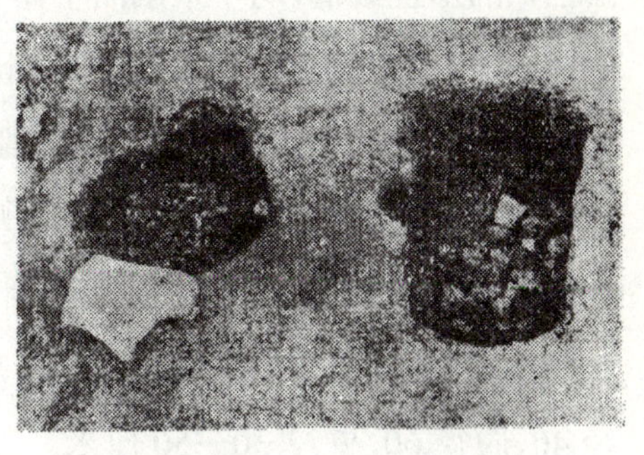

图三　古炉南侧的石砧、小坑及粉碎后的矿石

炼炉周围的工作台，表面相当坚硬。在已经揭露的40平方米的工作台面上，还保留有各种遗迹：在炼铜竖炉的东、南、西三面发现了五个柱子洞，皆为圆形，直径10厘米，深30—40厘米。炉子南边和西南还有大小不等的石砧三个，间距0.5—1米不等。石砧表面平整，中间略向内凹，它们的旁边伴出石球四个，直径均在6厘米左右。石砧和石球选用花冈闪长岩石料制成，都有使用痕迹。有意义的是：它们的旁边各有一个大小不等的浅坑，坑中堆有粒度一致(直径3—4厘米)、经过加工的铜铁矿石和粒度较大的褐铁矿石(图三)。显然，这是冶铜时对原料进行破碎加工的遗迹。在炼炉的正前方，距金门口约2.5米的台面上，还放置一个口、颈均已缺损的陶质水罐。这些现象为复原当时冶铜生产的情形，提供了十分重要的依据。

为了对这种炼铜竖炉的性能，古代炼铜生产的条件和冶铜工艺方面的一些问题进行探索，我们在发掘现场的附近，按古代炉子的形制仿造了两座实验炉，作了一次有意义的模拟实验。

在实验的准备阶段，我们对同时期的其它几个古炉就炉型、结构等进行了分析和比较，对古炉进行了复原研究[②]，并参考了一些近代的土法炼铜资料，就冶炼过程中可能出现的情况作了多方面的分析。然后，提出了两个实验炉的筑砌方案。在这个方案中，凡属解剖过程中得到的有关形制、结构方面已知的那些数值，均予采纳而不作变更；对于未知的那一部分，如炉身的高度、鼓风口的数量等则在允许的范围内作尽可能合理的推测和假设。

我们筑砌的一号和二号两个实验炉在结构上略有些差别。这是因为先后清理的几个古炉在结构上本来有所不同。如有的炼炉的风沟为一字形的；有的炼炉的炉缸，它的截面接近椭圆形等，与我们在上面介绍的古炉有别。这两座实验用炉，一号炉设置“一”字形风沟，炉缸部分的截面为圆形，上口直径40、腹径60、壁厚30—50厘米。二号炉设置“T”字形风沟，炉缸截面为长方形。长轴65、短轴28、壁厚40—70厘米。同时，为了解炼炉的鼓风情况，一号炉设置一个风口，二号炉设置两个风口，分别置于短轴的对应部位。至于实验炉的腹腔，一号炉为口小腹大，二号炉则在中腹向上短轴方向的一段炉壁，在距炉底 30 厘米处筑出 7°的炉腹角(长轴方向的内壁保持垂直)，炉口部分的内壁为上下垂直(图四)。

筑炉过程中，为了确保炉缸、金门和风沟等部位的形制与古代炼炉一致，先用竹、木等材料按古炼炉有关部位的尺寸做成模具，筑入炉体的相应部位。同时，考虑到古代工匠筑炉时使用的工具情况，我们在筑砌实验炉时也都使用木槌、木夯锤等简单、粗笨的工具。炉身的夯筑，则是用竹篾编制的囤圈围

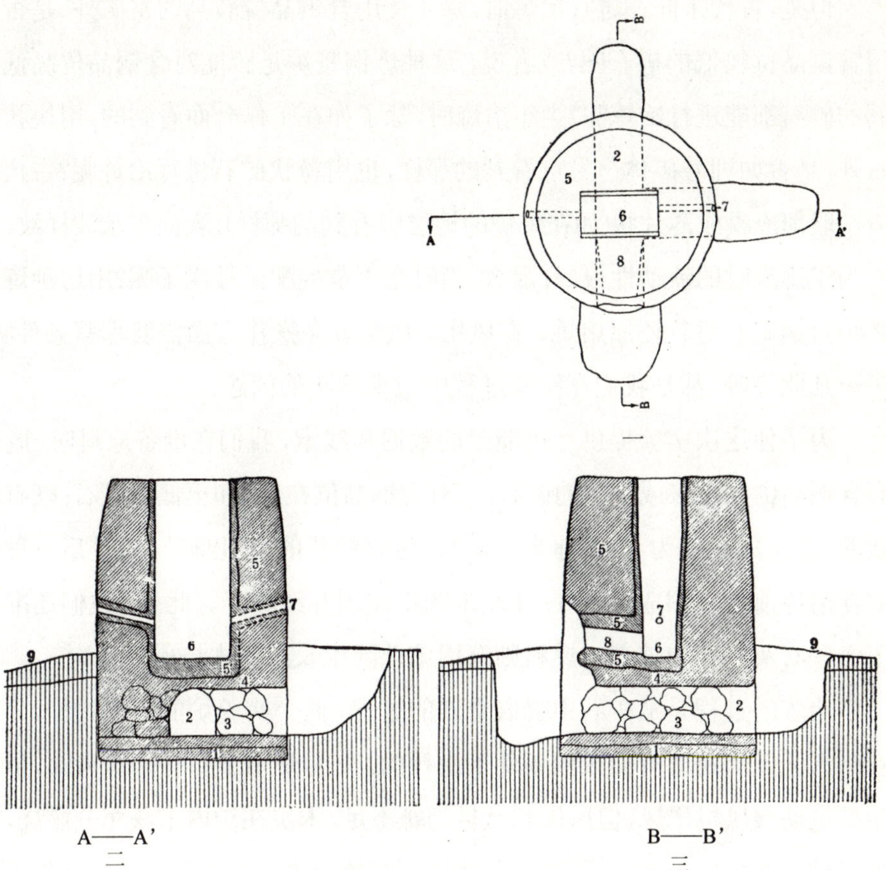

图四　二号实验炉结构图(1/50)
一、平面　二、横剖面　三、纵剖面
1. 炉基 2. 风沟 3. 风沟垫石 4. 炉缸底 5. 炉壁 5. 炉衬 6. 炉缸 7. 风口 8. 金门 9. 工作面

土，随着炉身在夯筑过程中不断加高而盘旋上升，并用绳索加固。采用这样一些比较简单的手工方法筑起的实验炉，经实验证明，基本上已满足了冶铜生产的要求。

实验炉所用的原料如红色黏土、耐火材料(高岭土、石英石)和炉基部分铺垫的石块等等，我们不仅取自当地，并在石材的质料、耐火材料的配比等方面，也都力求与古炉的用材及配比情况一致。所有这一切，使实验炉的形制、结构、材料和夯筑方法等等，大体上与古代炼铜炉保持一致或接近。

但是，古代工匠在进行冶炼时，除了使用含铜品位较高的富矿外，是否也用含铜品位较低的矿石呢?或者说，这种炼铜竖炉是否能对含铜品位高低不同的矿石都能进行冶炼呢?当年冶炼时，除了如在工作台面看到的，用块状矿石外，是否如Ⅶ号矿体一号点看到的那样，也用粉状矿石进行冶炼呢?古代炉渣一般都冷凝成薄片状(如在炼炉的地层中看到的那样)，表面有水波样纹，表明当年排渣时的流动性很好；那么，当时是否掌握配矿技术了呢?用这种炼铜竖炉对铜矿石进行还原熔炼，在风压、风量以至操作方面需要那些条件呢?……凡此等等，都是我们在实验过程中力求解决的问题。

为了使这次实验提供尽可能多的数据和线索，我们在准备原料时，既备有含铜品位在20%或更高的矿石，又有含铜品位在7%和更低的矿石；既有块状的，加工成粒度为3—4厘米的矿石，也有粉状的“泥巴矿”，只是后一种粉矿在冶炼前把它团成直径3—4厘米的小泥团并经晒干。此外，我们还准备了一些石灰石作为熔剂。燃料则选用该地区生长的栎木烧成的木炭。

冶炼的过程是从矿石中提取金属的过程。两个实验炉的冶炼过程，分别在晴天无风和阴雨有微风的条件下进行的。一号炉由于只有一个风眼，虽用小型电动鼓风机送风，但风压和风量仍嫌不足，木炭在炉内未获充分燃烧，影响了矿石在炉内正常的还原过程，所以在熔炼出少量粗铜(2公斤)、沉积于缸底之后，炼炉出现冻结而停止。不过，这一切虽未取得预期的结果，但仍然取得了不少宝贵的数据。二号炉实验时，鼓风条件得到改善，风压、风量较前一炉有所提高，炉温比较充分和稳定，因而使冶炼过程进行得相当顺利。不足之处是准备的测温器因故未能用上，所以两个实验炉的实际温度均未取得准确的数据。

二号炉实验时，我们分别将含铜品位高低不同的矿石，包括块矿和“泥巴矿”先后投入炉内。同时，有的未加熔剂，有的加了熔剂，以检验炉渣的流动性。在历时10小时36分的冶炼过程中，投入冶炼的矿石、熔剂等物料共1300余公斤，木炭600余公斤，开炉期间通过金门，每排渣多次后放铜一次，先后排渣14次、放铜二次，炼出粗铜100余公斤，取得了预期的结果。

据化验，粗铜含铜量为94—97%，炉渣中平均含铜量为0.837%。炉渣的化学分析的平均数值为[3]：

Cu	Fe	SiO_2	CaO	SiO_2+CaO	SiO_2 / Fe	SiO_2+ CaO / Fe
0.837	36.67	32.67	10.00	42.62	0.948	1.194

这两个实验炉进行的冶炼实验，从两个不同的方面提供了不少可供进一步分析的数值和收获，其中主要的收获可归纳为以下几点：

1. 经过实验，证明古代工匠使用这种炼铜竖炉用木炭进行的冶炼，是氧化矿的还原熔炼。用这种竖炉冶铜，保证足够的风压、风量是必要的。从两座实验炉的冶炼情况看，第二炉之所以能成功，除炉身结构方面的原因外，改善鼓风条件也是重要的因素。至于所需风压、风量的大小，则与炉腔的大小和炉身的高矮有关。从实验情况看，用这种竖炉冶铜，操作的方法比较简单。

2. 实验还证明：只要炼炉运转正常，熔化带中保持足够的温度，那么冶炼过程中无论投入的是块状矿石还是粉状矿石；无论是高品位的还是较低品位的矿石，都可以炼出粗铜。需要提到的是：冶炼过程中在风沟（防潮沟）中加温，对保持炉缸中的温度，防止缸底冻结是起到一定功效的。风沟的设置是古代工匠的一条重要经验。

3. 用这种竖炉炼铜，并非一炉只炼一次，而是可以连续加料、连续排渣，间断放铜的。从实验情况看，冶炼的时间有可能持续数日之久。实验还证明，古代炼炉的缸底所以比金门口还低，正是为连续排渣、间断放铜的冶炼过程特意设置的。由于渣和铜的比重不同，粗铜沉于炉缸底部，炉渣则在上部。排渣时在金门的上部开口，等到铜液积累至一定数量，在金门的下部开口，铜液即可排放出来。但因炉缸底低于金门口，铜液不可能排放干净，炉缸内的温度不会出现骤然下降的情形。这就为冶炼的持续进行——持续地小批量的投入物料，间断地排渣和放铜——创造了条件。

4. 从模拟实验的冶炼过程看到：物料中未加熔剂时，排出的炉渣很稠，流动性很差；加入适量的熔剂以后，炉渣就变稀，流动性随之得到改善。鉴于古炉渣含铜量平均仅为 0.7%，大多冷凝成薄片状，表面有水波纹样，表明古代工匠在进行冶炼时，炉渣的流动性很好。这使我们有理由认为古代工匠在冶炼时曾进行了配矿工作的。不过，我们所加的熔剂是石灰石，所得的炼渣成分，与古代炉渣相比，钙的成分偏高、铁的成分偏低。古代工匠如何进行配矿工作?拟留待以后作进一步探索。

这次模拟实验的进行，仅仅是个新的开端。但是它使我们在发掘Ⅶ号矿体一号点的采矿遗址和Ⅺ号矿体冶炼遗址时遇到或想到的一些问题，获得了不少富于启发性的认识，也积累了一些可供进一步分析的数据和资料，为今后深入探讨古代的采矿和冶炼业创造了一些条件。

对古代采矿和冶炼遗址进行考古发掘，是近几年来中国考古学新开辟的一个领域。但是它的发展需要地质、冶金等学科的密切协作。我们在铜绿山古矿区工作期间，除了得到省、市各级领导的关心和博物馆同行的密切配合外，还得到湖北省第一地质大队、大冶有色金属公司和所属冶炼厂、铜绿山矿的负责人与工程技术人员的支持和协作。他们的关心和协助，不仅使我们的考古工作能顺利进行，而且为开展多学科的合作积累了一些经验，这也是一项很可贵的收获。

执笔：白荣金　殷玮璋

注释：

①黄石市博物馆：《湖北铜绿山春秋时期炼铜遗址发掘简报》，《文物》1981年8期30—39页。

②关于我所组织进行的这次模拟实验，1981年8期《文物》发表的卢本珊、华觉明的《铜绿山春秋炼铜竖炉的复原研究》一文中公布了一些数据和情况。该文所述的一些数据、情况和所附之图六是不准确的。有关情况应以本简报和以后发表的正式报告为准。

③炉渣成分承大冶有色金属公司中心实验室测定，谨此致谢。

（原载《考古》，1980年第1期。）

湖北铜绿山春秋战国古矿井遗址发掘简报

铜绿山考古发掘队

湖北大冶铜绿山矿自1965年以来，不断发现古代采矿和冶炼的遗迹、遗物，引起了有关方面的重视，乃由湖北省博物馆、黄石市博物馆、大冶县文化馆和铜绿山矿联合组成考古发掘工作队，选择了两处古矿井进行发掘，从1974年2月上旬开始，到5月中旬结束。这次发掘为研究我国古代采冶和冶金工业史，尤其是为研究春秋战国时期楚国的历史，提供了新的资料，加深了我们对古代劳动人民的聪明才智和科学技术成就的认识。

一、遗址概况

古矿冶遗址的范围包括铜绿山、大岩阴山、小岩阴山、柯锡太村、螺蛳塘、乌鸦卜林塘等处，南北长约2公里，东西宽约1公里。遗址内涵丰富。在大、小岩阴山包上和圆水池周围，散布着大量春秋时期的陶片，可以看出器形的有鼎、鬲、豆、罐等，少数器物并显示出西周后期的特点。在柯锡太村，保存有大小不同的数座炼炉。在螺蛳塘边上，出土了十余个饼状铜锭，并发现古代矿井支架。上述范围内的许多地方堆积着大量古代炉渣，有的地方厚达数米，据初步计算，共约有40万吨左右。化验表明，炉渣是炼铜的遗物，这大量的炉渣说明当时冶炼的规模很大，延续的时间很长。

铜绿山的位置正是现在的露天采矿场，原来海拔高度87米多，由于现代的露天开采，形成一个深坑，底部已低于海平面16米，古代矿井(俗称老窿)就是在露天采矿过程中被揭露出来的。老窿从南到北呈不规则条带状分布铜绿山。我们选择两处发掘地点：一处在露天采矿坑北端，位于12号勘探线，称做“12 线老窿”；另一处在露天采矿坑南端，位于 24 号勘探线，称做“24 线老窿”。两处老窿南北相距 300 米。

铜绿山老窿处在由花岗闪长斑岩和大理岩接触变质而生成的破碎带中，这里铜矿富集，主要有孔雀石、自然铜、赤铜矿等。这些矿物，有的呈孔雀绿，有的呈金红色或土红色，颜色鲜明，易于发现和采选，含铜的品位也很高。老窿就是为开采这些铜矿而构筑的。这些老窿全部用木料支护，铜绿山露天采矿中曾出土了上千方木料，都是老窿的支护木，老窿废弃以后，完全被泥沙所填塞。

为了全面了解老窿井巷的建筑结构、所处的地质条件及当时的采矿方法等，我们多次邀请黄石煤炭局、铜绿山矿、大冶铁矿、鄂东地质队等单位的老工人和工程技术人员，到发掘现场一起观察研究。现将发掘情况报告如下。

二、矿井结构和出土器物

(一)12 线老窿

12 线老窿位于铜绿山露天采矿场北端，发掘点距地表 40 余米，在海平面上 10—15 米。老窿的上部已被挖掉，仅残存一部分。我们发掘的面积约 50 平方米。在这个范围内，出现了八个竖井和一个斜井。这里的支护木料都较细小，一般是直径 5—10 厘米的圆木。竖井的井口直径为 80 厘米左右。井筒的支护结构完全采用“密集法搭口式接头”，即把圆木两端砍出台阶状的搭口榫，四根搭接成一方框，由这种框形支架层层叠压，构成竖井。在 12 线老窿中最有特点的建筑是斜井。它采用“间接法榫口式接头”支护，即把两根圆木两端削出圆开榫，把两根方木(或半圆木)两端凿出相应的孔，四根穿接，成一方框。用这种框形支架沿着矿层的倾斜角度，由浅入深，节节伸延，构成斜井井架，在井架的顶梁上和两侧外面，再以木棍排列作为背板。这些细木棍直径为 5 厘米左右，为栗木，出土时已炭化。

在这处老窿中出土了木槌、船形木斗、竹篓、陶片等器物，有的是开采工具，有的是生活用具。

木槌 1 件。用一整段圆木制成，以天然的树节做槌头，再削出细柄。全长 34 厘米、柄长 22 厘米。木柄光滑，槌头上有圆窝，是长期使用留下的痕迹。

船形木斗 1 件。用整木凿成，两端伸出平板，斜向上翘，中间为一方形圆角“仓”，整个器物近似元宝形。全长 35.2 厘米、宽 14 厘米、高 7 厘米，“仓”内空长 20 厘米、宽 12.5 厘米、深 3 厘米。它是淘洗矿石的工具，类似今天的“淘金斗”。这种木斗装上矿土，在水里淘洗，比重较小的泥沙被淘去，比重较大的矿物就沉淀在盘里，类似今天的“重力选矿法”，用来鉴定矿石品位的高低，确定井巷的开掘方向。

木瓢 1 件。用整块木料制成。斗呈方形，四角稍圆，平底，一边稍厚并略有凸出，可能便于把握。它可以用在井下舀水，也可充作淘沙斗。

竹篓多件。均残破，圆形，平底。口径约 40 厘米，深 23—25 厘米。口沿有一提梁，或有对称的藤制二立耳，供提拎用。

陶片为几件陶器的下半部破碎块，夹少量砂，呈红色或红褐色，表面有斜方格划纹。

这处老窿在发掘前曾出土过木锹、木铲、木槌、盛满孔雀石的竹篮、陶片等器物，堆积物中还发现许多大小不等的铁矿石碎块，应是开采铜矿后留下的“废石”。沿此勘探线往东南约 100 米，在与此老窿层位相同、结构一样的另一处老窿中，1973 年 10 月在采矿时曾发现大铜斧、铜锛 13 件以及木槌、木铲、陶罐等器物(见《考古》1974 年第 4 期《湖北古矿冶遗址调查》一文)。

(二)24 线老窿

24 线老窿位于铜绿山露天采矿坑南端，发掘点距地表井口 50 余米，处于海平面上 0—5 米。这处发掘面积约 120 平方米，包括五个竖井、一条斜巷和十条平巷。斜巷从顶部斜穿至矿层底部。平巷分布在斜巷两侧，可分为上、中、下三层，第一层六条，斜巷南端三条(3 号、4 号、5 号)，北侧两条(7 号、8 号)，另一条巷道 6 号从斜巷西部顶棚上横跨，将南北五条平巷连通。第二层三条(2 号、9 号、10 号)，均在斜巷南端。第三层一条(11 号)，位于Ⅲ号竖井底部北侧，与斜巷底部相连通。这处老窿的支护构件用料都很粗大。圆木直径一般在20厘米左右，最小的也超过15厘米。有的大方立柱高达2米多，柱宽厚达26—35厘米，与12线老窿相比，24线老窿建筑结构有其特点，采掘和支护技术有显著进步。

竖井五个，分别挖筑在东北、东南和西南三方的角落。竖井的支护结构有两种，一种是四角以圆木做立柱，立柱外以圆木做背板，另一种是四角以方木做立柱，立柱外以木板做背板。Ⅲ号和Ⅴ号竖井属于前一种，Ⅰ号、Ⅱ号和Ⅳ号竖井属于后一种。Ⅲ号竖井位于发掘面的西南角，正好处在对角线的两端。这两个竖井的结构和12线老窿的竖井结构一样，以“密集法搭口式”的方框形支架构成(不过用料粗大，而且出现了新的结构——马头门)。在Ⅴ号竖井与Ⅰ号竖井相通处，Ⅲ号竖井与9号巷道和11号巷道相通处，都构筑有马头门。Ⅰ号、Ⅱ号和Ⅳ号竖井位于斜巷、5号平巷和7号平巷的尽端，四角的立柱很粗大，三方用木板(或细木棍)封闭，一方与巷道连通。

24线的竖井比12线的竖井大，井口一般为110—130厘米见方。竖井是交通孔道，把矿石和地下水提出地面，把井架支护木送到井下，都必须经过竖井。这些东西完全靠辘轳、大绳和木钩等工具来提运。50余米深的竖井，又分成几段，即掘一段竖井，挖一段平巷，每一个平巷都装有辘轳，这样逐级提运，接力完成。

斜巷只有一条，由东北向西南方向，呈阶梯状斜穿矿层。斜巷采用鸭嘴与亲口混合结构建筑，其结构与12线斜井不同，而与平巷的结构一样，故称斜巷。巷道底部敷设“地梁”，地梁两端砍出台阶状的榫口，榫上立两根上端带杈的“立柱”，树杈上以鸭嘴结构架设横梁，在紧贴横梁之下的两杈之间以亲口结构嵌入“内撑木”。这样，就由五大件组成一节鸭嘴与亲口混合结构的方框支架(完全棚子)。这种方框支架，二节或三节为一级，沿矿层倾斜向下延伸，构成斜巷。支架的每一构件都有不同的作用：地梁可以克服“地鼓”，横梁可以承受顶压，内撑木和地梁榫可以抵抗侧压。在横梁上面，有排列整齐的细木棍或圆木，上面再铺一层大小不一、排列杂乱的木板，这样就构成顶棚。斜巷两侧立柱以细木棍或木板做背板，背板外面还堵有一层藤条编织的“席”，封闭严实。斜巷宽不足 90 厘米，每一级高低不一，高的一级达 175 厘米，低的一级只有 120 厘米。

平巷有十条，分三层。其构筑方法有三种：第一种完全同于斜巷，以鸭嘴与亲口混合结构的框形支架来支护，在横梁上和立柱外以排列整齐的木棍为背板。11 号巷道就是这种结构。第二种与前一种基本相同，支架结构一样，只两侧立柱外不加背板，横梁上铺有杂乱的木板构成顶棚。2 号、3 号、4 号、5 号、6 号、9 号、10 号巷道都属于这一种。这种混合结构不仅在巷道中常见，在竖井中也使用，马头门结构不仅在巷道中常见，在竖井中也使用，马头门结构就是这种方法在另一种情况的运用。第三种方法完全不同于前二种，没有方框支架，两侧全是用直立的木板来筑成巷壁，7 号和 8 号巷道就属于这一类。这种巷道最宽处有 135 厘米，窄的地方为 90 厘米，最窄处仅 50 厘米。顶棚已被揭去，无法知道其构筑方式。

十条平巷的方向不一致，宽窄也不一样。最大的是 2 号巷道，内空高 160 厘米、宽 195 厘米。其他巷道的高宽一般在 130—150 厘米左右。巷道的分层并不规则，上下层可以叠压，同层巷道可以连通。从巷道的构筑方式看，是从地表往下分数段掘井，每段之中再开始斜巷和平巷，并能运用上向式的分层开采方法。斜巷和平巷的作用不同。从矿层表面开斜巷斜穿至底部，主要是为探矿；再沿水平方面开平巷，从矿层底部向上回采。已采的矿石在井下就进行初选，把贫矿和废石弃填进采空区，这样，既可以有选择地进行开采，又可以使出窿的矿石品位较高，减少提运量。

在 24 线老窿中出土了铁、木、藤、竹、陶质的器物达七十余件，绝大多数是作采掘、装载、提运、排木等用的生产工具，少数几件是生活用具。

1. 采掘工具

共 14 件。包括 13 件铁器，1 件木器。绝大多数是在斜巷内发现的。

铁斧4件。形制一样，均为铸铁件。长方形直銎，两侧铸缝稍凸出，斜向外伸至刃部。全长11厘米、刃宽8厘米、銎深7厘米。斜巷西部出土一件，斧柄保存完整，木柄系直装。全长47厘米、内入銎7厘米。其形状是斧，其用途如凿，即用铁锤或木槌打击铁斧的木柄柄端来开采铜矿。木柄上端因长期捶击而产生的"翻毛"状的痕迹还保存完好。木柄上端的四道篾箍就是为了防止在捶击时开裂而保护木柄的。

四棱铁钻3件。均为锻铁件。形制一样，呈四棱尖锥状。全长22.5厘米、上端长宽各为5厘米，往下逐渐缩小而成尖状。上端因长期捶击而外翻呈卷沿状，尖端因长期使用变得钝秃。

铁锤2件。铸铁件。形制一样，呈圆柱状。中部横腰有一带状凸起，中穿长方銎。锤身长13.7厘米、最大直径10厘米，銎长2厘米、宽1.8厘米，木柄长64厘米。锤重6公斤。这样沉重的铁锤，必须双手把握，操作时，一人掌锤，一人握斧(或钻)配合开凿矿石。

铁耙1件。为锻铁件。四棱长方柄，前端展平再弯成耙。耙板刃部较宽，靠柄的部分略窄，呈等腰梯形。耙全长50厘米、板长12厘米、刃宽9.3厘米、板厚0.5—2厘米。

六角形铁锄2件。均为铸铁件。一件基本完整，锄板平，上部起凸出方斗形銎。全长10.5厘米、上宽7.5厘米、肩宽17.5厘米。两角有残缺。銎长4厘米、宽3.5厘米、深2厘米。锄板正面除刃沿外，各边都有一条平行于边沿的凸线。在銎斗下二角，沿肩方向各斜出一道卷云阳纹。另一件仅残存右下角，两道卷云阳纹尚清晰。

凹字形铁口锄1件。铸铁件，锄板平，两侧背部稍宽，斜向刃部。刃呈凸弧形，微向前弯。锄全长12.2厘米、銎宽13.5厘米、銎空1厘米、刃宽12.2厘米、刃部中长6.8厘米。以平木板插入銎部，板长28厘米，中部偏上凿一长方孔以纳木柄，孔长3.5厘米、宽3厘米。从其装柄方式看，应是锄而不是插。

以上两种铁锄，锄板都很单薄，农业生产中只能作耘禾用，把它们带到井下，只能用以扒取矿石或废矸石。

木槌1件。出土在24线老窿的上层巷道中，全长34厘米、柄长22厘米，制作粗糙，槌身看不出使用的痕迹。

2.装载、提运工具

共发现二十余件。竹筐、藤篓因年代久远，残损较甚，藤条已有很大程度炭化。

竹箢箕出土多件。绝大部分保存不好，只1号巷道底部出土一件保存较完整，编织方法与现代箢箕无多大差别。上圈是一根弯成"U"字形的厚竹片，经篾至底部汇集一起，挽成个"大疙瘩"，纬篾来回编织。两侧各有一篾制立耳。箕斗深45厘米、口沿宽40厘米、经篾宽0.6—0.9厘米、纬篾宽0.7—0.8厘米(也有窄到0.1厘米)、篾宽0.1厘米。这种箢箕可以用两手拎起，近距离搬运矿石和泥土。

竹筐出土多件。圆壁，平底，中以篾贯一提梁，底部经篾编成"米"字形，呈辐射状散至口沿，以纬篾逐圈编织。底径18—25厘米，口沿稍大，一般深20—25厘米。篾的宽窄、厚薄均与箢箕相同。

藤篓出土多件。除制作材料是用藤条外，编织方法、形制、大小都与竹筐同。竹筐和藤篓都是往井外提运的工具。

木辘轳2件。一件成品，出土于老窿上部。另一件是半成品，出土于10号巷道的顶部，可能是由于凿孔不合要求，废弃后用作巷道的横梁。辘轳轴全长250厘米、直径26厘米，两端砍出圆形轴颈，其长度分别是28厘米和35厘米。辘轳轴上凿有两圈疏孔和两圈密孔。孔皆长方，半榫，密孔靠近两端，中间距离40—45厘米。孔长8厘米、宽3厘米、深3厘米、孔间距约2厘米。再往中部约23—25厘米，为两圈疏孔。孔长8—9厘米、宽3—4厘米、深6—8厘米、间距8—10厘米，两圈孔交错挖凿，孔中插入长方木条。出土时，有些孔中还残留有木条碎片。疏孔较大，较深，装的木条较粗大，间距宽，安装牢固。将辘轳轴装上支架，扳动木条，就能起动，进行提升。密孔木条的作用相当于“制动闸”，需要停止提升时，推上辘轳支架上的插销就能控制轴的回转，木条很密，便于辘轳轴随时停住，设计是很科学的。

木钩 2 件。出土于斜巷和Ⅲ号井下部。利用自然树杈砍削而成，柄上削出绳槽。有的木钩粗大结实，可负荷重物。

大绳数段。最长的一段达 8 米，出土于Ⅲ号和Ⅴ号竖井以及 8 号巷道中，用某种野生植物纤维(有说为龙须草)绞成。单股细绳直径 1 厘米，三股绞合，粗细均匀，可以承受相当大的重量。

3. 排水工具

共 24 件。包括木水槽、木桶、木撮瓢等。除 2 号和 6 号巷道以外，其他巷道和Ⅲ号Ⅳ号竖井都发现这类工具。

木水槽 5 件。都是用一根整木凿成。大小长短各不相同。最大的一件，全长 160 厘米、一端宽 36 厘米、一端宽 31 厘米、深 20 厘米、边厚 3 厘米；大的一端没有凿通，留有 12 厘米厚的挡板；小的一端两边槽壁上留有长 10 厘米、宽 2—4 厘米的卡口。最长的一件全长 260 厘米。这两件都出土于Ⅲ号竖井，从井中由马头门伸井 9 号巷道。最小的一件出土于Ⅲ号井底部，长仅 65 厘米，两边向下内斜，横断面呈“V”字形，口宽 12 厘米、壁厚约 2 厘米。这种小木槽，搬动方便，表面光滑，大概是临时引水用的。笨重的大水槽应是固定的引水工具，将地下水汇集一处，然后提出矿井。

木桶 15 件。此外，还有许多木桶破片。桶为整段圆木凿成。可分为三种式样：Ⅰ式木桶，在桶壁口沿外刻成对称的二附耳，耳中穿孔，孔中有篾或藤穿成的提梁。Ⅱ式木桶，没有附耳，在距口沿 2 厘米的地方，挖出对称的二小方孔，再穿提梁。Ⅲ式木桶，形制与Ⅱ式同，只是在近底部桶壁上又凿出一方孔，长宽约 7—8 厘米，出土时，孔中有木片堵住。将水槽引集的渗水装在木桶里，就可以提出矿井。

木撮瓢 4 件。分别出土于几条巷道中，形制一样，全是用一块整木凿成的。全长65—75厘米、柄长10厘米、边厚1—1.5厘米、底厚4厘米。在距口沿13—15厘米处，两边各凿有一小方孔，穿以藤条。这样，一手握柄，一手提系，用来戽水，也可以用于撮取矿石。

4.生活用具

在24线老窿中发现的生活用具不多，只有木耳杯、葫芦瓢、竹篮几件和少数陶片。

木耳杯1件。椭圆形，胎很厚，新月形耳微向上翘，平底。器表经过打磨，但未涂漆，呈黑褐色。一端口沿略有残缺。全长约7厘米、通高4厘米、宽10厘米。和那些古墓中出土的漆耳杯比较，显得制作粗糙，在耳杯底部有简单的针刻图案。

葫芦瓢1件。呈圆梨形，壁很薄，较残破。

这两件器物都出土于斜巷底部，应是饮具。

竹篮2件。圆底，有圈足和单提梁。编织精细，与装矿石的竹篮、藤篓迥然不同，当是盛食物带进矿井来的。

陶片在24线老窿中，仅V号竖井底部出土数片泥质灰陶。素面，色浅，质地较软，因残损严重，器形无法辨认。

三、遗址的时代

根据出土的材料，我们认为12线和24线两处古矿井分别属于不同的时代。

12线老窿支护用料较小，有特点的是"间隔法榫口式"结构支护的斜井。1973年10月发现过一批铜器(斧、锛)的另一处老窿，也有这种支护结构，两处出土的木制生产工具——槌、铲等的形制、陶器的质地和花纹也都一样，出土器物显示出春秋时代的特征，我们认为这两处矿井应同是春秋时代开掘的。

24线老窿支护用材较为粗大，支护方法较12线老窿有显著进步，这处矿井出土的金属工具全是铁器，无铜铁器并存现象，其时代较12线老窿为晚。从开采工具看，这里的六角形锄的形制与河北兴隆出土的铁锄铸范以及长沙战国墓中所出土的铁锄一样，锄上的云纹也很简单，不像汉代那样复杂、成熟。凹字形锄与江陵战国遗址中所出的形制相类似。铁锤与山西长治战国墓中出土的铁锤亦颇相近。木耳杯制作简陋，底部简单的线刻图案也显示战国时期的风格。

铁器成分中，铜含量很低，说明不是铜绿山本地所产。铜绿山表层就有很好的铁矿，铁器却要取于别的地方，说明当时本地还没有开采和冶炼铁矿。采铜矿时把铁矿作为“废石”，充填进采空区，也说明这一问题。战国中期铁器已广泛使用，在楚国，大冶地区地处要冲，交通方便，冶铁技术的传播不会晚于战国中后期。

这些铁器在冶炼时所用的燃料是木炭而不是煤，冶铸技术还不成熟，“海绵铁”锻件占有很大的比重。虽已懂得对生铁工具进行柔化(退火)处理，降低含碳量，增强工具的韧性，克服生铁的脆性，但还不会对熟铁进行渗碳、淬火，因而，不能制作很坚利的工具，这与战国中后期的冶铸技术也是相当的。

这里出土了大量木器，这些木制工具，大的如长 1.6 米至 2.6 米的水槽，小的如 34 厘米的木槌，全是用整木砍凿而成，没有拼接和使用锯子的痕迹。春秋战国时期已有铜锯，寿县和信阳楚墓中都有出土。汉代已有“胡铁大锯”，汉简中屡有记载。此处从木质工具到矿井构件的制作，绝无用锯子的痕迹，绝不是偶然的现象，说明当时大锯的使用还不普遍。

24 线老窿中仅出数片泥质灰陶，器形难以分辨，不能作为断代的依据。仅从以上几方面分析，我们认为其开掘时代应不晚于战国后期。

24 线老窿比铜绿山所有老窿的位置都低。现在铜绿山所有老窿都已揭露出来了，没有发现比它时代更晚的。因此，我们认为，铜绿山古代矿井的时代应始自春秋而终于战国。至于整个矿冶遗址，如大岩阴山、小岩阴山、螺蛳塘等处，曾采集到时代更早的陶片，我们不排斥其开始采矿和冶炼的时间比铜绿山老窿更早，延续的时间比铜绿山老窿更晚的可能性，但这有待于进一步的发掘工作来证实。

铜绿山古矿冶遗址的发现，说明早在两千多年前，铜绿山一带就在进行大规模的铜矿开采和冶炼，是那些终年在井下炉旁辛勤操作的奴隶，为创造我国灿烂的古代文化提供了重要的物质基础，在阶级斗争、生产斗争和科学实验中写下了光辉的篇章。

（原载《文物》，1975年第2期。）

中国青铜时代的采掘炼铜技术

——湖北大冶铜绿山古铜矿遗址简介

黄石博物馆

铜绿山古铜矿是我国目前出土的规模最大的殷到春秋战国时代的古铜矿遗址。其高超的自成体系的开采和冶炼技术，极大地丰富了中国青铜文化的历史。

举世闻名的中国青铜文化，是中华民族古老文明、悠久历史的象征，也是人类历史上不可多得的宝贵遗产，青铜时代的一个典型的采矿炼铜遗址——铜绿山古铜矿。

铜绿山古铜矿遗址就其规模之大，内涵之丰富，在国内外都是十分罕见的。据考古部门考证，古矿区的开采历史年代，与安阳殷墟的商代青铜器年代大致相对应，始于殷小乙时代（据黄石市博物馆资料，用碳十四测定为3265±100年，按古矿区的开采顺序推断，其露天开采的年代还要更早了，经春秋战国到西汉，延续开采长达一千多年。它的特点是：采选兼备，包含了古人在地质找矿、采矿、选矿、冶炼等方面极丰富的内容，既有露天开采，又有规模宏大的地下开采；既使用木制和石料工具，又有锋利坚固率较高的铜铁工具。同时随矿石开采量的增加，相应地出现了矿井提升、排水、通风系统，而在井巷和采矿场支护方面，已有意识地适应岩石的稳固情况及地压特点，选择不同的支护方式和采矿方法。这与在内蒙古出土的林西古铜矿相比，都已大大地前进了一步，从开采技术上看已初步具备了近代矿山的雏形。

自1975年底始，有关单位曾组织力量集中进行两次考古发掘，由于遗址规模宏大，全区的发掘工作还没有最后完成。目前已发现的古代露天采矿场

7个，地下采区18个，古人采后的老窿洞有100万立方米，竖井有252条，已发掘的近100条，井巷总长约8000余米。如按已出土的矿井支架推算，古矿区所用木料约3000立方米；古采场内遗留的矿石3—4万吨（铜品位12%—20%），人工堆积物70余立方米。发现的古冶炼场50余处，出土完整的炼铜竖炉10余座，还有许多残破不全的炉壁；古代遗留的炉渣计有50—60万吨，推算矿区累计产铜不少于8—12万吨。出土的还有采掘和提升工具，包括木制及石料工具上千件；铜、铁金属工具各数十件；筑炉工具、木炭及冶炼辅助原料、陶器、照明器具和兵器等多件。

铜绿山地处大冶县境内，古时为楚国辖区，陆路靠近江南重镇鄂城，水路出大冶湖与长江水系相通，逆水西上可直达楚都郢，交通方便。炼出的铜锭由水路运往长江中下游各地，在矿区湖边出土的十余块饼状铜锭，就是当时外运的遗留物。据《大冶县志》记载，现在的大冶县名起始于南唐（公元967年），当时在青山场（今铜绿山）一带曾大兴炉冶，故取名。可谓是名副其实矣！

矿区属鄂东丘陵，雨量充足，常年气温较高，当年生长着茂密的森林，为采矿和冶炼提供了充足的木林和燃料。

铜绿山铜矿床属岩浆期后矽卡岩型接触交代含铜磁铁矿，产于中生后期花岗闪光斑岩和三叠系大冶灰岩接触带内。大部分矿体出露或接近地表，经长期强烈风化侵蚀及次生富集，在矿体及围岩破碎带内形成氧化富集带，其含铜品位均在6%以上，孔雀石矿脉量厚可达10米，氧化带深度一般距地表100—170米。古人的开采活动大都在这个范围之内。

古人起初以孔雀石和铜草花（学名海州香薷）为标志进行找矿。如《大冶县志》记载："每骤雨过后，有铜绿如雪花小豆，点缀土石之上。"但是要找到大量的矿石，就必须借助于探矿工程。古人探矿的主要手段是掘进竖井，已发现的252条井中，有一部分断面很小（450—450毫米）或是孤立的小井，推证是做探矿用的，先打探井然后再掘进群井采矿，采到深部为了继续追索矿体，又向下开掘盲井和斜井。经仔细考察发现，探矿井巷大都是打在矿体底盘大理岩破碎带和火成岩绢云母化蚀变带内。尤其是绢云母化矽卡岩为现代矿山生产找矿的重要标志，由此可见古人找矿是遵循一定的规律进行的。

铜绿山古代采矿冶炼技术的发展，经历了长达千年之久的漫长道路，其各个发展时期的技术特色，都有着极明显的连续性和继承性，存在着一个较完整的技术发展过程。说明本区开采技术的发展，是有很强的独立性的。

目前我国铜生产的六大基地，除湖北大冶之外，还有甘肃白艮、山西中条、云南东川、安徽铜陵和江西德兴。从历史记载和实际考察都说明，在古代有较长的开采冶炼时期。但从今人所掌握的资料看，见记载最早的云南东川铜矿和安徽铜宫山，也只是在汉代(见《汉书·地理志》)，而铜绿山古址的发掘，从历史年代、生产规模、技术发展等方面，都远远地超出了上述记载。它的科学价值不仅是展示中国古代采矿冶炼高度发展的生产技术水平，更引人注目的是它充分圆满地说明了中国青铜文化的来源，打破了长期以来国外流行的一种论调“中国青铜文化外来说”观点。

解放后我国的考古事业有了较大发展，陆续在全国各地发掘出几批极有价值的古代青铜器，说明中国的青铜文化始于商夏或更早的年代，因而也必须存在有年代更早的古铜矿遗址，有待今后考古工作去发现。

（原载大冶县文化教育局编:《大冶县文化志》,1983 年 8 月。）

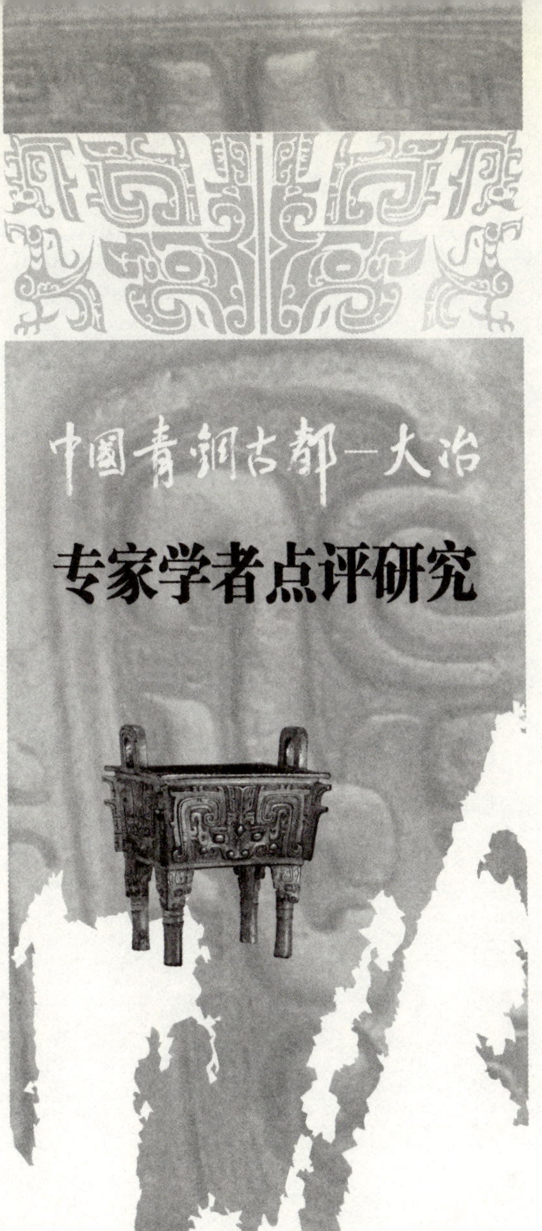

专家学者点评研究

专家学者点评铜绿山古铜矿遗址

中国文物学会名誉会长、文物界著名专家谢辰生为铜绿山古铜矿题词

1984年中秋节，谢辰生先生前来参观考察铜绿山古铜矿遗址后挥笔题词，称该遗址是“中华民族古代青铜文化的历史见证。其历史科学价值是不能以经济数字来衡量的，必须妥善保护，为建设社会主义精神文明作出贡献。”

中国社会科学院古代文明研究中心主任、清华大学出土文献研究和保护中心主任、美国东方学会荣誉会员、国际欧亚科学院院士李学勤教授评说铜绿山古铜矿

李学勤教授在上海科技教育出版社出版发行的《中国古史寻证》一书中说：“青铜器的制作过程，应从青铜生产说起。生产青铜，首先是从铜矿中提炼出铜，然后加入适量的锡（有的还加铅），熔成合金。近年考古中已发现一些古铜矿，最著名的是湖北大冶铜绿山。据初步估计，光炼渣就超过40万吨。铜绿山古铜矿的时代，大约是从西周到汉代。据推算，这里先后生产的铜约有10万吨之多。铜料（铜锭）冶炼出来后，经过有组织的运输，送到铸造青铜器的作坊。这种铜锭考古中曾发现过。”

中国科学院资深院士、著名冶金史专家、北京科技大学柯俊教授评说铜绿山古铜矿

柯俊教授曾多次亲临铜绿山考察，认为铜绿山古铜矿代表了一个时代采铜炼铜的技术。

（原载周保权：《世界文化遗产瑰宝——铜绿山古铜矿》，香港天马图书有限公司出版社，2000年3月。）

中国科学院研究员、清华大学科技史及古文献研究所所长华觉民教授评说铜绿山古铜矿

华觉民教授在其著作《中国古代金属技术》等多本论著及在有关论坛中多次赞赏："铜绿山古铜矿在全世界都闻名！"

世界冶金史专家、美国麻省理工学院史密斯教授点评铜绿山古铜矿

世界冶金史专家、美国麻省理工学院史密斯教授 1981 年 10 月 25 日下午 3 时在参观考察铜绿山古铜矿遗址时显得很激动，深情地说："多么聪明的人民啊！我看到了世界其他地方看不到的东西，这是我一生中永远不会忘记的"。

（原载周保权：《世界文化遗产瑰宝——铜绿山古铜矿》，香港天马图书有限公司出版社，2000 年 3 月。）

美国冶金史专家麦丁教授点评铜绿山古铜矿

美国冶金史专家麦丁教授 1981 年 10 月 25 日下午 3 时在参观考察铜绿山古铜矿遗址时运用对比的方法，概括了对铜绿山古铜矿的看法："在世界其他地方，看了很多古代矿冶遗址，铜绿山是第一流的。在中东等地虽然很早就开始了铜矿的冶炼，但保存这样大规模的地下采掘遗迹，较完好的冶炼用炉，炉渣温度高，流动性好，含铜量低是很少见的。"

（原载周保权：《世界文化遗产瑰宝——铜绿山古铜矿》，香港天马图书有限公司出版社，2000 年 3 月。）

加拿大冶金史专家弗兰克林教授点评铜绿山古铜矿

加拿大冶金史专家弗兰克林教授 1981 年 10 月 25 日下午 3 时参观考察铜绿山古铜矿遗址时充满深情地说："你们经常接触可能不觉得，但对我们来说，这是世界其他地方所没有的，只可惜时间太短，我们十分留恋这个地方"。

（原载周保权：《世界文化遗产瑰宝——铜绿山古铜矿》，香港天马图书有限公司出版社，2000年3月。）

国际科技史协会主席李约瑟博士点评铜绿山古铜矿

国际科技史协会主席、《中国科技史》一书主编李约瑟博士1984年在北京举行的第三次科技史国际会议期间，他因年纪太大，不能亲自去铜绿山古铜矿遗址考察参观，当他看到文物出版社编辑出版的铜绿山古铜矿遗址画册时，感到非常高兴，认为："铜绿山古铜矿的发现和发掘是一件了不起的大事。"

（原载周保权：《世界文化遗产瑰宝——铜绿山古铜矿》，香港天马图书有限公司出版社，2000年3月。）

联合国世界遗产项目协调员亨利博士罗马文物修复研究中心协调员尤嘎先生点评铜绿山古铜矿

1998年9月6日，联合国国际古迹遗址理事会世界遗产项目协调员亨利·克利尔博士夫妇和罗马文物修复研究中心协调员尤嘎·昭克顾特先生夫妇等，在国家文物局郭旃同志陪同下，专程来大冶，对铜绿山古铜矿遗址争取向联合国申报"世界文化遗产名录"进行前期考察。铜绿山古铜矿给他们留下了深刻印象，亨利博士表示："参观中国三千年前的冶炼金属的古矿冶遗址，使我感到人类祖先的伟大。只要把遗址周围的环境和进出交通道路问题解决好，世界文化遗产名录上就有铜绿山古铜矿遗址。我真诚希望下次再来时，这里能挂出"世界文化遗产名录"的牌子。"尤嘎称赞中国是一个具有丰富文化遗产的国家，铜绿山古铜矿遗址便是一个典范。

（原载周保权：《世界文化遗产瑰宝——铜绿山古铜矿》，香港天马图书有限公司出版社，2000年3月。）

湖北铜绿山古铜矿

夏鼐 殷玮璋
中国社会科学院考古研究所

从前在中国，青铜器的研究和青铜器铭文的研究几乎是同义词。自北宋时代(公元 11 世纪)以来，中国有许多学者研究古代青铜器，写下了一些著作，其中有些还流传到今天。自 20 世纪 20 年代起，中国引入了田野考古学，青铜器的研究便起了很大的变化。

田野考古学被引入以后不久，就显示了它的影响，青铜器的研究范围扩大了。从此，不仅青铜器的铭文要加以研究，并且它们的形态、用途、花纹、成分、铸造法等，都要加以研究。田野考古学根据出土物的共存关系(地层学的研究和墓葬中器物组合的研究) 和型式学的分析，将青铜器的研究提高到一个新的水平。今天，我们不仅研究青铜器本身的来源，即它的出土地点，还要研究它们的原料来源，包括对古铜矿的调查、发掘和研究。这是中国古代青铜器研究的一个新领域；也是中国考古学新开辟的一个领域。这篇文章便是介绍在湖北省黄石市大冶县铜绿山古铜矿进行的发掘工作。

铜绿山是“铜绿色的山丘”的意思。这里蕴藏着丰富的铜铁矿床，并与金、银、钴等有色金属共生。现今仍是我国一处重要的产铜矿区。这里发现古代采矿的遗迹和遗物，至少可以追溯到 1965 年该矿重新开采的时候，但一直到 1973 年发现铜斧 (现认为是斧形铜凿，因为它的装柄办法和使用法都是与凿相同)以后，才引起人们的重视。1974 年配合矿山生产，在 I 号矿体的 12 号勘探线和 24 号勘探线清理了两处古矿井，有简报发表于 1974 年的《考古》4 期和 1975 年《文物》2 期中。1979 年冬，我们考古研究所派了一个考古工作队和

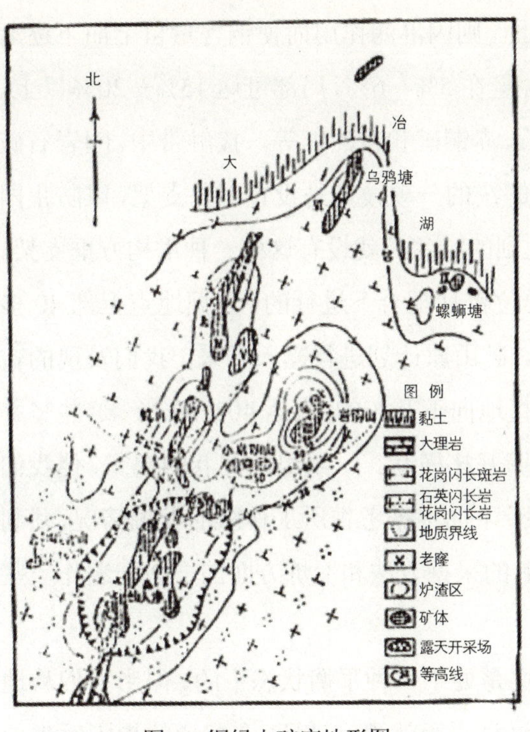

图一 铜绿山矿床地形图

地方的考古队一起，在几个地点同时进行发掘。我们发掘的地点在Ⅶ号矿体的1号点，有简报发表于《考古》1981年1期中。1980年除在Ⅶ号矿体1号点继续工作外，还在Ⅺ号矿体发掘冶炼遗址，清理了炼铜炉一座。在发掘的同时，进行了一次炼铜炉的模拟试验。关于发掘冶炼遗址和进行模拟试验的简报，将在《考古》1981年1期上发表。

铜绿山古矿区的范围；南北约2公里，东西约1公里（图一）。古矿井的附近还有古炼炉遗址，因被炉渣掩埋而保留下来。许多地点的表面，覆盖有一米多厚的古代炉渣，总量估计达40万吨左右。样品经过化验，平均含铜品位为0.7%，但含铁达50%上下，知道是炼铜后弃置的炉渣。从古矿中挖出的“黄泥巴”的分析结果，知道含铜品位在12%—20%，含铁30%左右。块状的孔雀石的含铜品位可达20%—57%。就炼渣40万吨来计算，估计古代提炼的红铜当在8万吨左右。我们可以设想，这么多的红铜，可以铸造出多少件青铜器！

根据我们的调查和发掘，矿区里的古矿井大多集中在大理岩和火成岩（花岗闪长斑岩）的接触带上（图二）。这里，矿体上部的铜已经氧化流失，变为富铁

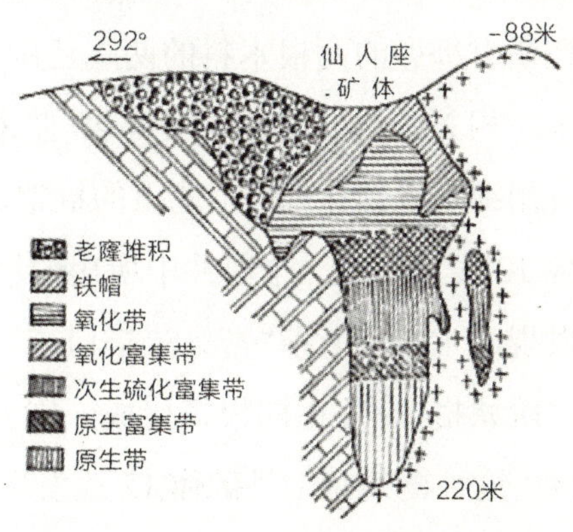

图二 含铜磁铁矿的氧化次生富集分号

矿石，即所谓“铁帽”。在它的下面，则因淋滤作用而使铜含量自上而下逐渐变富。至氧化富集带中，铜一般含量在5%—6%，局部可达15%—20%以上，包含有磁铁矿、孔雀石、硅孔雀石、赤铜矿和自然铜等。接触带中，因岩石破碎，容易开采。采掘过程中仅需解决的一项技术是设置矿井支架，以防止四壁围岩塌落，影响采掘。发掘中见到的“老窿”就设有这样一种木构方框支架。

我们的发掘工作是在采矿单位密切配合下进行的。发掘地点上部40多米岩石，由采矿单位挖掘和移运。矿山原计划进行露天开采。我们发现的古代矿井，是由当年矿山的地面垂直地向下开拓的，深达40—50米。这些竖井挖到含有富铜矿的地方，便向侧壁开拓横巷。一组组的井巷的揭露，使我们仿佛看到古采场真实的活动情景。下面根据考古所工作队的发掘情况，并利用已公布的资料，对铜绿山古铜矿的采掘方法和冶炼方面的一些问题作一些探讨。

我们知道，未掘动的整体岩层是处于一种平衡状态下的。但当人们从地下深处挖取矿石而开拓巷道时，这种平衡就遭到破坏，在巷道的周围发生应力集中，使岩层出现裂缝、滑动或崩塌等情况。为了防止这种危险的变形，就要使用矿井支架。

我们在发掘中看到的竖井的木构支架，基本上有两种：早期的在Ⅶ号矿体Ⅰ号点见到的方形框架，是由四根木料用榫卯法互相穿接而成（图三，1）。在凿有榫卯的两根木料的两端还削成尖端，以便楔入井壁而使框架固定下来。相邻两副框架之间约有40厘米的间距。竖井的四壁还衬以席子等物，并用细木棍别住。这个地点的框架，规格较小，内径约为60厘米。在Ⅰ号矿体12线发现的一个斜井中所用的框架，形制与此种基本相同。晚期老窿中发现的主要是所谓“密集法搭口式”框架（图三，2）。它是把圆木的两端砍出台阶状搭口榫，由四根搭接成一副方框；整个竖井用这样的方框层层叠压而成。这种框架在Ⅰ号矿体12线发现的有八座竖井。这里的矿井年代比Ⅶ号矿体Ⅰ号点的要稍晚一些；直径约80厘米。24线发现的则比较大，井口长宽约 110—130 厘米，所用的木料也较前一种粗大。

有些竖井在挖到一定深度，发现没有理想的矿脉或因技术原因不再继续挖掘时就一走了之，竖井随之废弃。但当挖到矿脉或高品位矿层时，便向旁侧开拓横巷(或称平巷)。这些与横巷连接的竖井，它的底部都有“马头门”结构(图三，3)。这是由四根竖立着的圆木或方木用榫卯法穿接两副平放的方形框架而构成的立方形框架。早期竖井马头门所用木料较细，用圆木，晚期的用料粗大，出现方形木柱。它的高度与横巷的高度一致。在与横巷连接的一边或两边留作通道口，其余的都衬以横向的圆木棍或木板作为背板。

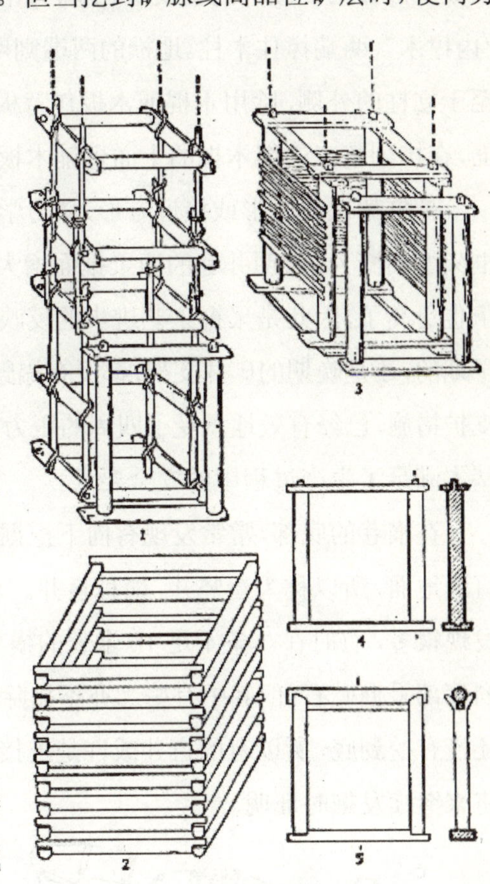

图 三

1.早期竖井井架 2.晚期竖井井架 3.马头门
4.早期横巷框架 5.晚期横巷框架

横巷有的接近水平，有的则有一定倾斜度。这种情形既与矿脉的走向有关，也跟排水等设施相联系。一般地说，较厚矿层中的横巷，以接近水平走向的居多。但无论横巷或斜巷，往往在它的一侧或两侧还分出若干条横巷。在这些巷中，为了防止四周围岩塌落，危及采掘过程，也用木料构作支架。早期的支架也用榫卯法构成方形框架，两侧的立柱为圆木，圆木的两端有圆柱形榫卯法同上面的横梁和下面的地袱相连接。地袱和横梁都是方木或半圆木。在横巷中，每隔 1 米左右就竖立这样一副方框。方柱的外侧，一般用三五根横向的细木棍作背板；横梁的上面，排列有整齐的木棍构成顶析，木棍的方向与横巷的走向一致。在横巷拐弯或两条横巷连接的地方，顶板往往作十字交错排列。在24线看到的晚期横巷中的框架，不用榫卯法结合。两侧立柱的上端为支杈形，横梁柱放在两侧顶部的支杈中。为了不使立柱内倾，在横梁的下面紧贴一根“内撑木”，两端撑住木柱。地袱的两端则用搭口式接头与立柱相接(图三,5)，至于立柱的外侧，除用木棍或木板作背板外，有的板外再加席子。横梁的上面，在排列整齐的细木棍的上面再铺木板。

把框架做成方形或接近方形，从力学的角度来说是最为合理的。晚期的框架变高变大，表明井巷的净采掘面增大了，矿井支架在承受压力方面的要求也更高了，因此是采掘工艺进步的反映。同时，从发掘的情况看到，无论是早期的，还是晚期的矿井支架，都没有塌毁伤人的现象，说明当时采取的这些支护措施，已经有效地承受了四周的压力，在采掘过程中较好地发挥了作用，基本满足了生产过程中的安全要求。

在横巷的底部，常常发现有向下挖掘的竖井。由于这些竖井的井口并不直通地面，所以称为盲竖井，简称盲井。这种井在Ⅶ号矿体Ⅰ号点的发掘中发现很多，有时在一条不足10米长的横巷中发现三口。这些盲井大多用于向深部采掘矿石，但其中有些当亦不排除作为储水仓的可能。因为有的盲井还没有挖到底，所以有的盲井或许是连接下层横巷的通道。不过，这还有待将来继续发掘时证明。

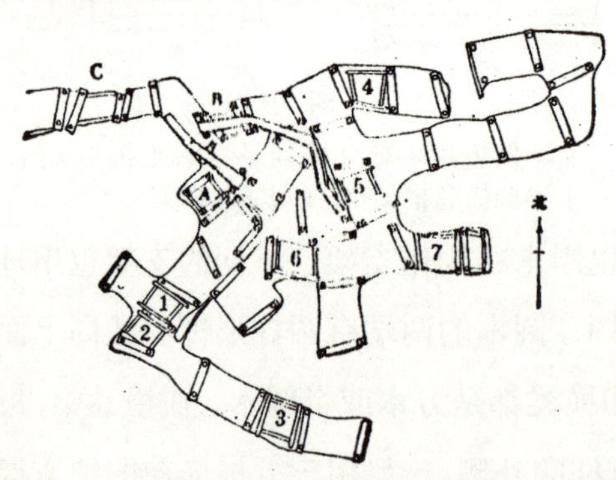

图四　一组完整的井巷平面图
A—C.竖井　1—7.盲井

我们在发掘过程中特别注意井巷之间的组合关系。Ⅶ号矿体Ⅰ号点的发掘中发现了这样的组合，如有一组是七条横巷围绕三口竖井作扇面形展开的，横巷的底部还有七个盲井(图四)。就在这一组中，还发现了相当完整的排水系统。从竖井的底部连接的交错而有序的横巷以及横巷底部挖有盲井的情形，我们自然而然地联想起由竖井→横巷→盲井掘取矿石的过程以及采掘矿石而在提升、排水、通风等方面采取的相应措施。显然这种组合的被揭露，为探讨当时的采掘工艺提供了有说服力的、具有典型性的资料。

在发掘时，竖井底部和横巷中均出土了一些采矿时留下的器具。这些物品使我们可以推想当年矿工们进行采掘工作的情况。

采掘的工具发现有金属的斧形凿(原报告中作"斧"，下同；早期的青铜制，晚期的铁制)，此外，晚期巷道还出有铁制的锤，四棱凿、锄（图五、8、9、1、3—6）。铜制斧形凿重 3.5 公斤，安装方法和四棱凿一样，柄部直插入它的空銎内，刃部与木柄垂直，这种装柄方法和武器中的斧子或木匠用的斧子，都不相

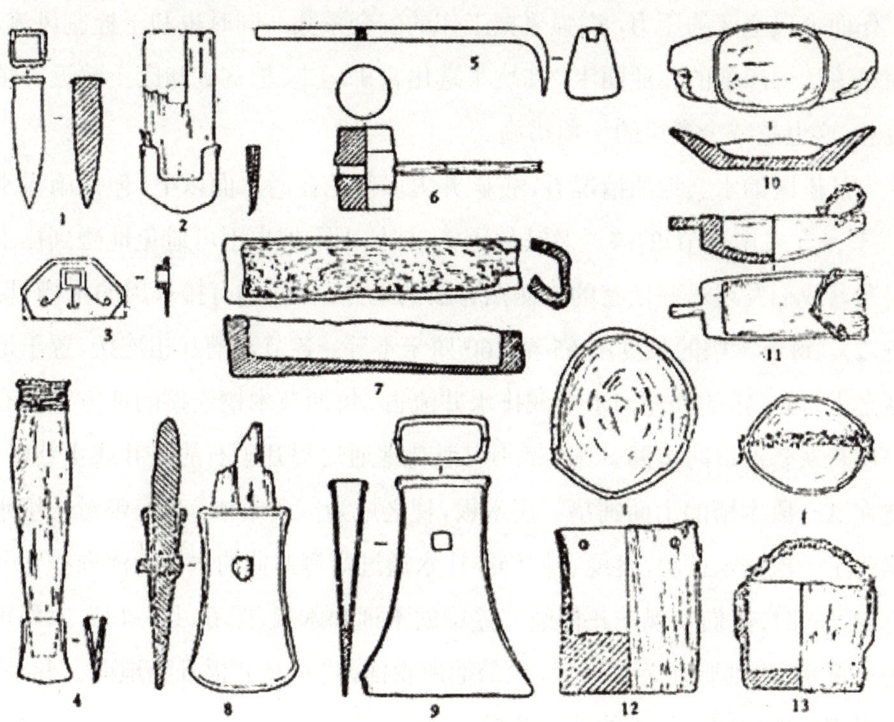

图 五

1. 四棱铁凿 2. 凹字形铁锄 3. 铁锄 4. 铁斧 5. 铁耙 6. 铁锤 7. 木水槽 8、9. 斧形凿 10. 船形木斗 11. 木瓢 12、13. 木桶

同。斧子的刃部与木柄平行，斧身与木柄垂直。铁锤重6公斤。有一件铁制斧形凿的木柄上端仍保留四道(竹)篾箍，显然是为防止柄端开裂而套上去的。也有的木柄上因冲击而使木质纤维外翻，表明它们在剥离矿石时，是一种有效的工具。几件铁锄和一件残铜锄的锄板都很单薄，大概是用来扒取剥下的矿石或废石的，发现的木铲(锹)也可作同样用途。这些矿石用竹簸箕倾入竹筐或藤篓中，然后再提升至地面。12线的古矿井中，就曾见到装满孔雀石的竹篮(筐)。当然，这些筐、篓也可以搬运泥土和碎石。

在发掘过程中，还见到有的横巷在最后废弃之前已经人为地用红色黏土、废石、铁矿石等充填，并用木棍和青灰膏泥(高岭土)加以堵封。这些废弃的杂物应是在坑下选别后就近加以处理的。这样做的目的，首先是为了减轻工作面上采空区的压力，增强采掘工作的安全系数。同时也利于控制风流，使风流达到深部的作业面上。在坑下选出富矿运走，把贫矿和废土就近弃填废巷，这也是减少搬运的一项措施。

从矿区的水文地质情况看，古矿井大多都挖在潜水面以上，但是雨雪水(尤其是在多雨季节)的渗透及其他因素，使坑下采掘也不可避免地碰到排水问题。我们发现一些横巷的一侧贴背板的地方，往往铺有排水用的木槽(图五，7)。每节木槽的长度由65至260厘米不等。各节木槽互相连接，置于地袱之上，以一定的高差向水仓或排水井流去。每两节木槽连接的地方都涂有一层青灰膏泥以防渗漏。当木槽不可避免地通过提升矿石的竖井或主巷时，就在这一段木槽的上面铺垫一层木板，使之成为一条暗槽。我们曾对一组水槽作了一次排水试验，发现它们仍能让水通过弯弯曲曲的木槽而流向排水井方向。同时，我们发现十几件装有提梁的木桶和木瓢(图五，11—13)，木瓢可用来戽水，木桶则在装水以后，像前面所说的，可由竖井提升到地面。此外，还发现有专门用于排水的泄水巷道。

把矿石提升到地面的方法，也可以根据发现的遗物而推知其大概。最重要的发现是两根辘轳轴。一根是采集的；另一根出于晚期的24线10号巷中。全长250厘米，可以横架在井口之上。轴木的两端砍成较小的轴头，以便安放在井口两侧支架的立柱上面。轴木本身，近轴头处两端各有两排环绕一圈的长方孔，孔眼可以插入长方形木条。这两排孔眼的疏密并不相同，外圈密而孔眼浅小，内圈衡疏而孔眼深大。据原发现人的推测，内圈孔眼上安插的木条，如果加以扳动，便可起动绕于轴木中心的绳索，以提升或下放悬挂于木钩上的竹筐或藤篓。外圈密孔上安插的木条，可能起到"制动闸"的作用。当辘轳需要停止转动时，可以推上支架的"插销"，即可制止轴木转动（图六）。我们认为这种复原是不合理的，密圈的孔眼既密又浅(孔深2—3厘米，孔距1—2厘米)，所插之木条恐难以起到"制动闸"的作用。实际上，矿井上的辘轳，并不需要"制动闸"。明人宋应星《天工开物》中矿井上的辘轳就没有设置"制动闸"。16世纪德国学者阿格利科拉的《金属》一书中的插图，也是如此。从明崇祯十年刊本《天工开物》所绘宝井取矿的辘轳图形看，密圈的孔眼是为加粗辘轳直径而插入如车轮辐条那样的木棍的（图七）。我们曾按原轴的规格制作了这样一个辘轳，证明在加了辐条式的木棍和车辋式的一圈木

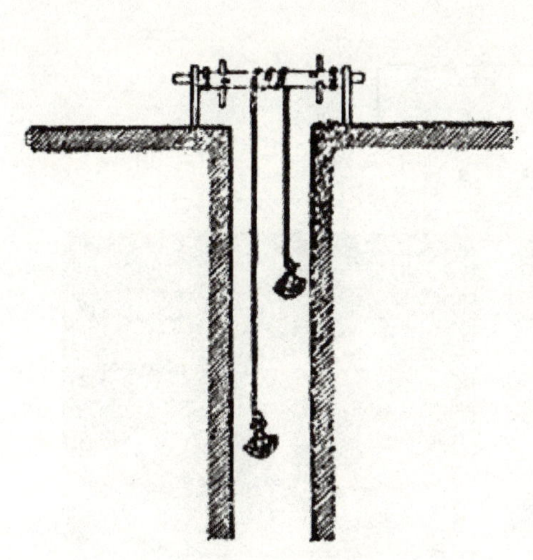

图六　使用辘轳提升的一种设想图

图七　《开工开物》（明崇祯十年刊本）所绘辘轳使用情况

条之后，比原来的辘轳轴的直径增大了一倍，则同样绕绳一圈，绳索的长度也增加了一倍。这样，既可减轻辘轳的重量(比同样直径的实心轴要轻)，操作时又可省去一半的时间，应是提高功效的一种措施。至于疏圈的孔眼，深为6—7厘米，作按把和起动用的推测是合理的。铜绿山的这种辘轳设置按把是由于这里的矿井口径较《天工开物》插图中的为大，工人站在口沿上伸手到辘轳轴上是困难的。这样的辘轳将能够胜任从深井中提升矿石的功能(图八)。

在Ⅶ号矿体的发掘中，我们没有发现辘轳。早期是否已经使用辘轳，还需在今后的工作中证明。不过，木钩在早晚期的井巷中发现不少。有的钩柄

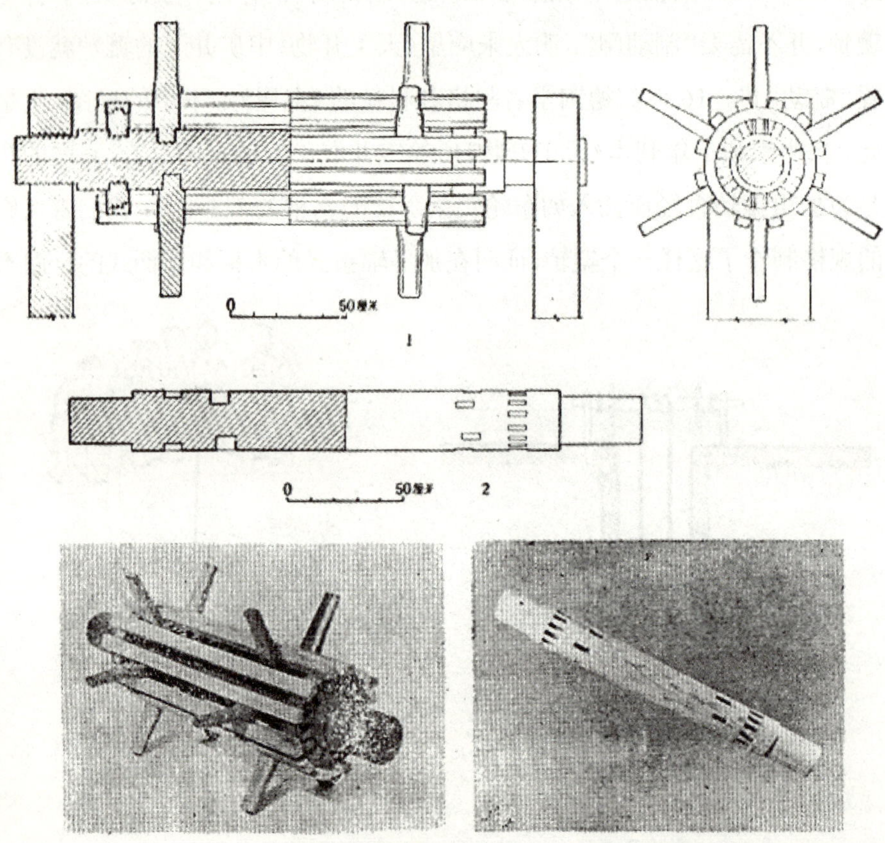

图八　辘轳复原图

上刻有浅槽，以便扎绑绳索。发现的绳索中，最长的一条残存 8 米。这些绳索系由植物纤维绞成，即先绞成直径 1 厘米的单股，再由三条单股的绞合而成，所以它们可以承受相当的重量。在晚期的竖井中，当年的矿工们已经知道使用辘轳，可能在绳索的两端各绑缚一件木构，一上一下地来回提升或下放盛有矿石和支护用构件等东西的篓筐。前面已经提到，在矿体中开拓井巷是由竖井——横巷——盲井。提升的过程则应是盲井——横巷——竖井而达于地面的，而且可能是用分段提升的方法提升矿石的。

在巷道的充填物中，还曾出土一些竹签，一般都很短，一端有火烧的痕遗。这些竹签可能是矿工们在矿下用于照明的残余。不过，考虑到当时的通风情况，巷道又很窄小，在坑下长时间燃竹签照明的可能性并不大。

我们知道：氧气在一般空气中所占的体积为 21%。当空气中的氧气下降至 17%，或二氧化碳达到 3% 以上时，矿工就失去长时间从事繁重劳动的能力。当时没有机械通风，只能靠井口高低不同产生的气压差所形成的自然风流来调节坑下的空气，确保氧气的供给。为此，如上面提到的，及早关闭废巷也是促使新鲜空气顺利通向深处采掘面的措施之一。但从总的情况来看，当年矿工们在坑下采掘矿石，所处的劳动条件还是相当差的。

在发掘过程中，我们注意了选矿问题。因为古矿井所在的范围内，矿石的含铜品位是不平衡的。舍贫矿、取富矿，这是古今矿工们采掘时的基本原则。在发掘中曾见到一些类似“淘金斗”那样的船形木斗（图五，10）。这种木斗体积较小，装上矿石，在水中淘洗，比重较大的矿物就沉在底部，借以进行“重力选矿”，可以用来鉴定矿石品位高低以确定采掘方向。对于冶铜所需的、数量较大的矿石如何选矿?有理由认为，凭经验进行目力选矿（人工挑选）是可能的，同时，对“泥巴矿”用竹簸箕一类工具用水淘洗也是一个有效的办法而可能已被采用。我们在模拟实验时曾用这种淘洗的方法，结果泥土冲掉了，含铜品位可以提高一倍多。这方面的问题，应在今后的发掘工作中继续探索。

在巷道中还发现了一些生活用具，如木制耳杯、葫芦瓢、竹篮和陶器碎片等等。其中以竹篮为常见，竹篾削的很细，编织相当精致，当为盛置食物而被带进巷道的。矿井是采掘矿石的场所，矿工们的居住遗址亦相去不远。Ⅶ号矿体所在的大岩阴山南坡，地表就有很多陶片。可惜因地貌有较大改变，原来的地层被扰乱殆尽，已无法弄清其原貌了。

关于这些矿井的年代，我们曾经根据出土物而推定Ⅰ号矿体的12线老窿为春秋晚期，24线老窿则属战国年代。由Ⅱ号矿体古矿井中一件遗物(铜制工具的木柄)作碳十四测定，是距今2485±75年(ZK297)，树轮校正后为距今2530±85年，如果换算为公元年代，它是公元前465±75年，校正后为公元前580±85年，与我们最初的估计可说是相当符合的。

最近又作了几个碳十四测定(见附表)，其中Ⅶ号矿体Ⅰ号点所测的数据，有的与12线的时代接近，有的则稍早，这与该地点矿体支架的规格较小，具备某些早期特征是一致的。至于24线老窿的碳十四测定为距今2600±130年(W.B.79-36)、2575±175年(W.B.79-37)和2075±80年(ZK561)，当属战国至西汉时代。这与巷道出土的其他遗物一致，与原先估计的年代也相去不远。碳十四测定中ZK559的距今3205年这个数据，其标准误差为400年，与出土物的时代不合，恐有问题。不过，有迹象表明(如ZK758的数值)，古矿区内可能还有较春秋时代更早的矿井。

虽然岩石是人类最早进行加工的对象，被制成粗陋的石器，但是从岩石中识别可以利用的矿物，经过冶炼、提取金属，制成器具则只有几千年的历史。从矿石中提取金属的工艺，比起加工石材、制作石器来无疑要复杂得多。过去，对于我国古代的金属冶炼业(包括冶铜业)的了解很少，研究工作由于缺乏采矿和冶炼的实物资料，无法探入。因此，发掘古代的冶炼遗址，对古代冶铜工艺进行探索，是我们在铜绿山工作时要研究的又一个课题。

在铜绿山发现的早期古炉，主要是在Ⅺ号矿体。那里地表面覆盖有一米多厚的炉渣，下面埋有不少古代炼炉；前几年，地方考古队在该地清理了六座炼炉，有简报发表于《文物》1981年8期。我们清理的10号炉与他们清理的古炉的炉型和结构都很一致。10号炉的热释光年代为2895±305年、3014±320年，从地层和出土物推定，古炉的时代均属春秋时期。

这几座古炉的炉型为炼铜竖炉，它包括炉基、炉缸和炉身三部分（图九）。炉基在当时的地表之下，内设“一”字形或“T”字形风沟（又称防潮沟）。风沟沟壁经过烘烤，质地坚硬，有的沟底还有木炭或灰烬。后经模拟实验证明，风沟的设置，对确保炼炉的炉温和防止炉缸冻结确实是有效的。

图九 第10号炼铜竖炉结构复原图（剖面）
1.炉基 2.风沟 3.风沟垫石 4.炉缸底 5.炉壁 6.炉缸 7.风眼 8.金门 9.工作面

炉缸筑在炉基的上面，炉缸的截面有的为椭圆形，也有长方形的。炉缸内径，长轴约70厘米、短轴为40厘米。炉缸的侧壁上筑有金门。金门的形状是内宽外窄、内低外高、顶呈拱形。在炉缸内壁和金门内口区一段，都加衬耐火材料；鼓风口由于炉缸残破，只发现一个，但很可能是一对，分别布置于长轴两端。4号炉风口的内口呈鸭嘴形，口径分别为5和7厘米。

古炼炉周围的工作台面上还发现了不少遗迹。如有当年搭盖棚架时留下的柱穴，有碎矿用的石砧和石球。石砧长约45—70厘米，有凹面；石球直径6—8厘米，有凹窝，适于手握。石砧的旁边还有大小不等的浅坑，坑内堆放有粒度一致、直径为3—4厘米的铜铁矿石。此外，有陶罐、铜锛、铜块、炉渣、铁矿粉和高岭土等等。这些遗迹现象，使我们有可能推知当时炼铜生产的一些情形。

我们知道，古老的冶铜业，由于冶铜的技术水平不高，冶铜的原料只能是孔雀石和自然铜等含铜品位很高的矿石。铜绿山3号炉内清理出一块孔雀石和木炭的熔合物，说明孔雀石仍是当时炼铜的原料。可是，春秋时代的冶铜业是否仍然以富矿为原料?从古矿井采掘面上所取矿样的分析表明，很多矿样的古铜品位低于4%，而且多是矿粉，虽然低品位的矿石经过选矿，可提高其品位，但这些低品位的数据使我们不得不考虑：当时除了用高品位铜矿石进行冶炼外，是否也用较低品位的矿石进行冶铜呢?在用块矿冶炼的同时，是否也兼用粉矿作为冶铜的原料呢?此外，古炉周围发现的炉渣大多冷凝成薄片状，表面有水波纹样，说明古炉渣排放时的流动性很好，但是古代工匠在冶铜时掌握配矿技术到了什么程度呢?就炼炉来说，古炉的炉缸底比金门口低，放铜时铜液必然不能放尽，那么古炉的这种设计是为“杀鸡取卵”似地破炉取铜呢?还是为连续进行冶炼而特意设置的呢?用这种炼铜竖炉进行正常的冶铜生产，需要具备哪些条件?古炼炉的性能如何?春秋时代的冶铜业达到了怎样的水平?……带着这样一些问题，我们组织进行了一次炼铜模拟试验。

这次实验是在对古炉进行仔细的解剖，搞清其形制、结构的基础上进行的。首先提出了春秋时代炼铜竖炉的复原设想和仿古实验炉的筑砌方案。在同时提出的两个方案中，凡是古炼炉已经提供的数值一概加以采用，不予变动；未知的部分(如炉身高度、风口的数量等)则在允许的范围内作尽可能合理的推测和假设，在实验中检验假说的合理性。

春秋炼铜竖炉的炉身是怎样的?这是我们在复原研究时着重考虑的一个方面。为便于比较，两个实验炉的炉身是不同的。一号炉作为口小腹大的正截体形；二号炉则在中腹向上短轴方向的一段炉壁，筑出7°的炉腹角(长轴方向的内壁仍保持垂直)，炉口部分的内壁则上下垂直。对古炉复原方案中所作的上述考虑，是基于前者的炉壁与料柱之间缺乏摩擦力，不易控制物料的下降速度。二号炉炉身的设计则可避免这种情况。实验的结果证明，上述考虑并不是多余的。

作为模拟试验，如何使实验的全过程都力求仿古，不使失真，是我们特别关注的另一个问题。为此，在筑炉的材料、筑砌的方法，冶炼用的燃料和原料等方面，都尽可能地创造与古代冶铜生产时比较接近的条件。为使实验炉的炉缸、金门、风沟等部位的形制与古炉保持一致，这些部位在夯筑时用木、竹等材料做了模具，筑入炉中。

二号实验炉的冶炼过程是在阴雨有微风的条件下进行的。二号炉的炉身高 1.5 米，在短轴方向的对应部位设置两个风口，使用一台小型电动鼓风机同时向两个风口鼓风。冶炼时持续地投入批料，间断地排放炼渣和铜液。整个冶炼过程相当顺利。在十余小时的冶炼过程中，共投入矿石等物料 1300 余公斤，木炭 600 余公斤，先后排渣 14 次，放铜 2 次，炼出红铜 100 多公斤。经化验：红铜中铜含量为 94%—97%，炉渣平均含铜为 0.837%。实验取得预期的结果。

冶炼的过程是通过化学和物理化学方法使原料中主要的金属与其他金属或非金属的元素化合物分开、从矿石中提取金属的过程。这次模拟实验提供的资料，使我们对春秋时代的炼铜工艺技术有了初步的了解。

这次实验所用的原料和燃料与冶炼遗址中见到的燃料基本上是一致的，所以实验的结果，证明了铜绿山发现的炼铜竖炉，其冶炼工艺是铜的氧化矿的还原熔炼。使用这种竖炉炼铜，只要保证必要的风压、风量，使炉内木炭燃烧充分，就能进行正常的冶炼过程。诚然，所用风压、风量的大小，则跟炉身的高矮和炉腔的大小有关，确切地说，跟投入炉内物料的粒度及由这些物料形成的料柱的粗细高矮直接有关。古炉没有专门的排渣孔和放铜口。实验证明，渣和铜的排放都通过金门。由于渣、铜的比重不同，铜液沉在炉缸下部，渣则浮在上部。排放时只需在金门的上部或下部分别开口，即可渣和铜分别排入炉外。用这种竖炉冶炼，操作的方法也比较简便。

冶炼过程中，我们投入的原料有含铜 20% 以上的高品位矿石，也有含铜仅 7% 或更低的矿石，并有一部分粉矿（冶炼前用人工团成直径 3—4 厘米的泥团）。实验结果证明，用这种竖炉炼铜，只要炼炉熔化带中保持足够的温度，那么无论是高品位的还是低品位的矿石，也不论块矿还是粉矿，都可以炼出红铜。这种情况说明，春秋竖炉具有较高的冶炼能力。

由于发现的几座古炉，它们的缸都低于金门口，因而使人们对当时的冶炼方法提出种种推测。这次实验的重要收获之一还在于证明了这种竖炉并非每炉只炼一次，便要破炉取铜。而是可以连续投料、连续排渣、间断放铜，持续地进行冶炼的。古炼炉的这种设计，正是为确保炉缸内的温度在排渣放铜时不致骤然下降，影响持续冶炼而在实践中总结出来的有效措施。这种设计，使竖炉的生产效率大为提高。若按实验的情况推算：如果一天投入炼炉的物料为3000公斤，矿石的含铜品位平均12%，在正常情况下一天一炉约可熔炼红铜300公斤。而且，这种炼炉的炉龄可能比较长，检修也比较简单。3号古炉清理时曾发现有补炉痕迹，说明炼炉经检修以后还可进行冶炼。

春秋时代配矿技术达到什么程度?我们在实验过程中还作了以下试验：有的未加熔剂，有的则加了熔剂。从排渣情况看，未加熔剂时，渣稠、流动性很差；加配熔剂以后，炉渣的流动性明显改善，并冷凝成薄片状，表面有水波纹样，与古炉渣十分接近。根据这种情况，或可以推测古代工匠在冶铜时，已经掌握了较好的配矿技术。这个问题，准备在今后的工作中作进一步的探索。

虽然模拟试验的情况还不能完全说明春秋时代的炼铜技术，但是通过这次实验，使我们对古炼炉的性能和冶炼技术的很多方面有了比过去远为具体、深刻的认识。实验告诉我们，由于这种炼铜竖炉的结构合理，炉衬材料选用能适应高温熔炼的不同耐火材料，因而使古炉具有生产效率高、炉龄较长、操作比较简便等优点。在对古炉所作的解剖过程中，古代工匠的筑炉技术给我们留下了很深的印象。据分析，古炉渣的含铜量为0.7%，其他化学成分也相当稳定，酸度适宜，渣型合理，这是当时冶铜技术达到较高水平的又一佐证。所有这一切，说明两千多年前的工匠们在筑砌技术和冶炼技术方面都掌握了较高的工艺。他们为创造灿烂的古代文明作出了杰出的贡献。

铜绿山古铜矿所在的地点，交通也很便利。矿山脚下的大冶湖与长江相通，从水路可以抵达沿江各地。从调查知道，在离铜绿山不远的一些地点有东周时期的铸造遗址，不过有理由认为，当时铜绿山矿生产的红铜一般并不在当地铸造青铜器，而是分运各地的。矿山脚下多次采集重约1.5公斤的圆饼形铜锭，可能就是古代外运时遗失所致。

铜绿山古铜矿的发现和发掘，对了解我国古代的社会生产，尤其是青铜业的生产具有重要意义。它证实了我国商周时代青铜器铸造业与采矿、冶炼业是分地进行的，并在采矿、冶炼和铸造业之间，甚至它们的内部都已有了分工。从铜绿山古铜矿获得的丰富资料，还说明东周时期的楚国在铜矿的开采和冶炼方面都已达到较高的水平，从而对于像曾侯乙墓出土的青铜器具，总重量达到10吨之多的惊人数字也就有了更深的理解。

附表　铜绿山出土标本的碳十四测定年代数据表

顺序号	实验室标本号	距今年数（半衰期5730年）	出土地点	标本材料
1	ZK758	3260±100	Ⅶ・2	坑　木
2	ZK559	3205±400	Ⅺ・炉6	木　炭
3	W.B.79—35	2795±75	Ⅶ・2	竖井坑木
4	ZK560	2735±80	Ⅶ・1	竖井坑木
5	ZK877	2720±80	Ⅶ・Ⅰ・巷19	背　板
6	ZK876	2705±80	Ⅶ・Ⅰ・井2	背　板
7	W.B.79—36	2600±130	Ⅰ・24	平巷坑木
8	ZK878	2575±80	Ⅶ・Ⅰ・巷28	平巷背板
9	W.B.79—37	2575±175	Ⅰ・24	铁斧铜柄
10		2530	Ⅶ・2	竖井坑木
11		2508	Ⅶ・3	平巷坑木
12	ZK879	2475±80	Ⅶ・Ⅰ・巷32	
13		2475	Ⅶ・6	铁斧铜柄
14	ZK297	2485±75	Ⅰ・12	铁斧木柄
15	ZK561	2075±80	Ⅰ・24	坑　木

夏鼐附记：1980年6月2日，我在纽约大都会博物馆召开的中国古代青铜器的学术讨论会上宣读了《铜绿山古铜矿的发掘》的论文。这次发表的便是那篇论文的增订稿。矿山部分，增入1980年下半年及1981年发表的简报及论文的一些内容。木辘轳的复原，是我与友人王振铎同志的谈话中受到了他的启发后设计的。复原的模型由我所白荣金同志依照我的复原方案做成的。炼炉部分由我所主持发掘和模拟试验的殷玮璋同志重新写过。然后我们二人共同商量定稿。插图由我所绘图室描绘。对于协助我们的各位

同志，都敬致谢意。这篇文章曾以我们的名义在1981年10月13日在北京召开的中国古代冶金史会议上宣读过。

参考书目

[1]湖北省博物馆:《湖北古矿冶遗址调查》,《考古》1974年4期,251—254页。

[2]铜绿山考古发掘队:《湖北铜绿山春秋战国古矿井遗址发掘简报》,《文物》1975年2期,1—12页。

[3]中国社会科学院考古研究所铜绿山工作队:《湖北铜绿山东周铜矿遗址发掘》,《考古》1981年1期,19—23页。

[4]中国社会科学院考古研究所铜绿山工作队:《湖北铜绿山古铜矿再次发掘》,《考古》1981年1期。

[5]杜发清、高武勋:《战国以前我国有色金属矿开采概述》,《有色金属》32卷2期(1980),93—97页。

[6]杨永光、李庆元、赵守忠:《铜绿山古铜矿开采方法研究》,《有色金属)32卷4期(1980),84—92页,《有色金属》33卷1期(1981),82—86页。

[7]黄石博物馆:《湖北铜绿山春秋时期炼铜遗址发掘简报》,《文物》1981年8期,30—39页。

[8]卢本珊、华觉明:《铜绿山春秋炼铜竖炉的复原研究》,《文物》1981年8期,40—45页。

[9]周保权、杨永光等:《从铜绿山矿冶遗址看我国古代矿冶技术的成就》(铅印稿)。

[10]考古研究所实验室:《湖北大冶铜绿山古炼铜炉的热释光年代》,(考古》1981年6期551页。

(原载《考古学报》,1982年第1期。)

铜绿山古铜矿遗址发现的意义及在古史研究中的作用

中国社会科学院考古研究所　殷玮璋

中华文明是人类历史上独立起源的古文明之一，源远流长。古代先民创造的辉煌的青铜文明，是人类文化宝库中广受世人瞩目的一部分。

考古发现表明，早在六千年前中国就已出现了人工冶铜术。五千年前掌握了用青铜铸造工具的技术。四千年前已能铸造出铜容器和乐器。

到了三千年前的商代，青铜业得到很大发展，能铸造各种各样的青铜制品。留传到今天的铜制品数以万计，它们包括工具、兵器、礼器、乐器、车马器、装饰品、艺术品等等，其用途几乎涉及社会生活的各个方面。当时铸造的司母戊大方鼎，重达 1700 斤，在古代世界创造了一个奇迹。

但是，当时制作青铜器的原料从哪里来?又怎样开采的呢?自从 1928 年发掘安阳殷墟以后，考古学家们曾经寻找了很久，一直没有结果。一个偶然的机会，铜绿山发现古铜矿的消息划破了长空，传遍全世界，一时间成为学术界关注的热点。

铜绿山古铜矿的发现，要归功于铜绿山矿的领导。是他们把一把大铜斧寄到北京，引起有关方面的重视，组织了调查与发掘。经过大家的努力，终于揭开了中国古代工匠如何采掘铜矿的谜团，使全世界的有识之士，认识到它的真正价值。

铜绿山古铜矿的发现具有重大的意义：

1.为中国古代发达的青铜时代找到了一个十分重要的原料产地。仅铜绿山一个地点堆积的数十万吨古炉渣，就说明这里曾向社会提供了几万吨铜金属，为中国青铜文明的发展作出了重要贡献。

2. 它向世人提供了一个证明古代先民掌握高水平采冶工艺富有说服力的实例。把中国古代采矿与冶炼的先进性，展示在世人面前，并为大家所确认。例如，它证明中国古代工匠为从不同地质构造的矿带中采掘铜矿，采用了不同的方法。其中，为在破碎带中采矿而创造的一整套木质支护技术，独具特色，并为后世的采矿工艺开了先河。

3.铜绿山古铜矿的发现与研究，向世人证明当时的冶炼技术也达到了很高的水准。古炉渣含铜品位达到0. 7%，说明当时已经掌握了配矿技术，而且在当时居于世界领先的地位。发现的炼炉经过研究和模拟实验，证明可以持续加料、持续排渣、间断放铜，能长时间进行，而且操作简便。用这种竖炉炼铜，使产量大为提高。青铜业的发展有力地促进了社会进步，也为中国青铜时代在东周时期出现另一个高峰注入了活力。

4. 它的发现还说明，当时在青铜冶铸技术方面的成就，还直接影响了中国铁器时代的发展。例如，世界各国最初出现的冶铁术，都是在较低温度(约1000℃)的固体状况下用木炭还原法冶炼的比较纯净的铁，称为“块炼铁”。它的结构疏松，质地柔软，只有经过锻造，提高其性能之后才能制成可用的器件。当铁矿石在高温(1146℃)液态下用木炭还原法冶炼时，就能炼出生铁。生铁能直接铸造器件，并可广泛用于生产领域，有效提高社会生产力。因此，高温炼铁技术的出现，对社会发展具有重要意义。

欧洲从低温炼铁到高温炼铁用了2500年。中国出现低温炼铁的时间比西方略晚，在西周晚期、东周时期就出现了生铁制品。出现的时间比欧洲早了1800年。这是中国古代工匠的一大贡献。它的出现，与当时已经用竖炉冶铜是分不开的。铜绿山发现的竖炉只要稍加改进，炉内的温度达到熔炼铁矿石的要求时，就可以炼出生铁。所以，东周时期发现的生铁制品，应是用竖炉进行冶铁的产品。到了西汉时期。还出现了直径超过2米的竖炉，这比西方出现同样规模的炉型早了一千多年。因此，不仅中国古代青铜业的发展，具有独特的工艺技术；而且在此基础上，使中国的钢铁业也走出一条与西方不同的发展道路。钢铁冶铸技术的进步，有力地推动了社会生产的发展。它为中国在中世纪出现的社会繁荣、为汉唐盛世的出现打下了坚实的基础。

5.铜绿山古铜矿的发现，还为中国考古学开创了一个学科分支——矿冶考古学。在铜绿山考古工作中积累的经验与研究情况，为以后其他地点发现与发掘古矿冶遗址，提供可以借鉴的宝贵经验。

6.铜绿山古铜矿的发现与研究情况，受到世人的广泛关注。国内许多学者及旅游者前来这里参观考察，从而在客观上大大提升了黄石市、大冶县的知名度。人们都说，大冶之名，名不虚传。

7.铜绿山古铜矿的发现与遗址博物馆的建立，是湖北省、黄石市、大冶县各级领导和有色金属总公司、铜绿山矿干群为弘扬民族文化、保护古代文化遗产作出的重要举措。今天，它已成为传播历史知识、弘扬民族文化、进行爱国主义教育的一个基地。它也是留给子孙后代的珍贵礼物，让子子孙孙共享这份优秀的历史文化遗产。

二十年前，我有幸参加了铜绿山古铜矿的发掘与调查，大冶给我留下了深刻的印象。今天应邀参加这个盛会，离我上次来大冶也有十二个年头了。故地重游，一路上看到大冶在这一期间发生的巨大变化，使我很是兴奋。这次举行国际“三龙”节，大冶披上了盛装，它就更加美丽，也表现出充满活力。在此，我由衷地祝愿：创造了辉煌历史的大冶，在新世纪中再造辉煌，为“振兴中华”作出新的贡献！

（本文为作者在2001年大冶市“青铜文化与大冶发展研讨会”上的发言摘要）

青铜器原料探谜

——铜绿山古铜矿的发现

殷玮璋

商周时期是中国青铜时代的繁盛时期，出土的青铜器数以万计。铜器品种有工具、兵器、礼器、乐器、生活实用器具、车马器、装饰艺术品、货币等等，使用的范围涉及社会生活的各个方面。可是它们的原料是怎么采掘的?又是怎样冶炼的呢?这个问题一直在考古学家的头脑中翻滚。

提出这个问题并不是多余的。因为早在安阳殷墟开始发掘时，人们就考虑到这个问题。当时虽也发现孔雀石一类铜矿石，但数量很少。特别是在发掘手工作坊时，作坊址中只见到许多坩埚、陶范等与铸造工艺有关的遗物，却不见冶铜的痕迹。郑州商城、偃师二里头遗址的手工作坊中也是如此。这种情况说明，冶炼铜矿石的工序可能是在都邑以外的某个地点进行的。可是，考古学家们到处调查寻觅，却毫无线索。那么，它们究竟在哪儿呢?

正当人们踏破铁鞋、无所收获而充满困惑的时候，在1973年10月，中国历史博物馆突然收到湖北大冶铜绿山矿寄来的一柄大铜斧，所附的信上提到它在采矿过程中的发现，也讲了一些“老窿”的情况，询问有关遗存的价值。中国历史博物馆收到后立即派人前往大冶，到铜绿山采掘现场进行考察，看到了古代开采的“老窿”和采掘用的工具等遗物。同时，向有关部门报告。不久，湖北省博物馆组队前往矿区配合清理。

大冶有色金属公司铜绿山矿是在露天开采作业中发现古矿井的。但因现代采矿的进度很快，露头的古代采矿遗存又十分丰富，仅靠湖北省博物馆的力量，不能完成抢救清理的任务。为此，国家文物局决定组织各方力量进行“会战”。最后，由湖北、河南、内蒙古三省、区和中国社科院考古所参加“会战”，成立指挥部，对几个地点进行挖掘。正可谓“得来全不费工夫”。

大冶县靠近长江，有一个很大的湖——大冶湖——与长江相通。这里自古就是采冶的重要基地之一，故称大冶。但有关记载缺乏商周时期进行采冶的记录。铜绿山位处大冶湖旁，本是铜绿色的山丘之意。据清同治六年《大冶县志》记载：“铜绿山——山顶高平，巨石对峙，每骤雨过时，有铜绿如雪花小豆点缀土石之上，故名。”原来这里是我国有色金属的一个宝库，有铜、铁、金、银、锌等多种矿藏。其中，铜矿的储量很大、品位又高、埋藏很浅、容易开采。所谓“铜绿”即孔雀石。“铜绿如雪花小豆”是指孔雀石的碎颗粒。如今大雨过后，仍能看到这种绿色的孔雀石颗粒散布山岩之间。露天作业中揭露的大量古代矿井和冶炼铜矿的竖炉，包括好几个时代的遗存。其中，数量最多、保存较好、研究价值最高的是西周、春秋、战国、西汉等几个时代的遗存。在矿区的地表，还堆积大量古炉渣，据专家估算，总量约有 40 万吨。

上部的山岩在露天作业中已被铲去，所以在挖掘时，一口口竖井已清楚地露出来了。原来，古矿井大多集中在大理岩和火成岩的接触带中。由于地壳的运动，接触带中的岩石破碎，极易开采。又因地表水的下渗和淋滤作用，使铜金属富集在接触带的下部，所以接触带中的铜矿石，它的含铜品位特别高，它的底部甚至有自然铜存在。所以，接触带是古人采掘铜矿的理想场所。

从发掘现场看到的井巷支护，说明古代工匠已经认识到在岩石破碎的接触带中采矿，因四周的应力集中，有可能会塌方伤人。所以他们在用铜斧一类工具挖井拓巷后，为防止周壁的岩石塌落，用一段段树木制成方框形支架，置于井巷之中。方框支架的外边还铺垫苇席、细木棍或木板，以挡住周围岩石，使它们不致下落。考古学家们从竖井底部连接的平巷、斜巷及巷下的盲井，了解到当时的采掘过程是：竖井——平巷——盲井，即从地表下挖竖井，到了富集带中再开拓平巷。平巷前方的采空区如发现下部还有铜矿石，就从平巷的底部向下挖掘盲井，掘取矿石。在这个掘进过程中，矿石不断地用竹筐、藤萎装载后系绳提升到地面；同时，所用的器材则用篓筐半截，从竖井送入平巷之中，随着巷道的开拓而进行组装。从采集的木质辘轳轴可以知道，它已用于矿石的提升。

为了在坑下采掘矿石，通风送氧是必须解决的。因为二氧化碳的浓度超过2%，矿井下的工匠就无力从事劳作。当时一般在巷道上部建有两个竖井，利用井口高低形成的气压差使空气自然地送入井下，保证氧气的供给。同时，为使坑下开采矿石的工作不被积水所困，他们用剖开的圆木挖空后，一节一节地连接到竖井底的水仓中，让水流入水仓。然后用木桶装水，从竖井中提升至地面。从巷道采集的细木棍用碳十四测得的年代，说明它是春秋时期的遗存。在这个矿点上，有一组完整的井巷，在3个竖井下连接了7条平巷，作扇面形展开。

到了战国至西汉时期，采矿技术又有改进。竖井的直径增大了，深度也大大超过春秋时期，反映出矿产量比春秋时期大为提高。

对春秋时期的冶炼遗址也作了发掘，并在复原研究的基础上作了模拟试验。当时制作的炉型是竖炉。原料是当地开采的孔雀石、硅孔雀石等氧化矿石和木炭。这是氧化矿的还原熔炼。结果表明这种冶铜竖炉进行冶炼，可以连续加料、连续排渣、间断放铜，只要炼炉不坏，可以日复一日地持续进行。如果一天投入3000公斤矿石，矿石的平均品位为12%，一昼夜可炼出300多公斤红铜。

特别要提到的是，地表的古炉渣冷凝成薄片，表面有水波纹样。经分析，它的酸度合格、渣型合理，含铜量为0.7%，说明当时已掌握了配矿技术。模拟试验的结果也证明，未加熔剂时，炉渣呈牛粪状；加入熔剂后，炉渣冷凝成薄片，含铜量明显降低。2500年前就掌握了配矿技术并使渣中的含铜量达到千分之七的水平，这在当时是了不起的成就。

此后不久，工匠们还掌握了用硫化矿进行冶炼的技术。由于硫化矿的资源比氧化矿更丰富，这一技术突破，表明冶铜业得到进一步发展。

这些遗存的发现，证明古代的采矿、冶炼是在采矿地进行的。冶炼矿石在采矿场附近进行，可以减少矿石与木炭的运输，大大提高了生产效率，这是很合理的。然后，将炼出的铜锭运往远处的铜铸作坊。铜绿山下大冶湖旁几次发现圆形铜锭，大概是在外运时遗落在那里的。

通过铜绿山古铜矿的发掘，从中可以看到东周时期采矿与冶炼已达到相当高的水平，当时的铜产量也是相当可观的。据估计，铜绿山地表的 40 万吨古炉渣炼出的红铜，当在 8 至 10 万吨。这使我们对我国青铜时代遗留下数以万计的青铜制品有了新的认识；同时，对一个不大的曾侯乙墓竟使用了 10 吨铜金属也就有了更好的了解。

大冶铜绿山古铜矿的国属

——兼论上古产铜中心的变迁

张正明 刘玉堂

铜绿山古铜矿遗址，位于湖北大冶西南，南北长约2公里，东西宽约1公里。就已发掘的部分推测，其年代始自西周，迄于西汉[①]。矿井密布，炉渣厚积，据有关部门初步计算，有炉渣约四十万吨。其规模之巨大，我国任何一个古铜矿遗址都无能与之方轨。

然而，正是这样一个古铜矿，其国属问题至今仍悬而未决。本文仅就有限的资料，作一初步探索。

铜绿山古铜矿的国属，大致可以分两个阶段来说，第一阶段是两周之际，第二阶段是春秋中期至战国，试依次予以论述。

一、两周之际，楚地不到今大冶

论及铜绿山古铜矿的国属，人们往往将其与楚穿针引线。其实，两周之际，楚地不到今大冶。

《史记·楚世家》载："当周成王之时，举文、武勤劳之后嗣，而封熊绎于楚蛮，封以子男之田，姓芈氏，居丹阳。"丹阳，初在丹淅，后徙荆山。无论丹淅或荆山，皆距今大冶有千里之遥。

熊绎传五世至熊渠。《史记·楚世家》记："周夷王之时，王室微，诸侯或不朝、相伐。熊渠甚得江汉间民和，乃兴兵伐庸、杨粤，至于鄂。熊渠曰：'我蛮夷也，不与中国之号谥。'乃立其长子康为句王，中子红为鄂王，少子执疵为越章王，皆在江上楚蛮之地。"扬越与鄂之地望，当在"江上"，详待下文论及。熊渠虽到过鄂地，但并未从此长期占领鄂地。因为当时的楚还是小国寡民，而鄂却是一度与周王朝分庭抗礼的赫赫之邦[2]，楚很难在鄂立足久远，当然更不用说征服族大势众的扬越了。西周晚期，楚人之韬略为：口称蛮夷，不与中国之号谥；实行睦邻，甚得江汉之民和。其地域尚不逾长江北岸，即所谓"皆在江上楚蛮之地"。

两周之际，楚国虽颇有起色，其舆地却无显著伸延。《左传·昭公二十三年》记："若敖、蚡冒至于武、文，土不过同。"周制"方百里为同"，从若敖、蚡冒至于武王、文王，为公元前790年至公元前677年，正值西周末期至春秋早期。其间，楚国在武王四十三年前后曾将都城自荆山之丹阳迁至郢。尽管楚武王在此次迁都前曾踌躇满志地宣称："我有敝甲，欲以观中国之政，请王室尊我号。"[3]但楚国当时仍然是一只羽毛初丰而尚未振翮腾飞之鸟，其版图依旧是"土不过同"，仍无幸掌握铜绿山偌大的铜矿。

两周之际，楚地不到今大冶，还可从与铜绿山古铜矿遗址毗连的鄂东南地区两周之际遗址、墓葬之国属(或族属)找到物证。西周至春秋初期鄂东南的文化遗址，比较重要的发现有：圻春毛家嘴，红安金盆，黄陂鲁台山，鄂城周杨桥，黄石李家湾，汉阳纱帽山，黄陂磨元城和汉川乌龟山等。据考古工作者研究，这些古文化遗址很难定为楚文化遗迹。

西周时期鄂东的墓葬和铜器，主要见之于黄陂双凤亭、大冶还地桥等地。上述地区的墓葬和铜器，经文物工作者鉴定，尚无可断为楚墓楚器者。

倘若以为春秋早期楚墓迄今未有面世者，那也有违于事实。1974年和1978年在当阳赵家湖出土了一批青铜器和陶器，文物考古工作者将其定为春秋或两周之际(也有的可能到春秋中期)[4]。可是，这批楚墓出土文物非但不能证明两周之际楚地南逾长江，相反，它却是两周之际楚国依然局促于江汉沮漳之间的佐证。

既然两周之际，楚地不到今大冶，那么，在这段历史时期内，大冶铜绿山一带划归谁的坤舆图内?这正是本文要讨论的第二个问题。

二、两周之际，扬越域括今黄石

关于扬越的地域及其文化特征，文献记载简略而零碎，如试图借以复原古越族的历史面貌，断难奏效。因此，本文拟先从考古文化的研究入手，继而证之以文献资料，以期获得较为明晰的结论。

多年来，在我国长江以南各省发掘的新石器时代至战国的遗址和墓葬中，出土了一种令人瞩目的几何形印纹陶。从对已发现的几何形印纹陶的量的分析中，大致可以辨出其发展轨迹：滥觞于新石器时代，勃发于商周，鼎盛于春秋，衰微于战国，销匿于秦汉。毋庸置疑，这种几何形印纹陶，正是代表某一民族考古文化的主体因素之一。

林惠祥、曾昭燏、尹焕章等早就指出，几何形印纹陶是“百越”的文化遗存。其中林惠祥论证尤详，他在 1935 年发掘福建武平新石器时代遗址时就将几何形印纹陶的主人定为古越族。解放后，他又研究了福建龙岩(1951 年)、闽侯(1954 年)、长汀(1957 年)和台湾(1955 年)等地的新石器时代遗址，始终将几何形印纹陶和有段石锛判为古越族的遗物。

1978 年，经江西省历史博物馆和文物出版社联合发起，在庐山召开“江南地区印纹陶学术讨论会”，绝大多数与会者也认为几何形印纹陶是古越族的文化遗物。至于与印纹陶共出的有段石锛，尽管在分类和断代方面的见解还不尽一致，但大抵也承认是古越族文化的重要特征之一。⑤

值得关注的是，近年以来，文物考古工作者先后在江西九江沙河街磨盘墩两周之际遗址，铜绿山古铜矿遗址两周之际遗存，以及位于铜绿山东南约四公里的大冶上罗村遗址两周之际遗存，以及位于铜绿山东南约 4 公里的大冶上罗村遗址周代遗存中，都发现一种刻槽鬲足——即在陶鬲足外部有一刻槽。虽然并不是任何出有几何形印纹陶的遗址都有这种鬲足，但是，出有这种鬲足的三处遗址都同存几何形印纹陶。且无论在中原，或是两周之际楚国的遗址中，都未见到这种鬲足。这就使我们有理由认为：刻槽鬲足同几何形印纹陶和有段石锛一样，也是越文化的一个重要特征。

我们希冀通过对铜绿山和与之同时期的上罗村、九江磨盘墩三处遗址考古文化主体因素的分析，以推定两周之际铜绿山古铜矿的国属。

几何形印纹陶的陶质，在两周之际以夹砂红陶为主，夹砂灰陶、夹砂褐陶和泥质红陶次之。以此对照铜绿山古铜矿遗址两周之际遗存出土陶器之陶质[6]，上罗村周代遗存陶器之质料，和九江磨盘墩遗址出土陶器之质地[6]，都完全吻合。

刻槽鬲足，无论在铜绿山两周之际遗存中，还是在上罗村遗址东周遗存中，或九江磨盘墩遗址出土陶鬲足中，都占有相当比例。

有段石锛，在上罗村遗址中和九江磨盘墩遗址中都有发现，铜绿山古铜矿遗址两周之际遗存中则暂未睹面，这大概是有段石锛至东周已渐趋消亡的缘故。

至此，我们似乎可以认为，具备古越族考古文化主体因素的铜绿山古矿冶遗址两周之际遗存、上罗村遗址周代遗存和九江磨盘墩遗址的主人，都只能是创造这种文化的古越族本身。

铜绿山古铜矿遗址两周之际遗存作为古越族的遗迹，在考古文化上并非孑立，它既同上罗村两周之际遗存和九江磨盘墩遗址无嫡庶之分，又与之同为江西清江吴城文化之派演[7]。吴城——九江——上罗村——铜绿山，地域上的关系和文化上的关系同样血肉相连。

把铜绿山古铜矿西周至春秋早期的主人定为古越族，使我们进而发现：江西清江吴城遗址中周代铜器，湖南资兴旧市春秋早期青铜器[8]，以及两周之际古越族范围内出土的大量青铜器，皆非无源之水。

如果说仅凭考古材料尚嫌薄弱，那么，历史文献记载古越族的活动范围与古越族考古文化分布地域的重合，将使上述论证更加坚实。

古越族又统称为“百越”，虽然我们还未能对“百越”进行科学论证，以确定它是一个民族共同体，但可将其视为有着亲缘关系的古越族各支的总称。“百越”一词，首见于《吕氏春秋·恃君篇》：“扬、汉之南，百越之际，敝凯诸夫风余靡之地，缚娄阳禺欢兜之国，多无君。”既然百越分布地区囊括汉水以南，当包容今鄂东南在内。

前文曾述及楚王熊渠“兴兵伐庸、扬越，至于鄂”。熊渠所至之鄂，应如张守节《正义》引刘伯庄所云，即东鄂。东鄂之疆土，大约包括今鄂城至黄石一带，这正是考古和文献所证实的古越族聚居地之一，足见东鄂不外乎越人所建。刘节以为《史记·殷本纪》中鄂侯之“鄂”，“就是《噩侯御方鼎》之噩，正是两栖类的鳄鱼。”熊渠伐扬越所至之“鄂”，可能也是鳄鱼之“鳄”。鳄在古代曾被称为“蛟”，是龙类的一种。《汉书·武帝纪》说：元封五年冬，汉武帝“自寻阳浮江，亲射蛟江中，获之”。颜师古注曰：“许慎云：‘蛟，龙属也。’郭璞说其状云：似蛇而四脚，细颈，颈有白婴，大者数围，卵生，子如一二斛瓮，能吞人也。”显然，这蛟就是扬子鳄。吴越民族断发文身，像蚊龙之状。他们的龙，正是包括扬子鳄在内的。东鄂之所以称“鄂”，或许正因为它为越人所建，而越人则恰是崇拜扬子鳄的。

《说苑·善说篇》记鄂君子晰游于江上，与榜枻越人交欢尽意，这也足以证明东鄂确实有越人。

从《史记》行文分析，熊渠伐扬越至于鄂，鄂(东鄂)也在扬越范围内，而不似与扬越骈列。

准上，我们似乎可以这样理解：东鄂是古越族中扬越“种姓”所建之方国，铜绿山古铜矿正是东鄂之富源。铜是那时最重要的生产资料，是重要的战略物资。曾吸引熊渠领兵打到东鄂去的，大概就是这里有着巨大魅力的铜矿。

对于东鄂亡国于何时，本文尽可存疑。但不可回避的是，铜绿山毕竟未成为属扬“种姓”的东鄂的恒产，当历史的车轮驶入春秋约一个世纪，它就易手于崛起南乡的楚国了。

三、春秋中期，楚地已濒今九江

楚文王时，“楚强，陵江汉间小国，小国皆畏之”。正因为文王时楚国已威慑江汉诸邦，无后顾之忧，故成王即位后，“布德施惠，结旧好于诸侯。使人献天子，天子赐胙，曰：‘镇尔南方夷越之乱，无侵中国’。于是楚地千里。”据罗香林考证："所谓夷越当即扬越。盖夷阳古音同属影纽，韵则一在脂部，一在阳部，二部属古音多对转也。"[9]楚取得了南镇扬越的合法权利，挥兵东向，拓疆千里，即《史记·齐太公世家》所称"楚成王初收荆蛮而有之"。此处的"荆蛮"，应包括扬越。司马贞《索隐》注："荆蛮者，闽也，南夷之名，蛮亦称越"[10]。此语未能破的。究其实，"荆蛮"有两种涵义：一是如蛮的荆人，与楚人同源；二是荆地的蛮人，扬越也包括在内。连类所及，与越人同源的吴人也在荆蛮之列，因此，吴太伯奔吴也可说是奔荆蛮。楚成王收有扬越之地，应是无疑的。在楚成王时，铜绿山已成为楚国囊中之物了。

《后汉书·南蛮西南夷列传》记："及楚子称霸，朝贡百越。"百越容扬越于其内，在向楚王贡纳的百越中，当有扬越在列。

楚国自从牢固地占领了包括铜绿山在内的扬越，它就如虎添翼。顾炎武说："周命楚子熊恽镇定夷越。其后吴避越，越避楚，其子孙皆遂蛮僚。"铜绿山古铜矿的易手，使得楚国在成王之后一跃而成为青铜之乡。《左传·僖公十八年》载："郑伯始朝于楚，楚子赐之金。既而悔之，与之盟曰：'无以铸兵'。"楚国顾虑郑国用所赐之铜铸造兵器，则铜的数量当不少。又据《史记·楚世家》记：楚庄王观兵周郊，问九鼎之轻重后说："楚国折钩之喙，足以为九鼎！"这诚然含有炫耀的色彩，但多少透露出楚国铜产之饶及其在国际交往中举足轻重的地位。

春秋早、中期，楚国青铜器已有所见。如湖北枝江百里洲[11]当阳赵家湖[12]等地，都出有数量不等的春秋早中期楚国青铜器。春秋中期以后，楚国青铜器更是大量出现，仅河南淅川下寺楚墓就出土了青铜礼器168件，乐器52件，还有许多车马器、兵器等[13]。湖北境内的江陵、松滋、秭归、随县、襄阳、汉川、鄂城、大冶，以及湖南、河南、江西的一些地方，均有发现。本来，人们对楚国的铜源是颇费猜疑的，但只是考虑到铜绿山古铜矿在春秋中期已为楚国所夺占，对楚国青铜资源的疑虑就可以冰释了。

当然，并不能因此而认为铜绿山是先秦我国南方的唯一产铜区。据文献记载，楚国之腹地——江汉之间也是产铜的。《山海经·中次八经》记：荆山，“其阳多赤金”。《国语·楚语下》记王孙圉说：楚国“有薮曰云连徒洲，金、木、竹、箭之所生也”。由于迄今为止不曾获得考古发展的实证，上述记载的可信程度尚难判定。

军事上的占领文化上的替代是不能等量齐观的，前者可以计日成功，后者却是一个长久而缓慢的过程，这正是铜绿山遗址迄今未见典型楚文物，以及与之相邻地区未有春秋楚墓出现的根本原因。

文化上的交替不可能刀切斧劈，而文化上的渗透却还是在潜移默化地进行。在铜绿山古铜矿遗址春秋早中期遗存中出土部分陶器，已明显含有楚文化因素，正如发掘简报编写者所指出的，相当于春秋早中期的第五层“出土的Ⅲ式陶鬲和Ⅰ式陶豆，与本省当阳赵家湖楚墓第一期(两周之际乙A类墓)出土的陶鬲和陶豆相比，也有某些相似之处。”[⑭]这虽说不能弥补迄今在铜绿山地区未发现春秋楚墓的缺环，终不失去春秋早中期之交楚国已占领铜绿山一带的凭据。

楚国占领越地以后，楚文化吸收了异族文化之精华，使之融会于自身之中，形成一种以楚文化为主体，带有浓郁越文化色彩的地方性文化。这种地方性文化虽然在铜绿山古铜矿遗址未得到充分反映，但在与之山水相连的鄂城、黄州楚墓出土文物中却屡见不鲜。

1958年至1978年，鄂城县博物馆先后在鄂城东南郊的百子畈、七里界、洋澜湖、鄂钢、五里墩等地共发掘战国时期的楚墓30座。在这批楚墓中，鄂钢九十四号墓和一O六号墓出土两件陶鼎，“扁圆腹，平底，方耳微外撇，三足外撇，盖呈弧形”，越文化之特征依稀可辨[⑮]。又如百子畈三号墓一件铜鼎，“器壁轻薄，三足聚于底部”，从纹饰看，极为简朴，仅在“盖上施有不连的蟠螭纹和几周弦纹”，越文化遗风犹存。

1981年冬，文物考古工作者在黄州国儿冲发掘了五座楚墓。其中五号墓的两件铜鼎“子母口，弧形盖，腹微鼓，底微圜近平。环形附耳，三兽蹄形高足，胎轻薄，盖上有两圈凸弦纹，腹中部有一圈凸弦纹，余皆素面。”[16]这是典型的越式鼎。楚越器物同存并出，也反映了二者文化上的相得益彰。

在国儿冲五号墓，还出土1件大瓷罐，“直唇，敛口，广肩，鼓腹，平底，肩上有一对称环耳，胎质细腻”[16]；百子畈还出了2件瓷杯，在鄂钢也出土了9件硬陶杯。上述诸器，在陶系上为几何形印纹陶之孑遗，在器形上则是楚文化之嫡系。

在鄂城和黄州国儿冲楚墓中，出土大量陶高柄壶形器，鄂城出土28件，黄州7件。此器“柄较高，喇叭形底座”，“有的柄、底座彩绘带纹，身饰八角形状纹和谷纹”[17]。陶高柄壶形器，是鄂东地区战国陶器的一个特点，在与之同时期的江陵数百座楚墓中，此类器仅见于望山一、二号墓。与此相反，在江陵及鄂西地区楚墓中比比皆是的陶器，在鄂东数十座楚墓中仅百子畈出土四件，这不能不令人们联想到：楚越两种文化除了在整体上互相融合外，在局部还保留自身某些特点，这也是土著文化顽强生命力的体现。

上文我们论述了铜绿山古铜矿之国属，在此，我们想进一步考查中国古代的产铜中心之所在。

四、上古产铜中心的变迁

青铜兵器，据神话和传说，始用于黄帝、蚩尤之世。《管子·地数篇》记：“葛卢之山发而出水，金从之，蚩尤受而制之，以为剑、铠、矛、戟，是岁相兼并者诸侯九；雍狐之山发而出水，金从之，蚩尤受而制之，以为雍狐之戟、芮戈，是岁相兼并者诸侯十二。”“金”即铜和铁，而早期有铜无铁。《中华古今注》记：蚩尤“造立刀戟、兵杖、大弩”。《苏氏演义》记：“蚩尤作五兵，谓戈、殳、戟、酋矛、夷矛也。”

蚩尤凭借着青铜兵器，战胜攻取，几有所向披靡之势。黄帝与蚩尤战，“九战九不胜”[18]。后来黄帝采掘昆吾之山的铜，铸造兵器，改善装备，加上友邻部落的帮助，才使蚩尤败北。《山海经·中次二经》记：“昆吾之山，其上多赤铜。”《拾遗记》所述较详：“昆吾山，其下多赤金，色如火。昔黄帝伐蚩尤，陈兵于此。地掘深百尺，犹未及泉，惟见火光如星。地中多丹，炼石为铜，铜色青而利。”黄帝用铜较蚩尤用铜稍晚，这是毫无疑问的。

黄帝和蚩尤，分别代表着两个不同的部落联盟。《史记·五帝本纪》张守节《正义》引《龙鱼河图》记：“蚩尤兄弟八十一人，并兽身人语，铜头铁额，食砂石子。”《述异记》所记有异：“蚩尤兄弟七十二人”，“食铁石”。《山海经·广注》引《广成子传》记：“蚩尤铜头啖石。”所谓兄弟八十一人或七十二人，意指部落和氏族的众多，并非确数。所谓铜头铁额和啖石，应为铜神、铁神兼战神的形象。炼铜炉或炼铁炉吞进矿石，吐出铜水或铁水。蚩尤部落联盟以铜、铁作兵器，既有攻击性的戈、矛、殳、戟、剑，也有防御性的盔甲。人们戴上战盔，就俨然铜头铁额了。《云笈七签》卷100引《龙鱼河图》关于蚩尤兄弟“铜头铁额”的记载，注曰：“蚩尤始作铠甲兜牟，时人不识，谓是铜头铁额。”

顾颉刚先生曾论证蚩尤是东方之神，其说可信。[19]相传蚩尤死于涿鹿，葬于寿张，涿鹿和寿张都位于中原的东方。《史记·封禅书》记齐有八神，天主居第一，地主居第二，兵主居第三。“兵主，祠蚩尤。蚩尤在东平陆监乡，齐之西境也。”司马贞《索隐》曰：“监音阚。韦昭云：‘县名，属东平。’《皇览》云：‘蚩尤冢在东平郡寿张县阚乡城中。”周代诸夏诋毁蚩尤，唯独土著以东夷为主的齐国奉祀蚩尤，可见蚩尤最初应是东夷的铜神、铁神兼战神。刘邦的家乡沛县也曾是东夷聚居之地，所以刘邦举义时，要“祭蚩尤于沛庭而衅鼓”[20]。齐王崇信蚩尤，因而郦食其说齐王时，要常渲染刘邦的部队“此蚩尤之兵也”[21]。

周代的铜矿，大多在扬州和荆州，而以扬州为最多。《尚书·禹贡》历述九州物产，产“金三品”的只有扬、荆二州。所谓“金三品”，即黄金(金)、白金(银)、赤金(铜)。《汉书·地理志上》记：“周既克殷，……东南曰扬州，……其利金、锡、竹、箭，……正南曰荆州，……其利丹、银、齿、革，……”显然，荆州之铜少，扬州之铜多。周代的青铜工艺，以吴越为最精，而吴、越正在扬州。卫聚贤以为中国古代文明源于东南的吴越民族，进而推测殷人原住江浙、移居中原。吕思勉则以为：“铜器时期，南方似较北方为早。”“北方知用铜，系由南方传授，则似无可疑者。”“北方之用铜，至东周时，尚远在南方之后。”[22]周代吴越民族的青铜冶铸水平虽比诸夏略为先进，他们的社会发展阶段却比诸夏稍微落后。假使吴越民族比诸夏较早进入青铜时期，按常理说，当他们在青铜冶铸工艺方面尚居优势之时，是不至于让诸夏超前的。中原原不产铜，《管子·地数篇》说：“出铜之山四百六十七山”，此数固不足为凭，但中原无铜也殊难置信。相传尤采铜的葛卢山，应在东汉葛卢县境，为周代的齐国或莱夷之地。更在中原之北的内蒙古林西县，还发现了开掘于西周和春秋时期的大井铜矿遗址。较为合理的解释应是：东夷进入铜器时期最早，但当地铜矿蕴藏不丰，到周代已近于枯竭；吴越民族进入青铜时期较晚，但当地铜矿资源丰饶，到周代就成为产铜的中心了。

东夷的先进支派——殷人，汇入了诸夏。诸夏与吴越之间隔着淮夷，所以吴越之铜要经由淮夷流人诸夏。《诗·鲁颂·泮水》曰：“憬彼淮夷，来献其琛，元龟象齿，大赂南金。”所谓“南金”，产地应更在淮夷之南。周代的铜器铭文，凡述及征伐淮夷的，往往有“俘金有得”诸字，而征伐其他民族则绝少俘金的记录。淮夷地区未闻有产铜中心存在，淮夷的铜大多应是从吴越输入的。越，“春秋之初，未通上国”[23]。吴被载入上国之史册，不早于越。吴越两国初见于《左传》，都在宣公八年。《泮水》是歌颂僖公征伐淮夷的业绩的诗，僖公早于宣公，故《泮水》中只笼统称“南金”，而不说“未通上国”的吴越之金。

把文献记载，考古发现和勘探结果综合起来考查，先秦的产铜中心，应在吴头楚尾及其迤东区域，即李斯《谏逐客书》所谓“江南金锡”的“江南”。而从今鄂城起，沿江而下逾湖口，登陆而东至大海，土著民族即为越人。

中国产铜中心的南移，以及“南金”的北流，表明中国古代各族在经济上有着至关紧要的相互依存关系。

注释：

①铜绿山考古发掘队：《湖北铜绿山春秋战国古矿井遗址发掘简报》，《文

物》1975 年第 2 期。

②据“禹鼎”铭文记：“鄂侯驭方率南淮夷、东夷广伐南国、东国。”

③《史记·楚世家》。

④高应勤、王光镐：《当阳赵家湖楚墓的分类与分期》，载《中国考古学会第二次年会论文集》，文物出版社，1980 年。

⑤江西省历史博物馆：《江西考古三十年》，载《文物考古工作三十年》，文物出版社，1979 年。

⑥黄石市博物馆：《湖北铜绿山春秋时期炼铜遗址发掘简报》，《文物》1981 年第 8 期。

⑦江西省博物馆、北京大学历史系考古专业、清江县博物馆：《江西清江吴城商代遗址发掘简报》，《文物》1975 年第 5 期。

⑧《资兴旧市春秋墓》，载《湖南考古辑刊》第一集。

⑨罗香林：《中夏系统中之百越》，独立出版社，1943 年。

⑩《天下郡国利病书》卷 103《广东·洞僚》。

⑪湖北省博物馆：《湖北枝江百里洲发现春秋铜器》，《文物》1972 年第 3 期。

⑫高应勤：《试论沮漳流域是探索早期楚文化的中心》，《文物》1982 年第 4 期。

⑬河南省丹江库区文物发掘队：《河南省淅川县下寺春秋楚墓》，《文物》1982 年第 10 期。

⑭黄石市博物馆：《湖北铜绿山春秋时期炼铜遗址发掘简报》，《文物》1981 年第 8 期。

⑮湖北省鄂城县博物馆：《鄂城楚墓》，《考古学报》1983 年第 2 期。

⑯黄州古墓发掘队：《湖北黄州国儿冲楚墓发掘简报》，《江汉考古》1983 年第 3 期。

⑰湖北省鄂城县博物馆：《鄂城楚墓》，《考古学报》1983 年第 2 期。黄州

古墓发掘队:《湖北黄州国儿冲楚墓发掘简报》,《江汉考古》1983 年第 3 期。

⑱《黄帝元女战法》,《太平御览》卷 15 引。

⑲顾颉刚:《史林杂识初编·蚩尤》,中华书局,1963 年。

⑳《史记·高祖本纪》。

㉑《史记·郦食其传》。

㉒吕思勉:《先秦史》,上海古籍出版社,1982 年。

㉓《史记·越王勾践世家》司马贞《索隐》。

(原载《楚史论丛书》初集,湖北人民出版社,1984 年 10 月版。)

商周王朝南进掠铜论

万全文

殷人也好，周人也好，都是在黄河流域发展壮大，并相继在这里建立政权的。

黄河流域也是中国早期冶铜业的中心，迄今所见的从仰韶文化晚期，直至二里头文化时期的铜器，都出土于这里。考古发现及研究成果表明，仰韶文化晚期虽处于铜石并用时代，即尚处于使用纯铜的阶段，但至少在夏代已掌握制作青铜的冶金技术，踏进了青铜时代的门槛。商王朝建立后，中原地区的青铜冶铸技术取得长足进步，但进入鼎盛期，则是在商代后期。而长江流域等地区的青铜文化于此时迅速发展起来了。

青铜文化要获得发展，必须有充裕的铜锡资源作为前提。而当时可供开采的铜矿资源主要在南方。长江流域青铜文化的崛起，正是基于这得天独厚的客观条件。商周王朝在缺铜少锡，而严重妨障“祀与戎”进行的情况下，势必在中原地区之外寻找新的原料基地。商周王朝屡次南进，觊觎这里的铜矿资源是其重要原因之一。

一、殷人南进掠铜

在至今已经发掘出土的商代文化遗址中，性质独特如盘龙城者，尚属仅见。盘龙城遗址位于湖北黄陂叶店村，发现于本世纪50年代，始掘于60年代[①]，以同中原文化保持着高度的一致而引人注目。其城墙的营建技术，宫殿的建筑手法，埋葬的风俗，青铜铸造工艺，制玉工艺的风格，以及制陶工艺等，无一不与中原相同。显然，该城址与殷人关系深厚，似由殷人营造而成。

从城址中尚存的宫殿、城垣等来看，这里不可能是单纯的居民点。也不会是商代的一个方国遗存。据文献记载，成汤之时，有诸侯三千。而《尚书》及殷墟卜辞等已称这些诸侯为“方”、“邦”、“国”，他们大多是以自然长成的结构为基础而发展起来的，而不是经过王室的分封。王国维认为“商自开国之初，已无封建之事”[②]是可以信据的。因此，他们作为殷代的外服，多是异姓或异族，对于商王的义务，仅入贡或从征而已。至于各国或各族的政治制度和文化形态，虽受商王朝的影响，但多保持着鲜明的自身特色，如吴城文化遗址、夏家店文化遗址等即如此。盘龙城遗址所显示的文化发展水平远远高于它的周围地区，而且无土著文化特色，与方国遗址所应具备的特征相去甚远。

认为盘龙城是殷人盘据在长江中游的一个军事据点，则不无道理：其一，盘龙城城址选择在三面环水，一面连接陆地之处建筑，便显然是出于军事上的需要；其二，其两面城垣内侧缓而外侧陡，便于防守；其三，在高地上建筑宫殿，居高临下，便于瞭望城外动静；其四，周围墓葬的随葬品中，出土兵器甚多。从已公布的墓葬材料来看，几乎每墓都有兵器出土，随葬兵器比郑州、安阳等地的商代遗址或墓葬更为普遍。尤其是在盘龙城李M中出土了一件大铜钺，它是军权亦即王权的象征，《尚书·牧誓》记：“王左仗黄钺”。殷墟M5出土过两件大铜钺。墓主就是曾代王出征的武丁之妇好。盘龙城出土的大铜钺，也应是商王授予盘龙城主人的“尚方宝剑”。各种迹象表明，盘龙城主要由军事人员据守，说其是军事据点并不为过。

但盘龙城修筑于商代早中期之际，此时长江中游地区土著族类复杂，尚没有较强实力的政权实体存在，因此这里不可能对商王朝构成威胁。事实上，包括甲骨文在内的各种文献所记载的殷人用兵对象主要是东土和西土，其次为北土，对南土则殊少问津。殷人在地处长江中游的江汉地区较早地修筑据点，并非单纯出于军事需要，而应别有所图。

考古资料表明，商代是我国青铜文化发展史上的第一个高峰期，不仅青铜铸造工艺发达，铸造了诸如司母戊大方鼎这样的重器，而且所铸造的青铜器的数量也是惊人的，仅殷墟M5就出土青铜器480余件。铸造如此众多的青铜器，所要耗费的铜锡量之大是不言而喻的。

中原地区也产铜，日本学者天野元之助曾认为古代河南境内有 6 处铜矿，6 处锡矿；山东境内有 2 处铜矿，2 处锡矿；山西境内有 15 处铜矿和 6 处锡矿；河北境内有 4 处铜矿和 1 处锡矿。[③]中国学者石璋如根据古代地方志与近代矿业地志查出全国 124 个县有出铜的记录，其中位于中原的，山西有 12 处，河南有 7 处，河北省有 4 处，山东省有 3 处。如果以安阳为中心，则在两百公里之内的铜矿，山东有 1 处(济南)，河南有 3 处(鲁山、禹县、登封)，山西有 7 处(垣曲、闻喜、夏县、绛县、曲沃、翼城、太原)[④]。据此他认为"商代铜矿砂之来源，可以不必在长江流域去找，甚至不必过黄河以南。"但上述二位学者基本上是根据汉代以后的文献记载而得出的结论，根本无法确证这些矿是否在商代即已被利用。美国学者张光直即曾指出：天野元之助和石璋如的研究"令人信服地表明商代的矿工有可供利用的铜锡矿，但是他们都并未证明这些铜锡矿是否确实已被商人开采。为了证实这一点，我们必须在矿区找到考古学的证据或者能将在安阳发现的矿石与某一矿区联系起来的科学证据。迄今为止，此种证据尚告阙如"[⑤]事实上，这些地区的铜矿储量既不大，品位也不高，以当时的技术条件，即使开采也难以满足大规模铸造的需要。况且此类贫矿，即使开采得早，枯竭得也必快。商代青铜器的冶铸那么繁盛，岂能取足于此。商王朝就势必寻找其他的出路，盛产铜锡的长江流域也就理所当然地为其势所必争了。

长江流域是中国铜矿的密集之区。中国的有色金属和稀有金属大多分布在南方，是因为这里在地质上曾受燕山和喜玛拉雅山两个造山运动的影响，火成岩活动特别强烈，大约在距今 1—0.8 亿年前发生了罕有其匹的花岗岩活动，以四川盆地和云贵高原为中心，向东南方和西南方持续增强，从而出现了成矿带。长江流域盛产铜锡，文献记载也比比可见。如《尚书·禹贡》历数九州物产，"厥贡惟金三品"(金、银、铜)的只有荆、扬二州。

长江沿线不仅铜矿密集，而且这里的铜矿早在先秦时代就已开始大量开采。其中最著名的湖北大冶铜绿山古矿冶遗址，就是我国目前已发现的年代早、规模大而且保存较好的古铜矿。在鄂东的阳新，考古工作者也发现并发掘出了古铜矿遗址。阳新之东的江西瑞昌又有古铜矿遗址重见天日，其年代上限可达商代中期。在安徽南陵等地，考古工作者也发掘出一批至少西周晚期即已开始开采的铜矿遗址。

青铜器对殷王室而言，并非宫殿中的奢侈品、点缀物，而是政治、权力斗争的必要工具。当时，“国之大事，在祀与戎”，而祭祀和战争的主要的物质基础正是铜、锡等有色金属。由此，殷人必须建立比较稳定的铜锡供应基地。长江中游地区既然蕴藏着如此丰富且易于开采的铜矿，那么，必然使缺铜少锡的殷人垂涎不已，必欲得之而后安。正是在这种情况下，殷人在长江中游地区建立了旨在掠取铜锡的据点——盘龙城。盘龙城是商王朝伸向长江流域的桥头堡，也是铜锡运输线上的中转站。

当然殷人选中盘龙城作为军事据点，绝非偶然。除这里的铜矿资源之外，还有着多方面的原因：相对于长江上、下游地区而言，这里距商王朝最近；交通较方便，除既不太高也不太险的大别山横亘于北部外，其余皆为坦途；能对商王朝构成威胁的政治实体尚未形成。既然如此，殷人就不必舍近求远、舍易求难了。

考古资料也表明，殷人曾在大冶铜绿山古铜矿遗址周围活动过。在铜绿山附近已发现多处商代的冶炼遗址和其他古代有关遗址，也出土过带族徽的铜器。至于殷人是否已着手开采铜绿山铜矿，虽尚无明证，却极有可能。在盘龙城遗址中，出土了许多炼锅，也有一些孔雀石、木炭、红烧土等，无不说明盘龙城出土的铜器就是冶铸而成。那么，诸如铜绿山古铜矿、瑞昌古铜矿等，在当时很有可能已经成为殷人的原料基地。

安阳殷墟的发掘成果也表明，殷墟所用的铜料是在采矿点炼就后运到安阳的。在殷墟已发掘出的殷代铸铜遗址至少有四处。在小屯村东北曾出土一块重18.8公斤的孔雀石和一块重21.8公斤的炼渣，有人即认为这块孔雀石为炼料。但大面积发掘之后的苗圃北地和孝民屯西地这两个殷代铸铜手工业遗址，都没有发现铜矿石。发掘者认为："这里虽有丰富的炼渣，坩埚片和各种陶范，但绝不见铜矿石的存在，说明这是铸造铜器的作坊，而不是冶炼的场所。我们完全有理由推测，当时先在铜矿附近冶炼成铜块再运到这里加工，自然不容易见到铜矿石的存在了。"另外，在殷墟的铸铜遗址中，还曾出土过重约 3 公斤的长方形锡锭，而我国的锡产区主要在南方，其次为燕辽地区。锡锭的出现，无疑也是殷人在南方掠取铜锡的有力佐证。同时也说明殷人在商代中晚期已发展到高水平的铜锭加锡锭的铸铜阶段。

商代青铜文化得以迅速发展，就在于殷人既掌握了高超的青铜铸造技术，又有效地控制着铜锡原料基地。有卜辞记："乙未[卜]贞：立事于南，古从[我]，中从舆，左从曾。"从字体看此卜辞属武丁偏晚时期遗物。武丁是商代后期"复兴殷道"的一代名王，有文献记载曾用兵于南土。《商颂·殷武》所记："挞彼殷武、奋伐荆楚。"即是描写武丁事迹。商代，殷人称南国土著为荆，《诗·商颂·殷武》中写道："维女荆楚，居国南乡。"所谓南乡，本来是指大别山、桐柏山迤北和伏牛山迤东的中原南部，后来随着殷人逐步向南开拓而同步向南展宽。殷人南下，荆人在殷人的压力下，多数臣服，少数逃散。可见《诗》所记为商王武丁开疆拓土的一场军事行动。而卜辞与《诗经》所记是否为同一件事，则不得而知。

卜辞中我、舆(举)、曾皆地名。曾，在周时是一诸侯国，其地望在湖北汉水流域，周代曾国的地域很有可能是商时曾的故地。举在湖北汉东举水流域。我，当在曾、举附近。立事即莅事，意即治事、视事。南即南土。左、中、右，指商王朝的军队，甲文中有"王作三(师)，左、中、右"的记载。在明显地无强大敌手的情况下，商王武丁亲率三军驾临汉水流域，其目的何在？

殷人建立盘龙城这一据点，虽为时甚早，但在武丁之前，商王朝曾几度中衰，"诸侯或不至"。在此情况下，殷人曾经控制过的铜矿很有可能为某些诸侯所觊觎，或者甚至对这些铜矿一度失去控制。商王武丁亲临汉水流域，无疑是在重新声明对该地区红铜生产基地的控制权、所有权。殷墟妇好墓出土的青铜器，应是商王朝牢牢控制红铜生产基地之后最直接的反映。妇好墓出土的青铜礼器达二百余件，兵器一百三十余件，还出土了四面铜镜和一批锛、凿、刀、铲等用具。这些器物不仅数量多，而且多作成双成套配置，制作精致，造型凝重，颇具代表性，基本上反映了商代青铜文化的发展水平。如果没有武丁“莅事于南”之举，绝对控制长江中游地区的铜锡资源，就未必能随葬如此众多且精美异常的青铜器了，商代青铜文化也不可能在商代晚期发展至巅峰了。显而易见，充裕的铜锡资源，促进了商代青铜文化的发展，在这一过程中，盘龙城功不可没。

总之，殷人南进，是为了掠取铜锡资源，他们成功了。

二、周人经营江淮、江汉地区

肇兴于西北地区的周人终于取商而代之，建立了周王朝。新政权建立伊始，即面临着被夭折的危险。《尚书·大诰·序》记：“武王崩，三监及淮夷叛。”《逸周书·作雒篇》也记：“周公立，相天子，三叔及殷东徐奄及熊盈以叛。”东征平叛，终于在具有雄才大略的周公指挥之下取得了胜利，巩固了新生的政权。

周公东征，重创东夷集团。在周人征伐、压迫之下，东夷的一支或几支南迁至淮河流域，被称为淮夷。他们与西周相始终，扼守南北通道，叛服不定，对周朝的兴衰影响甚大。

西周初期周人征伐东夷，动机单纯，这是他们为巩固新生政权而采取的必要措施。平叛的胜利，使“成康之际，天下安宁，刑错四十余年不用。”周王朝于是把注意力从东方转向到了南方的江汉地区。

江汉地区曾为殷人所大力经营，使之成为自己的红铜原料基地，取商而代之的周人对这里当然不会等闲视之。成王东征之后建侯卫，在汉东和汉北便分封了一些姬姓诸侯，号称“汉阳诸姬”。另外，还把巴、濮、楚、邓等异性有功者也分封在汉水中上游地区。分封齐、鲁于东夷故地，完全是为吸取东夷反叛的教训所致，军事目的高于一切。江汉地区尽管有殷遗民存在，但数量不多。周人分封“汉阳诸姬”的目的，无疑是要镇守南土，以保护红铜资源。

周人统治下的疆土安宁四十余年之后，烽火再度燃起，其地竟在江汉地区，以至昭王南征。古本《竹书纪年》记昭王十六年，“伐荆楚，涉汉”。《墙盘铭》曰：“广笞荆楚，唯狩南行。”《过伯》也记：“过伯从王伐反荆。”《安州六器》对于昭王南征的记载更为详细。昭王所征伐的“荆楚”，显然不是后世显赫的楚国。楚受封于周王朝，昭王时，尚“僻在荆山”，处于荜路蓝缕的阶段，实力微弱，不可能对周王朝构成任何威胁。因此，“荆楚”并非实指当时江汉地区的某一个政权实体，而是对荆楚之地蛮人的统称。在荆楚之地，如果仅仅是土著楚蛮倒还不要紧，要紧的是这里所存在的殷遗民，他们以数十年功积蓄力量，再和当地土著蛮人联合起来，对周人造成的威胁必非同小可。从古本《竹书纪年》记昭王十九年“丧六师于汉”，《史记·周本纪》记“昭王南巡狩不返，卒于江上”的史实便可略知一二。当周人从殷人手中接收下来的红铜资源受到威胁，红铜运输道路不畅的时候，周昭王率大军南征是理所当然的。然而楚蛮势力太强，导致昭王出师未捷而身先死。

在湖北黄陂鲁台山，考古工作者曾发掘五座西周前期的墓葬。从出土遗物可知，鲁台山西周文化遗存的内涵是商周文化的融合。其中，商文化因素较周文化因素尤为突出。周文化以“汉阳诸姬”为先导向南推进，仍不免要融合于先入为主的商文化之中。

五墓中以30号墓等级最高，有墓道，随葬五鼎，有铭文的器物大多出自此墓。铭文大体可分为两组，一组为“公大使乍姬宔宝障彝 ”类，一组为“长子狗作文已尊彝”类。关于该墓的墓主是谁，学术界尚有歧见。对于“公大史乍姬宔宝障彝”的解释，也尚无定论。或谓“公大史为其夫人作器”，或谓此乃“女子父家所作的陪嫁器”。当以后者为是。至于公大史，张亚初认为若非毕公高之子，则必召公之子刘启益引陈梦家说以为公大史即毕公高。不论毕公、召公，都是姬姓显贵。而长子狗，从铭文来看应是该墓墓主。张亚初说长子狗是“殷遗民”，其子后裔，确否姑且不论。长子名乙，而以日为名是殷人的习惯。从这一点来看，长子既非周人也非楚人。说长子狗为殷遗民是正确的，至于是否其子之后，则无从证实。这两组铭文不同性质却相关的铜器置于同一墓中，也只有以夫妻关系来解释他们间的关系才更合乎情理。

堂堂周室显贵之女为何要下嫁给殷之遗民?这应视为一个经济战略措施，是周王室为控制长江中游地区的红铜资源，而对殷遗民所采取的一种笼络性措施。周昭王南征失败，周王朝对荆蛮与殷遗民的联盟莫之奈何。不得已，周人才以联姻的方式收服长子狗一族，此族也以箕子为榜样，投入了周人的怀抱。周王朝对江汉地区通过这种间接统治的方式，以获取这里生产的红铜。

鲁台山一带位于长江中游的要冲，西控汉水、涡水，东控长江。周人要向铜绿山及其附近地区推进，鲁台山一带是必由之路。周人所采取的方式虽过于软弱，但目的毕竟是达到了。直到西周晚期，江汉地区都相对安宁，说明周人此举还是行之有效的。

考古资料表明，长江以南，甚至汉水以南的地区，受周文化的影响甚微。与商文化过长江、渡洞庭，直达湘南迥然不同。这与商文化富于开放性，周文化偏于保守性虽不无关系，但也是因为周人心有余而力不足。

周王朝在基本控制住江汉地区之后，把斗争的矛头指向了江淮地区。事实上，被迫徙居淮水流域的淮夷在积蓄力量达到一定程度之后，再次反叛周王朝，使之不得不前往镇压反叛者。

《史记·秦本纪》记：“徐偃王作乱，造父为缪王御，长驱归周，一日千里以救乱。”《史记·赵世家》、《韩非子·五蠹》、《淮南子·人间训》等文献也有所记述，但多不相吻合。《后汉书·东夷传》所记则调和《秦本纪》、《五蠹》二说，并杂采张华《博物志》之异闻，以至于显得荒诞不经，让人怀疑其真实性。这段记录虽然离奇，却透露出两周时期徐与周、徐与楚之间都有过征战的信息。

徐，嬴姓，商之与国，卜辞称之为“余方”。嬴，或作盈，又作偃。《说文》：“嬴，少吴氏之姓，从女，嬴省声。”段玉裁注云：“按秦、徐、江、黄、郯、莒皆嬴姓也。嬴，《地理志》作盈。又按件翳嬴姓，其子皋陶偃姓，偃，嬴，语之转耳。”故“徐偃王”实即“徐嬴王”，其并非徐国某一国君的专称，而是徐国历代国君的共名。那么，徐偃王作乱于穆王时，楚文王灭之的记载就容易理解了。

徐国参与周初的叛国活动失败后，被迫南迁，宅居淮、泗一带，与江、黄、寥、六及群舒诸邦并称淮夷，以实力及徐王的好行仁义而成为淮水流域大小邦国的宗主国。徐国率领诸邦“内侵”是完全可能的。

淮夷内侵也见于穆王时期的铜器铭文。《录亥卣》铭：“王令曰：淮夷敢伐内国，汝其以成周师戍于叶师，……1975 年陕西扶风白家村西周墓出土一批录伯亥器，其中有鼎 3、簋 1，皆称“亥”。另有簋 1、壶 2，则铭称“白(伯)”，都为典型的穆王时器[6]。簋(甲)记“六月初吉乙酉”与淮夷交战，俘获大量兵器。簋(乙)则记：“惟九月既望乙丑，在堂阜，王俎姜使内使负锡玄衣……。”对论功行赏，无疑以淮夷失败告终。至于征战之地如堂师、棫、䣙等，全在黄河流域。

周王朝面对挑战，派出以白雍父分别为主帅的讨伐部队，给予淮夷诸邦以沉重打击。以徐为首的淮夷本居于淮水两岸，但在周王朝的打击下，势力无法向北伸张，甚至不能在淮水以北立足，只得活动于江淮之间，成为西周晚期铜器铭文上所记的“南淮夷”。

淮夷诸邦的进一步南迁，不仅未能销声匿迹，而且势力还有较大的发展，在地域上也更接近于先秦的产铜中心之一的皖南地区。

经初步发掘，皖南地区是“目前全国发现的面积最大，时间较早、保存较好的一处古铜矿遗址群。”[7]“试掘中也发现了少量的商代陶片和汉代板瓦，但遗址上的主要遗物的年代仍属西周至春秋。”[8]因此可认为“最迟在商代中期，生活在长江下游南岸地区的土著人已经熟练掌握采掘、冶铜和铸铜技术、乃至西周时期，则已发展到专业化和大规模地采冶阶段。”[9]另外，“这些古代铜矿遗址基本为采矿、冶矿、冶炼结合配套型，即从开采矿石、加工、选矿、冶炼、直到制成粗铜坯，是在一个小区内完成的。”[10]这为红铜的向外输出提供了方便。南淮夷在遭到较大打击之后仍能迅速恢复发展，与他们靠近产铜中心当不无关系。近水楼台先得月的便利条件，大大增强了其实力。淮夷得天独厚，却更成为周人南进的阻碍。因此，江淮地区在西周晚期成为战争热点之所在。

古本《竹书纪年》记："厉王无道，淮夷人寇，王命虢仲征之，不克。"王室衰微，淮夷乘机反叛恰在情理之中。在西周晚期的记录战争的全部金文中，命将出征、周王亲征都以征淮夷为第一。

厉王时器《蓼生须》记："王征南淮夷，……，执讯折首，俘戎器，俘金。"[11]周王亲征的结果，既败淮夷，又获红铜，达到了双重目的。

《噩侯驭方鼎》则记："王南征伐角，……，噩侯驭方纳醴于王，……。"[12]又有《禹鼎》铭"用天降大丧于下国，亦唯噩侯驭方率南淮夷、东夷，广伐南国、东国，至于厉内。王乃命西六师、殷八师曰：'扑伐噩侯驭方，勿遗寿幼'。……[13]"上述二鼎也皆厉王时器，不过在时间上有前后之别。器铭都涉及到噩侯，内容却截然不同。

"噩"即"鄂"，此为西鄂，位于南阳之北，成周之南，在周王朝与淮夷这两大敌对势力之间居有举足轻重的地位。其向背决定着双方的胜负，因此成为争取、笼络的对象。

鄂，姓，从"王"之称可知，在西周晚期，周、鄂曾一度联姻，周王朝故得到鄂国的支持，从而取得征讨淮夷的胜利。《鄂侯驭方鼎》铭就记录着周王在征南淮夷的归途中，与鄂侯驭方宴乐酬答的情景，周王赐之以"玉五谷，马四匹、矢五束"，礼遇优渥。这在记录锡命场合的铜铭中是不多见的。淮夷也许觉察出关键之所在，以叛周为交换条件，对鄂侯诱之以红铜。周王南征，虽以扑灭淮夷的反叛为头等大事，攫取淮夷所控制的红铜却是其最终目的。对于鄂侯来说，红铜这一头等战略物质较之联姻、礼遇等虚名恐怕要更加实惠。噩侯驭方乃率南淮夷、东夷，广伐南国、东国，给周王朝造成巨大的威胁。恼羞成怒的周王也才有"扑伐噩侯驭方，勿遗寿夭"的军事报复。

至宣王中兴，周王朝更加紧了对江淮地区淮夷的进攻与控制。《兮甲盘》

铭："……王令甲征治成周四方积，至于南淮夷。……毋敢不用令，则即刑扑伐。……"[14]在周王朝以武力残酷镇压之下，淮夷重新归服，并承受着各种负担。

《师寰簋》铭："王若曰：'师父，淮夷旧我帛晦臣，……。'……，俘吉金。"淮夷置于周王朝控制之下后，稍有反抗，即遭镇压，其控制的红铜则成为周人攫取的主要对象[15]。

《驹父须盖》铭："唯十又八年正月，南仲邦父命驹父簋(就)南淮夷率高父见南淮夷，大小邦无敢秒削(褚)，具逆王命。……。"至此淮夷诸邦全部归服于周王朝。皖南红铜生产基地理所当然沦落周人之手[16]。

较上述器稍晚的《曾伯漆瑚》铭："克狄淮夷，印燮繁汤(阳)，金道锡行。……"周人的反复征伐，终于功德圆满，"南金"按照一定的通道源源不断地输入中原[17]。

淮夷作为周王朝最强大且不时反叛的敌人，在西周晚期牢牢地吸引住了周人的注意力，其结果使楚国在江汉地区日益强大，势力迅速发展。《史记·楚世家》记："当周夷王之时，王室微，诸侯或不朝，或相伐。熊渠甚得江汉间民和，乃兴兵伐庸、扬粤，至于鄂。乃立长子康为句王，中子红为鄂王，少子执疵为越章王，皆在江上楚蛮之地。"楚人所至之鄂，即东鄂，在今湖北鄂州市境，是扬越的经济中心。大冶铜绿山产铜中心可能位于鄂南面不远的地方。熊渠可能就是在当时头等的战略物质——红铜的诱惑之下，才不惮长江风涛之险，劳师远征到鄂去的。楚人一去，那里的铜矿就不再是扬越的奇货和周朝的禁脔，而成为楚人得以染指之物，这对楚国的振兴起着莫大的作用。楚国在当时虽不足以与周王朝抗衡，"及周厉王之时，暴虐，熊渠畏其伐楚，遂去其王号。"[18]但楚人在得到红铜之后才出现了历史的转机。

随着楚、吴、越等立国于长江中下游地区国家的日益强大，这里的产铜中心再次成为争夺的对象，新一轮的战争由此再度爆发。

三、余论

张正明先生认为，最迟在春秋时代，由于中原的铜矿资源的枯竭，已形成了蛮夷戎狄生产红铜原料和华夏生产青铜成品的分工。[19]这种分工的存在是确信无疑的，不过时间还要更早些。在世界其他文明中心，青铜铸造业需要其它地区铜锡矿供应的情况也是常见的，其最根本的原因是铜锡矿分布的相对集中。如近东是世界青铜技术发展最早的地区之一，其铜料由塞浦路斯、土耳其、巴勒斯坦和伊朗等地的铜矿供给，但这些地区不产锡。文献资料和考古发现都证明这里铸青铜的锡是通过交换从南亚等地运入的，尽管其原始产地有待查明。

青铜器的铸造作坊通常是设立在都市或城堡中，铸造者获取铜锡等生产原料的途径，大致有以下几条：其一，如近东地区通过交换获取。其二，自身拥有红铜生产基地，如殷人深入长江中游地区建立盘龙城以控制红铜产区，楚人所拥有的大量产铜中心等。其三，如周人的“俘金”，亦即抢铜。其四，献金。《诗·鲁颂·泮水》说：“既克淮夷，来献其琛，元龟象齿，大赂南金。”其五，赠金。《左传·僖公十八年》记：“郑伯始朝于楚。楚子锡之金，……”。

殷人和楚人，都曾成功地控制住长江流域的产铜中心，中国古代青铜文化发展的两个高峰期便出现在商代和春秋晚期至战国早期的楚国。周人兼顾江汉、江淮地区，所耗费的比殷人多，获取的却未必比殷人更多，因而西周时代的青铜文化发展水平不仅未能超轶殷商而前，在其晚期反而还呈下降趋势。总之，殷人与周人经营江汉、江淮地区的基本目的是相同的，其成功与否，却判然有别。

注释：

①湖北省博物馆：《盘龙城一九七四年度田野考古纪要》，《文物》1976 年第 2 期。

②王国维：《观堂集林 · 殷周制度论》。

③天野元之助：《殷代产业の关ち事若干问题》，Tohogakuho，no，23，

1953,pp. 231—258。

④石璋如:《殷代的铸铜工艺》,《历史语言研究所集刊》第26期,1955年。

⑤ Chang,KOC,Shang Civilization,Yale Llniversity Press,P153。

⑥黄盛璋:《淮夷新考》,《文物研究第五辑》,1989年。

⑦⑧⑨⑩杨立新:《皖南古代铜矿初步考察与研究》,《文物研究》总第3期,1988年6月。刘平生:《安徽南陵大工山古代铜矿遗址发现和研究》,《东南文化》,1988年第6期。

⑪马承源:《关于噩侯生和死及灭种的几点意见》,《考古》1979年第1期。

⑫⑬⑭⑮⑰郭沫若:《西周金文辞大系考释》,科学出版社,1957年12月。

⑯陕西湖省博物馆:《陕西武功县出土驹父盖》,《文物》1975年第6期。

⑱《史记·楚世家》。

⑲ ROben Maddin,Tamara Stech Wheeler,JamCs D. Muhly,1977:T in in the Ancient Near East:01d Questions and NewFinds,Expedition,V01. 19, no. 2,,pp. 35—47.

(原载《江汉考古》,1991年第4期。)

人类文明的科技之光

——大冶铜绿山古铜矿遗址

湖北省博物馆原馆长 研究员 谭维四

2001年3月，在我国考古学界所进行的“中国20世纪100项考古大发现”的评选活动中，《湖北铜绿山西周至汉代矿冶遗址的发掘》被列入其中。自70年代初期该遗址被发现之日开始，二十多年来随着调查发掘材料及考古研究成果的相继发表，迅速受到国内学术界的广泛关注，好评如潮，影响深远。

一、广泛的国际赞誉

二十年前的1980年6月，在美国纽约大都会博物馆举行的中国古代青铜器学术讨论会上，世界著名的考古学家，英、美、德、意、瑞士等国科学院(或学术院)外籍院士，我国已故老一辈考古学家，中国社会科学院副院长、考古研究所所长、研究员夏鼐先生在其所宣读的《铜绿山古铜矿的发掘》一文中向世界宣告：“从铜绿山古铜矿获得的丰富资料，证明东周时期的楚国在铜矿的开采和冶炼方面都已达到较高水平。”“他们为创造灿烂的古代文明作出了杰出的贡献。”“从而对于像曾侯乙墓出土的青铜器具，总重量达到十吨之多的惊人数字也就有了更深的理解。”(《考古学报》1981年第1期12页)。

二十年后的2001年9月，在香港举行的有中、英、美、法、日、韩等十余个国家和港台地区近200名学者与会的“第九届国际中国科学史会议”上，大会组委会将湖北随州出土的曾侯乙墓青铜编钟的全景图像作为会标高悬于主席台上，大会开幕式上安排的第一个大会学术报告就是由我作的《曾侯乙墓等的考古发现与中国古代科技》。曾侯乙墓的青铜编钟及夏鼐先生所指“重量达到十吨之多的曾侯乙墓青铜器”又一次成为国际学术会议讨论的热点。有学者将曾侯乙墓出土铜器(曾侯乙编钟甬钟)与铜绿山古铜矿矿井内铜矿石的微量无素的含量作对比分析,两者十分接近。

这证明曾侯乙墓铜器的原料极有可能来自大冶铜绿山。而春秋战国时期,这里是其开采冶铸最发达的时期,已发掘的春秋炼铜竖炉,经多学科研究与模拟考古实验证明,这里的配矿技术与冶炼水平是比较高的,处于当时世界的前列。这就是何以曾侯乙墓能埋入重达十吨的青铜器,曾侯乙编钟何以能铸造得如此庞大辉煌的社会原因。也就是当年生产发展、经济繁荣、矿冶科技高度发达的必然反映。(见谭维四著《中国二十世纪文物考古发现与研究丛书·曾侯乙墓》,文物出版社,2001 年 9 月)另有学者在会上宣读的学术论文中,也指出:“对铜绿山等重要遗址冶炼技术的研究,已取得的成果揭示中国冶铜的技术起源和早期面貌,为探讨冶金技术对中华文明的兴起所作的贡献提出了新的资料,中国铜冶金考古取得了重要的成果。”(见北京科技大学冶金与材料史研究李延祥:《中国铜冶金考古新进展》)

1981 年 10 月,参加北京古代冶金国际学术讨论会的几十名来自世界各地的专家学者参观该遗址发掘现场后惊叹不已。他们有的说“这是世界冶金史上一件了不起的大事。”而对于这里所揭示出的古代科技成果也称赞不已,如闻名世界的冶金史专家、美国麻省理工学院史密斯教授说:“多么聪明的人民啊!”而 1998 年 9 月,联合国国际古迹遗址理事会世界遗产项目协调员亨利·克利尔博士赞叹道:“参观中国三千年前冶炼金属的古矿冶遗址,使人感到人类祖先的伟大。”另一位美国冶金史专家麦丁教授 1981 年将这里的情况与世界其他地方发现的材料作了对比后说:“在世界其他地方,看了很多古代矿冶遗物,铜绿山是第一流的,在中东等地虽然很早就开始了铜矿的冶炼,但保存这样大规模的地下采掘遗迹、较完好的冶炼用炉、炉渣温度高、流动性好、含铜量低是很少见的。”世界著名的中国科技史专家李约瑟博士的助手、加拿大的弗兰克林教授说:“你们经常接触可能不觉得,但对我们来说,这是世界其他地方所没有的。”(以上引文均见周保权著《世界文化遗产瑰宝——铜绿山古铜矿》,香港天马图书有限公司出版,2000 年 3 月)

二、立体的冶金史百科全书

以铜绿山古铜矿遗址为依据,在矿区古铜矿采掘现场建成的中国第一座反映古代矿冶科技史的专门性博物馆——铜绿山古铜矿遗址博物馆,1984 年建成开放后,立即受到世人的关注。

这是一座融现场原状陈列、复原陈列和综合陈列于一体的独具特色的专门性博物馆,人们在这里既能看到考古发掘揭示出来的 400 平方米春秋时期的采矿现场,井巷纵横交错,层层叠叠的情景,还能看到经过精心布置的各时期的井巷复原陈列,并能进入巷道实地体察当年采矿的艰苦过程。并领悟到劳动群众创造历史的丰功伟绩。自开放以来已先后有世界五大洲三十多个国家的专家学者及其他方面的友人前来参观考察。凡来到者普遍反映“不虚此行,受益匪浅。”人们说:这里简直就是一部立体式的冶金史百科全书,一部青铜文化与科技发展的形象读物。一位国际友人则说:“我们在这里看到了在世界其他地方看不到的东西,这在我们一生中是永远不会忘记的。”

随后,这里又相继建成开放了考古发现的复原现场、炼炉及其模拟试验的复原陈列,远古时代地上地下的情况展现在眼前,说它们是一部立体式的冶金史百科全书实恰如其分。

三、结语

一个古矿遗址及以此为依据而建成的博物馆为什么在世界范围内竟然会引起如此强烈的反响呢?原因何在?我以为可以概括地作如下表述:

首先,是铜绿山古矿冶遗址在人类文明发展历史上的重要地位和意义所决定的。

当人类历史进入青铜时代后,铜矿的开采、铜的冶炼、青铜器铸造的水平,是其社会生产与科学技术发展程度的重要标志。铜绿山古铜矿的考古发掘表明,该遗址分布范围达 2 平方公里,开采年代始于商殷,经西周、春秋战国，一直延续到西汉，是我国目前已发现的时代久远，延续开采时间最长，采、选和冶兼备，结构复杂、保存完好的古铜矿遗址。我们祖先曾在这里进行了大规模的深井开采，成功地解决了井下开采所需采矿工具、井巷支护、矿井提升、井下照明、通风排水等一系列科学技术问题。在冶炼方面，还创先使用了鼓风竖炉炼铜，其创建的竖炉具有冶炼性能良好、炉龄较长、操作简单等特点。它可以连续加料、连续排渣、间断放铜、持续进行冶铜生产。其冶铜工艺已达到相当高的水平，处于当时世界的前列。因此，它不只是中华民族的宝贵文化遗产，也是世界人类进步文化的一个重要组成部分，闪耀着人类科技发展的灿烂光华。这就是此遗址之所以备受世界广泛关爱的本质原因。

其二，铜绿山古铜矿遗址的调查发现与发掘，开辟了我国青铜文化研究和中国考古学研究的一个新领域，促进了我国以及国际上矿冶考古的发展与繁荣。对它的研究，揭示了我国青铜文化的独立起源，而且有力地说明我国古代矿冶技术有着自身发展的道路，填补了我国古代科学技术发展史中的一段空白，生动地反映出中华民族的伟大智慧和创造力量。并且在国际采矿、冶金、考古、科技史学界产生了重大影响，从而促进了国际上在这些学术领域研究的广泛展开。

其三，党和政府对这处遗址文物保护和考古研究的高度重视，及时地正确处理了文物保护与生产发展的矛盾，使该遗址得到了妥善的保护，进而又一步一步加大了科研力度，成果辉煌。在党和国家“有效保护，合理利用，加强管理”的正确原则指导下，紧跟国家改革开放的形势，采取了许多有效措施，使遗址的保护和研究在社会主义两个文明建设、促进世界进步文化交流的伟大事业中发挥着越来越大的不可替代的作用，从而也赢得了世界人民的称赞。国际友人在参观考察中，对于现在留矿保存这份无比珍贵的文化遗产的举措，表示十分敬佩。一位澳大利亚学者激动地说：“我们在世界其他地方，从未见到保护得如此完好的古铜矿遗址，你们对遗址的重视与精心保护，令人感动。友人们还说：“这只有在中国共产党领导下，中国人民才能够有这

样的气魄、远见和决心。”(参见周保权:《世界文化遗产瑰宝——铜绿山古铜矿》第75页)

人类已经进入了新的世纪,回顾过去成果辉煌,展望未来前途无量,我衷心地祝愿大冶的同仁们在党和政府的领导下,高举邓小平理论伟大旗帜,努力贯彻江泽民主席“三个代表”重要思想,与时俱进,开拓创新,努力奋斗,将铜绿山古铜矿遗址的保护、研究、利用的工作做得更好,取得新的更大成果,为人类文明发展作出更大贡献。

(本文为作者在2001年大冶市“青铜文化与大冶发展研讨会”上的发言摘要)

中国矿冶第一驿

——大冶铜绿山古铜矿遗址

龚　良

鄂东丘陵地带，东距湖北大冶县城3公里，有一座铜绿山，这里北、东两面紧靠大冶湖，水运可达长江，交通便利。据清代同治《大冶县志》记载，此山每当暴雨过后，可见无数铜绿如雪花小豆般点缀在土石之上，因有铜绿山之名。显然，铜绿山是铜矿石富集地区，现代矿山就建在这里，而古铜矿遗址的发现正是现代矿山开采中的另一收获。

一、铜绿山古铜矿遗址的发现与发掘

1965年，在铜绿山现代矿山生产建设中不断发现古代采矿、冶炼的遗物和遗迹，当时并未引起足够的重视。这种情况一直持续到1973年，湖北铜绿山矿革委会将一件铜斧寄送到中国历史博物馆请求鉴定。中国历史博物馆当即派专家前往湖北，会同湖北省博物馆、地方文化馆和矿山革委会联合组成考古调查组，对发现古物的地点进行实地调查和勘测。调查中他们发现，被当地群众称为"老窿"的古代矿坑在矿山露天开采的工地上几乎遍地都是，有许多已经塌陷或被泥沙填塞。铜绿山古铜矿遗址处在现代露天采矿场场区，矿场由于长期的开采，形成一个低于海平面16米的巨大深坑，这些老窿就是在采矿过程中发现的，采矿中挖出的古代支护老窿的木料就有上千立方米。调查组清理了一个残存的老窿竖井，发现了大量用来支护井壁的圆木、采矿用的铜斧、铜锄、铜锛、铜凿、木槌、木铲、铁锤、铁锄及运载工具藤篓、木钩、麻绳等，另外还发现少量陶罐等生活用具。在老窿分布区的周围发现数座炼炉遗迹及冶炼后弃置的炉渣约40万吨。经初步调查、试掘，认定这是一处春秋末至战国前期的矿冶遗址。

1974 年 2 月，湖北省博物馆、黄石市博物馆、大冶县文化馆和铜绿山联合组成铜绿山考古发掘工作队，在露天采矿场选择了两处古矿井进行较大规模的发掘，发掘地点一处在矿场北端，称为“12 线老窿”，另一处在 南端，称为“24 线老窿”，两处老窿相距 300 米。12 线老窿上部已在现代采矿中被挖掉，考古工作者在残存部分仅发现 8 个竖井、1 个斜井和支护木料以及部分采掘工具。24 线老窿发掘出竖井 5 个、斜巷 1 条、平巷 10 条及采掘工具 70 余件。在发掘过程中，配合政治形势召开了当地群众参加的批林批孔现场会。该次发掘还弄清了古铜矿遗址的范围，它包括铜绿山及其附近冶炼遗址，南北长约 2 公里，东西宽约 1 公里。经鉴定，12 线老窿是春秋时代开掘的，24 线老窿开掘时代也不晚于战国中后期。

1976 年 5 月至 1979 年 1 月，湖北黄石市博物馆又对铜绿山东北坡春秋时期的炼铜遗址进行了发掘，在 1575 平方米的范围内发现炼铜竖炉 8 座和大量炼渣等。

1979 年冬，中国社会科学院考古研究所铜绿山工作队在铜绿山东北 1 公里处的大岩阴山发掘春秋时代的古铜矿。大岩阴山也在铜绿山矿区内，这里蕴藏着丰富的铜铁矿床，有关部门把它列为开采目标。当现代采掘机扒掉山岗上部时，露出了几处古铜矿的遗迹，铜绿山矿领导非常重视这一情况，立即向有关部门报告，国家文物局迅速采取了相应的措施。该次发掘，Ⅶ号矿体Ⅰ号点清理出一组完整的井巷结构和排水系统，增添了认识古代采掘工艺的新材料。同时在铜绿山东北坡又发掘清理出一座古炼铜炉，并夯筑了两座实验炉，成功地进行了一次模拟炼铜实验。由于这次发掘是配合矿山生产进行的应急抢救性的发掘，加上冬季寒冷，工期较短，未能将Ⅰ号点第一层井巷清理完毕。1980 年 4 月，铜绿山工作队继续进行上一年的发掘，将第一层井巷清理完毕，又发掘了第二层，并在局部地方找到了第三层，但由于井巷周围岩石发生严重塌落，第二层井巷清理完以后就无法下挖了，发掘工作只得于 6 月底结束，有关方面对发掘现场进行了妥善保护。

二、主要发现

铜绿山矿区历年发掘清理的4处古铜矿包含竖井、盲井、斜井、平巷，1974年发掘的24线老窿和1979年发掘的Ⅶ号矿体Ⅰ号点，由多条平巷组成，平巷又有上、中、下三层，纵横交错，层层叠压，特别是一组完整的井巷组成的发掘网，是我们研究古代采掘工艺的重要依据。各矿竖井直径一般在80—90厘米，深40—50米，井巷内都布满支护用的粗大木料，并出土采掘工具、用具上百件。从12线老窿附近收集来的11件大型铜斧，每件身长25厘米，刃宽22厘米，重3.5公斤。24线老窿时代稍晚，在地下50余米的矿坑中出土的金属工具全是铁器，有铁耙、铁钻、铁锤、铁斧、铁锄等。大铁锤2件，呈椭圆柱形，长13.7厘米，直径8.5—10.5厘米，重6公斤，相当于现在的12磅大锤。由于古矿井停采后很快被黄黏土淤塞，深埋地下造成缺氧环境，使这些铁器基本没有锈蚀。各矿井出土的竹、木器，如竹篓、木槌、木铲、木钩等，也都保存完好。在24线老窿还出土一件木制辘轳轴，长2.5米，足以支架在井口之上，可以想见，当时矿工们像用辘轳打水一样将采掘到的铜矿石一篮篮从井下提升到地面的情景。在24线老窿和Ⅶ矿体Ⅰ号点，都发现比较完备的排水工具和设施，包括木水槽、木桶、木瓢等20多件以及开凿的水道，铺设的木制水槽和水道通往排水井，有一段水槽上部整齐地铺盖着一层木板，成为暗槽。此外，Ⅰ号点还发现两件被认为是选矿用的船形木斗，以及燃烧照明用的竹签残余。

铜绿山东北坡是古代炼铜遗址，共发掘清理炼铜炉9座。炉的外形、结构大致相同，有炉基、炉缸和工作台。炉基用沙石、黏土等夯筑而成，台基内设有风沟；炉缸系用高岭土等组成的耐火材料筑成，发掘时多已残破；炉身均已坍塌；工作台用黏土、矿石垒筑在炉侧，台面高于炉缸底部。炉旁发现大量铜矿石和作为燃料的木炭，炼炉附近还有成套的辅助设施碎料台、筛分场和渣坑，碎料台东、南、北三面堆放着经过加工的矿石，台中部为坚硬的花岗岩石砧，石砧周围用高岭土筑成。周围发现大石球 70 多个，大小相近，直径 8 厘米。筛分场有一堆铁矿粉和一堆铁矿粒，粒度均匀，显然是经过筛分的。炼渣在炼铜炉内均不同程度地残留着，附近的渣坑中有的堆积达 1 米以上，估计矿区遗存的炉渣在 40 万吨以上。炼渣中残留铜仅为 0.7%，而 3 号炉西侧出土的一块粗铜含铜达 93% 以上。大冶湖边的螺蛳塘出土铜锭 11 个，每个重约 1.5 公斤，含铜量为 91.86%，说明当时提炼铜的技术已相当高超。

三、发达的矿冶技术

矿区从采掘到冶炼，各工艺过程的遗迹、遗物均有发现，可以再现古代精湛的矿冶技术。

1. 矿井结构　矿井结构在前面的内容中已经涉及。采矿时一般先挖竖井，竖井挖到一定深度，若没有发现理想的矿脉或因技术问题无法继续下挖时，即行废弃，但若遇到值得开采的矿位，便向旁侧开挖平巷或带有一定斜度的斜巷。在富矿区平巷多至三层（上下层之间用盲井相通，有的盲井并未挖通），可能是用来蓄水或充填废料的。为防止井巷岩石塌落，确保采掘安全，工匠们采用大量直径 5—10 厘米的粗大圆木对井壁进行支护。早期竖井用四根木料搭成的方形框架支护，木料接处为榫卯结构，凿有榫眼的两根木料的两端削成尖状，嵌进井壁以使框架稳固。每隔 40 厘米就有这样一幅框架，上下框架间用小木棍相连，四壁再衬以席子等物。晚期竖井则用圆木层层搭建而成，形成一座木井。平巷或斜巷也由榫卯构成的方形木框支护，两侧用圆木、横梁，巷底用方木或半圆木，发掘中从未见有尸骨遗存，说朋这些支护设施有效地承受了四周的压力，保障了采掘者的人身安全。

2.选矿　铜绿山古矿井大多集中在大理岩和火成岩的接触带中，这里矿石富集，含铜品位较高，岩石破碎，容易采掘。矿井平巷的走向也根据含铜品位的高低而定，表明当时矿工在选矿方面积累了丰富的经验。他们不仅已经能够通过观察自然铜、孔雀石的颜色、光泽进行目力找矿，而且还会利用选矿工具。1979 年Ⅶ号矿体Ⅰ号点发现两件船形木斗，类似今天的“淘金斗”，古代矿工用它作为重力选矿的工具，来测定矿石中的含铜品位，决定采掘方向。他们在采掘过程中选出富矿运出矿井，而把贫矿和废石充填于废巷和盲井之中，以减轻运送矿石的工作量。

3.提升　矿工们把辘轳架在竖井口上，将装在竹篮中的矿石提升到地面。辘轳、竹篮、竹筐、竹篓、麻绳等提升和运载工具在古矿井中都有发现。

4.通风　在采掘过程中要有良好的通风条件，保障巷道内有充足的氧气。铜绿山没有发现机械通风设施，矿井的通风安全是靠由井口高低不同产生的气压差所形成的自然风流来解决的。在井巷内部，用黏土、矿石等填塞无用的废弃盲井和巷道，以促使新鲜空气顺利流向采掘方向，到达深处的作业面。

5.排水　及时排除井内积水也是矿业工作的重要一环，铜绿山古矿井多在巷道内铺设木制水槽或开凿水道将矿下水引入储水坑(有的是未挖通的盲井)，再由木桶由辘轳从竖井中提升到地面。水槽一般由大树干挖空制成，放在平巷一侧或废弃的平巷之中，如果水槽穿过提升矿石用的竖井，为不影响提升矿石的工作，就在水槽上部整齐地铺设一层木板，Ⅶ号矿体Ⅰ号点的井巷充填物中出土过不少竹签，竹签较短，一端有燃烧过的痕迹。这些竹签可能是矿工照明用的残余，他们将竹签编成火把，带入井巷，可以燃烧较长的时间。考古工作者在距今4000年前的新石器时代的遗址中就曾发现将树木枝条插在墙壁上点燃照明的遗迹，树木枝条或竹签燃烧照明就是早期的烛。

7.碎料、筛分　矿石运送到附近冶炼地点的碎石台，先用大石球进行碾磨破碎，再经人工筛分，变成大小适中的颗粒，以便投入到炼炉之中。

8.冶炼　考古工作者根据出土的残破炼炉，复原了两座炼铜竖炉，进行模拟试验。试验炉炉身高1.5米，有两个风口，同1958年土法上马大炼钢铁不同的是，他们没有现代设备。一台小型电动鼓风机同时向两个风口鼓风。冶炼时持续投入矿料，并间断地排放炼渣和铜液。在10多个小时实验过程中，投入矿料1300多公斤，木炭600多公斤，先后排渣14次，放铜2次，炼出红铜100多公斤，化验结果表明，铜的含量为94%—97%，略高于出土粗铜中的纯铜含量。这次成功的试验，足以说明古代铜绿山的工匠们已掌握了较高的冶炼技术，拥有丰富的冶炼经验。

铜绿山矿炼出的红铜制成铜锭，经由大冶湖运往远方的铸造作坊，在古代能工巧匠的手下，制作成各式各样精美的铜器。

四、王朝垄断下的矿山经营

商周时代是我国矿业大发展的时期，中国最早的地理学著作《山海经》比较详细地记载了战国以前矿业开发的情况，书中提到的产矿山地 167 处，其中铜矿 52 处。《管子·地数》说："凡天下名山五千二百七十二，出铜之山，四百六十七山。"当时的楚国就不止一地产铜，湖北阳新县港下，安徽铜陵、南陵大工山，江西瑞昌铜岭，湖南麻阳九曲湾等都发现商周时期的古铜矿。据现代地质勘探资料表明，我国大陆铜矿石蕴藏地点主要分布在长江中下游的湖北、湖南、江西、安徽等地，已发现的古铜矿包括大冶铜绿山就正处在这条丰富的铜矿带上。

由于金属在社会生产、生活中起着重要作用，政府对矿山开发实行了严格控制，垄断经营。《周礼·地官》有"矿人"一职，"矿人"是专门管理矿藏的政府官员，负责执行国家严厉的禁山政策，"有动封山者，罪死而不赦"(《管子·地数》)。楚也用严刑峻法为"采金之禁"，禁止民间私自采矿，一旦抓住犯禁者，暂首示众(《韩非子·右储说上》)。显然，铜绿山古铜矿是由楚国政府一手经营的。就 40 万吨炉渣及其铜的残留量和矿石平均品位估算，铜绿山已提炼出的红铜当在 8 万吨左右。那么，这里炼出的红铜又到哪里去了呢?

1973 年，湖北随县擂鼓墩东周曾侯乙墓出土青铜器 6239 件，总重量达 10.5 吨，若除去其中的含锡成分，仅青铜器就要耗费 100 多吨铜矿石。随县与铜绿山相去不远，曾侯乙墓与铜绿山矿又处于同一时代，我们完全有理由认为它所用的铜原料取自铜绿山，只是现在尚未找到这批青铜器的铸造遗址，1976 年，安阳殷墟妇好墓出土青铜器 468 件，总重达 1600 多公斤，根据青铜器铜同位素的检测分析，其铸造原料很可能来自大冶铜绿山矿区，这同样也可用以说明殷墟其他青铜器原料的来源。大冶铜绿山发掘的早期铜矿是在春秋时期，而安阳殷墟青铜器的分析结果表明，至迟在商代晚期，人们就已经开发这里的铜矿了。铜绿山炼出的铜锭不但供应附近使用，还远输河南等地，它当时的重要地位和矿冶盛况就可想而知了。商王朝为了直接控制这里的矿山开采，在矿山通往中原的要冲长江北岸曾建立盘龙城，以这座城邑为据点，商人东征西伐，控制了今湖北、河南、安徽邻界的大片地区。盘龙城与大冶铜绿山仅一江之隔，又与其他几处古铜矿在同一条长江运输线上，方圆不过数公里，矿山产出的红铜在商王朝的控制下源源北上，到达都阳安阳的铸铜作坊。铸造作坊也是受官府控制，为官府服务的。这样，从矿石开采到制造青铜器的这样一个完整过程都是在政府垄断下运作的。

成书于周代的《尚书·禹贡》记载，当时中央政府要求楚地贡“金三品”，所谓“金三品”是指金、银、铜，黄金为上，银次之，铜虽是下等金属，但产量最高。在商周辉煌灿烂的青铜文化中，大冶铜绿山矿区的贡献是不容低估的。正像后来我们用钢铁产量反映一国国力，在铁器出现以前的青铜时代，铜产量就是国家实力的象征。春秋时期，楚国能够问鼎中原，争霸天下，在很大程度上靠的就是丰富的矿藏和发达的矿业。

五、中国矿冶史上的里程碑

铜绿山古铜矿是我国发现最早、规模最大、开采时间最长并且也是最完整的一处矿冶遗址，它否定了过去曾经流行一时的一种“中国采矿、冶金技术进口论”。它的采掘和冶炼工艺填补了我国冶金史上的空白，堪称矿冶史上的里程碑。它的矿井支护、排水、通风和选矿的一整套技术，对于现代矿山生产仍有借鉴意义，在古矿井的下面，今天仍开采出数千吨富矿石。3000多年前，矿工们在没有任何机械动力的情况下，仅凭铜斧等工具开掘到地下50多米，并挖成纵横交错的井巷网，这不能不说是人类生产史上的奇迹。

铜绿山发掘也丰富了青铜器研究的内涵。以前在青铜器研究上人们只局限在铭文、形态、用途、花纹、成分等方面，后虽涉及铸造方法的研究，但对于材料的来源还不太清楚，也由于铸造作坊遗址附近没有发现矿石的冶炼的遗存，曾有古代铸造、冶炼分地进行的推测，铜绿山遗址的发现，证实了这一推测，并反映出从采矿、冶炼、运输到铸造都有细密的分工。这样，从原料到铸造，从器物使用到青铜器的文化意义，我们可以开展系统研究，拓宽了中国青铜器研究的领域，也使我们对楚国灿烂的青铜文化有了更深刻的理解，由此对楚文化作总体研究，已经不是可望而不可及的事了。

1982 年，铜绿山古铜矿遗址被国务院公布为首批全国重点文物保护单位。

大冶铜绿山在商史研究中的地位

黄石市博物馆研究员 曲 毅

论起大冶古代矿冶的研究，首推《铜绿山古铜矿遗址》发掘报告，2000 年 4 月已由文物出版社正式出版发行。它标志着中国古代青铜文化研究的一个新领域，也是中国考古学新开辟的一门学科中取得的重要成果。正如北京钢铁学院李颜强博士在“铜都”安徽铜陵考察时所说：“铜绿山古铜矿遗址的发掘和研究，是中国古代矿冶考古的一面旗帜。铜陵在这方面，目前来看，远远无法与铜绿山相匹。”

铜绿山能够受到国内一流专家们高度的评价，其中最重要的是它在中国古代早期科学技术史中占有极其重要的地位，特别是大冶古代矿冶在商史研究中，将会不断地充分体现出它十分突出的意义。

铜绿山古代矿冶与商史有什么联系?在商史研究中的地位如何体现?为了能够更明确地阐述清楚这一问题，我们首先需要明确几个基本概念：

青铜时代：是指使用青铜器为标志的人类物质文明阶段，上续铜石并用时代，其后继为铁器时代。中国的青铜时代通常是指夏商周三代，三代出土的铜器称青铜器。

青铜时代的分期：青铜时代的分期在史学界有许多不同的观点，但一般都不出三代，我们选择曾经影响最大的郭沫若先生观点，其划分为五期，一、夏代至商代中期为觞期；二、商晚至西周前为鼎盛期；三、西周后至春秋中为颓败期；四、春秋中至战国末的中兴期；五、战国末以后为衰落期。

南土：“癸卯卜大贞，南土受年”是河南安阳殷墟出土的商代龟甲上的小辞，通常也称甲骨文。“南土”是地名，在商代甲骨卜辞中常出现，考古与历史研究学者们经过多年研究，20 世纪 70 年代末以来至今，一直认为商代甲骨卜辞中记载的“南土”即今湖北黄陂盘龙城遗址。

从以上三个名词概念中我们得知，商代晚期到西周前期是中国青铜时代的鼎盛期，中国最大的出土青铜器“司母戊”大方鼎重 875 公斤，就出土于商代时期的河南安阳殷墟。但也有专家认为，商代中期，中国的青铜时代已经进入初兴期，如河南郑州商城遗址，二里岗期即商代中期，就曾多次出土过大型青铜礼器。

甲骨卜辞中的“南土”，即今湖北黄陂盘龙城遗址，是商王朝在南方一个重要的政治、经济、军事城邦。盘龙城考古证实始于商代中期，盛于商代晚期，城中有宫殿、水城、水门、城墙等，特别是这种极有特色的水城、水门，对提供船泊水运提供了十分优良的条件。盘龙城遗址，20 世纪 70 年代发掘中出土的孔雀石，《中国古代矿冶开发史》中指出：“盘龙城出土的孔雀石，极有可能来自大冶铜绿山。”

从目前鄂东南大冶、阳新、鄂州、瑞昌的考古调查资料看，有关采矿冶炼的遗址有百余处，究竟是哪一个遗址矿区出产的孔雀石在盘龙城出土，已无法证实。该书中的铜绿山是指鄂东南铜矿带区域百余遗址的总称，是一个代词，象征着这一地区出土的孔雀石，都可以用铜绿山来指代。从地理位置分析，中国古代能够出产孔雀石的地方，首属铜绿山距盘龙城最近，没有舍近求远的理由来证明盘龙城出土孔雀石是来自其他更远的地方。

更有意义的是盘龙城遗址常见的一种“陶缸”，数量极大，约上万件，占整个出土陶器的百分之五十。陶缸究竟是干什么用的，过去有说是储藏粮食，也有说是酿酒等等，虽众说不一，但依据都尚欠不足，难以自圆，久悬而未决。最近，多位学者用”陶缸”做了一个试验，试验十分成功，其结果令人大为吃惊，原来这些商代的“陶缸”应该叫做炉，更确切地说，是一种化铜炉，是专门用来铸造铜器，用来化铜的陶炉。

商代的奴隶制社会中，已经形成十分明确的社会分工。盘龙城出土数量巨多的化铜炉，证明其当时的生产规模也是巨大的。这与商代"南土"的政治、经济、军事重要城邦的地位也相符合。那么，盘龙城多化铜炉所需之铜来自何方?来自大冶铜绿山。其理由有三：首先，时代相吻合，盘龙城始于商中，盛于商晚，铜绿山Ⅶ号矿体2号点经碳十四测定距今3200年，属商代晚期，江西瑞昌铜岭铜矿古铜矿遗址发掘中，从出土的一组陶器中，证明该遗址早达商代中期。鄂州沙窝古冶炼遗址出土商代铜爵、斝等酒器，阳新白沙出土的商代铜铙乐器，都证明这里至少商代中期已经开始采矿、冶炼。

其二，江西铜岭出土的一组陶器，阳新白沙出土的铜铙都属于中原文化风格，爵的板上还存族徽，表明这一地区当时是受到"南土"势力范围的控制。

其三，铜绿山到盘龙城距离最近，水运方便。此外，在大冶20世纪80年代初的考古调查中还有诸多与冶炼有关的遗址，发现有商代中原文化的遗迹遗物。因此，我们可以说，至少在商代中期大冶铜绿山在"南土"的势力控制下，采掘铜矿及冶炼技术已经得到开发。

20世纪80年代初，中国冶金史的专家们在铜绿山对古铜矿遗址作过一个估算，铜绿山的炼渣约40万吨，估计古代提炼的红铜在8—10万吨左右。而在铜绿山乃至大冶、鄂东南绝少铜器出土，这些铜炼出来后都到哪里去了?这就是被称为"铜向何处去"之说，并一直困扰着考古界，铜在当时是贵金属，铜绿山是极为重要的铜矿资源地。今天一旦解开了铜绿山从商代中期始就一直控制在"南土"——盘龙城的势力下的这个结论，自然也就明白，铜绿山的铜，自商代中期始，通过南土而输往中原商都。今天，商代王都出土的众多商代青铜器，其中相当部分的铜，当来自大冶铜绿山，这就是大冶铜绿山在商代历史研究中的重要地位。

铜绿山孔雀石的工艺性研究

大冶有色金属公司设计研究院　胡承诚

几年来，通过对大冶铜绿山孔雀石的工艺特点、工艺用途及其市场的调查与研究，获得了不少有益的认识，本文便是对铜绿山孔雀石的工艺性研究的一个总结。

一、孔雀石利用史概述

铜绿山孔雀石的开发利用历史悠久，在几千年前的古矿遗址和炼铜炉旁的矿石中至今残留有孔雀石。清朝《大冶县志》写到“山顶高平，巨石对峙，每骤雨过时，有铜绿如雪花小豆点缀山石之上。”这说明古人对孔雀石早有研究。因而，我国古代的文明为后人留下了不少用孔雀石制成的珍贵文物，如在故宫博物院，有用孔雀石制成的盆景叶片，还有用孔雀石精心制作的盘和狮子山等。

解放后，铜绿山的孔雀石作为铜矿开采，其矿物标本在北京、南京、长沙和武汉等地的地质博物馆均有收藏，近年来孔雀石的工艺用途得到了人们的重视，原料远销国内各大城市。据统计，用作工艺品原料的孔雀石销量已超过 300 吨。科普作者著书介绍孔雀石，引起了国内外学者和厂商对铜绿山孔雀石的浓厚兴趣。一批专制孔雀石珠和项链的厂家应运而生，使铜绿山孔雀石的开发利用，达到了历史上最兴盛的时期。铜绿山孔雀石已名扬海内外。

二、工艺特点

对铜绿山孔雀石的工艺特点，可作如下概括：

1.*鲜艳的颜色*　据说用孔雀石粉末制作的意大利名画《春天》已收藏 500 年，绿色却鲜艳如初。原始状态的孔雀石亦日晒夜露不变色。这是因为孔雀石($CU_2[CO_3](OH_2)$)中的色素离子CU^{2+}具有特殊电子状态，在光照射下发生变化，产生一种固定不变的自色，故只要有光照就会从里到外透绿，给人一种滋润雅洁之感，赢得了“绿青”、“石绿”、“缥绿”、“空青”、“青琅玕”等典雅清秀的美称。另外，在光学显微镜的透射光下和反射光的内反射中薄片的绿色保持不变，是镜下鉴定孔雀石的一个重要特征。

2. 美丽的花纹　孔雀石是在一种化学沉淀环境中生成的。随着地质环境的周期性变化，矿物质形成了由平行层纹组成的韵律构造，或围绕某个晶洞或结核体，形成内部的环带构造和外部的各种神奇形态。由于天然形成的缘故，孔雀石生长条纹圆润光滑。另外，孔雀石的本色随着所吸附的杂质量的变化而呈现深浅浓淡的变化，以及因所含杂质成分的不同而产生色相、色度、色调和色形的递变。这些变化在光学显微镜下清晰可见，其中带黑色、红色和浅灰白色的杂质分别为碳质物、铁质物和钙质物。因抗风化侵蚀能力的差异，含炭孔雀石形成凸起，含钙者形成凹沟。杂质成分的韵律变化，带来了孔雀石千姿百态的绿色花纹，呈现出远景、中景、近景等优美的画面，令人久看不厌，回味无穷。

3.闪烁的光泽　孔雀石的折光率为1.66—1.91，具有玻璃光泽—金刚光泽(湿水后更清楚)。晶体呈放射状、纤维状和丝绒状。聚晶者亦呈丝绢光泽，偶尔可见丝状闪光现象和变彩现象。在显微镜下还见过猫眼现象和结核现象。其实心结核含碳质物较多。猫眼由特殊环带构成。

4.致密的结构　铜绿山孔雀石是一种次生氧化堆积矿石，常呈致密的硬块，摩氏硬度在3.5—4之间，比重为3.95。大的块体达70—100厘米见方以下，小到几毫米。适合锯刻切磨。大冶公司陈列室尚保存一块数百公斤重的孔雀石巨石。

综上所述，可知铜绿山孔雀石具有色泽鲜艳、花纹美丽、结构致密和光泽多样等特点，并有一定的硬度和折光率，是有观赏、收藏价值的工艺原料。

三、工艺分类

本区孔雀石虽有硅孔雀石、假孔雀石等品种，但绝大多数为可溶于酸的孔雀石。按其工艺用途，可作如下分类：

1.盆景石　这类孔雀石孔洞多、成分杂、块度大，呈羽毛状、针状、纤维状、丝绒状、蜂窝状、网脉状和皮壳状结构构造，可作盆景中的假山或造型盆景。

2.观赏石　这是部分有一定厚度的皮壳状、丝绒状或羽毛状构造孔雀石，表面上绿色纯正，未受刻划，造型各异。现已收集的有孔雀孵蛋、丝绒缎被、钟乳倒挂、对虾拥抱、龟背八卦、豆夹葡萄、青叶绿豆、东坡卧石、书童凝思等珍品，看上去件件绿茸茸、亮闪闪，栩栩如生，都是天工造物、形态奇特的观赏石。

3.标本石　有些孔雀石，虽貌不惊人，却具有典型的矿物结构和构造，如条带状构造、蜂窝状构造、同心环带状构造、放射纤维状构造、鲕粒结构、水滴孔穴、木纹年轮、小型折曲等，它们是矿物成因的重要标志，都可用作珍贵的教学用标本。

4.工艺石　这类孔雀石致密、大块、坚实、耐磨，是制作孔雀石工艺饰品的主要原料，色彩纯正的孔雀石粉末还可作绿色颜料。按颜色、质地和用途，还可将它分为以下两个种类：

A型石　这种孔雀石呈翠绿或粉绿色，有花纹。颜色鲜艳偏淡，硬度稍软且有变化。花纹多变，以环带和条带构造为主，常见由粉白和翠绿相间构成的韵律现象。这一现象造成了孔雀石氧化表面的软硬变化，形成粉白色凹沟，有时出现白色的皮。这种孔雀石的整体厚度可达6.4厘米，是刻制印章的上好原料。我们在研制工艺品时，还在这类孔雀石中发现了一个在粉绿底子中呈现深绿色青皮绿豆状花纹的珍奇品种。

B型石　这类孔雀石颜色较深，呈墨绿、翠绿和天蓝色，比重和硬度较大，显微镜下测得粒径 $D<0.1\times0.02mm^2$，整体呈致密板块状或皮壳状，常见瘤状、肾状和炉渣状结构，有时可见条带状、同心环带状结构，有的有黑皮。这类孔雀石是加工首饰的上好原料。其中的珍品具闪烁的光泽，但量极少。

四、加工性能

下面，就孔雀石手工艺品的加工性能问题作一详细介绍。

1.雕件　选好一块合适的原料，经过构思设计，制作成雕件。现在市场上有五羊摆件、五环香炉、荷叶青蛙、奔腾绿马、绿龙升空等价值较高的工艺品。

2.印章　选好一块合适的大料，经过设计、划线、切磨、抛光，方可得到一块方章或圆章。由于孔雀石料花纹多变，方章面上可出现波环四射、日照绿野、高山流水和云层密布等美丽的画面。若垂直孔雀石的纤维构造切割，切面上可出现珍奇的闪动现象，即将一个面转动360°时，因面上颜色深浅不同显现出色光闪动现象。有时还可见到更为珍贵的猫眼现象。所以一方印章的五个平面可以把孔雀石的内在美充分展示出来。但制作印章的孔雀石选料严格，损耗较多。

3.项链　加工时一般把原石直接倒棱、粗磨(化角)、窝珠、抛光、打孔、穿珠。本地产品未规格化，抛光质量亦较差。

4.戒面　江西珠宝工艺厂的加工过程如下：设计—开料—出坯—粘胶—细磨—抛光—清洗。有刻面和凸面两类，每类又有些不同规格的产品。A型原石可以平行、垂直或斜交层纹切出不同纹饰的戒面。A型中环带稀疏(或宽带)的或B型原石上可见闪烁现象，偶尔可磨出珍贵的猫眼戒面，但这类戒面选料严，且必须垂直纤维方向切磨，因而工艺难度很大。

5. 耳坠　加工成对的耳坠花纹应一致。香港厂家生产的一种三角形耳坠也很美。那些具纤维状结构的原料常具有闪烁的光学效应，适合制作表现力强的耳坠挂件。

6.鸡心　选料很重要。应采用稍大一些的原石，若是A型原石应尽量把花纹摆在显眼的位置。除上述产品外，香港厂家还用孔雀石做成坦克链带式表带首饰。

五、行情初析

孔雀石是我国较早进入市场的半宝石，但作为工艺品被大量收购是在20世纪70年代以后，且价格低微。一份资料提供的年平均收购价如下：1980年0.18元/公斤；1981年10.7元/公斤；大冶公司1987年前后对含泥孔雀石的收购价是8—40元/公斤。据《矿物岩石地球化学通讯》1988年第4期介绍，孔雀石原石从1986—1988年三年间涨了5倍，由30元/公斤涨到150元/公斤。近年试生产的一批孔雀石印章平均售价每枚200元左右。最高420元/枚，最低135元/枚，销路尚好。首饰全按10—50元/ ct计价，产品有待打开销路。项链中Φ5—12mm的孔雀石塔链270元/条，Φ6mm的孔雀石平链160元/条。雕件孔雀石小鹰620元/个，五环香炉1380元/件，五羊摆件3540元/件。

国外行情：孔雀石印章在日本和台湾市场有一定的销路，日商喜欢圆形印章。

随着国内外浅部铜矿的大量采掘，地表氧化日趋枯竭，因此，估计产于氧化矿中的孔雀石半宝石的价格将会继续上升。

从船形木斗功用探寻铜绿山古铜矿的黄金资源

吴琴英　胡　杨

大冶地区不仅铜、铁矿丰富，黄金资源储量也很大，已探明储量154139公斤，占全省同类可利用探明资源储量的84%，占全国金矿总储量的9%。铜绿山古铜矿遗址是一座铜矿遗址，这是毫无疑问的。但是古铜矿遗址出土的木臼、木杵和许多"船形木斗"证明，先秦时期楚人曾经在这里采过金，并大规模的用于铸造货币。"我国先秦时期以大量黄金铸造并发行货币，只有楚国。"这包括"郢爰"、"陈爰"、"卢金"、"无字金板"、"金饼"等，"楚国的爰金应属铸币范畴。"[①]可以说，楚国的铜矿资源主要来自大冶地区，其大量的成品金也来自这一地区。

铜绿山古铜矿遗址各个时期的古矿井中，都发现一种类似现代淘金斗的"船形"和"长方形"木斗，同时在井下还发现木杵和木臼(图一)。船形木斗也包括长方形木斗，一般长大约40厘米、宽9厘米，其中船形木斗的造型颇似小木船，故名。木杵、木臼为同时配套出土，木臼由整木挖成臼窝，臼窝直径21.5厘米、深17.5厘米。《铜绿山古矿冶遗址》发掘报告认为："这是一组利用矿物和岩石比重不同，即运用重砂分析法，鉴定岩粉和高岭土中的细粉矿物含量的工具。当用肉眼无法鉴定矿土中有多少金属含量时，则将矿土在木臼中捣碎，装入船形木斗，然后在水中淘洗，泥土洗走后，金属矿物沉于盘底，沉淀愈多，说明品位愈高。采用重砂分析法，可以追踪富矿开采，达到指导井巷掘进方向的目的。铜绿山矿现代开采证实，凡是铜矿富集的地方，古代都进行过开采，说明用这种方法指导井巷开采是行之有效的。"[②]《铜录山古铜矿开采方法研究》一文也认为:“是淘取砂金的器物,利用矿物和岩石比重的不同,把矿物洗选出来,井下也用来做为鉴定岩粉和高岭土中细粒矿物(如赤铜矿、自然铜等)含量的仪器,以便追踪富矿,指导井巷掘进方向。”[③]

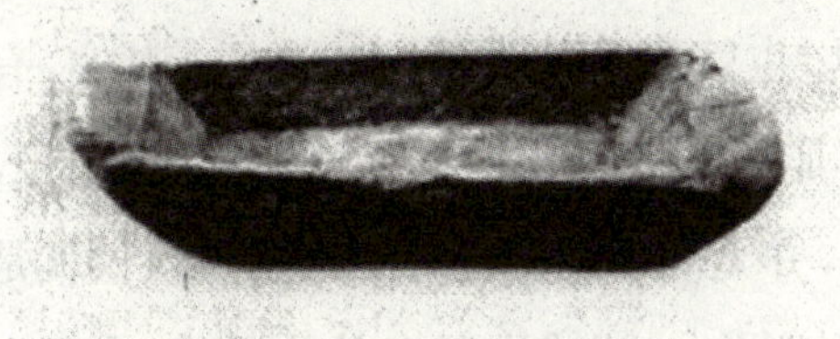

(斗长 37.2、宽 8.8、深 3、底厚 8 厘米)

船形木斗

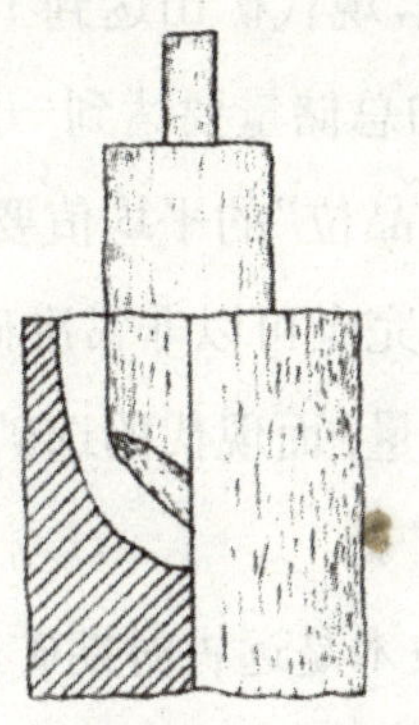

木杵臼

图一　船形木斗和木杵臼

船形木斗出土于铜绿山Ⅱ号矿体,根据对Ⅱ号矿体出土铜斧銎内木柄的碳十四测定年代结果为距今 2485±75 年,高精度树轮校正年代为公元前 761—前 399 年,参考同地出土的陶片纹饰特点推断Ⅱ号矿体采矿遗址的年代,约在春秋晚期至战国早期。长方形木斗出土于铜绿山Ⅶ号矿体,而Ⅱ号矿体的时代最早为商代晚期,最晚为春秋时期,从同时出土的木质工具推测这件木斗的时代大约为春秋时期。另据《铜录山古铜矿开采方法研究》记述:

"更为有趣的是从古矿井内发现了4—5只木制淘金斗，是春秋战国时的遗物，有的似船形，有的如斗形"。根据这些记述，大致可以确定"船形木斗"的时代为春秋末至战国时期。[4]

"船形木斗"是铜绿山古铜矿遗址出土的比较有特点的矿业工具之一，一般都认为是古代矿山"重砂分析"工具，也就是井下坑采找矿工具。其实，有关船形木斗作用和工作原理的推测都是建立在现代采矿冶炼技术基础之上，也就是建立在现代的认识和观念之上，并无确切证据说明船形木斗仅仅就是利用重砂原理的找矿工具，我们认为这种"木斗"或许还有其他用途，也不大可能是井下找矿的工具。

现代铜矿业的开采和冶炼技术古代是无法比拟的，二至三千年前采冶技术更是相去甚远。一般来说，现代矿山达到工业采矿标准有两个非常重要要素，其一，矿山的所采金属的总储量要达到一定的数量，即要达到有工业开采价值；其二，矿山所采金属"品位"的平均值要达到一定的平均值。对于这些基本的问题，现代钻探技术完全可以非常准确知道地下金属的类别、矿体的具体位置、矿山金属的总储量；而现代的选矿技术也完全可以把品位较低的矿精选成更适合冶炼的精矿。

同时，现代采矿、冶炼技术是远古时期矿工们所无法想象得到的，古代的工匠们只能根据传承的经验"摸着石头过河"，也只能根据当时的技术条件采掘合适的铜矿来炼铜。铜绿山的矿藏金属种类比较多，现代勘探资料证实它是一个多种金属成分的共生矿，工业开采主要为铜、金、铁等金属。关于铜矿的种类也比较复杂，从化学成分上讲有硫化矿、氧化矿，而氧化矿又有许多种，比如有孔雀石、赤铜矿、蓝铜矿、辉铜矿、自然铜等。就铜绿山古铜矿而言，由于成矿条件特别优越，古代矿工们通过传统的方法不仅找到了这座储量丰富、品位极高的矿山，而且几乎挖掘走了距地表大约60米以上所有最富的铜矿。那么，古代工匠们主要开采的是哪种铜矿呢?之所以提出这个问题是因为与采矿工具"船形木斗"有一定的关联。

古代工匠们所采掘的铜矿种类应该说还是比较清楚的。《铜绿山古铜矿遗址》发掘报告中《XI号矿体采矿遗址》一节，根据考古发掘资料对古代工匠们的开采对象是这样作出小结的："XI号矿体采矿遗址处在由花岗闪长斑岩和大理岩接触变质而生成的破碎带内。这里围岩松软成矿条件好，铜矿富集，易于开采，可用肉眼见到含铜品位较高的孔雀石颗粒和包裹状自然铜。发掘时，我们看到有竖井直接沿大理岩向下掘进，井壁均有片状孔雀石沉积。由此推定，古代工匠们在这处遗址采掘的对象主要是孔雀石。"该报告《I号矿体采矿遗址》一节关于开采对象是这样作出小结的："井巷底部仍存在着富集而松软的自然铜和孔雀石等氧化矿石，出土不少聚集一起的闪闪发亮呈红丝状的自然铜和绿色的孔雀石。发掘出来的矿土，全被铜绿山铜铁矿直接运往了其选矿场了。由此可以断定，本遗址的开采对象应该是自然铜和孔雀石两种主要含铜矿物。"此外，铜绿山12线老窿"在发掘前曾出土过木锹、木铲、木槌、盛满孔雀石的竹篮……"⑤。

在铜绿山古铜矿冶炼遗址，先后出土炼铜竖炉十余座，在考古发掘现场遗留的矿物也多是块状氧化铜矿。《铜绿山古铜矿遗址》发掘报告冶炼遗址关于冶炼遗物的记述还是十分清楚的："目前所见古矿井和炼炉旁出土的铜矿石，一般为氧化铜矿石，如孔雀石、硅孔雀石、赤铜矿石、铜铁矿石——"，此外6号炉、9号炉均发现孔雀石、铜铁共生矿石，其中6号炉遗留的孔雀石含铜高达53.52%。此外3号炉在遗弃时炉内遗存有一块重达数十公斤重的未完全冶炼还原的残渣，通过肉眼可以看见块状渣内有许多未被还原的颗粒状孔雀石。

铜绿山古铜矿冶炼遗址曾经出土春秋时期炼铜竖炉十余座，非常有意思的是，在出土的十余座古代炼铜炉旁全部都有一至数个石砧和许多石球(图二)。石砧和石球均为花岗岩质地。石砧工作面一般都呈凹窝状，十分显然，石砧上的凹窝是经过较长时期敲打而留下的，而石球的表面也遗留有非常明显的击打痕迹，所有这些都证明，这种工具是专门的碎矿工具。因为这些炼铜竖炉是反复加料连续冶炼，所以古代工匠们要把燃料木炭、原料铜矿源源不断地加入炼炉内，研究证明，当时一座炼炉的正常工作时间可达数天之久，而许多块状矿石必须经过整粒即在石砧上用石球砸碎，才能安全入炉，这也是炼炉旁都有石砧和石球因由。这些情况都说明当时冶炼的铜矿是块状氧化矿石包括需要整粒的大块孔雀石，而泥砂状、粉状的铜矿是不需要整粒破碎的。

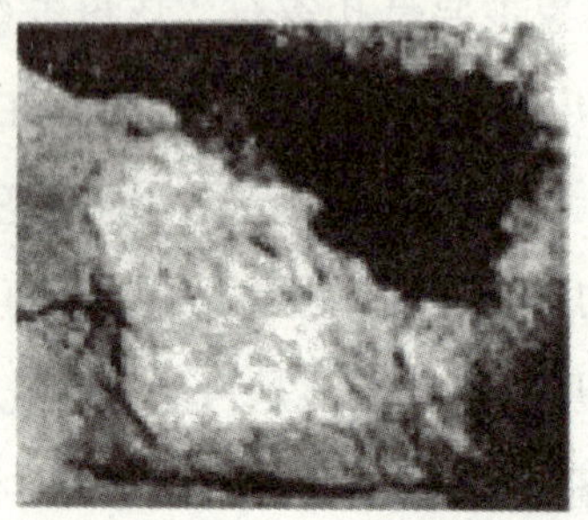

1. 11号矿体6号炼炉及工作台

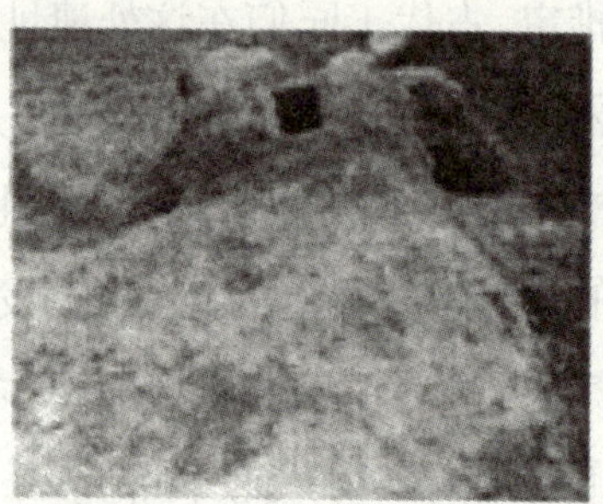

2. 和泥池

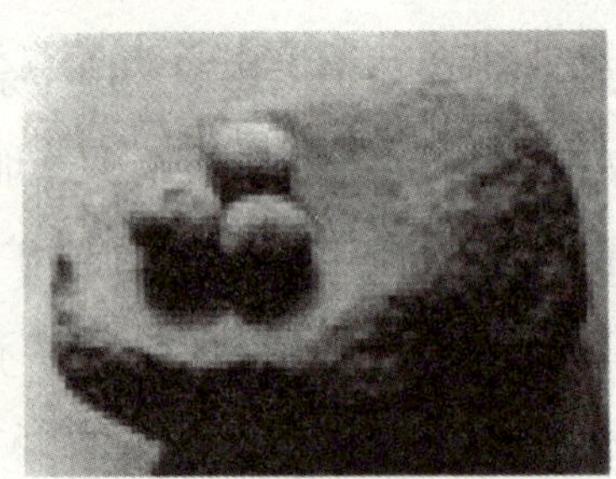

3. 石砧、石球

图二

铜绿山古代采矿场曾遗留有80万吨富矿石，经过对遗留矿石的鉴定和化验分析，这些遗存矿石可以分为三类，其中第一类属于低铜高铁，含二氧化硅低的碱性矿石，这类矿石接近地表，大部分为露天开采；第二类属高铜低铁，含二氧化硅高的酸性矿石，赋存于主矿体底盘破碎带内；第三类属高铜型矿石，主要为孔雀石矿脉，在铜绿山矿仙人座Ⅰ号和铜绿山Ⅱ号矿体大量出现。三种类型矿石的比例为：第一类∶第二类∶第三类是3∶2∶1。由此可见，古代工匠遗留的铜矿类矿，而不是含铜品位极高的孔雀石。古代采场遗留矿石成分见表：

古代采场遗留矿石成分(%)

样号＼成分	Cu	Fe	SiO_2	Al_2O_3	CaO
1号	10—16	42—48	9—8	1	1—2
2号	20—30	11—25	27—33	—	4—8
3号	30—40	3—5	25—30	—	2—8

上述所有考古资料和化验数据都表明，铜绿山古铜矿主要开采比较富的块状氧化矿，而铜绿山矿地质条件的确也符合这种情况。这就提出了一个问题，既然古代工匠们是开采以孔雀石为主的铜矿，那么“船形木斗”的选矿作用就不符情理。

我们质疑“船形木斗”和“木杵臼”不是“重砂分析”跟踪找矿工具，其根据是，第一，采矿时挖掘的块状氧化矿是无法用过于窄小的木斗来淘选的，这是因为铜绿山矿区矿体浅部的氧化矿富集程度非常高，尤其是孔雀石的富集程度，一般都呈大块板状或其他不规则形状，数百公斤重的大块孔雀石在古代采矿区内比比皆是，即使是现代仍然如此；此外赤铜矿、自然铜也多依附于褐铁矿中或为其所包裹，而这些氧化矿又多依附于黏性极强黄色黏土中，根本无法用小木斗来淘选，而木杵臼无法捣碎块状氧化矿石，更没有必要捣碎，实验也证明了这一点。其实采掘块状氧化矿肉眼一目了然，根本不需要木斗和木杵臼的帮助，现代农民在铜绿山矿半洞穴式的采挖孔雀石也完全证实了这种情况。第二，即使木斗可以淘选泥砂或颗粒状铜矿石，也不可能指示矿体或矿脉走势和方向。要知道，矿体和矿脉的走向只有依靠现代钻探和其他现代技术，木斗顶多只能知道当时的采掘工作面是否有铜矿，而采掘工作面是否有铜矿并不能代表未挖掘的方向是否有铜矿，更不可能达到所谓“采用重砂分析法，可以追踪富矿开采，达到指导井巷掘进方向的目的”，古代采矿靠的还是实践与经验。第三，人们之所以认为木斗是鉴定铜矿“含量的仪器，以便追踪富矿，指导井巷掘进方向”工具，这完全是现代工程技术及研究人员在思维方法上角度不对，即首先应该知道矿体的具体位置，才能实施具体的采矿工作。其实古代工匠们采矿是凭着积累的经验来采矿的，在某种意义上讲是“凭着感觉走”，这也是一些古代矿井因为没挖到矿体而被废弃的原因。

木斗和木杵臼是发现于铜绿山古铜矿井巷中的重要生产工具，这种木斗正式名称其实就是“淘金斗”，而木杵臼则是其配套工具，顾名思义这就是一组淘金工具，这也可能是中国最早的淘金设备。

铜绿山矿体是一座以铜、铁、金、银等为主并伴有其他金属的共生矿，现代矿山主要是采掘金、铜、铁三种矿藏。仅就金的储量而言，铜绿山相当于一座中型金矿。在遥远的古代，工匠们在技术条件许可的情况下不会放弃对金矿的利用和开采。铜绿山矿属矽卡岩型铜矿，一部分金矿成包裹体与其他矿物共生；另一部分成矿在大理岩和火成岩破碎带内，这是由于淋滤作用形成的挤压带金矿脉、也包括自然金等。一般来说，古代工匠们对金属矿物如金、银、铜、铁的鉴别是凭肉眼，而淘金也是如此，在当时条件下，人们对小于0.05毫米以下的自然金是无法识别的，对铜、铁、银共生矿或包裹体的金矿更不具备识别和淘选条件。但是人们忽略了铜绿山矿体另一种赋存状态下的自然金，这种自然金颗粒大，直径达到1毫米，且分离于其他矿物之外，独立存在于矿区。人们在现代露天采矿中多次看到这种大颗粒自然金，这种颗粒状自然金，是很容易用船形或其他类似的木斗淘选出来。

1988年秋大冶金湖乡宋家湾村，也就是距铜绿山古铜矿附近地区，村民在村后一火成岩洞中发现了一些日常生活用瓷器和铁斧等遗物，其中瓷罐中装有矿物，经过取样化验分析为金矿，品位为10克/吨。据村民回忆，在矿洞口附近曾发现有一块石板，上刻有采矿坑道图，矿区一处岩上石刻有拳头般大小“XX金坑”字样。据考证，这是一处南宋时期的金矿遗址。我们注意到这处金矿遗址的地质条件与铜绿山矿是一样的，这说明用传统采金方法是完全可以在铜绿山矿区采掘到成品金的。

淘金行当是一个古老的行业，尤其是传统淘金方法一直在民间流传至今。我们在大冶地区进行调查时，一般农民土法淘金的情况十分广泛，在大箕铺乡八流村，一些村民用一块长 2 米、宽 0.3 米的木板，上铺一块灯芯绒布或毛毯，呈约 25 度斜坡状摆放，用水把粉碎过的矿粉沿木板布上均匀冲下，然后把粘附在布面上的金粉粒集中收至容器内，再用水银予以回收，这就完成了成品金的生产过程。据了解，用这种方法，经验丰富者一日可淘金 1—3 克，而差者则三日可淘 1 克。这至少可以说明两个问题，其一，大冶地区不仅铜铁矿蕴藏量大，且金矿蕴藏量亦非常大，且非常普遍；其二，现在一般的农民用很简单的方法就可以采掘到金。

通过对现代民间采矿技术的了解和认识，我们可以知道，现代一般农民对矿脉的认识水平远不及古代专业采矿工匠们，技术条件甚至不及二千多年前的水平，然而即使是这种状况，现代的人们仍然能够很容易采掘到成品金，所以我们没有理由怀疑古代工匠们能采掘到成品金，更何况铜绿山矿体的一些自然金，以及赋存于黄铁矿、褐铁矿地貌中的金品位高达 5—15 克 / 吨以上，而这些矿山金是可以“重力原理”淘选出成品金的。

铜绿山古铜矿还出土了一种大型木槽。木槽是将一根粗大的树木，外面凿成长方形，内面凿空成三面直壁、平底的凹槽，一端宽于另一端，窄小的一端有一槽形流口，可以插木挡板控制水流。木槽内外壁比较粗糙，遗存大量的斧、凿等工具加工时的砍凿痕迹。水槽全长 160、后端宽 36、流口宽 31、槽深 20 厘米(图三)。木杵和木臼的作用是对含金矿石进行粉末性加工，相当于现在金矿的粉碎过程，然后在大木槽内粗选，再用木制淘金斗进行精选。

关于木斗的使用方法和淘选金矿的过程，应该与明代资料记载的淘选银矿的方法近似。明陆容《菽园杂记》云：“矿石(银矿)不拘多少，采入碓坊舂碓极细，是谓矿木。次以大桶盛水，投矿末于中，搅数百次，谓之搅黏。凡桶中之黏，分三等：浮于面者谓之细黏；桶中者谓之梅砂；沈(沉)于底者谓之粗矿肉。若细粘与梅砂，用尖底淘盆，浮于淘池中，且淘且汰，泛扬去粗，流取其精英者。其粗矿肉，则用一木盆，如小舟然，淘汰亦如前法，汰率欲淘去石木，存其真矿，以桶盛贮，璀璨星星可观，是谓矿肉”。这也是古代文献资料对小舟样的木淘盆选矿时的生动记述，其实这种木淘盆和淘矿方法就是二千多年前铜绿山古铜矿利用木杵、木臼和船形木斗来淘选金矿方法的继承、延续和发展。

图三　大木槽

黄金的冶炼技术是比较容易掌握的，铜的熔点为 1083 摄氏度，而金的熔点为 1064 摄氏度，一般从技术角度讲，掌握了冶炼粗铜的技术，那么冶炼黄金是不成问题的。因为有铜绿山古铜矿冶炼技术的保障，所以楚国就成为我国最早掌握采金、炼金技术的诸侯国。

楚国是我国先秦时期诸国之中最早铸造和使用金币的诸侯国，同时也是对黄金使用最频繁、拥有量最为丰富的诸侯国。现代考古资料证实，楚国在春秋中期已经在其上层社会一些贵族中广泛使用和拥有黄金，1979 年在河南淅川下寺春秋中期的令尹子庚墓中出土了一批金箔，共计重量 749 克；随州曾侯乙墓也曾出土金器。根据建国以来已经公开资料的不完全统计，涉及楚金的出土地点达七个省八十余个点，出土黄金的重量超过 3 万克，这是先秦时期任何一个诸侯国都无法比拟的。

大冶金山店镇梅山村曾经出土了一套青铜天平砝码，共计 13 件(图四)，时代为东周。“学术界一致公认砝码是一种精密衡器，是专用于称量贵金属黄金的。仅出土于楚墓，当和楚国盛产黄金有关。”[6]大冶出土的 13 件套天平砝码至少可以证明两个问题：其一，“各墓(全部是楚墓)出土的砝码，少则一个，多则十个，十个应该是完整的全套。出土十个砝码的墓只有一座，出土九个的六座，出土八个的两座，出土七个的七座，出土六个的十三座，出土五个的十三座，出土三个的十一座，出土两个的八座，出土一个的二十八座。”[⑦]天平砝码的“十个应该是完整的全套”的推测是不正确的，而应该是不少于十三个。其二，这也证明大冶地区先秦时期确实盛产黄金，包括铜绿山古铜矿。

综上所述，我们推测铜绿山古铜矿遗址也是一处古代金矿遗址，这一地区的黄金资源为楚国在先秦时期大规模铸造金币、并使之成为广泛流通货币奠定了坚实的基础。

图四　天平砝码(大冶博物馆提供照片)

注释：

①黄德馨:《楚爰金研究》,光明日报出版社,1991年。

②黄石市博物馆:《铜绿山古矿冶遗址》,文物出版社,1999年。

③杨永光、李庆元、赵守忠:《铜录山古铜矿开采方法研究》,《有色金属》,1980年第4期。

④同③

⑤湖北省博物馆:《湖北铜绿山春秋战国古矿井遗址发掘简报》,《文物》,1975年第2期。

⑥同①

⑦高至喜:《湖南楚墓中出土的天平砝码》,《考古》,1972年第2期。

青铜时代

曾纪鑫

一

青铜时代，是中华民族历史上一部雄浑奇屈、辉煌灿烂的交响诗篇。

由青铜时代产生、积淀、结晶而成的青铜文化，历经几千年的风雨剥蚀、战争浩劫与自然淘汰，至今仍闪烁着动人的光芒。以重达八百七十五公斤的司母戊大方鼎、气势礴磅的曾侯乙编钟、精美绝伦的越王勾践剑为代表的青铜器物及其他传世的各种青铜礼器、食器、兵器，如鼎、缶、尊、爵、觚、斧、戈、戟、矛、弩等，无不向人们述说着青铜时代的多彩风姿，展示着青铜文化的丰富内涵，映射着青铜制作的高超技术……

青铜时代，是一个足可令每一个中国人感到回肠荡气、迷恋陶醉、骄傲自豪的伟大时代！

曾有很长一段时间，人们面对光彩夺目的青铜器物，感叹赞赏之余，却因资料匮乏而对制作这些精美器物的原料——铜的开采过程、冶炼技术不甚明了，“史文阙佚，考古者为之茫然”，只好“姑且存而不论”。位于湖北省黄石市境内的大冶铜绿山古铜矿遗址的发现与发掘，便很好地填补了这一空白，解决了远古时期铜是如何开采与冶炼这一重大的历史课题，被称之为建国以来中国考古新发现之一，同时也是世界上迄今为止发掘规模最大、生产时间最长、保存最完好的一处古铜矿遗址，被中外专家学者认为“是世界冶金史上一件具有重要意义的大事”。

因此，青铜时代虽然已在翻卷的历史云烟中消逝了两千几百年，我们仍可在那卷帙浩繁的史籍中追寻它的依稀风采，在留存于世的青铜器物中感受它的脉搏跳动，在一种自北宋末年就开始有组织地研究的专门学问——金石学中见识它的精深绝妙，更可在发掘出土的铜绿山青铜冶炼遗址中感受它的博大宏伟。

1994年底，我受命创作一部反映青铜时代的大型历史剧《青铜九鼎》，不仅较为系统地研究了青铜文化，还在铜绿山古铜矿遗址博物馆住了几天，从感性上充分认识古代先民们在一个较为封闭的特殊环境中付出的艰辛劳动、闪现的聪明才华与创造的文明成果。

二

铜绿山所在地的铜铁矿藏非常丰富，经过好几千年的开采，至今储量仍相当可观，一个现代化的铜矿就坐落在古铜矿遗址博物馆附近。

很久以来，铜绿山周围满山遍野都是炼铜炉渣，覆盖面积约十四万平方米，最厚处三米多，总量至少在五十万吨以上。铜渣一直就在那儿堆着，风吹雨淋，日晒夜露，岁月悠悠，无人问津。一片废弃的铜渣在重功利与实用并为生存奔波挣扎的普通人眼里，引不起多大的重视与注意，按说也是一桩十分平常的事情。

后来，铜绿山来了一支地质勘探队，一堆堆的铜渣自然就引起了这些被现代科学思想“洗过脑”的队员们的注目：这么多的冶炼遗物属谁人开采?是什么时代留存下来的?它们反映了一种什么样的历史事实?走访民间，有的说是唐朝末年黄巢起义军攻占鄂城时在此安营扎寨，铸造兵器所留；有的讲是南宋抗金名将岳飞率领大军杀退金兵，制造大冶之剑遗存……传说纷纭，一时难以深入考究，也就成了一个无法解开的谜团。

直到1973年，当地矿工在电铲掘进到离地表四十多米深的古矿井里，发现了一批铜斧。几位爱好历史的工程技术人员对此既感到兴奋，又感到迷惑，我国在战国末期就已进入铁器时代，难道说唐宋时人还在使用这样的铜制工具开采铜矿吗?又是一个无法解开的谜团!堆积的铜渣、迷离的传说、古老的铜斧……这一切，似乎都在向人们默默地诉说着一个久远而瑰丽、奇妙而宏伟、真实而迷人的历史事实。为了揭开笼罩着这一历史事实的神秘面纱，技术人员立即将铜斧寄往中国历史博物馆，以求得到一个真实而圆满的答案与解说。

一支由中国历史博物馆和省、市、县、矿等共同组织的考古队伍很快赶赴现场，开展调查发掘。

于是，一个从商周历经春秋战国，一直延续到西汉的巨大古铜矿遗址这才被人们发现，并引起了轰动。

1984 年底，我国第一座古铜矿遗址博物馆以它那特有的风姿在铜绿山古铜矿遗址拔地而起，举世瞩目，吸引了无数中外游客。

铜绿山古铜矿遗址的发现与发掘，必然中带着很大的偶然性因素。如果没有地质勘探队的前期走访，如果没有那几把铜斧的出土问世，如果没有引起现场工程技术人员的足够重视，如果没有他们对历史的极大兴趣，如果没有考古队的调查发掘……这一系列如果中，只要有一环出现断裂，也许铜绿山上遍布着的，还是一堆堆在世人眼中视为无用或累赘的“废物”。

在我们脚下这块生生不息，有过几千年灿烂文明的古老土地上，该有多少类似铜绿山古铜矿遗址的文物宝库或是没有发现，或者无可挽回地惨遭毁弃，或在目光短浅的各种建设与开发的浪潮中日渐消失。

科学、理性而自觉地对待历史遗产，避免盲目与无序；开掘保护人类的共同文化财富，不仅是一项艰巨而长期的神圣使命，也是提高国民素质的一个重要方面。

铜绿山海拔不到一百米，谈不上巍峨高大；但是地底却蕴藏着取之不竭的丰富矿藏。为了很好地保护国家重点文物，有关部门已决定不再对铜绿山进行现代露天开采。山上发掘的遗址有三处，博物馆修建在一号考古发掘现场，虽是一座没有多大特色的现代楼房；但建筑依照遗址特点、保护与陈列等要求设计规划，与周围的环境也就显得较为和谐。登上台阶，进入展厅，除了一旁陈列着必要的模型、介绍与说明外，赫然映入眼帘的，就是大厅中心一块四百平方米的古代采矿遗址。

这是一块没有经过任何修饰与改动，完全保持了历史原貌的古代遗址。当时发掘出来是个什么样子，陈列时遗物的位置、样子都不改变，"原汤原汁"。它自然裸露着，不加掩饰地袒呈着，穿越了两千七百多年的漫长时光向人们展示着它那独特的风采。没有战争及其他人为的破坏，没有刻意的修补、添加与点缀，时代如此久远而又保存得这么完整的历史文化遗迹，不仅在中国，恐怕在世界上也是难得一见的。

遗址中，一条条井巷纵横交错、层层叠压、密如珠网。那些支护着井架的树木，虽然经历了二千七百多年，仍牢牢地挺立支撑着。井架形状不一，或竖井，或斜巷，或平巷盲井，它们构成了一个向下挖掘、向前开采的完整体系。

先民们对铜的认识利用也有一个不断深化、开采技术不断发展的艰难过程。

石器时代末期，古人发现了一种明显优于石块的红铜，这是一种夹在石头中的天然纯铜，因外观呈现红色，所以就叫红铜。人们在对红铜的使用中慢慢地发明了熔铸术，掌握了从天然铜矿石里提炼铜质、冶熔青铜、铸铜成器的方法。于是，人类也就完成了一个具有历史意义的过渡与转变，漫长的石器时代结束了，青铜时代的灿烂曙光喷薄而出。铜器的广泛使用必然导致用铜量的猛增，铜矿的开采也就显得相当重要了。

铜绿山何以得名?据清《大冶县志》记载，因其一带"山顶高平，巨石对峙，每骤雨过时，有铜绿如雪花小豆点缀土石之上"。由此可以想象，铜绿山的矿藏该是多么丰富，先民们只要根据地表的奇特面貌——雨后雪花般的铜绿就可以找到铜矿。后来，人们又发现了一种名为铜草花的植物可以指示矿藏，开采也就更加广泛了。日子一长，地表的矿藏利用殆尽，自然要向地底掘进。巷道越挖越深，就得有支护的木框架撑持，才不致于坍陷塌方，才能保证开采的顺利进行。好在铜绿山周围山深林密，生长着各种各样茂盛的树木可供利用。他们选择了青刚栎、化香、豆梨等几种质地坚韧、弹性良好、可防虫害的树种作为支护原料。随着开采的不断加深，矿石被挖走后留下的空间越来越多，支撑的难度也就越来越大，框架的方式也由榫卯式方框发展到搭接式方框。直到今天，这些支护方式还在矿井沿用，完全可以同现代木结构的支护媲美。

通过这种搭设支护井架的方式，先民们在没有任何金属机械和动力的条件下，已将铜矿开采到地表六十米以下，这实在是一个堪称伟大的奇迹。

面对古老的遗址与出土的铜斧、铜锛、木杵、木臼、木钩、竹篓、草绳、木瓢、木桶、竹火签等大量工具，先民们当年开采铜矿的情景，便如浮雕般生动地凸现在我的眼前……

昏暗的井巷中，他们扬起手中的铜斧、铜锛、铜镢等开采工具，拼尽全身力气砍下，铜斧与坚硬的岩石碰撞着发出了清脆的响声与喷溅的火花。一下下，一声声，岩石被一点点地“啃”掉。矿工们把这些宝贝般的矿石装入竹筐，蜷缩身子，在曲里拐弯、狭窄潮湿的井巷中爬行着往外拖送。运到垂直的竖井，见得着一星亮光了，他们把装满矿石的竹筐放到粗糙的木制机械工具上，然后由井口上面的工人完成下一道工序，将这些从地底深处采掘的铜矿石缓缓提升到地面。

地底越来越深了，坑进而出现了积水，矿工们不得不使用木水槽、木撮瓢、木桶等工具排水。预定的矿脉采完，下一个目标在哪里?如何选择下一道矿脉?他们先将矿物碾成粉末放入木斗淘洗，比重小的被水冲走，比重大的就沉淀在木斗内。这时，他们点燃竹火签，在一簇簇跳跃的火花映照下仔细观察，沉淀物中有色颗粒多的就是富矿，少的便是贫矿。定好目标，稍作调整，开辟一条新的井巷，又向着另一道富矿脉体艰难掘进。上层采完了，只得转向更深的地底。巷道一深，通风也成了问题。于是，他们就利用空气对流原理，在一部分井筒底部升火，空气受热膨胀，必然形成一股强大的气流，将井下污浊的空气排出井外，新鲜的空气则随之从另一些井筒涌入补充。

先民们为了得到宝贵的矿石，利用当地、当时的简陋条件，在艰难地汗掘着地底矿藏的同时，也在开采着大脑的丰富矿藏，将人类早期的朴素智慧几乎发挥到了极致。如果不是身临其境感同身受，实在难以想象古人们能够凭借一些简单的木料、粗糙的工具一层一层地掘进到地底四十米至六十米，并成功地解决了塌陷、通风、照明、运输、提升等问题。当然，他们的每一次努力与成功，都付出了相当残酷的代价。不说艰苦的创作，即使长期无所事事地呆在狭窄、阴暗、潮湿、缺氧的井巷之中，在现代人来说，恐怕都是一件难以想象的事情。矿工们那些用以栖身、运输、掘进、开采的地底巷道实在是过于狭窄了，狭窄到今天一个中等身材的人赤手空拳也难以爬进爬出。对此，我们只能解释为近三千年以来人类身体素质的不断提高与进化。事实也是如此，古人身材一般都比较矮小，一些出土展览的完好古尸也充分证实了这一点。而铜绿山的矿工们，长年累月地在地底生活、劳作，更是被恶劣的环境折磨得瘦骨嶙峋以致身体变异出现畸形。不难想象，矿工们患有多种无法医治的疾病，寿命一般都不会很长。他们是在以自己的身体、智慧、寿命为燃料，点亮了青铜文明的璀璨光芒……

博物馆内陈列的不过是一处已经发掘的采矿遗址，在铜绿山矿区底部，还埋藏着大量这样的古矿井。根据遗留在铜绿山附近八平方公里范围内堆积着四十万吨古代矿渣推算，产铜量约为十万吨左右，如果以它作原料，可以铸造曾侯乙编钟四万套。古人留存的矿渣均呈薄片状，表面光滑，流动性能良好，冶炼温度控制在 1200℃左右。专家们认为，渣好铜必好。经渣样分析表明，渣型合理，渣含铜大多低于 0.7%，粗铜纯度已达 94%。所有这些，似乎都在默默地告诉后人，铜绿山附近除了埋藏着古代大量先进的矿石开采遗址外，必有一套成熟的冶炼技术和相应的设施。为了揭示这一奥秘，考古队又在铜绿山一带重点发掘出古代炼铜遗址三处，共清理出古代炼铜炉十二座。值得一书的是十一号矿体，发掘出土了西周至春秋时期的炼铜炉八座，其中两座保存较为完整，炉体结构基本具备了现代鼓风炉的式样。在三千多年的西周时期，先民们就在使用鼓风竖炉冶炼，这不仅在中国冶金史上属首次发现，在世界上也是独一无二的。鼓风竖炉是一种连续加料、间断排渣、排铜的高效率铜炉。用鼓风炉还原熔炼，不仅要求炉体坚固，结构合理，具备各种防护措施，还涉及先进的设备及复杂的技术问题，比如需要一千多度的高温，需要相当的风量、风压的鼓风技术，需要相应的耐火材料，要控制好炉内的还原气氛，要掌握先进的配渣技术等等。鼓风竖炉在西方还是一个多世纪前随着多门科学技术的迅猛发展才出现的产物。国际上有史可查的运用鼓风竖炉还原冶炼的最早遗址位于法国里昂，它的确切年代是1828年。

铜绿山鼓风炼铜竖炉高达1.5米左右，由炉基、炉缸、炉身三部分组成。炉基置有垫石；炉缸底部设有风沟，利于防潮保温，可有效地防止炉缸冻结；炉体的不同部位使用了不同的耐火材料配制夯筑，为冶炼创造了十分理想的保温条件，所以，在当时炉温超过1200℃的状况下，竖炉能够正常操作、连续冶炼。

面对这一古代的先进炼铜技术，国际冶金史专家、美国教授麦丁情不自禁地赞叹道："在世界其他地方，看了很多古代矿冶遗物，铜绿山才是第一流的。中东等地虽然很早就开始了铜矿的冶炼，但保存这样大规模的地下采掘遗址，较好地冶炼用炉，炉渣温度高，流动性好，含铜量低是很少见的，留下了十分深刻的印象。"

为了向人们形象地层示鼓风炼铜竖炉，铜绿山古铜矿遗址博物馆对它成功地进行了复原。站在复原的炼炉前，透过几千年的历史面纱，我的眼前出现了一群衣衫褴褛的古代矿工，他们正围绕在竖炉四周艰辛地劳作；有的拿着石砧、石球敲击开采出来的矿石破碎选料，有的躬着身子正一屈一伸地拉着风箱，有的往炉内加送矿料、往炉底添加燃料，有的在认真地观察着炉内矿石的熔炼，以把握火候掌握结构变化……风声呼呼，炉火熊熊，矿工们紧张而有序地忙碌着，好一幅生动的古代矿工冶炼图!突然，铜水出炉了，艳艳的红流自炼炉的金门奔腾而出，一片耀眼的光芒，笼罩在竖炉上空。顿时，矿工们古铜色的脸膛闪过一股神圣的灵光，成功的喜悦与欢呼自他们的胸膛一如鲜亮的铜水奔涌而出，整个铜绿山似乎都在沸腾。这非同寻常的充满了科学与理性的光芒与声音，不仅扩散到当时的中华大地，更穿越了茫茫的历史时空，尽管它们是那么微弱，却分明不断地在我的眼前闪耀与耳畔回响……

三

以生产工具的发展为衡量标志，古代人类社会经历了石器时代、青铜时代与铁器时代这三个历史阶段。(当然，也有学者认为，在石器时代前，还有一个木器时代)

青铜时代是人类物资文化发展史上的第二个时代，人类使用金属的第一个时代。

在石器时代末期，人类已经发现了红铜。因此，我们可以将红铜的使用视为青铜时代的先声。红铜就是天然纯铜，外观呈红色，故名。它往往夹在山间的石块里面，原始人在选择石器材料制作工具时，自然会碰上这种天然铜块。开始，他们不过把它当作一种普通的石材加以处理，在长期的捶打、敲击、剥制与琢磨的过程中，他们发现红铜具有与普通石材迥异的性质，不易劈裂，可以锤薄、延展，并且具有赏心悦目的光泽。于是，他们就把它制成小小的器物或精美的装饰品。后来又发现了红铜所具有的另一种独特性质，它经过烈火熔化后不仅能够重新凝固，还可以根据需要改变原来的形状。人们以此为突破口发展演进，慢慢就发明了熔铸术，掌握了从天然铜矿石中提炼铜质、冶铜成器的方法。自此，人类对红铜的利用才与石器的打制最终区别开来，进入真正的金属时代。

红铜虽然不像石块那样易破易碎，不像石头那样难以改变形状，不像石器那样一旦破碎就要报废，但是，它的硬度较低，一般不宜于制作生产工具，并且天然铜块极为有限，这些弱点都限制了其优越性的有效发挥，没有引起社会经济面貌的重大变革，在生产工具史上不能构成一个独立的时代。因此，考古学家将这一独特时期称为“金石并用时代”，附着于新石器时代末期。

对石器取而代之的不是红铜，而是青铜！

青铜是铜与锡的合金，其颜色呈青灰色，红铜与锡都属软金属，但二者按照适当的比例配合炼成合金后，就具有了硬度高、熔点低、便于铸造、轮廓分明、不易锈蚀、外观美丽等兼有石器、红铜器的长处而又克服了二者不足的优越性能。于是，青铜被用来大量地制造生产工具、生活用具、攻守武器，它的广泛使用，不仅促使社会经济面貌发生重大变化，更导致社会制度的变更。

我国约在公元前21世纪由石器时代进入青铜时代，历经了夏、商、西周、春秋等朝代，至战国末年即告结束，约一千七八百年。

我以为，历史上最为惊心动魄、震天撼地的时期，当属那些历史转型与变革时代；其中尤以生产力的革新并推动、导致生产关系的变更为最。以近代为例，西方的坚船重炮打开了中国的大门，物质文明的侵入给广大的中国民众带来了无以言说的巨大痛苦与迷惑、失落与彷徨。在东西方两种不同文明的撞击中，他们震惊他们选择，终而发愤以图强盛，于是开始了巨大且艰难的变革与转型。依此类推，青铜这一先进生产原料的发明、出现与使用，也必然带来当时社会生产力的更新；而生产力的发展，又将导致生产关系的萌芽与建立，这是一系列不可避免的连锁反应。事实也正是如此，青铜大量使用的结果，便是完成了中国历史上由原始社会向奴隶社会的过渡与演变。

颇有意味的是，我国奴隶制的发生、发展与衰亡不仅与青铜时代相始终，还与青铜时代最具代表性的青铜九鼎相生相灭。

大禹在治水的过程中，逐步架空了舜帝，接管了他手中的实权，然后将他流放于南方的蛮荒之地。后人为了美化大禹，便篡改为舜帝巡行至苍梧之野染病而亡。大禹治水成功后，便“收天下美铜铸九鼎，列分野以象九州”。因此，我们可以将大禹时期视为石器时代向青铜时代的过渡阶段。而到了他的儿子启，就干脆撕开了温情脉脉的遮羞布，置极有可能禅让接班的伯益于死地，从他父亲手中接过大权，确立了世袭王权制，成为父权家长制的始作俑者，开创中国历史“家天下”的先河。至此，我国原始社会宣告结束，正式进入奴隶制国家社会，与其相生相伴的青铜时代也拉开了厚重的帷幕。

此后，青铜九鼎便成了王权的象征，为历代统治者所收藏。

战国时期，楚庄王曾挥军北伐，陈兵洛水，向周王朝炫耀武力，周定王派遣王孙满慰劳楚师，楚子便询问传国之宝九鼎的轻重与大小。楚子问鼎，即含有夺取周王朝天下的意思。后来，人们例用“问鼎”一词意指图谋夺取政权。那时，铜绿山早就成了楚国疆土，铜矿的开采、冶炼与利用为楚庄王的文功武略立下了不可磨灭的汗马功劳。

战国末年，秦国丞相吕不韦领兵消灭西周，九鼎也被移往秦宫。此后，秦嬴政也就真的灭了六国，一统中国，成为君临天下的第一任皇帝。秦朝建立后，秦始皇尽收天下兵器，“聚之咸阳”，熔铸了十二个高大的铜人。秦始皇的这一举措，固然是为了销毁武器，削弱六国遗民的反抗力量。而那时，锋利的铁器早就开始大量使用，青铜时代已进入尾声。因此，铜人的铸造，也是铁器对青铜器取而代之的一个象征。十多年后，秦朝灭亡，大禹打铸的青铜九鼎也就随之不知所终了。

秦汉以后，青铜生产虽然还在长期延续着，但是，它已不能代表中国物质文化的最高水平，只能算作青铜文化一息悠然仅存的余脉。

对青铜时代的定位与研究，主要取决于青铜所铸造的物件——青铜器。精美的青铜器能够长期保存下来，一方面在于青铜的物理、化学性能良好，不易侵蚀朽坏；另一方面，也在于人们对它的重视与珍爱。一般而言，青铜器具大多为贵族阶层所享受的高档用品，他们不仅生前使用，死后也要带入坟墓作为陪葬；也有遭遇意外出逃时将它们埋入地窖。于是，后人通过挖掘、盗墓等方式使得这些珍贵的青铜器“民间化”，从而流传于世。青铜器的制作代表了青铜时代生产力发展水平，以实物形态综合反映了当时物质文化和精神文化的面貌，具有多方面、多层次的学术价值；对铜器生产过程的研究，可以了解当时冶金技术的发展程度；对青铜礼器、兵器、乐器、工具的研究，可以了解当时社会的生产水平、经济状况及贵族的生活、礼乐、战争等情况；对器物造型与纹饰的研究，可以把握古人的审美观念与心理崇尚；特别是青铜器上留下的铭文，更是一群“会说话”的古代见证，价值不可估量……青铜器有组织的研究始于北宋末年，至今已有一千多年的历史，著录的铜器已有七八千件，从其上的铭文记载而言，大约有80%以上为周器，也有少数可以断定为商器。

郭沫若把中国青铜器时代分为滥觞期(殷商前期)、勃古期(殷商后期及周初成康昭穆之世)、开放期(恭懿以后至春秋中叶)、新式期(春秋中叶至战国末年)四个历史时期。

我国的青铜时代属于商、周朝代；这一时期，也是奴隶制生产最盛的时候。商周铜器种类繁多，铸造极其精巧，造型奇特生动，纹饰繁缛华美，具有独特的艺术风格与魅力。在青铜文明史上体积与重量堪称巨型的铜器也是出自这一时期。如商代的司母戊大方鼎，通耳高1.33米，重达875公斤；湖北随县曾侯乙墓出土的一对大缶，每件重三百多公斤；同墓出土的曾侯乙编钟更是举世闻名，总重量达二千五百多公斤，这套编钟发音清脆宏亮，每组铜钟的音阶都符合音律要求，至今仍可演奏音域宽广的乐曲。这些青铜器气势雄伟、蔚为壮观，而造型与纹饰却又显得那么精巧别致、玲珑剔透，融大气磅礴与典雅精神于一体，巧夺天工，令人拍案叫绝，在世界青铜文化之林中独具一格，以典型的中国作风和中国气派大放光彩。

四

由于青铜器的大量传世并凝聚、浓缩了青铜时代与青铜文明的诸多信息，后人的目光自然聚焦其上，从北宋年间开始，就形成了一处颇具专业性质的研究学问——金石学，传承、延续至今，可谓硕果累累矣。

然而，前人在对青铜器颇有建树的研究中，却有意无意地忽略了青铜文化的一个重要组成部分——铜的开采与冶炼。这不仅因为前人的认识有限，更与开采与冶炼的资料匮乏及遗物的阙如密切相关。

古人对铜绿山古矿开采与冶炼所记载的文字资料至今连片言只语也无法找到。当时，矿工们只专注于艰辛的劳作，恐怕根本就没有考虑过要把他们的生产经验与生活方式形诸文字。

先民们素以直观朴素见长，或是不善将日常的生产与生活上升至理性的高度，或是不愿立言。即以我国最伟大的哲学家老子、孔子而言，也是如此。老子若不出关，后人们也就见不到惜墨如金的五千言《道德经》；孔子的一部《论语》，并非他的亲自著述，也是后生们聆听教诲后记录整理而成的。在此，我可以肯定地断言，铜绿山的矿工们根本就没有留下相关的文字资料，在恶劣的环境、艰辛的劳作与疾病的折磨下，也许，在他们的头脑里连这一想法都不曾有过。如果没有留存的遗物，今天我们所面对的，只是一片茫茫的空白，当然也就无从着手研究了。

好在有了遗址的发现与发掘，根据实物实景，我们便可推测想象，恢复原貌，还其历史的本来面目了。对青铜的开采、冶炼的研究，不仅可以丰富青铜文化的内涵，还可对青铜时代与青铜文化的整体研究起到实质性的突破与开拓作用。

在对铜绿山古铜矿遗址的参观、研究与认识中，我发现了涉及中国文化及历史发展与走向的两个重大问题。

其一，当地除了大量的古矿井与为数众多的古熔炉外，却没有发现一处铸造作坊遗址。也就是说，铜绿山的矿石从地底开采出来，就近冶炼为一锭锭的粗铜后，即通过大冶湖进入长江水道，运往别处加工锻造，铸成一件件精美的青铜器具供贵族阶层享用。铜绿山所能做的，便是将那些炼成的粗糙铜块源源不断地输出，铸造成器的最后一道工序，全然被统治者所垄断。他们没有使用铜块的权利，当然也就无法掌握铸造的精密技术，就连开矿使用的那些铜锛、铜斧等青铜生产工具，也是从外地输送进来的。

这一情形不唯古代，即使今天，铜绿山所在的黄石市也没有多大改变。黄石素有江南聚宝盆之称，丰富的矿产自然使得生活在这块土地上的祖祖辈辈感到由衷的自豪。然而，丰富的资源在给当地人民带来荣耀与财富的同时，也在他们的心灵深处产生了一种可怕的惰性——“靠山吃山”。如果能靠捡矿石吃饭，靠卖资源发财，谁还愿去绞尽脑汁、费心尽力地开拓新的发展之路?因此，长期以来，当地民众、当地企业大都围着开山挖石兜圈子，半饥半饱地吃着“资源饭”，以致错过了一次又一次调整结构、自我完善、经济腾飞的良机。

今日现代化的露天开采已将当年的铜绿山从原海拔一百多米的山峰降成凹入地底的锅形山谷，一台台穿孔机飞转着天轮，一部部电铲自如地伸展着钢铁巨臂，一辆辆大型卡车往来如梭；地底的开采已深入山底六百米以下，一条条上下盘旋的幽长隧道简直就是一座座复杂的迷宫，在铜矿技术人员的引导及讲解下，也弄得我晕头转向，不辨东西。现在无论露天开采，还是地底作业，与先民们那屈身井巷的手工掘进，自有天壤之别，不可同日而语。铜绿山矿的冶炼，也全部实行了大规模的机械化与自动化，一座座高大的厂房，一台台磨碎、搅拌、熔炼的机械设备，依山而架的一根根粗大管道，不知不觉地将你从眼前的现实拉回远古的竖炉，两相比较，你不禁更为现代文明的发达而感到由衷的惊叹。

尽管如此，可自古以来“吃资源饭”的格局与模式却没有半点变化。铜块冶炼后，仍是运往外地再行精加工。若以 1994 年价格而言，一吨粗铜 1.8 万元，经过电解后可增值到 2.3 万元，而加工成漆包线就变成了 4 万元。如果黄石运出的不是粗铜，而是加工后的漆包线，一吨可增值 2.2 万元。黄石市每年生产粗铜约 6 万吨，如果自己消化加工一半，那该增值多少?这笔账人人都会算，可因历史的惰性、认识的限制与条件的束缚，一时就难以改变、无法接轨。

对资源和传统产业的过分依赖，必然导致经济结构的失调，形成大投入、高耗能、重污染的产业格局。况且，资源不能再生，总有穷尽之日。如果长期陷于短视，我们必将对此付出沉重的代价。

不唯黄石，许多地方乃至整个国家，都存在着“靠山吃山”的依赖与惰性。过去，我们总是一个劲地念叨祖国地大物博，并为此豪情满怀。然而，当我们从自我陶醉的迷梦中醒来睁眼一瞧时，东边地狭物薄的蕞尔小国日本却又一次跑在了我们的前面。具有丰富的资源当然不错，而能够充分利用自身的资源并不善于借用别人（包括外地与外国）的资源，才是一种真正的本事！

其次，铜绿山古矿冶遗址的堆积层由近及远地包括近期堆积层，地表扰乱层，隋唐堆积层，战国至春秋堆积层，春秋早、中期堆积层，西周晚期堆积层六个层次。这些堆积虽然年代不同、层次有别，但显示出的冶炼技术与指标却是一脉相承。它向我们十分清楚地表明，我国数千年的冶金史从烧陶到炼铜，从炼铜鼓风炉的应用与完善，都是沿着一条独立发展的道路，自成体系，很少借鉴与交流。

最早使用青铜的是巴比伦人，这与当地的地理环境密切相关。那里的资源主要为丰富的天然气、石油气和石油胶，再就是脚下的泥土、地底的矿石。于是，他们就将泥土、矿石与火这些丰富的资源结合在一起，发明了陶瓷、砖瓦、青铜、铁、玻璃等先进的物质文明。巴比伦人使用青铜的时间远比中国早，因燃料与原材料的不同，他们的冶炼体系与我国古代自然有别，优劣互现，如能相互交流，取长补短，必能产生新的质变与飞跃，出现新的矿冶发展格局。可是，我国丰富的铜矿资源大多位于南方，据《尚书·禹贡》所记，九州之中，贡金三品的仅为荆州与扬州。金三品即铜、金、银三种。其中尤以铜为主。古代交通不便，而荆州、扬州与巴比伦一东一西，而矿冶又受着地理环境与条件的严格限制，也就难以相互沟通交流，只有封闭地依照自己的特点一脉相承地发展着。而中国文明又过于早熟，到了一定时期，也就进入了它的鼎盛期与顶峰期，再往前走，要么停滞不前，要么进入一条死胡同。铜绿山古铜矿遗址就是一个典型的例证，尽管当地仍储藏着丰富的铜矿资源，可开采与冶炼却不知于何时消失殆尽，留给后人的，不过是一堆堆遗弃的矿渣、一座座废弃的竖炉、一道道深埋的矿井、一层层不同的堆积、一个个难解的哑谜而已。即使古代的采矿、冶炼技术没有消失，一如既往地向前发展着，因受体系、条件的制约，也永远不可能发展到机械化的自动开采与冶炼。今日的开采、冶炼技术与模式，纯属引进与“拿来”之物。

扯远了，还是让我们回到“青铜时代”这一话题。尽管铜器的最早使用不在中国，但我们的祖先在青铜时代以聪明的智慧，以其独有的体系创造出了无与伦比的青铜文化，在世界上曾长期居于遥遥领先的地位。

青铜文明的衰落是历史的必然，青铜由铁器取代是人类进步的表征。人类的文明总是不断地由旧时代向新时代递进、演变、发展，每一时代都有它独特的内涵，只有领会并把握住时代的本质，才能登上时代的顶峰，创造时代的辉煌。而我们的祖先，在青铜时代，正是很好地做到了这一点。

研究青铜时代，借鉴古人智慧，对我们反思近代工业文明的落后，把握新时代的内涵与本质，在跨世纪之交的今天有着非同寻常的积极意义。

（摘自曾纪鑫:《千秋家国梦》，东方出版中心，1999年11月。）

回忆铜绿山古铜矿遗址发掘

大冶有色金属公司铜绿山矿原党委书记　黄华臣

我在大冶有色金属公司铜绿山矿任党委书记期间，协助文物部门做了一件对中国考古事业极有意义的大事——发掘铜绿山古铜矿遗址，此事令我终生难忘。

一、抗着压力，鼎助文物发掘

铜绿山矿既是现代化矿山，又是古老矿区，我到矿任职时听到的就是著名抗金将领岳飞在此采过矿，炼过铜，1965年重建矿时，尚有大片炉渣残存地表，估计约40万吨。露采车间工人在剥离土石方时曾挖出不少几近木炭的坑木，拿回家晒干，用火柴一点就着了，一些人曾用它烧锅煮饭，大家包括我都没有注意到文物价值。1973年秋，露采车间采矿时，工人师傅发现大型铜斧，我在市里学习，当时的副矿长齐会彬知道后，似乎意识到它的考古价值，立即叫人寄给北京中国历史博物馆。1973年11月，中国历史博物馆的孔祥星同志偕同湖北省博物馆的王劲、王善才、李天元，黄石市博物馆的周保权、祁文斌、吴宏堂、苏长旺等同志组成考古队来到了矿山，开始进行调查、试掘工作。工作安排好后，孔祥星离开了，考古工作就由省博物馆王劲同志负责进行了。

考古人员来到矿山后，矿山职工都很欢迎，觉得矿山考古挺新鲜的，因而都很支持，由于我爱好历史，觉得古矿遗址的发掘是非常有文物价值的。当时真没想到后来会引起那么大的轰动。出于责任感，我对考古工作是鼎力相助的，既要抓好矿山的各项工作，又要支持考古人员对文物的发掘、保护工作，尽量给考古人员提供便利。如在矿招待所安排住宿、办公地点，还专门腾出房间存放发掘的文物及工具。指示露采车间开会，说明考古的重要历史意义，从车间主任到电铲司机、汽车司机等对文物发掘都很关心支持，该车间主任杨玉华同志还将他以前捡到的古井提升工具交给考古人员。采矿地质技术干部杨永光、庄奎忠等对文物的有关技术问题也都参与研究解决。当时还是“文革”时期，生活物资很匮乏，我交待后勤部门尽力关照考古人员，有时他们因事晚回，食堂已开过饭了，炊事员另外再做些饭菜给他们用餐，我常常利用晚上时间到招待所看望考古人员，询问进程情况，尽力给予帮助。

正在古铜矿遗址发掘工作进入到全面发掘的阶段，1974年初，“四人帮”又刮起了批林批孔的妖风，我无法正常工作，几乎天天要应付一小撮坏人对我的围攻，漫骂侮辱，矿里的正常生产也受到很大冲击。在这内外交困的情况下，压力之大可想而知，出于工作责任心和对考古工作热爱，我横下一条心一面与邪恶势力作坚决斗争，带领职工搞好生产，一面一如既往地支持、协助文物发掘保护工作，在极其困难的情况下，古铜矿遗址的发掘工作得以不受“政治运动”的干扰而继续进行。

古铜矿遗址的成功发掘，是我国考古史上的奇迹，我为能参与其事而感到欣慰，为此在1981年我受到国家文物管理局、湖北省人民政府的表彰和奖励。

在考古工作辛勤劳动中，所有队员表现都很好，在这里我还要特别提到两位同志。一是考古队领队的王劲同志，这位年迈五旬身体瘦弱的女同志，她的丈夫是一位优秀的考古工作者，在“文革”中被迫害致死。她的一双儿女，大的十二岁，小的八岁，留在武昌家中自理生活，但她为了祖国的考古事业，毅然来到铜绿山挑起考古工作的重担，每日风里来雨里往，白天在考古现场蹲在地上一铲一铲地发掘文物，晚上还在灯下整理实物和资料，呕心沥血，她对古铜矿遗址的发掘作出了巨大贡献。还有一位是市博物馆的周保权馆长。他除了在文物调查、发掘中协同工作外，在保护古铜矿遗址中作出了重要贡献。周馆长活动能力极强，他为了争取省有关领导的重视，除以文字、口头向领导汇报外，还利用拍摄的纪录片放给领导看，取得省、市、国家文物局，冶金部等领导的支持，并争取到资金在现场就地建馆保护遗址。在矿山生产和遗址保护的矛盾中他提出的在现场就地保护的建议得到了国家的肯定。古铜矿遗址成为继在半坡遗址、秦始皇兵马俑后第三座历史遗址博物馆。

二、古矿生辉，再现青铜文化史

现代矿山生产是大刀阔斧的操作方式，而考古工作则像绣花一样，是极其细致的艰苦劳动，由于是考古的新领域，缺乏资料和先例，全体考古队员付出了辛勤的努力，他们的敬业精神永远值得我们大家学习。

古铜矿遗址是分两部分发掘的。一是古代采矿巷道，一是古冶炼炉，我因工作接触到发掘古铜矿遗址，对考古队员的辛勤劳动得以亲眼所见，他们的努力取得了辉煌的成果。

古代采矿巷道发掘出来的共有三处。首先发现的有两处，都是在大露天1号矿体内，离地表约60米深，一处在露天12线，因当时采矿已被挖得残缺不全，另一处24线的保存较为完整，断代为战国至西汉后期，这里有平巷、竖井、斜井、盲井等。古采矿坑道，中华第一斧——古代大铜斧就在此出土。第三处是在7号矿体内，离地表约30米，这座古矿井规模较大，保存相当完整，古矿井纵横交错，层层叠叠，排列有序，经探测断代为商代晚期。所有井巷全用木结构支护，有提升矿石、照明、通风、排水等设施。矿井内出土的有大型铜斧、铁锤等生产工具，还有陶器等生活用具。

古铜矿冶炼遗址找到两处，首先是在矿山附近的柯锡太矿找到两座土炉，因残缺不全，考古人员决定再次寻找。后在Ⅱ号矿体大片残存炉渣下面，像大海捞针一样，剥开厚厚的渣片满地寻找，功夫不负有心人，果然发现8座土炼炉，其中6号炉保存完好，考古队员把它复制移送到7号矿体古矿井旁边作永久性保护，经考证这些古代采矿、冶炼原理和现代采矿、冶炼技术是一脉相承的，只不过是一个原始一个现代。

在发掘过程中，考古队员的劳动是很艰苦的，炎热的夏天，他们蹲在密不透风的露天采场一小铲一小铲剥离泥土，那真是挥汗如雨，浑身被汗水湿透了也浑然不觉，聚精会神地发掘古代坑道；寒冷的冬季，寒风刺骨也挡不住他们寻找古炼炉的热情，每当工作有了重大进展，他们总是欢呼雀跃，像孩子般地手舞足蹈，正是他们的辛勤劳动，才把古矿冶的奇迹展现在世人面前。

铜绿山古铜矿遗址的发现和发掘成功，填补了我国古代冶金史的空白，为灿烂的青铜文化下了注脚。它昭示了中国古代物质文明所达到的一个很高的水平，同时，它告诉世人我们的祖先是多么的勤劳智慧，在奴隶社会，就凭着智慧、经验识别出铜金属矿物，极其艰辛地把它从埋藏地下深处的富矿开采、提炼出来，这是了不起的创造，这是劳动创造文明，人民创造历史的光辉见证。

这座古铜矿遗址的出现，轰动了世界，得到了国家领导人的赞扬，引起了中外专家学者的关注，纷纷前来参观考察，都称赞它是冶金史上的奇迹，考古研究的新领域，活生生的教科书。最近联合国教科文组织已派员前来考察，准备将它列为世界文化遗产。

我还想说一句，那就是人们在参观古铜矿遗址，赞扬古代祖先高超的采矿、冶炼技术的时候，也不要忘记为发掘古铜矿遗址，使它能够得见天日而辛勤劳作的考古队员和矿里的工人师傅们。

2001 年 7 月 20 日

回忆决策永久保护
铜绿山古铜矿遗址的前前后后

周保权

铜绿山古铜矿遗址能够永久保存一部分有代表性的遗址是各级领导重视和大力支持的结果。

首先，铜绿山古铜矿的发现、发掘和保护得到了铜绿山矿党政领导的高度重视和人力、物力、财力的帮助，矿领导班子长期分工一位副矿长兼管文物工作，具体负责处理有关事项。大冶有色金属公司、冶金工业部、中国有色金属工业总公司的历届领导都极为重视，倾注了大量心血，直至为保护遗址舍弃部分生产利益。历史将永远铭记他们的业绩。

黄石市和大冶市及周边乡镇历届领导，从遗址发现开始，就从各方面给予关注。市领导从大到保护决策的研究，小到一件文物的收集，都亲临现场检查督办。在考古发掘初期，中共黄石市委成立了铜绿山古铜矿遗址保护、发掘、研究领导小组，由一名副书记牵头，兼管此项工作，并发文至全市县级以上单位，要求各单位把做好这项工作当作共同的历史责任。并通过发布布告和各种会议，反复宣传动员群众一道做好工作。1985 年 1 月 15 日，市七届人大常委会第七次会议通过“关于进一步贯彻执行《中华人民共和国文物保护法》的决议”中明确指出：“铜绿山古矿冶遗址，是全国重点文物保护单位，必须永远地保护好这一举世瞩目的珍贵文化遗产。大冶有色金属公司铜绿山矿的二期工程设计和生产建设，必须遵守《文物保护法》第十一条的规定，经省人民政府和国家文化行政管理部门同意，在确保铜绿山古矿冶遗址重点保护区(即 7 号矿体)原址原貌和现有文物保护设计的安全不受任何损坏的情况下，方可进行。其他单位和个人都不得在遗址保护区开挖矿产。”

主管全国全省文物工作的国家文物局和湖北省文化厅，在遗址开始发掘后，就一直将它列为工作的重点，历届领导都曾多次亲临现场检查指导工作，给予多方面的支持。湖北省文化厅在一段时间内，将它列为全省文物工作的重中之重，全力以赴地予以指导和帮助。

铜绿山古铜矿遗址的保护开始取得实质性的突破，最初得力于任丰平同志的帮助。那是在 1979 年 4 月底，担任中国科学院《自然辩证法》杂志社副主编的任丰平来铜绿山参观。这位曾在延安接受党组织教育的老同志，当看到 7 号矿体发掘区外的电铲正在剥离大批古矿井时，深感痛惜。回到住地，即与考古队的同志商量，建议迅速向中央反映，严加保护和组织力量发掘。当考古队的同志连夜将有关情况整理成书面材料交他带回北京后，1979 年 5 月 12 日新华通讯社《国内动态》即全文刊出，新华社并将此件增发至国家科委、冶金部、国家文物局、中国社会科学院党组。对此，当时冶金部唐克部长，李华、林泽生、张凡、高扬文等副部长都作了批示(在《国人关注》一文中笔者已引述，此处不再赘述)，负责有色金属生产的林泽生副部长批示：“我部应重视此事，建议矿山处先派人去大冶摸清情况并会同公司及地方研究提出一个切实可行的保护古矿井遗迹的意见，视情况再向有关部门报告如何处理。”随后，国家文物局研究室主任谢辰生和冶金部苏文贤工程师先后来铜绿山了解情况并听取意见。经国家文物局和冶金部协商，于 1979 年 8 月 15 日至 21 日在黄石召开了铜绿山古矿冶遗址第一次文物保护座谈会。国家文物局彭则放副局长，冶金部郑之英、苏文贤工程师，湖北省文化局邢西彬副局长，黄石刘道禧副秘书长出席了会议。参加会议的有北京有色冶金设计研究总院、北京有色金属研究总院、北京钢铁学院、《有色金属》编辑部、长沙有色冶金设计院、湖北省冶金局、大冶有色金属公司、铜绿山矿、中国社会科学院考古研究所、中国科学院自然科学史研究所、中国历史博物馆及省市文博单位的代表共 40 人。会议期间，湖北省委书记韩宁夫、黄石市委第一书记刘广泉专程到会听取会议情况汇报。韩宁夫就铜绿山古矿冶遗址文物保护问题作了重要讲话，强调了矿产要开发，文物要保护，两个都要保。并严肃指出："世界第一的重要遗址，如果在我们手里被破坏了，将来是要挨骂的，湖北、黄石是有责任的。不流芳百世，也会遗臭万年！"座谈会经过认真的研究，一致同意将铜绿山 11 号矿体作为遗址，原地保护，不再开采，从而开创了留矿保护古铜矿的先河。

韩宁夫在日常繁忙工作中，心中一直记挂着铜绿山古铜矿遗址，1984 年 12 月 2 日当得知铜绿山古铜矿遗址博物馆建成举行开馆典礼时，因另有重任在身不能前来，但仍发来了贺电："保护好这座遗址，对于宣传祖国文明历史，进行爱国主义教育，推动我国的科学研究，都具有重大意义。现在建成的这座博物馆，是我国第一座古矿冶遗址博物馆，希望你们加强学习，努力提高保护、整理、运用水平，为祖国的社会主义四化建设作出贡献。"

1985 年 7 月，刚从外地调来担任湖北省省长的黄知真亲临铜绿山古铜矿遗址察看。当得知生产部门准备缩小古铜矿保护范围(即将西侧围墙往内移动二十米)，明确表示不能同意，认为对遗址的安全无保证。他还指出："有色公司属中央企业，生产计划我们无权管，但文物保护是地方政府的事，我们要管。"离馆时，庄重地在留言簿上题词："对历史负责。"同年 9 月 9 日，黄知真省长又在一封《关于铜绿山矿二期工程开发与古矿井遗址长期保护方案的异议——紧急呼吁信》上批示："这次到黄石，实地看古矿遗址，觉得移动古矿博物馆围墙，对博物馆安全无保证，故省政府不批。现在冶金总公司已批复，黄石有色公司也不能执行(请省经委把关)。"他并将此件批转给田英、郭振乾、梁淑芬副省长。

1988 年 8 月 22 日，中共湖北省委关广富书记在黄石市委书记袁照臣、市长徐子伦陪同下察看了铜绿山古铜矿遗址，随同关书记察看的还有省委秘书长吕乃强、副秘书长张明修、省经委副主任金士朗等。在察看过程中，关书记兴致很高，一再强调保护好这座遗址对弘扬我们民族传统文化的重要意义。他指出:"为保护遗址,虽压了一些矿,但还是在我们的土地上,要相信我们的子孙一定比我们更聪明,更有办法,能把矿拿出来,不会损失的。"关书记在离开之前,在遗址博物馆的留言簿上签名:"关广富,1988.8.22于铜绿山古矿遗址。"他告知博物馆工作人员:"你们注意,我今天特意写上'遗址'二字。"表示不同意搬迁的方案。

1990年7月5日艳阳高照,金光耀日。远在北京中南海一间会议室里,国务院罗干秘书长主持召开铜绿山古铜矿遗址文物保护协调会议。参加会议的有:湖北省厉有为副省长、张维先副秘书长、文化厅胡美洲副厅长;国家文物局沈竹副局长、李委处长;中国有色金属工业总公司吴建常副总经理及国家计委高局长等。

当双方汇报情况后,罗干秘书长讲了几点极为重要的意见:强调要在保护文物的原则下发展生产,在保护好文物的前提下,文物兼顾矿山生产,为生产创造一些有利条件。并将此精神贯穿在随后下发的《会议纪要》中。他还要求对已经和正在影响文物保护的施工要停下来,要制定预防文物受破坏的措施。这可由文物部门首先提出危及遗址保护的不利因素及解决的方法,这项工作由湖北省牵头,几家参加研究一个共同意见,再写出报告送国务院,这是当前的应急措施。现在的两种保护意见,各自再组织论证,然后由国务院比较、决策,争取在明年春把两种论证搞完。最后,罗干秘书长满怀深情地指出:现在世界上都重视古矿遗址保护,希望我们也要保护好。

当胡美洲副厅长来黄石向市有关领导部门传达罗干秘书长的指示后,市人大常委会副主任罗涌泉以无比激动的心情连声说:"这是中央人民政府秘书长的声音!"

饱经沧桑的铜绿山古铜矿遗址,在人民当家作主的年代里,终于在从地方到中央的各级领导的关怀下,坚定地执行一手抓经济建设,一手抓文明建设的方针,迎来了温暖明媚的春天。

历代各方对大冶铜(铁)的争夺初探

李贤浚

一、概述

大冶这块风水宝地,不愧为江南聚宝盆,拥有丰富的地下宝藏,富含铜、铁、金、银、煤等金属和非金属矿藏,特别是铜矿在全国占有重要位置,是全国主要产铜基地之一。以铜绿山为代表的大冶铜矿的采冶有悠久的历史,从铜绿山古铜矿遗址的发掘考古资料来看,远在殷小乙时期,中华先民就在这里开始了铜矿的采掘和冶炼,经殷商、西周、春秋、战国到西汉,前后延续千余年的时间,大冶地区的劳动人民创造了璀璨的青铜文化,当时铜绿山的采冶技术已相当于西欧 19 世纪的水平。

铜绿山的采冶从公元前 13 世纪到南宋,长达 2500 多年。铜绿山发掘出古炼铜炉数十座,其中春秋、战国时期的 14 座,宋代 17 座。古代炼铜炉渣约有 50—60 万吨,估计前后共产铜约 8—12 万吨,仅春秋战国时期的炉渣就可提炼出红铜万吨以上,如果用来铸造青铜工具和武器,以每件 2 公斤计算,约可制造 500 万件。当时人口约 2000 万,估计 400—500 万户。铜绿山矿场生产的红铜可供全国每户造一件青铜器。

在青铜时代,手工业生产工具、武器与高级生活用具等,都用青铜制造,因而铜矿开采的规模与青铜冶铸技术的水平,就直接影响当时的经济、军事与社会生活。即使在铁器时代,铜仍然用来铸造高级生活用具和武器,更用来铸造钱币。因而无论是远古、中古、近古,还是近代,谁掌握了丰富的铜矿,谁就拥有雄厚的经济实力和军事实力。大冶是一个拥有丰富铜矿的地区,因而历朝历代的各方势力,只要其力量能达到长江中游地区的,无不在大冶地区争来夺去。这其中除了军事目的外,夺取大冶铜资源无疑是其主要目的。

而在近、现代，帝国主义列强，尤其是日本，更是对大冶铜、铁资源从虎视眈眈到疯狂掠夺。

下面我们不妨从部分史料中分阶段地来看看这个问题。

二、夏、商时期

公元前2070年，禹之子启建立夏朝。《墨子·耕柱》："昔夏后开(启)使蜚廉折金于山川，而陶铸于昆吾，……九鼎既成，迁于三国。"这就是说，启建立夏王朝之初，即派蜚廉到江河边的山中去采铜，这很可能是到长江边的大冶铜绿山来采铜，因为这里是离夏王朝最近也是最大的江南铜矿。近年来考古发现的二里头(今河南偃师)文化，经碳十四测定，其绝对年代相当于夏朝，主要分布于豫西、晋南。在豫东南、鄂北、冀南、陕东等地陆续有所发现，与夏人的主要活动区是一致的。在二里头文化遗址中，发现有青铜器爵、铃、戈、戚、刀、镞、锛、锥和饰牌等。证明古文献的记载是符合实际的。《尚书·禹贡》："禹别九州，随山浚川，任土作贡"。淮海维扬州，……厥贡惟金三品，……沿于江海，达于淮泗。""荆及衡阳惟荆州，厥贡羽、毛、齿、革、惟金三品，……浮于江、沱、潜、汉，逾于洛，至于南河。"《史记·夏本纪》亦有相同的记载。《尚书》和《史记》的这些记载表明，禹分天下为九州。九州的贡品中，只有荆、扬两州有铜。荆、扬两州即长江中下游地区。这是完全合乎事实的，以今天的科学方法探测表明，我国铜矿密集在长江南岸，从湖北大冶市到安徽铜陵市一带。黄河流域缺铜，而长江中游南岸盛产铜，至于冶铸青铜所需的锡和铅更产在洞庭湖南面。这就无怪乎从炎帝到舜、禹都死在江南。

殷商的主要活动区域本来在北方，但它的势力也达到了长江流域，武汉的商代盘龙城遗址，就是殷商王朝设在长江之滨用以获取和转运江南铜资源的军事据点。这与铜绿山矿的大规模采冶起于殷小乙时期不会没有关系。前1300年盘庚迁殷(河南安阳)，至前1046年，为商朝后期。殷墟中发现许多青铜器。武丁于前1250年至前1192年在位59年，他曾南伐荆楚，取得了胜利。《诗·商颂·殷武》："挞彼殷武，奋伐荆楚。深入其阻，裒荆之旅，有截其所，汤孙之绪。维女荆楚，居国南乡。”考古发现表明，武丁之后，即商代中期以后，殷人南进，不仅过了汉水，过了长江，而且过了洞庭湖，到了湖南南部及江西中部。江西新干商代大墓中出土制作精良的铜器400余件，湖南也发现不少商代中期和晚期的铜器。在湖北、湖南出土的某些铜器上，有明显的殷人族徽。商代的青铜业，从考古发掘到器物的数量和质量来看，都比夏朝的青铜业有飞跃的发展，仅在殷墟一地出土的青铜礼器，就有数千件之多。其中妇好(武丁之妻)墓的随葬礼器就有近200件。有大量的青铜兵器、乐器、生产工具和车马器等。如此大规模的铸铜业，铜材从何而来?我们知道中原地区缺乏大型铜基地，殷人的铜原料必然来源于江南铜矿带，而这其中主要的基地应是大冶铜绿山。这不是凭空臆断，古籍上虽没有直接的记载，但考古发掘找到了确凿的证据。一是殷墟的铜器，据分析其微量元素与铜绿山古铜矿的矿石最接近；二是盘龙城主要是为殷人转运大冶铜的，这一点将在另文中详谈。

三、西周

周昭王(前995年—前977年在位)三次南征，一些青铜器的铭文留下了这方面的记录，如《口驭簋》铭文：“口驭从王南征，伐荆楚，有得，用作父戍宝尊彝。”《过伯簋》铭文：“过伯从王伐反荆，俘金，用作宝尊彝。”《𤼈簋》铭文：“𤼈从王伐荆，俘，用作饙簋。”很明显，昭王几次南征的主要目的是夺取铜材，从征贵族都“有得”、“俘金”、“俘”，就是说获得了大量铜材，回中原后，用这些铜材铸成了大量的祭器。从征人员尚且如此，那么自将亲征的周昭王获取了多少铜材就不言而喻了。昭王几次南征，古籍上亦多有记载。《竹书纪年》：“昭王十六年，伐荆楚，涉汉，遇大兕。”“周昭王末年，夜有五色光贯紫微。其年，王南巡不返。”《史记·周本纪》：“昭王之时，王道微缺，昭王南巡狩不返，卒于江上。”昭王为了国家的统一和富强，讨伐尾大不掉、妄图称霸南方的荆楚和扬越，夺取江南铜基地，直至以身殉职。

昭王之后，从穆王(前976年—前922年在位)到厉王(前877年—前841

年在位)，经过多次战争，一直在争夺江南的铜基地，但都未能征服南方的荆楚。直到宣王(前827年—前782年在位)时，王命召虎等领兵征伐南方，才在江汉间取得决定性的胜利。《诗·大雅·江汉》："江汉汤汤，武夫洸洸。经营四方，告成于王。四方既平，王国庶定。时靡有争，王心载宁。江汉之浒，王命召虎：式辟四方，彻我疆土。匪疚匪棘，王国来极。于疆于理，至于南海。"《竹书纪年》说宣王五年派方叔伐荆蛮。《诗·小雅·采芑》记其事："蠢尔荆蛮，大邦为仇。方叔元老，克壮其猷。……如霆如雷，显允方叔，征伐俨狁，荆蛮来威(畏)。"周王室一再南征，荆楚才暂时畏服了。西周王室一再南征，除了开疆扩土，夺取江南铜资源必然是其主要目的。

四、楚国(西周后期至战国末)

《史记·楚世家》载："当周夷王之时，王室微，诸侯或不朝、相伐，熊渠甚得江汉间民和，乃兴兵伐庸、杨粤，至于鄂。……乃立其长子康为句亶王，中子红为鄂王，少子执疵为越章王，皆在江上楚蛮之地。"鄂即今鄂州，其领地包括今大冶铜绿山，本属周的小诸侯国，为杨粤所占领，周夷王八年(公元前887年)，楚君熊渠为增强国力，就从杨粤手中夺取了鄂，并封他的次子红为鄂王，从此楚国就拥有了丰富的大冶铜资源，也就创造了灿烂的楚青铜文化。从近几十年出土的春秋战国时期的铜器来看，楚国铜器数量之多，质量之高，远非中原各国可比。如楚幽王墓出土的楚王鼎重达400公斤，至今为周代铜鼎之冠；曾侯乙编钟大小65件，共重2500多公斤，至今举世无匹。楚国青铜器工艺之精，造型之美，更是独步天下，达到了世界青铜文化的顶峰。

现已发现的楚铜矿遗址，有大冶铜绿山、湖南麻阳九曲和阳新港下三处。在这三处铜矿中，铜绿山古铜矿的时代最早、规模最大，采掘和冶炼的技术最新，工艺水平最高，因而最能代表楚铜矿的开采与冶炼水平。通过化学成分测定，发现曾侯乙编钟微量元素的含量与大冶铜绿山古矿井内铜矿石中微量元素的含量十分相近，可以推断这套大型编钟就是以铜绿山生产的铜矿石为原料，在公元前433年前后铸造的。可见璀璨的楚青铜文化与大冶铜是分不开的。而楚国得到了丰富的大冶铜资源，综合国力大增，这与它成为春秋五霸之一、战国七雄之一，自然不无关系。

五、两汉至隋

东汉时期(公元25—220年)，江夏郡有14座城，其一为章山，今大冶四顾闸有章山故城，我们将此城视为汉朝中央政府获取和转运大冶铜的军事和运输重镇，当不会有太大的偏差。

汉献帝建安四年(199年)，孙策进兵西塞，刘勋败走，孙策在散花洲劳军。这是孙吴夺取大冶铜资源的第一步。吴黄武元年(222年)，东吴大将甘宁屯兵富池口，并于230年，以战功拜西陵太守，领下雉、阳新两县。下雉即是今大冶一带，甘宁在此取铜制兵器。黄武五年(226年)，“吴王采武昌之铜、铁，铸刀剑万余。”(《中国铁矿志》)这主要是铜绿山的铜和铁山的铁。孙吴能逐步强盛，敢与北方强大的曹魏抗衡，终成三国鼎立之势，大冶铜是有直接贡献的。

晋武帝太康元年(280年)，晋大将王浚攻西塞，取金陵。唐·刘禹锡《西塞山怀古》诗记其事：“王浚楼船下益州，金陵王气黯然收，千寻铁锁沉江底，一片降幡出石头。……”吴失去大冶铜，晋夺取大冶铜，吴亡晋兴。

南北朝时，宋武帝刘裕，据有长江一线，取得丰富的大冶铜资源，一时“金戈铁马，气吞万里如虎”(宋·辛弃疾《永遇乐·京口北固亭怀古》)。传说他于永初三年(422年)死于大冶地区，葬于铁山之东。

隋文帝开皇十八年(598年)，晋王杨广(即后来的隋炀帝)大量开发大冶铜，并允许民间在白雉山冶铜铸钱。隋朝一统天下，民富国强。后来隋炀帝挥霍无度，大兴土木，建洛阳，开运河，修长城，辟驰道，役使民工数百万，严重破坏生产；又发动进攻高丽的战争，兵役繁重，人民不堪重负，纷纷起义，隋王朝土崩瓦解，他自己也被部下缢杀。这不是大冶铜的过错。

六、唐宋时期

唐代全国有铜产地62处，铜的年产量，宣宗大中年间(847—859年)达327.5吨。当时铜的主要产地在永兴(阳新)、武昌(鄂州)，而铜绿山在唐代属永兴县。唐代成为我国封建社会的鼎盛时期，经济、文化高度发达，疆域广阔，国力雄厚，大冶铜当有很大的功劳。

唐德宗建中四年(783年)，叛将李希烈窜至大冶地区，曹王李皋在保安击败李希烈，次年又在道士洑击败他。这两次战斗与叛军要夺取大冶铜来扩充军备、充实军力，唐王朝要保住大冶铜资源，亦即保持强大的综合国力，当有极大的关系。

唐僖宗乾符五年(878年)，黄巢起义军占领铜绿山地区，在王霸山及铁山等地冶铸兵器，鄂州刺使崔绍兴兵抗拒，这明显是农民起义军与唐王朝争夺大冶铜铁资源。

唐哀帝天祐二年(905年)，杨吴武昌军节度使秦裴置青山场院，大兴炉冶，“公家仰足”(《隋唐五代史》)。唐王朝失去了大冶铜资源，不久也就灭亡了。杨吴置青山场院，即铜绿山铜铁矿，大规模开采、冶炼铜、铁，国家赖以富足，成为五代十国的一支不可忽视的力量。

宋太祖乾德五年，南唐李煜七年(967年)，南唐升永兴青山场院，并划武昌三乡与之合并建县，取“大兴炉冶”之意，定名“大冶”，一直沿用至今。宋太祖开宝八年(975年)，宋灭南唐，据有大冶铜资源。上文提到的铜绿山古铜矿遗址中发掘出的几十座炼铜炉中，宋代的就有17座，可见宋代大冶铜的采冶是十分发达的。

宋高宗建炎三年(1129年)，金兀术率兵南侵，自黄州张家渡渡江至大冶。他的目的之一自然是夺取大冶铜资源。抗金英雄岳飞在大冶一带与金兵作战，夺回大冶，夺回大冶铜。《大冶县志》记载：高宗绍兴四年(1134年)，岳飞在大冶竡山开矿，铸造兵器。传说岳飞曾在大冶铜绿山、铜山口、金山店、铁山、龙角山等地开采铜、铁，铸炼“大冶剑”。总之，金人与宋王朝争夺大冶铜、铁资源是十分激烈的。

七、元、明、清(前期)时期

宋度宗咸淳十年，元世祖至元十一年(1274年)，元兵进攻大冶，铁山一带居民惨遭杀害。从此元王朝控制大冶铜、铁矿，元统治者禁止汉人使用铁器，元世祖至元二十三年(1286 年)，大冶人民纷起反抗，遭到元人残酷镇压。这其实也是元王朝与大冶人民对大冶铜、铁矿的控制与反控制的斗争。

从元惠宗至正十一年到至正二十一年(1351—1361 年)，徐寿辉、陈友谅、朱元璋等各路农民起义军，先后攻占大冶、阳新一带，这既是起义军与元王朝争夺大冶铜、铁资源，也是起义军之间互相争夺。谁夺取了大冶铜、铁资源，谁的经济和军事实力就大增，朱元璋最后夺得大冶铜、铁资源，他也就夺取了最后的胜利，建立了明王朝。

明太祖洪武七年(1374 年)，明王朝在大冶城东设铁冶所，称为“安田炉”，这是为了更多地获取大冶铜铁资源。明毅宗崇祯十六年(1643 年)，农民起义军张献忠部占领了大冶，还委派了大冶知县，清世祖顺治二年(1645 年)，农民起义军李白成部从道士洑渡江进入大冶。我们如将这些看作是起义军为获取大冶铜铁资源，充实自己的力量，以利再战，大概不会有错吧。

清文宗咸丰三年(1853 年)正月，太平军经黄石港东下，这是太平军首次进入大冶县境。同年 9 月，太平军入樊口至保安；10 月，太平军将领“张瞎子”由沛源口进入大冶县城，大冶人民起义响应。咸丰四年(1854 年)，曾国藩进驻道士袱，令部将进攻大冶。同年，太平军在大冶四乡编造户口册，设立各级乡官，实行天朝田亩制度，并发田凭(土地证)。咸丰五年(1855 年)二月，太平军自阳新进入大冶；六月，太平天国翼王石达开率军数万，由大冶向省城开发；十二月，清军水师败太平援军于梁子湖、金牛镇。咸丰六年(1856 年)五月，清军火烧黄石港；七月，石达开分兵自金牛、鄂城两路驰援省城，大冶子弟随军参战者众；十一月，石达开率众万人由大冶趋九江还金陵，清将胡林翼乘机攻入大冶。咸丰十一年(1861 年)初，太平军复进驻黄州，大冶人民群起响应；三月，太平军两度攻入大冶县城；五月，太平天国忠王李秀成追击清军至大冶蚌蛤地；六月，太平军由姜桥、果城退走江西，大冶 2.8 万人参加太平军。

前后九年时间，清军与太平军多次在大冶地区争战，双方的主要将领都亲临大冶,这决不是偶然的,除了军事上的原因以外,争夺大冶的铜、铁资源,肯定是重要因素。

八、近代

鸦片战争以后,满清政府闭关自守的国门被迫打开,帝国主义列强蜂拥而入,一只只黑手伸向全国各地掠夺我国宝贵的地下资源,大冶的铜、铁矿更是他们夺取的主要目标。这其中尤以英、德、日帝国主义表现最为突出。

1874 年(同治十三年),英商太古公司在黄石港开业。1877 年(光绪三年),李鸿章的部属盛宣怀同英国矿师郭师敦等详勘铁山铁矿,并于大冶沿江勘定安炉地基;同年,英商怡和公司轮船始靠黄石港。1884 年,英国鸿安公司轮船在黄石港停靠。1889 年底,湖广总督张之洞派员到大冶查勘,查勘结束,报称大冶铁矿"百年开采亦不能尽"。同年,德国技师密告其政府,德国向清廷提出开采大冶铁矿的要求,张之洞盛怒,拒绝。1890 年,张之洞派林佐等驻铁山铺,圈购大冶土地 200 余平方里,采剥铁山铁矿。1891 年,张之洞委林佐等兴办铁山铺至石灰窑运矿铁路,次年 8 月竣工通车,全程 70 华里。1893 年,大冶铁矿正式投产,当年产矿石 3000 多吨;同年 8 月,张之洞抵铁山铺勘视铁矿。

以上是以张之洞为首的洋务派识破帝国主义的狼子野心,自己动手开矿,保护大冶的铜铁资源,不让列强染指。

1896 年,盛宣怀接办大冶铁矿。1897 年,披着"清政府实业顾问"外衣的日本人西泽宫雄探知大冶铁矿储量丰富,密告日本政府,提出"日创办钢厂工业,以取得中国原料为策"。1898 年,日本前首相伊藤博文提请慈禧太后批准每年购买大冶铁矿石 5 万吨。1899 年,会办商约大臣盛宣怀与日本八幡制铁所签订《煤焦铁矿石互售合同》:日本农商省在石灰窑设立监运铁矿局,经理售运矿石事宜。1900 年 7 月,日本运走大冶铁矿石 1600 吨;同月,日、德帝国主义为争夺大冶铁矿,双方派兵舰到石灰窑江边示威;同年,德商美最时公司轮船在黄石港停靠。1904 年,盛宣怀与日本制铁所及日本兴业银行签订《大冶购运矿石预借矿价合同》，从此大冶铁矿主权全部落入日本帝国主义手中，70%以上的铁矿石运往日本。1908年，盛宣怀任邮传部右侍郎，将汉阳铁厂、大冶铁矿、萍乡煤矿合并，成立汉冶萍煤铁厂矿公司。

以上是日本帝国主义通过亲日派盛宣怀等人终于将大冶铁矿的主权抢夺到手。

九、现代

1911年辛亥革命成功，推翻了腐朽的满清政府，但大冶铜、铁矿的主权并没有完全回到中国人民的手中。1915年，国贼袁世凯与日本帝国主义签订卖国的“二十一条”，其中提到：汉冶萍公司改为中日合办，附近矿山不准公司以外的人开采。日本帝国主义独霸大冶铜铁等矿产资源的狼子野心再一次大暴露。幸而不久袁世凯病死，“二十一条”也跟着消亡。但日本帝国主义贼心不死，一再派员前来活动，这其中主要有：1917年日本政客田中率随员及新闻记者10多人到大冶铁矿游历，鼓吹中日合办汉冶萍公司；1921年3月，日本陆军少将引田干作到大冶铁矿活动；同年11月，日本矿山局长长崎川才四郎到大冶铁矿活动。此后，日本帝国主义更采取行动：1928年初，日本军舰嵯峨号和浦风号开到石灰窑江面示威；同年4月，日本在石灰窑设立“工务所”，以加强对大冶厂矿的控制；1931年，日本运走大冶铁矿石25万多吨。

1937年，日本帝国主义悍然发动全面侵华战争，其罪恶目的之一无疑是夺取我国丰富的地下宝藏，而大冶的铜、铁矿资源自然是它夺取的重点对象。1938年10月19日，日军侵占大冶县城；同年11月，日本制铁株式会社在大冶厂矿设立“大冶矿业所”。1939年10月，日本侵略者强迫战俘、民夫7000余人恢复大冶铁矿生产。八年抗战期间，日本侵略者疯狂掠夺大冶铜铁矿资源，中国军民针锋相对的进行反掠夺斗争。如：1942年12月，“日铁”氧气房、火车头及得道湾发电所被炸，炸毁柴油发电机等；同年，郭华世村附近的铁路被炸，炸毁运矿车1辆；1944年冬，日本侵略军运军火至铁山，运矿火车司机乘敌不备开车冲撞军火列车，使之全部炸毁；1945年3月，中国空军炸沉“日铁”石灰窑趸船。1945 年 9 月 11 日大冶县城光复，同月中国政府派员接收“日铁”大冶矿业所，结束了日本帝国主义的掠夺。

1949 年 5 月 15 日大冶县城解放，从此大冶的铜、铁矿资源真正回到中国人民的手中，为祖国的经济建设和国防建设发挥巨大的作用。

铜绿山古铜矿粗铜去向分析研究

张国祥　龚长根

铜绿山古铜矿遗址连续采冶铜矿逾千年，所产出的粗铜数量巨大，如果算上整个大冶地区数十处青铜时代古铜矿所产的粗铜，这个数量应该是铜绿山古铜矿所产15—20万吨粗铜的许多倍，其出产粗铜的绝对数量是非常庞大的。可以说，大冶地区，是中国先秦时期十分重要产铜基地之一，它所产出的粗铜也一定会反映到社会的各个方面，甚至影响到青铜时代的社会发展进程。因为铜绿山古铜矿所反映的技术水平代表了当时的矿冶最高技术水平，又因为以铜绿山为代表的大冶地区的古铜矿所产粗铜的绝对数量比较大，故而，人们历来都十分关注大冶地区古铜矿所产粗铜究竟流向了何方，为谁所用。

关于大冶地区先秦时期所产粗铜的流向，也就是说究竟是谁在相应的时间主要占有了这些铜矿资源，这需要从铜绿山古铜矿遗址的具体情况来分析。铜绿山古铜矿遗址的发展虽然经历了千余年，但其间的发展有高峰期，当然也有低谷的时候。所谓高峰期，是说采冶规模大、技术水平相对较高时期；低谷期，是指由于生产力发展水平的限制采冶规模较小、技术水平也相对滞后，或由于政治、战乱等原因基本没有采矿。根据这些情况，参照考古资料，同时也依据文献资料，可以清晰地把铜绿山古铜矿遗址分为三个时段：第一个时段是商代晚期至西周时期；第二个时段是春秋至战国时期；第三个时段是秦至西汉时期。应该说，这三个时段所产粗铜的去向是有区别的，这主要是因为政治上的原因，当然也有铜绿山古铜矿自身技术发展即粗铜产量高低的原因。

第一个时段，商代晚期至西周时期。这两个时期主宰中原大地的是商王朝和西周，由于历史和其他许多原因，这一时期商和西周对中国许多地方的统治，是通过分封诸侯的方法来间接统治的，尤其是对南方蛮夷地区，也就是说中央王朝承认诸侯的自治权，但必须服从中央政权的统治和纳贡称臣。而铜绿山古铜矿此时主要是露采和浅部群井坑采，井巷规模都比较小，采冶技术都还处于摸索、不断积累采矿经验的时期，这既有对自身技术发展的探索积累，也有对铜绿山地区地质以及矿藏的更多了解和认识。这一时期铜绿山古铜矿以及大冶地区的古铜矿的采矿技术还不是十分成熟，因而粗铜的产量处于上升期，而不是高峰期，故此，这一时期大冶地区出产的粗铜还不足以影响当时时局的变化。

商至西周时期，铜绿山以及大冶地区属古鄂国范围。“大约也就是商至西周前后时期，鄂作为“百越”的一支或方国，占有铜绿山古铜矿和大冶地区的铜矿资源。”[①]是时，鄂国在政治上与商周王朝有着千丝万缕的联系。《战国策·赵策》：“秦围赵之邯郸章载鲁仲连曰：‘固也!待吾言之，昔者鬼侯，鄂侯，文王，纣之三公也。”这说明鬼侯、鄂侯和文王在商王朝中虽然地位很重要，但仍然只是商纣王统治下的诸侯国，为臣属关系。关于鄂，据出土的西周晚期青铜器禹鼎铭文记载：“……亦唯鄂侯御方率南淮夷、东夷广伐南国、东国，至于历寒。王乃命西六师、殷八师曰：‘裂伐鄂侯御方，无遗寿幼。’……雩禹以武公徒御至于鄂，敦伐鄂，休获厥君御方。……”，禹鼎铭文记述鄂侯御方率南淮夷、东夷攻打并占领南国、东国，势力到达历寒，严重威胁西周王朝的安全。周天子下令消灭鄂侯御方，并以其“西六师”、“殷八师”进攻鄂侯，未能取胜。禹以武公的兵车百辆和徒御一千二百人参与作战，终于裂伐鄂国、俘获鄂侯，并秧及鄂国的所有百姓，因而作器铭功。从此以后，鄂国便销声匿迹了。这些情况都说明，鄂是商、西周中央王朝所属诸侯国。按照当时的政治制度规定，诸侯必须得向商、西周王朝称臣纳贡。处在南方蛮夷之地的夷越之族占有当时最为重要战略资源——大量的铜矿资源，自然，向商、西周王朝进贡粗铜或青铜器也是一种必然。《尚书·禹贡》指出:“扬州厥贡余三品……”。荆州“厥贡羽、毛、齿、革惟金三品……”。《尚书》指出的就是这些地区进贡中央王朝的特产。商、西周时期,中原地区铸造青铜器的原料应当说至少有一部分是通过这样的途径得到的,也就是说商周时期中原地区相当一部分青铜礼器、兵器可能是来自南方的“南余所铸”。

《诗·鲁颂·泮水》云:“憬彼淮夷,来献其琛,元龟象齿,大赂南金”,这是说,当时淮夷部族上贡的珍宝除海龟和象牙外,还奉送了一大批南方所产的铜。现在的长江中下游一带,在商时被人们称为南土、南国或南乡。如《诗·商颂·殷武》云:“维汝荆楚,居国南乡”。《左传·昭公九年》:“及武王克商……巴、濮、楚、邓,吾南土也”:北宋重和元年(公元1118)在现在湖北安陆曾出土了六件西周时期的青铜器史称“安州六器”,其中的“中鼎”铭文曰:“惟王令南宫伐反(叛)虎方之年,王令中先,省南国,串(贯)行……”。根据春秋时代的铜器曾伯(雨来)簠铭文记述:“克狄淮夷,抑燮繁汤,金道锡行”,“繁汤”即今安徽繁昌一带。一般认为“金道锡行”是指通往中原地区的铜锡交易入贡的道路是畅通的。这些文献记述表明,西周以前江南地区的铜矿采冶业已经有了相当的规模,而且所产的粗铜通过一定的途径源源不断的输往中原地区,“南金”也就是粗铜逐渐开始成为商、西周王朝铸造兵器、礼器的重要原料来源地之一。

湖北省文物考古研究所出版的《盘龙城·盘龙城商代青铜器铅同位素示踪研究》一文采用了铅同位素技术,研究了一批盘龙城出土青铜器的分布特点,并与河南郑州、安阳等处出土器物的数据相比较,探讨其相互联系以及与矿料产地的关系。其中对“盘龙城九件青铜器样品与河南郑州商城,湖北春秋期的大冶铜绿山古矿区和江西商周期的瑞昌铜岭古矿区出土的矿料铅同位素”比值进行了研究,可以看出,“盘龙缄的青铜器样品(94175、94182)落入大冶、铜绿山古矿样品(孔雀石、铜锭、粗铜、炼渣)的分区内。这说明制造盘龙城青铜器部分原料可能来自于当地,是在当地铸造的。”“从当今的矿产资源开发研究表明，在河南地区还没有发现蕴藏量颇大的铜矿区，那么在商王朝时代制造出大批的青铜器，其矿料从哪里来?这是考古界和科技界感兴趣的课题。从铅同位素示踪研究看出，商王朝所需的铜铅矿料，有一部分可能来自大冶的铜绿山和瑞昌的铜岭。这与商王向南方开拓铜路的史实相符。”②

当然，直接控制掌握大冶及周边地区粗铜生产的鄂人自身也是粗铜原料的主要消费者。由于商至西周时期是中国奴隶制社会分封制的鼎盛时期，即中央王朝通过分封若干诸侯，并通过诸侯来巩固中央的集权统治。而这些诸侯只须在政治上与中央王朝保持一致，物质上有一定贡献即可，谓之“称臣纳贡”。这样，各路诸侯们就可以充分自由的使用已经掌握的资源。从出土的西周早期至中后期的与鄂国相关的铜器及铭文来看，鄂人用铜的目的同样主要是铸造兵器与礼器。据前文“禹鼎”所述，鄂国敢于率领南淮夷、东夷反叛西周，而西周动用了“西六师”、“殷八师”比较大规模军队才得以消灭鄂侯。这也说明鄂人拥有大批的军队，而军队是需要兵器的，这也证明鄂人用粗铜铸造了大批的兵器.以供军队的需要。此外，鄂人还铸造了许多礼器，有些流传至今。

鄂叔簋，20 世纪 50 年代由上海博物馆收藏。通高 18 厘米，口饰圆涡夔纹，足饰饕餮纹，方座饰鸟纹，铸有铭文二行六个字：

鄂叔作　宝障彝

此器铭文和风格表明：(1)鄂叔在西周初年仍在作器，从而使我们了解到商代末年，鄂侯被杀之后，特别是经过周人灭商的社会大动荡后，鄂部族又作为周之封国立于诸侯之林。(2)……鄂叔簋所体现的这种风格，说明西周初年鄂族与周人联系较密切，文化水平有较多的一致性③。

鄂侯隺父簋，亦为上海博物馆收藏。器作敛口，深腹微鼓，两兽首形耳，颈部一周细雷纹，失盖，圈足较直，器内壁铸有铭文二行八个字：

鄂季隺父

作宝隺彝

"此器约当西周早期的康、昭时期。"[④]鄂侯弟历季诸铜器，铜提梁卣，亦为上海博物馆收藏。侈口、束颈、垂腹、圈足、有盖，盖顶有喇叭形捉手，器颈有两个对称的半环耳，腹置一兽首形鋬，器、盖同铸铭文二行八个字。铭文铜簋，洛阳市博物馆收藏。子母口微敛，腹微鼓，圈足腹部有两个对称的半环耳，失盖。内底铸有铭文二行八个字。铭文铜尊，1975年出土于湖北随州，侈口、长颈，腹部略垂，圈足，腹部一兽首玺，兽尾上卷，器身有四道弦纹，内底铸有铭文二行八个字。这三件铜器的铭文均为：鄂侯弟曆季作旅彝。十分巧合的是，这三件铜器出土时间、地点与收藏单位虽不同，但所铸铭文都是一样。据考证，这三件铜器都是当时鄂侯的弟弟历季所作，是同一组礼器中不同的器物组合器。

鄂侯驭(御)方鼎，亦为上海博物馆收藏。鼎作平沿、立耳、深腹，颈饰一周顾龙纹，三足上饰兽面纹。这件青铜器上面铸有铭文十一行八十六个字。铭文记述了周王南征大捷班师回朝的路上，鄂侯御方朝见并献纳于天子，并与周王同宴、会射，周天子赏赐鄂侯玉、马、矢等物，鄂侯御方为感谢天子之赐，于是，铸鼎铭载这个重要的事件。

鄂侯作王姞簋，传世有三件，两件器身，一件器盖，均铸有铭文二行十七个字：

鄂侯作王姞媵簋

王姞其万年子子孙永宝

这是鄂侯嫁女于周天子为王妃诸多器物中的一件。

这些传世的鄂国青铜器，多是西周早期和中后期遗物。从这些遗存铜器看，鄂国当时的青铜铸造工艺技术水平是非常高的，对比同一时期各地出土的青铜器，包括西周王室的青铜器，其工艺铸造技术水平并无多大差异，这也说明在西周中后期以前，鄂人不仅掌握有丰富的铜矿资源，其采矿、冶炼以及铸造技术水平也是很高的。

综上所述，商代晚期至西周时期，铜绿山及大冶，也包括周边地区所出产的粗铜，一是供给了中央王朝；二是鄂人自身消费了。

第二个时段，春秋至战国时期。春秋时期的采矿冶炼技术比西周以前的采冶技术有了长足的进步和发展：在采矿方面，采矿井巷的断面明显曾大，支撑结构更为合理，采矿深度超过距地表以下四十米；在冶炼方面，开始使用连续加料、连续冶炼比较先进的炼铜竖炉；而金属采矿工具已经有了更大的进步与发展，采矿已经开始广泛使用大铜斧，最大的铜斧超过了十五千克以上。到了战国时期，随着铁器广泛使用，生产力水平得到了进一步的提升，采矿深度距地表约有百米深，采矿技术也达到了相当高的水平。随着技术的不断进步和发展，也随着生产力水平的极大提高，再加上当时社会发展、诸侯争霸战争频繁的极度需求，当时铜绿山包括大冶地区粗铜的产量有了很大的提高，并足以影响到当时社会的发展进程。

春秋至战国时期，铜绿山地区为楚国的势力范围。从东周天子周惠王赐楚“镇尔南方夷越之乱，无侵中国。于是楚地千里”[5]，此时的楚国正如《史记·楚世家》所云：“齐桓公始霸，楚办始大”。从“楚办始大”(公元前679年)到楚被灭亡(公元前224年)，其间经历长达四百五十余年，从春秋五霸到战国七雄，楚人曾左右当时的整个大局和形势。以至于当时强大的秦惠文王(公元前337—前311年，在位时间)发出“诅楚文”，祈求天神克制楚兵，复其边城。“诅楚文”是秦人刻于石碑上诅咒楚人的一种巫术，诅咒文刻于石上以后，然后将刻石沉于水里或埋于土内，已发现三块石刻，并各自成文。有三百八十字。秦人用这种巫术来诅咒楚人，可见楚人实力之强大。

尤其是楚悼王(公元前401—前381年，在位时间)重用吴起在楚国推行变法，加强中央集权，废除贵族特权，奖励耕战，实行法治，改善财政等等。变法带来了楚国国势的强盛，楚国开始向外大肆扩张。公元前381年楚国大败魏军，一直攻打到黄河边，在此前后，大将吴起率领军队向南方发展，使楚国的南部疆域推进到现今广西苍梧一带。这一时期楚国不仅占有大冶地区的铜矿资源，同时还占有江西、安徽地区的铜矿资源，并利用这些矿产资源进行多次大规模的争雄称霸战争。可以说，几乎整个春秋战国时期，南方地区的铜矿资源都为楚国所拥有，因此，楚庄王敢于“问鼎中原”，甚至可以傲慢的发出“楚国折钩之喙，足以为九鼎”[⑥]的豪情，即楚国只须将兵器尖的那一点折下来，就足以铸造九鼎了。这至少可以说明楚国不仅有着庞大的军队，还拥有丰富的铜矿资源。

楚人不仅运用丰富的铜矿资源进行势力扩张，同样也铸造了许多青铜礼器。北京科技大学曾对湖北当阳赵家湖楚墓出土的十四件青铜器进行了化学分析和对比，其中六件青铜器(分属五个不同的墓葬)中有硫化物夹杂，其含硫量为 22.7%，接近于硫铜矿的含量。分析表明：硫化物夹杂的存在表明冶炼所用的矿石不是纯净的氧化矿，其中有少量硫化矿存在。现代地质勘探结果表明，在铜铁共生的矿体中，铜的氧化矿是一种次生矿，它主要分布在硫化铜矿上部的氧化带中。长江中下游地区的古铜矿遗址基本上都处于这种类型的矿体上，这也证明楚人使用的铜矿原料也都出自于这一地区。

为了证实铜绿山古铜矿出产粗铜的去向，科研人员分析了湖北随州擂鼓墩一号墓出土的著名的曾侯乙编钟的化学成分，化验结果证明，编钟的化学成分中微量元素的含量与铜绿山古矿井中出土的孔雀石、自然铜等矿石中微量元素的含量十分接近(见表)。

光谱分析结果

元素 器物	铜 (Cu)	铁 (Fe)	锌 (Zn)	钠 (Na)	铝 (Al)	镁 (Mg)	钡 (Ba)
曾侯乙甬钟	＞10	＜0.1	＜0.01	＜0.1	0.1—1	0.1	＜0.01
铜绿山古铜矿 孔雀石与自然铜	＞10	0.8	＜0.01	＜0.1	0.1—1	0.1—1	0.015

根据这些数据的对比推测，擂鼓墩一号墓出土的六十五件套，重量超过二千五百千克重的青铜编钟、包括该墓中随葬的十余吨重的其他青铜器应该主要是用大冶铜绿山及周边地区出产的粗铜原料制造的。曾侯乙一号墓的时代为战国早期，曾即随国，曾侯即随侯。历史和考古资料证实，曾侯乙在位时可能已经成了楚国的臣属国，所以该墓出土的大量青铜器，无论是铸造工艺水平、还是文化特征都反映了楚国青铜文化发展和辉煌的一个侧面。

战国早期，楚人的一个很小的臣属国的国君其随葬青铜器的总量超过十千千克，这不仅反映当时统治者以及上层社会贵族的奢侈，同时也说明了青铜时代的人们已经把青铜视为权力、地位和财富的象征。

由于从春秋到战国时期，铜绿山地区实际上是由楚人所统治，因而，这一时期这里的铜矿资源当然也就主要是由楚国所支配。

第三个时段，秦汉时期。秦汉时期的中国早已由奴隶制时代进入封建社会，同时结束了诸侯割据的纷争局面，形成了真正大一统的中央帝国，此时，青铜时代也已结束了大约有三个世纪，又由于铁器用于军事和农业及其他生产领域，铜金属的重要地位已经不像青铜时代那样重要了。但是由于军事、交换、流通领域等方面的需要，青铜仍然是当时社会发展不可或缺的金属。考古资料证实，秦汉时期，铜绿山古铜矿仍然保持着高水平、大规模的生产能力。

需要指出的是，从秦代开始铸造一种外圆内方式的“半两”后，这种外圆内方式的铜钱便在中国大规模使用、流通了两千多年，甚至影响到周边的国家和地区。从此以后，粗铜的主要作用除了制作武器、礼器外，便是铸造铜钱。

由于大一统政治体制的形成，也因为铜、铁金属仍是当时重要的战略资源，所以铜、铁矿采冶业就不可能像诸侯割据时代那样为各自所有，而是由中央设置的冶铸机构和专设的官员来管理矿冶业。秦汉时期就专门设有这样的机构和官员，《史记·太史公自序》载：“靳孙昌，昌为秦主铁官，当始皇之时”，这里记载的就是那时管理矿业的官员。

这一时期铜绿山生产的粗铜应该是由国家统一控制和调配。在铜绿山古铜矿遗址曾出土带有“河三”标记的铁斧，这种有标记的铁器铸造作坊位于河南巩义市铁生沟。这是当时官方设置铸造作坊，这也证明铜绿山古铜矿极有可能也是由官方所控制的矿产出产基地。

注释：

①龚长根、胡新生：《大冶之火——铜绿山古铜矿遗址》，188页，湖北长江出版集团、湖北人民出版社，2008年10月。

②湖北省文物考古研究所：《盘龙城·一九六三——一九九四年考古发掘报告》（上），文物出版社。

③④徐少华：《周代南土历史地理与文化》，武汉大学出版社，1994年。

⑤⑥汉·司马迁：《史记·楚世家》，中华书局，1995年版。

大冶铜绿山古铜矿产铜约 10 万吨去向探析

邹天福

经考古发掘，铜绿山古铜矿遗址中遗留下来的约 14 万平方米、数量至少在 40 万吨以上的铜炼渣，可以推断前后共产 8—10 万吨粗铜。如果加上大冶地区 55 处青铜时代古铜矿，那么所产粗铜则远远超出这个数字的好多倍。先秦时期，大冶地区是我国一处重要的铜生产基地。

然而铜绿山乃至大冶地区迄今为止，并未发现大型的青铜铸造遗址，也未发掘出大批量的青铜器，那么大冶铜绿山古铜矿所产的粗铜流向了何方呢？

笔者试图依据古文献资料的记载，依据对青铜器进行铅同位素的测定，依据不同历史时期铜矿采冶量的不同，从青铜的实际用途入手，来作一肤浅的探析。

一、贡品

自夏代起，至西周时周夷王止，这一历史时期里，铜绿山古铜矿所产的粗铜作为向王朝进贡的贡品，是它的一个重要流向。进贡者是铜绿山古铜矿的占有者——鄂国，被进贡者是夏、商和西周(前期)王朝，贡品主要是这里的特产——铜。

古代鄂国为扬越族的一支——鄂氏族所建。其活动中心为鄂(今湖北大冶金牛鄂王城遗址)，域境涵盖今鄂东南、湘东北和赣西北等广大地区，势盛时达江淮一带。

鄂国称侯、叔、季，可知鄂氏族有侯、叔、季三支。鄂国境内多有铜矿。居住在鄂地的扬越先民率先在这里开山取矿，点火炼铜。到了殷商时期，已是雄踞南方的一个侯国。《史记·殷本纪》记有:“以西伯昌、九侯、鄂侯为三公”。这里的西伯昌便是季历的儿子周文王。而鄂侯与他同列,说明鄂侯地位之显赫。由于鄂国拥有大量的铜,为南方的“赫赫之邦”。

公元前2070年,禹之子——启建立夏朝。其时我国已进入了青铜时代。

——《越绝书》记:“禹穴之时,以铜为兵”。《墨子·耕柱》有:“昔夏后开(启)使蜚廉折金于山川,而陶铸于昆吾……九鼎既成,迁于三国。”这里所说的“三国”系指夏、商、周三代。这段话的意思是说:禹之子——启建夏之初,就派蜚廉到江边、河边和大山中去采铜,到南方昆吾进行冶铸。他到长江南岸一带采铜是很有可能的,因为这一带是丰富的铜矿带。他到南方采掘(或采集)的粗铜,运回去铸成九鼎。九鼎则是用来象征一个王朝对国家的统治。另有古籍记载:“昔夏之方有德也,远方图物,贡金九牧,铸鼎象物,百物而为之备,使民知神奸,故民入川泽山林,不逢不若,螭魅魍魉,莫能逢之。……桀有昏德,鼎迁于商,载祀六百。商纣暴虐,鼎迁于周。”这是说,王朝中央铸造鼎等礼器和其他青铜器所需铜,不单靠派人下去采集,主要还要靠各侯国前来进贡。

《尚书·禹贡》记:“禹别九州,随山浚川,任土作贡。”“淮海维扬州,……厥贡惟金三品,……沿于江海,达于淮泗。”“荆及衡阳惟荆州,厥贡羽、毛、齿、革、惟金三品,……浮于江、沱、潜、汉,逾于洛,至于南河。”《史记·夏本纪》亦有相同的记载。这里所讲的“金三品”,《史记》(集解)孔安国曰:“金、银、铜”。郑玄曰:“铜三色也”。二说都包含有铜。

上述记载说明,禹分天下为九州:冀、兖、青、徐、扬、荆、豫、梁、雍。铜绿山所在的大冶地区当时属荆州。禹亲自到各州视察,调查各地的物产情况,规定了各州应进贡的物品,还指明了贡品运输的路线。九个州的贡品中,只有荆、扬两州有铜。这两个州均在长江中下游地区,处在今湖北大冶至安徽铜陵沿线的密集铜矿带上。

夏王朝如此,商、西周王朝铸造青铜器的铜源主要也是通过这样的途径所得。其中主要或相当一部分铜来自南方，为"南金所铸"。

《诗·鲁颂·泮水》中有："憬彼淮夷，来献其器，元龟象齿，大赂南金"。商代所称的南国、南乡、南土，指今天的长江中下游一带。

湖北黄陂盘龙城遗址为商代一座重要的城市遗址，是鄂国向夏商王朝进贡铜等物品的主要途经地和中转站。

湖北省考古研究所出版的《盘龙城·盘龙城商代青铜器铅同位素示踪研究》一文中指出，采用铅同位素技术，对盘龙城出土的一批青铜器和中原地区及江南地区几个古铜矿的矿料进行了研究，其中对"盘龙城九件青铜器样品与河南郑州商城、湖北春秋时期的大冶铜绿山古矿区和江西商周时期的瑞昌铜岭古矿区出土的矿料铅同位素"比值进行了研究，可以"看出盘龙城的青铜器样品(94175、94182)落入大冶铜绿山古矿样品(孔雀石、铜锭、粗铜、铜炼渣)的分区内。这说明制造盘龙城青铜器部分原料可能来自于当地，是在当地铸造的。""从当今的矿产资源开发研究看出，商王朝所需的铜铅矿料，有一部分可能来自大冶的铜绿山和瑞昌的铜岭。这与商王向南方开拓铜路的史事相符。"

不同的历史时期，古铜矿所产粗铜的产量也是不同的。夏代，或许还包括夏代以前，大冶地区的先民们在铜绿山古铜矿采矿炼铜，经过了一个漫长的摸索和积累过程，开始时主要是露采和浅部群井坑采，井巷规模较小，采掘的矿石尽管含铜量高，但采冶技术处在初始阶段，产量也不可能很高，人们对青铜的认识也不很足，夏王朝对青铜的需求远远没有后期那么强烈，所以鄂侯所产粗铜除一部分供给自用外，另一部分作贡品送给中央王朝，相互间矛盾不很激烈和尖锐。到了商、西周时期，情况不断发生变化。《战国策·赵策》载："秦围赵之邯郸，章载鲁仲连日：'固也!待吾言之，昔者鬼侯、鄂侯、文王，纣之三公也'。"说明鬼侯、鄂侯和文王虽然仍是纣王统治下的诸侯国，相互间仍为臣属关系，鄂侯因为拥有铜，地位越来越重要。

商代中期起，鄂侯时常无视商王的共主地位，非但不朝不贡，还有反叛行动，常常招致商王朝征伐。征伐的目的主要是为了夺取这里的铜。因而铜成了战争中的争夺目标，谁战胜了，铜就流向谁。

二、战利品

商王曾多次问卜，是否亲征或派人去征伐鄂侯所在的南土诸侯国。对此殷墟卜辞多有记载。如"□□卜贞，弗雀，鄸在南。"卜辞的意思是说，不要派雀去征战，不要同他们比胜负高下，因为鄂侯在南方。又如"多肙亡祸在南土?"多肙 是商王朝派去镇守南方的大将。卜辞是卜问其吉凶。可见商王朝对南土的镇守形势严峻，岌岌可危。同时也说明鄂侯是南方对商王朝构成重大威胁的一支强大的政治势力，而且相互间交战不断。

前 1300 年盘庚迁殷(今河南安阳)，商朝复兴。经小辛、小乙而至武丁。武丁于前 1250 年至前 1192 年在位共 59 年，是商王朝最强盛的时期。武丁曾向西北攻伐鬼方，向南攻伐荆楚，均取得了胜利。《诗·商颂·殷武》："挞彼殷武，奋伐荆楚。深入其阻，裒(通"俘")荆之旅，有截其所，汤孙之绪。维女荆楚，居国南乡。"意思是说，商高宗武丁曾出兵南方，攻伐荆楚，不畏艰难险阻，取得了重大胜利，不仅抓到大批俘虏，还夺取了大量的铜材。这一历史事件从考古发现中也得到了印证。在殷墟一地出土的青铜器，有好几千件。其中妇好(武丁之妻)墓的随葬礼器就有近 200 件，还有大量的青铜兵器、乐器、生产工具和车马器等。经铅同位素测定，不少数量的青铜器其铜材来自于大冶铜绿山。考古发现表明，武丁之后，也就是在商代中期以后，殷商南进，不仅过了汉水和长江，还过了洞庭湖，到了湖南南部和江西中部。武汉黄陂盘龙城为商之中期遗址，江西新干、湖南等地均发现不少商代中期和晚期的青铜器，具有中原风格，也有江南特色，有的兵器上还有商人的族徽。说明商王朝夺取了大量的大冶铜绿山的粗铜是没有疑义的。

前 1046 年，周武王打败了商纣王，建立周朝，史称西周。西周初，鄂国是被保留下来的为数不多的古老侯国之一。之所以被保留，主要因其强大。西周初期，鄂国和周王室的关系有和好的时候，也有交恶的时候。和好的时候则称臣纳贡。如“安州六器”的中方鼎一、鼎二的铭文所记。两个青铜器铭文相同,均为39个字。即“唯王令南宫伐反虎方之年,王令中先省南国,……契于宝彝。”铭文的大意是说(周昭)王命令南宫讨伐反叛的鬼方那年,(昭)王命令南宫中先去视察南方各国,打通大军的行道……中将这件事刻在宝鼎上。

中甗(旧称父乙甗)铭文100字:“王令中先省南国,……在鄂师次。……用作父乙宝彝。”意思是说,(昭)王命令中作先锋,去省视南方诸国,……最后在鄂国驻军……中将这些都刻记下来,铸造了这件祭祀父乙的宝器。“安州六器”另几件青铜器也有铭文,铭文最后都记有:中将昭王的褒奖(青铜)铸成宝鼎或宝尊,并将这一事件刻在上面,用来祭祀父乙之用。这些青铜是鄂侯作为贡品送给周王的,说明相互间较为和好。

鄂侯与周王室也有交恶的时候。

大约在南宫伐虎方不久,周昭王便对鄂国进行了大规模的征讨。关于周昭王征伐荆楚和鄂国的历史事件,有关文献多有记载。而古本《竹书纪年》的记载则较为系统,共有三条涉及此事:

第一条:“周昭王十六年,伐荆楚,涉汉,遇大兕。”

第二条:“周昭王十九年,天大曀,雉兔皆震,丧六师于汉。”

第三条:“周昭王末年,夜有五色光贯紫微,其年,王南巡而不返。”《竹书纪年》还载:“十九年春,有星孛于紫微。祭公、辛伯从王伐楚。天大曀,雉兔皆震,丧六师于汉。”

对以上记载,许多专家学者研究认为,周昭王曾两次率兵南征荆楚。南征的目的很明确,讨伐鄂国,获取铜。第一次南征,大获全胜,获得大量的战利品——铜。第二次南征,却惨遭失败。当时的彝器铭文可以作证。如:《过伯簋》的铭文记:“过伯从王伐反荆,俘金,用作宗室宝尊彝。”

还有一彝器铭文记:“从王南征,伐楚荆,有得,用作文成宝尊彝。”

“有得”,就是“俘金”,即获得了“金(铜)”。“铜”就是这些跟随昭王南征鄂国时的侯国将领的战利品。

还有“𤔲从王伐荆，孚，作宝尊彝。”𤔲也是跟随昭王伐荆楚的一名将领。

昭王也好，跟随出征的诸侯国将领也好，都将获得的战利品——铜运回王都，铸成宝鼎等礼器，并刻上文字，以记其功。

昭王以后直到夷王，这段历史时期内，周王室对鄂国的征讨连绵不断，规模一次比一次大，目的仍然是为了夺取这里的铜。如西周晚期青铜器《禹鼎》铭文记有：“……亦唯鄂侯驭方，南淮夷、东夷广伐南国、东国，至于历寒。王乃命西六师、殷八师曰：‘裂伐鄂侯御方，勿遗寿幼’……雩禹以武公徙御至于鄂，敦伐鄂，休获厥君御方。……”

所以说铜绿山古铜矿所产之铜有很重要一部分作为战争的战利品流向了商周王朝和诸侯手中了，主要流向了中原地区。

三、战略物品

用青铜铸造礼器，可体现王侯的权力和身份；用青铜铸造兵器，其锐利程度大大超过石器，具有很强的杀伤力，用来征战攻伐，扩疆拓土，锐不可挡；用来制造劳动工具和生活器具，既经久耐用，又美观大方，能大大提高生产力。青铜时代，有无丰富的铜矿资源，决定着一个国家的兴衰存亡。就是说青铜成了头等重要的战略物资。商、西周时期如此，西周及以后更是如此。

周夷王七年(公元前 879 年)，楚公熊渠率部东扩，兼并了鄂国，并一直打到九江。不仅占领了以铜绿山为中心的青铜冶炼场，还将长江中下游的众多古铜矿收入囊中。铜绿山之铜为楚国的富裕强大立下了汗马功劳。著名的楚史专家张正明先生曾说：“没有铜绿山，就没有楚文化。”

熊渠灭鄂以后，为了加强对铜绿山铜资源的保护与控制，一度将都城建立在鄂（今鄂王城遗址）。随着政权的不断巩固和为了不断加强对北方与西北方的防御，楚将都城迁往郢(今湖北江陵之纪南城)之后，鄂(今鄂王城遗址)一直是楚之别都，地位仅次于郢。楚王直接派其亲属和重臣驻守鄂，封之为鄂君。因而使铜绿山的铜资源牢牢掌握在楚王手中，楚王还源源不断地将铜绿山冶炼出的粗铜运往国都进行加工，铸造成各种青铜器具。

秦、汉时期铁器已开始使用，用途越来越广泛。但是铜仍然处于重要的位置。

宋代及以后朝代都将铜视为重要的战略物品。五代十国时期，因铜绿山的铜矿非常丰富，同时采冶业也十分发达，公元905年(唐天祐二年)武昌节度使秦裴曾在这里设置青山场院，“场”为采矿区域，“院”为管理机构。中央王朝直接加强对铜绿山古铜矿的管理，将铜绿山古铜矿建成了受中央王朝直接管辖的工矿区。宋乾德五年(公元967年)，南唐国主李煜升青山场院并析武昌三乡与之合并新置一县，取“大兴炉冶”之意，定名为大冶县，受中央王朝直接领导。充分体现铜这一战略物资地位之高。到了宋代，铜绿山古铜矿的炉火仍在熊熊燃烧，它的最高官员还由中央王朝直接任命和委派。

从考古发现的情况看，在大冶地区，以铜绿山古铜矿为中心，共发现有55处古铜矿遗址，均为采冶铜矿遗址，迄今尚未发现大型青铜铸造作坊遗址和大批量的青铜器，说明这里所产粗铜均已外运。而在古代王都和中心城市遗址上却屡屡发掘和发现大型的青铜铸造作坊和大量的青铜器。

商都殷墟遗址发现的商代晚期的铸铜作坊遗址，面积达10000平方米。

位于武汉市黄陂区滠口镇叶店村的盘龙城遗址，经考证，距今已有3500年的历史。自1954年起，在这里发掘时发现多处铸铜作坊遗址，出土了大量的青铜器。

刘玉堂先生在《盘龙城：商代南方青铜文化中心》一文中说：“盘龙城不仅出土有商代中期冶铜用的坩埚、炼铜炉壶、木炭和孔雀石，而且发现了同时期冶铜铸铜器具‘将军盔’和铸铜渣，说明盘龙城是商代南方一个重要的集青铜冶炼与铸造于一体的基地。”刘玉堂先生还说：“如果盘龙城冶铸基地的产品只供本地使用，那么其功能也不过是一个基地而已。然而，盘龙城冶铸的青铜器流向了四方，其功能与地位非商代南方青铜文化中心不足以当之。”

盘龙城的铜矿资源来自何方呢?刘玉堂先生在该文中指出：“丰富的铜矿资源是盘龙城青铜文化中心形成的必备条件。盘龙城本地虽未见铜矿资源，但与盘龙城临近的湖北大冶铜绿山，阳新港下和江西瑞昌铜岭却有着丰富的铜矿资源。

铜绿山古铜矿的规模最大，盘龙城铸造青铜器的铜矿资源主要来自铜绿山，应该说是有根据的。

自20世纪50年代起，考古专家对楚都纪南城进行了调查和发掘，发现有许多铸铜手工作坊遗址，而这一带并没有发现铜矿，说明铜绿山所产粗铜源源不断地运到楚国都城——郢(今湖北江陵纪南城)进行铸造加工。

先秦时期，铜为首要的战略物资。铜绿山古铜矿所产的粗铜主要运往都城或中心城市，由中央王朝直接掌握和统一管理，铸造青铜器。夏、商、西周时期中央王朝与鄂国关系和好时，则用贡品的形式输出，关系不好时则用战利品形式输出。楚灭鄂后，楚国国君直接掌控和直接调运，秦汉及后世王朝，青铜器虽逐步被铁器所替代，战略地位不及以前重要，但铜绿山古铜矿仍在继续开采冶炼，产出的粗铜仍由中央王朝直接控制并直接运往都城，这是铜绿山古铜矿所产粗铜的主要流向。

四、礼器、兵器及军需品

铜绿山古铜矿所产粗铜的又一个相当重要的流向，是用它来铸造礼器、兵器和军需品，数量也是巨大的。

首先，鄂国国君——鄂侯用本地所产铜铸造了为数众多的青铜礼器、兵器和军需品。有一些还流传至今。

如：鄂叔簋，20世纪50年代由上海博物馆收藏。铸有铭文二行六个字：

鄂叔作

宝障彝

此器铭文和风格表明：鄂叔在西周初年仍在作器，从而使我们了解到商代末年，鄂侯被杀之后，特别是经过周人灭商的社会大动荡后，鄂部族又作为周之封国立于诸侯之林。还说明西周初年鄂族与周人联系较密切，文化水平有较多的一致性。

鄂侯奞父簋，亦为上海博物馆收藏。器内壁铸有铭文二行八个字：

鄂季奞父

作宝障彝

“此器约当西周早期的康、昭时期。”

鄂侯弟历季诸铜器。铜提梁卣：亦为上海博物馆收藏。器、盖同铸铭文二行八个字。铭文铜簋：洛阳市博物馆收藏。失盖。内底铸有铭文二行八个字。铭文铜尊：1975年出土于湖北随州，湖北省博物馆收藏。内底铸有铭文二行八个字。这三件青铜器的铭文均为：

鄂侯弟𪧀

季作旅彝

据考证，这三件青铜器虽然出土时间和地点不同，收藏的单位也不相同，但所铸铭文却是一样。都是当时鄂侯的弟弟历季所作，是同一组礼器中不同的器物组合器。

鄂侯驭(御)方鼎：亦为上海博物馆收藏。这件青铜器上面铸有铭文十一行八十六个字。铭文记述了周王南征大捷班师回朝的路上，鄂侯御方朝见并献纳于天子，并与周王同宴、会射，周天子赏赐鄂侯玉、马、矢等物，鄂侯御方为感谢周天子之赐，于是，铸鼎铭载这个重要的历史事件。

鄂侯作王姞簋：传世有三件，两件器身，一件器盖，均铸有铭文二行十七个字：

鄂侯作王姞媵簋

王姞其万年子子孙永宝

这是鄂侯嫁女于周天子为王妃的诸多器物中的一件。

这些传世的鄂国青铜器，多是西周早期和中后期遗物。从这些遗存的青铜器来看，鄂国当时的青铜铸造工艺技术水平是非常高的，对比同一时期各地出土的青铜器，包括西周王室的青铜器，其工艺铸造技术水平并无多大差异，这也说明在西周中后期以前，鄂人不仅掌握有丰富的铜矿资源，其采矿、冶炼以及铸造水平也达到了很高的水平。

鄂侯之所以敢于公开背叛商周王朝，招致商周王中央多次出兵征伐，是由于他拥有强大的军队，掌握有精锐武器，拥有丰富的铜资源，可源源不断地铸造青铜兵器。鄂王城遗址附近的村民，于1973—1976年间，在治理高河港时，在港湾的深处和港坑上曾挖出不少铜箭镞和铜刀等，与史书所载的古代在这里曾发生"箭如飞蝗"的激战相吻合。

用铅同位素分析法对其他地方已出土的青铜器进行测定，可知其中不少青铜原料的产地来自大冶铜绿山。

举世闻名的湖北随州擂鼓墩一号墓出土的一套曾侯乙编钟，化验结果，它的化学成分中微量元素的含量与铜绿山古矿井中出土的孔雀石、自然铜等矿石中微量元素的含量十分接近。我们可以参看下表：

光谱分析结果

器物＼元素	铜(Cu)	铁(Fe)	锌(Zn)	钠(Na)	铝(Al)	镁(Mg)	钡(Ba)
曾侯乙甬钟	＞10	＜0.1	＜0.01	＜0.1	0.1—1	0.1	＜0.01
铜绿山古铜矿孔雀石与自然铜	＞10	0.8	＜0.01	＜0.1	0.1—1	0.1—1	0.015

根据这些数据的对比推测，擂鼓墩一号墓出土的六十五件套，重量超过二千五百千克的青铜编钟，包括该墓中随葬的十余吨重的其他青铜器，应该说主要是用大冶铜绿山及周边地区生产的粗铜为原料制造的。曾侯乙一号墓的时代为战国早期，历史和考古资料证实，曾侯乙在位时可能已经成了楚国的臣属国，所以该墓出土的大量青铜器，无论是工艺水平、还是文化特征都反映了楚国青铜文化发展和辉煌的一个侧面。

战国早期，楚人的一个很小的臣属国的国君其随葬青铜器的总量超过十千千克，这不仅反映当时统治者以及上层社会贵族的奢侈，同时也说明了青铜时代的人们已经把青铜视为权力、地位和财富的象征。

周夷王时楚公熊渠率部东扩，吞并了鄂国之后，大冶铜绿山古铜矿则为楚国所有。20 世纪 50 年代末和 60 年代初在湖南省采集到“楚公冢秉戈”1 件，楚公冢所制作的青铜器 4 件，专家们论证后认为楚公冢即楚公熊渠。

宋代政和三年(公元 1113 年)在武昌太平湖(今梁子湖西部，离鄂王城遗址将近 15 公里)发现楚公逆镈 1 件，后失传。《宋王复斋钟款识》中有记载。近代学者王国维对这一历史事件有专门的考释(见王国维:《观堂集林》卷十八)。

1993 年山西天马—曲村遗址上北赵晋侯邦父墓出土一套八件楚公逆编钟。经专家考证，楚公逆即楚公熊鄂。

这两处发现的楚公熊鄂时期的青铜器，与鄂王城遗址的历史有密切的联系。楚公逆编钟内还铸有错金铭文，共 52 个字。其中一段铭文的大意是：楚公熊鄂收到四方首领进贡的红铜九万钧，楚公熊鄂用它来铸造一百套青铜编钟，作为祭祀先祖和外出巡游用。铭文中还说：祝福楚公熊鄂万寿无疆，祝福楚国社稷富强安康，祝福楚国百姓无灾无殃。几乎整个春秋战国时代，楚国占有了大冶铜绿山及南方地区的铜矿资源，他利用这些铜矿资源铸造大批兵器，进行过多次大规模的争雄称霸战争。楚庄王时期还屯兵周郊，“问鼎中原”，非常傲慢地对周王派出的大臣王孙满讲：“楚国折钩之喙，足以为九鼎。”这种“不服周”的豪情，令人咋舌。说明楚国不仅拥有庞大的军队，还拥有丰富的铜资源。他利用大冶铜绿山古铜矿之粗铜铸造了大批兵器和军需品。

五、商品

楚国的商业非常发达，青铜作为一种特殊的商品，在市场上也有限度地予以流通。这也是大冶铜绿山所生产铜的又一个重要流向。

1957 年和 1960 年，在安徽寿县城东丘家花园挖掘出 5 枚金节，均由青铜铸造。经对节中铭文的考释，方知是鄂君启金节。5 枚金节中车节 3 枚，舟节 2 枚。都有错金铭文。车节的铭文相同，舟节的铭文也相同。从对鄂君启金节铭文的释读，可知鄂君启(楚怀王之母弟，名启，被楚怀王封于鄂地，史称鄂君启)是当时楚国最大的一位官商。他拥有一支庞大的商船队和商车队。商船队“屯”三舟为一舿，五十舿。“车五十乘”。运输线路不仅多，而且长，覆盖面广，能到达的区域非常广远，说明楚国商业和交通运输业之发达。车节铭文中对鄂君启贩运的物资有一定的限制。铭文中载：“毋载金、革、黾、箭……”“金”：即铜，当时是头等重要的战略物资。用它可制造礼器、兵器等。“革”即皮革，也是重要的战略物资，可用来制作军衣、盾牌及其他军需品。“黾”(音猛)，专家们认为是借用“篃”字。“篃”是南方生产的一种箭竹，可用来制作箭杆。这种竹子，至今在大冶市西南部山区还大量生产。“箭”，即铜箭镞。限制“金、革、黾、箭”这些物资外运的理由是：由于车辆可达北方，北方的邻国大多对楚国构成主要威胁，如进行边境贸易，将这些战略物资运到北方的邻国去，不是对楚国造成更大的威胁吗？

而在舟节的铭文上却没有作这样的限制。说明鄂君启的商船队可以装载铜等重要战略物资进行贸易。而舟船只能在楚国境内航行。楚国的域境内，广袤的江南大地江河纵横，湖泊相连，给船只的往来造成了极大便利。而铜绿山古铜矿主要靠船只与外地相通。解放后在铜绿山古铜矿的山坡下多次发现古铜锭，专家们分析是古代装船外运时遗落下来的。从鄂君启金节铭文中可知，商船队比商车队运输能力大得多。我们可以这样分析推断：铜绿山古铜矿所产的铜有很大一部分是被当作商品交换给其他地方了，而且时间上绝对不只是鄂君启这一代。

六、礼品

楚国立国的七八百年时间里，他还把大冶铜绿山所产的铜作为一种特殊的礼品赠送给友好邻邦。

曾侯乙编钟的出土就是一个有力的证明。曾国是一个小国，是楚国的一个附庸国。本身并不产铜，这么多青铜器，总重量在十吨以上，楚王如此慷慨赠送这么多铜给它，一方面说明相互间关系非常密切，另一方面说明楚国产铜数量之巨大。

另外，还有一个颇具喜剧色彩的故事。《左传·僖公十八年》载："郑伯始朝如楚，楚子赐之金。既而悔之，与之盟曰：'无以铸兵'。"这段话的意思是说郑国的一位大臣来朝拜楚国国王。楚王送给他一大批铜。随后又感到后悔，生怕他们将这些铜运回郑国后去铸造武器。于是楚王与郑国的这位大臣订立盟约。盟约规定，郑国不能将这批青铜运回后铸造兵器。这说明楚国产铜数量之多。

徐中舒先生在《论巴蜀文化》一文中说："春秋战国时代，百分之九十以上的铜皆产于楚国。"这样的估计并不过分。楚国是当时最大的铜输出国。楚国的铜之源又来自以大冶铜绿山为中心的江南古铜矿区。说明古代铜绿山所产铜有一部分被楚王作为礼品赠送给了友好邻邦。

七、劳动工具、货币和日常用品

从现有的文献资料看，鄂国的先民是铜绿山古铜矿的最先发现者，是红铜和青铜冶炼的最先发明者。他们和后来的楚国先民以及再后来的秦、汉等王朝居住在大冶地区的先民，既是铜绿山古铜矿的主人和铜的生产者，同时又是这里所产铜的最大消费者。铜绿山古铜矿冶炼的铜除用来制作礼器、兵器之外，还被大量用来制作劳动工具、货币和日常用品。除供给当地人民享用外，还输出到外地为广大人民大众谋福祉。

1973 年 6 月，铜绿山矿在该矿二号矿体址二勘探线，采矿至地表以下四十米深处的富矿带时，先后发现 13 把铜斧，最大的一把铜斧重 3.5 公斤，有的在出土时还保留有长 80 厘米左右的木质把柄，可以断定这是古代直接用于采矿的生产工具。除铜斧外还有铜钁、铜镢、铜凿、铜锛等采掘工具。到了 20 世纪 80 年代晚期，铜绿山的矿工们在非重点考古发掘区进行生产剥离时，竟然发现了重十多斤、二十多斤、三十多斤的特大型铜斧，其中最大一件重 16.5 公斤，即 33 斤，完全出人意料之外。这件重型采掘工具，远非一人手握木柄能进行操作。它的攻山之力也远非一般铜斧所能比拟。

铜币。在鄂王城遗址上多次发现铜币，而以蚁鼻钱为多。20世纪70年代在鄂王城附近的金牛黄泥大队发现不少青铜器，有兵器、车马器，同时还发现数量可观的蚁鼻钱，特别是有青铜制“良铢四金”一枚(现存大冶市博物馆)，填补了实物空白。

1995年，鄂王城附近的徐桥村黄西溪自然村一农民在自家承包地里无意发现三四十斤古铜钱。

1967年11月份，在湖北省黄石市西塞山麓东段维修江堤的取土过程中，民工们意外地发现一堆古代铜钱。当时的公安人员、文物工作者和民工继续向前清理，竟然有一个更大的惊喜：发现一大型钱窖。钱窖长6.85米，宽2.85米，深1.44米。经过20天的挖掘清理，取出的铜钱用四吨载重卡车共装运62车次。当时按每车平均装运2.5吨计算，铜钱的总重量约为30万斤。数量极为可观。万分遗憾的是在那个动乱的年代里，这批铜钱被糊里糊涂地投入到炉火中熔化了，造成了难以弥补的损失。这批数量巨大的铜钱用大冶铜绿山所产的粗铜铸造应该说是持之有据的。同时还要看到，铜钱是一种消耗品，必须不断铸造、补充。

度量衡。1974年文物普查中，大冶金山店镇(位于铜绿山古铜矿仅二十几里路)的一名群众上交一套青铜砝码共13枚，且保存完好。现存大冶市博物馆。

符节。如前所述，1957—1960年前后在安徽寿县丘家花园出土5枚鄂君启金节，现存安徽省博物馆。

生活用品。解放后，鄂州市在鄂王城通往长江的必经水域——梁子湖四周先后发掘发现550余面各个时期的各类铜镜。现分藏在北京故宫博物院、中国历史博物馆、湖北省博物馆、武大文物陈列室及鄂州市博物馆内。

古代的青铜器具，在鄂王城遗址及其附近地区，在大冶市境内发掘发现了不少，在鄂州市境内也发掘发现了不少。现存鄂州市博物馆的有商代的铜觚、铜戈、铜箭镞，有战国时期的铜鼎、铜壶、铜敦、铜钟、铜剑及青铜车马器，还有战国以后的大量青铜器。在原鄂国境内以及原楚国境内均发现不少。说明铜绿山古铜矿所产之粗铜有相当一部分就地冶炼铸造成除各种礼器和兵器外，还制作成劳动工具、货币、度量衡器和日常生活用品，为老百姓的生产和生活服务。从当地的传说中知道，鄂王城遗址有金鸡山和金鸡龙等地名，民间传说这些地方是古代冶铸青铜器的作坊。鄂王城遗址周边的古迹遗址中，也相继发现了一些小型青铜冶铸作坊。说明当地人民用铜绿山古铜矿所产之粗铜就地冶铸成各种青铜器，来为自己的生产和生活服务。

八、随葬品

在对许多王侯古墓的发掘中，发现不少青铜器作为他们的随葬品。说明奴隶社会及封建社会中，王侯生活的奢侈。他们活着，尽情享乐，死后还要将这些青铜器具带入坟墓，供他们在另一个世界中享受。从化验检测中知道，许多墓葬中出土的青铜器的铜源来自大冶铜绿山。

曾侯乙墓就是一个明显的例子。

对湖北当阳赵家湖楚墓中出土的十四件青铜器进行了铅同位素测定，其中六件(分属五个不同的墓葬)青铜器的化学成分与大冶铜绿山古铜矿中出土的孔雀石、自然铜等矿石中微量元素含量十分接近。

1978—1979 年，在河南淅川龙山下寺，发掘了 24 座春秋时期的楚墓，出土了大量的青铜器，其中的令尹子庚墓随葬青铜器 551 件，总重量两吨左右。安徽寿县楚幽王墓出土的青铜器超过 1000 件，其中“铸容大鼎”重 400 公斤。

距今已有三千余年历史的河南安阳殷墟妇好墓所出土的青铜器 12 件，其中有 6 件的铅同位素比值与铜绿山古铜矿所留存的古代铜炼渣和冶炼的铜锭相近，说明铜绿山古铜矿所产之粗铜被统治者及上层社会贵族运去冶铸成青铜器而作为随葬品也是其中一个重要流向。

从以上的论述和分析中，我们可以看出大冶铜绿山古铜矿所生产的约 10 万吨粗铜除自产自销外，大部分则运往外地去了。然而是通过什么途径运往外地的呢?根据古文献记载和通过对铜绿山古铜矿地理环境分析，产出的粗铜主要是以水运为主,陆运为辅而运往外地的。

铜绿山古铜矿的南部为山地,与大幕山、幕阜山相连,距龙角山古铜矿遗址也只有上十里路。东部、北部濒临大冶湖,往北穿过大冶湖,出沣源口,便通长江,这是铜绿山进入长江的一条主要通道。铜绿山西部在古时候有一条水上大通道与鄂王城遗址相连。再经鄂王城下的大河——高河港顺流而下穿梁子湖、过樊口(古时称鄂渚)可入长江,这是铜绿山通往长江的又一条主要航道。

通过对鄂君启节铭文的解读,春秋战国时期的楚国,水上航线有如下五条:西北航线,东行航线,西南航线(两条)和西行航线。

西北航线。金节铭文记有:"自鄂市,逾湖,上汉,适郧,适芸阳;逾汉,适邶,逾夏,入邔。"鄂君启商船队走这条航线所经过的线路大致上应是:自鄂(今鄂王城遗址)出发,穿过梁子湖进入长江(古代梁子湖与长江水面相通,且连为一体。自汉口以下的长江江面统称为汉),溯江而上,进入汉江,再溯江而上,到达汉江中游的重要城邑——郧。继续逆汉水而行到"芸阳"这个城邑。水程所航行的路线不止于"芸阳"。船队进入汉江,溯江而上,到达今襄樊后便转入唐白河和白河,接着转入棘水而至棘阳(古籍上记为芑阳)。

东行航线。舟节铭文中载:"逾江,适彭胅适枞阳,入泸江,适爰陵。"

节文所示的这条顺长江东下的航线系指:鄂君启商船队进入长江后,顺流而下。在武穴转入长江汉道,经彭蠡古泽(适彭胅 ——望江),又进入长江主航道。适蠡胅后,继续顺江东下,在今芜湖转入青弋江,南行经过宛陵。

这里商船队进入长江有三种途径和可能。第一种,是从汉江和长江返航后不回到出发地鄂(今鄂王城遗址),也不回铜绿山,而是顺江东下。第二种可能是返回鄂后再从鄂(今鄂王城遗址)出发,经过梁子湖而进入长江,再完成以后的航程。第三种可能是返回鄂(今鄂王城遗址)后,先到铜绿山,再由铜绿山出发,穿过大冶湖,出沣源口,进入长江,再沿长江远航。应该说三种可能都存在。

西南航线。舟节铭文载:庚"上江,入湘,适𨚶适洮阳;入㵢适郴;入资、沅、澧、油。”

这里的西南航线，实际上有两条航线。

舟节铭文所讲的是，鄂君启商船队从鄂(今鄂王城遗址)出发，穿过梁子湖(或从铜绿山出发，穿过大冶湖)而入长江，再溯江而上，到今湖南临湘西北进入湘江。然后溯湘江而上，可直达今广西全州县境。这是西南航线的第一条线路。第二条线路是：商船队回航，由今涞河镇折入湘江支流涞水，再由湘江回航，随后溯长江而上，折入资水。资水通航条件不甚好，水程不远。由资水返长江，再折入沅水。沅水河道良好，可直通贵州。由沅水返长江，入澧水，入油水，这是两条水程有限的河道。

西行航线。舟节铭文载：“上江，适木关，适郢。”这段铭文的意思是说，鄂君启的商船队自鄂出发，穿过梁子湖而入长江后，溯江而上经过今沙市市江陵县以东江边上一个叫木关的地方，最后到江陵的纪南城。这是由鄂至郢的一条直达航线。

当然鄂君启的商船队溯长江而上的水上交通路线，其终点不止在郢。可以穿过长江三峡，而直达今四川境内。

从鄂君启舟节铭文所示的水上航行来看，他们是以长江、汉江水系为主，以湖南境内的湘、资、沅、澧水系为辅而通航贸易的。这是鄂君启经商时船队经过的主要航线。这也是楚国当时主要的交通线路。由于楚地湖泊相连，江河纵横，必定有能让大小舟船所通航的众多的水上航线。

再来看鄂君启车队的陆路交通。

车节铭文云：“自鄂市，适阳丘，适方城，适象禾，适柳棼，适繁阳，适高丘，适下蔡，适居巢，适郢。”

这条陆路交通线路主要是指：鄂君启商车队自鄂邑(今鄂王城遗址)出发，其货物先由舟船装载走水路，经过梁子湖，入长江，溯长江而上入汉江，溯汉江而上进入唐白河到达今河南南阳市东南的棘阳(即舟节铭文所讲的芑阳)。然后改行陆路。自棘阳起，沿古之夏路，达今河南之阳丘，再到方城，继而到达泌阳东北的象河关，尔后到河南遂平(柳焚)。出河南遂平，以今安徽临泉鲖城(繁阳)，再达河南淮阳(高丘)，尔后到达今安徽凤台淮河北岸的州来(下蔡)，经州来后到今安徽六安东北与寿县交界处的居巢，再由居巢接长江水路，由水路行至今湖北江陵纪南城(郢)。这条线路主要连接江汉、长江和淮河之间的交通，是水路不能直达的交通通道。

从地形上分析，古代的鄂王城遗址主要是通过水路运输为主与外界进行物资交流。但仍有两条陆路可通车辆。一条是自鄂(今鄂王城遗址)往西至夏口(今武汉市之武昌)，一条是由鄂(今鄂王城遗址)往南，过咸宁、蒲圻而达今之湖南岳阳，最后到长沙。这条线路在古代一直有车马通行。对鄂君启金节的解读和分析，只能了解楚国在一段不长的历史时期内商业和交通运输业的一个大概。楚之商业绝对不是始于鄂君启和止于鄂君启。

楚及楚之前，铜绿山古铜矿所产粗铜除鄂君启金节铭文中所述的水、陆路外运的线路外，还有一条往北方向先行由水路，后走陆路运往中原的大通道。

春秋时代的青铜器曾伯(雨耒簠)铭文所记：“克狄淮夷，抑燮繁汤，金道锡行。”这里的“繁汤”系指今安徽繁昌一带。专家们认为“金道锡行”是说通往中原地区的铜、锡交易和向中央王朝进贡贡品的道路是畅通的。铜绿山古铜矿所产粗铜装船后穿过大冶湖入长江，渡江后再由车辆转运走安徽繁昌等地而达中原也是一条重要的水、陆运输通道。

总之，古代大冶铜绿山古铜矿所产粗铜主要是以舟船走水路运输为主、车马陆路运输为辅源源不断地运到外地的。

铜是大冶的“灵魂”所在，也是大冶人繁衍生息和几千年来大冶社会经济发展的命脉所在。

今天我们要高扬青铜文化旗帜，充分挖掘和弘扬青铜文化精神，积极将铜绿山古铜矿遗址申报为世界文化遗产，大力打造青铜古都形象，振兴大冶经济，紧跟时代前进的步伐，为中华民族的伟大复兴而作出新的更大的贡献。

铜绿山古铜矿遗址生活区调研报告

余炳贤

先秦时期，大冶铜绿山采矿冶炼情况不见史籍记载，大量的古炼渣被传说是南宋岳飞在此冶铸兵器时留下的，20世纪60年代中期，铜绿山开始建矿，就不断发现用木质构件支护的井巷，还出土了一些木质器物和陶器，这些器物形制奇特，前所未见。1973年6—10月，矿山在Ⅱ号矿体12勘探线开采至地表下40余米深的富矿，在剥离一批古井巷中，先后发现13柄铜斧，最大一柄重3.5公斤，有的出土时还保留有长80厘米左右的木质把柄，这是古代直接用于开矿的生产工具。经考古发掘，发现10个采掘过的古代矿体，37座炼铜炉和古冶炼场50多处，原来这里是商、周时期一处重要的铜矿开采和铜的冶炼遗址，在3.5平方公里的矿区中，该遗址分布范围达2平方公里，铜绿山古铜矿的生产区完整地展现在人们眼前。那么，它的生活区在哪里呢？古代矿工们及其家属居住区、矿区管理机构所在地在哪里？生活区在遗址范围内还是外？历来为专家所关注，且无答案，成为铜绿山古铜矿谜团之一。笔者对其展开调研，报告如下：

一、调研准备

笔者首先阅读一批相关资料，详看一些相关图片、出土文物，摸清了矿区各山名称、位置、海拔，弄清了10个矿体的古矿井具体位置和冶炼古炉年代、数量及炼渣分布情况，分析交通状况、饮用水水源，了解生活用具用品遗存，了解古代适合人居住环境条件，进行考古资料研究，然后租一辆摩托进行田野调查。

二、考古资料研究

叙述该生活区的实况必定要和一定的时期和年代相联系。铜绿山古铜矿从商中期太戊时开始露天坑采，大约与盘龙城时期相当，商晚期小乙时，开始地下开采，历西周、春秋战国达到鼎盛，至秦汉，铁器取代铜器，接近尾声，不间断地开采千余年时间。其后隋唐时期在早期遗址上又继续开采，宋代尚存 17 座炼铜地炉。其规模是从小到大，寻找古人生活区，首先了解古采矿区、古冶炼场的位置、年代及出土文物，需在人居环境、交通、地理、水源、水害，防野兽侵害，与外界联系诸方面着手。

我国早期的聚邑具有居住区、墓葬区、制陶区及管理区的特征，村落的外围挖有壕沟，以防野兽和外人骚扰。氏族分布特点是“大杂居、小聚居”，依山近水。第二阶梯高地是人类起源和人类早期活动的理想环境。最初的房屋是干阑屋，面积分方、圆两种，木支柱，茅草盖顶。先把木桩打入地下，作为房屋的地基，再用大小梁承托悬空的地板，整个木构由几百、几千根干栏横竖接合而成，板与板之间采用榫卯衔接技术，接口处不见通缝。土筑板墙或芦席编织后两面糊上泥巴。上层住人，防潮、防野兽，下层养家畜。过着比较固定的“筑土构木”的定居生活。交易地点在道路或水井近旁，初因生产效率低，商品数量有限，成交者多以物易物，矿工的粮食可以用矿石(如孔雀石)交换得到，菜蔬、肉食以自种自养为主，鱼可以自己捕捞，也可以交换得到。正所谓“五谷为养，五果为助，五畜为益，五菜为埤……养精益气”。铜绿山古铜矿时期，种植业、养殖业、制陶业都已很发达。先秦时期，铜绿山先民是百越族团中的扬越氏族，春秋以后，楚人来管理，但生产仍是扬越人，楚庄王又徙一批黄人矿工加入。

铜绿山古铜矿遗址的分布范围：北起大冶湖边的乌鸦卜灵塘，南迄铜(铜山口)大(大冶)铁路；东起铜绿山矿尾砂库，西迄柯锡太村。东西长约 1 公里，南北长约 2 公里，面积 2 平方公里。包括铜绿山、大岩阴山、小岩阴山、蛇山、破钟山、仙人座等低山丘陵(见图一)，在这 2 平方公里内铜绿山矿床由 12 个大小不等的矿体组成，分布在南北长 2100 米、东西宽 600 米范围内，面积约 1.2 平方公里，从地貌看，矿体为北南走向的数个山丘组成丘陵地带，海拔高程都在百米以下，12 个矿体中，10 个矿体有古人井下开采遗址，其中(见表)：

编号	地点	时间	出土文物
Ⅰ	仙人座	战国至西汉	铁锄、铁锤、陶片
Ⅱ	铜绿山	春秋晚期战国早期	
Ⅲ	蛇山尾	春 秋	
Ⅳ	蛇山头西	春秋中、晚期、隋唐	陶片太少，且看不出器形
Ⅴ	蛇山头东	春 秋	
Ⅵ	乌鸦卜林塘	春 秋	
Ⅶ	大岩阴山	商代晚期、西周早期、春秋	
Ⅺ	矿区中部偏西，位于6—12勘探线间	西周早期、春秋早期	炼铜竖炉 10 座、小草棚、木砍渣，灰烬堆积 2 处，铜、木、竹、骨制生产工具，陶鬲、炼渣、红烧土块，夹砂褐红陶双耳甗、豆、罐，西周遗物鼎、鬲、甗、尊、罐、铜斧

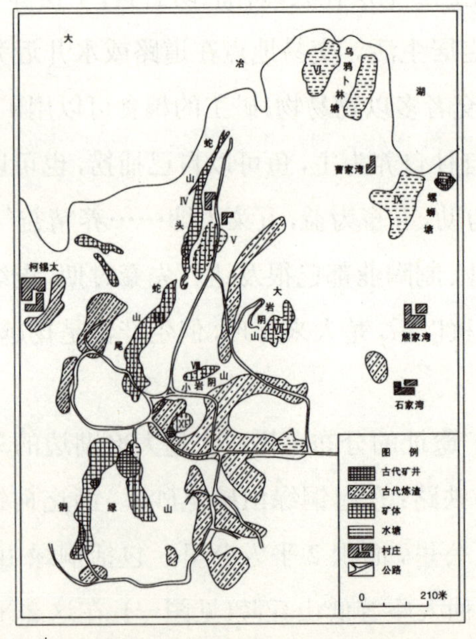

图一 铜绿山古铜矿遗址分布范围

铜绿山矿区的矿体多，储量大，品位高，而且大部分矿体出露或接近地表。大量的自然铜、赤铜矿、孔雀石和蓝铜矿等矿物，古矿遗存最丰富的地方，也是矿体富集、矿石品位高、矿山最需要开采的地方。在矿体及围岩破碎带内形成氧化富集带，其深度一般距地表百余米，含铜平均在6%以上。有的地方孔雀石矿脉最厚可达10米，这些地方富含铜矿，是古人主要的采掘区之一。成矿前后的构造带和破碎带以及蚀度带都为古人凿岩提供了有利条件。在这些采矿区，环境不适宜古人居住，它是采矿区不是生活区。

古代开采的矿石，一般在采矿遗址附近筑炉冶炼，并遗留下大量炼渣、炉壁残块、石砧、石球、炼炉遗址及木炭、矿石、铜锭等其他冶炼遗物。由于炼渣不受自然因素破坏，保存十分完好，且数量大，往往堆积成片，是发现古代冶炼遗址的极好标志。在炼渣堆积中，还含有大量陶质生活用品的残片，为遗址断代提供了依据，也为今人寻找古人生活区提供了线索。就是说，生活区靠近冶炼生产区，冶炼区靠近采矿生产区。螺蛳塘(古大冶湖边)出土10个粗铜块每锭重1.5公斤，大小相等，形状相同，重量一样。铸锭采用规格统一的铸型，便于存放和计算重量，经化验，其成分为铜91.86%、铁5.44%。大冶铜由大冶湖外运，起航点也是铜绿山古先民水路码头。

在矿区西部柯锡太村，清理出2座战国时期炼铜炉残体，在铜绿山东北坡的Ⅵ号(乌鸦卜灵塘)矿体采矿遗址的上部，清理出10座春秋早期的炼铜炉残体，炉缸、炉基部分保全完好，除炼铜炉外，还发现大量与冶炼有关的遗迹和遗物。铜绿山古代炼铜炉渣的分布特点是：在古采矿区周围堆积大量炉渣，有的山上是古采矿区，山腰山脚是古冶炼区。古代炼渣由北向南集中分布在蛇山头(Ⅳ号矿体)、大岩阴山(Ⅶ号矿体)以西、柯锡太村与蛇山尾之间、熊家湾村以西、Ⅺ号矿体圆水池周围以及铜绿山(12线、24线之间)以东、以南(今海昌公司)等十几处(见图二)，有的地方古炼渣堆积4米厚。据初步计算，上述范围内古代炼渣共约有40万吨左右，这是火法炼铜工艺的产物。

Ⅺ号矿体主要是孔雀石，采矿遗址的地层堆积共分6层，在第2层堆积中出土有陶刻槽鬲足，喇叭状圈足豆等器物，器形与XI号矿体铜绿山东北坡冶炼遗址第5层(春秋时期文化堆积层)中出土的同类器相同，年代应相近。第3层是炼铜竖炉基坐落层，第4—6层堆积中出土的陶卷沿圆唇鬲、卷沿圆唇双耳甗、泥质折沿罐和印纹硬陶折肩大口尊等器物，多具有西周早期的风格。在大冶、阳新相邻遗址中多有发现，是本地典型器物之一。据该矿体出土的一柄铜斧年代为西周早中期。

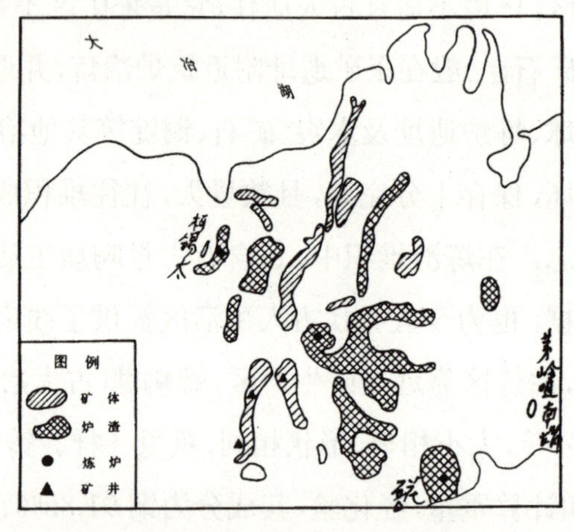

图二　XI号矿体冶炼遗址位置图

Ⅵ号矿体位于矿区中段大岩阴山，山顶的海拔高程为91.9米，发现生活用具很少。年代约当春秋早期，主要是氧化铜矿。

Ⅳ号矿体原始地表面海拔高程30米以上，生活用具数量不多，属春秋中晚期。

Ⅱ号矿体，在Ⅰ号与XI号矿体之间，出土陶片太少，且看不出器形。约在春秋晚期至战国早期。

Ⅰ号矿体，分布于铜绿山西部，生活用具很少，年代推定为战国至西汉初。铁器较多，开采自然铜和孔雀石。

综上所述，生活用具出土较多的是XI号矿体。这个遗址还有冶炼遗址，冶炼遗址位于铜绿山矿区中部偏西，即铜绿山东北坡，海拔高程36—46.4米。

该遗址古代炼渣层分布面大，堆积厚，其间杂有周代陶片、陶器、铜斧，发现8座炼铜竖炉，在其上部的，春秋早期文化层中又发现2座残炼铜炉，即11、12号炉，Ⅺ号矿体共清理出炼铜炉10座。冶炼遗址地层堆积分7层，第3层中出有瓷碗残片、“开元通宝”钱等，为隋唐层；第4层，炼渣层，出有陶柱状刻槽鬲足，细柄豆残片等；第6层出土有双耳甗足、刻槽鬲足等，为西周晚期到春秋早期文化层。西周文化遗物以夹砂褐陶片为主，约占出土陶片80%以上，其次为夹砂红陶。纹饰以间断绳纹为主，约占72%，鬲、甗、豆、罐、瓮、鼎形制具越人陶器的陶质、特色。春秋文化遗物以夹砂红陶、间断绳纹为主，出土器物大多也是鬲、甗、豆、罐、瓮等残片，也是越人器物。Ⅺ号矿体冶炼遗址出土文物不太多，主要器类有鬲、甗、豆、罐、瓮等。西周和春秋时期的陶器纹饰都是以间断绳纹和间断压印条纹为主，器物组合明显具有地方特征。

柯锡太冶炼遗址，堆积着古炉渣，在第2层炼渣中出土了一些残陶片，陶器主要为炊器，如柱状高足鬲、罐等，纹饰以细绳纹或压印直纹，再加一道道凹弦纹为主要特征，质地以夹细砂红褐色陶为主，陶片年代属战国时期。湖嘴山东南，铁屎包冶炼遗址，1977年发掘出土宋代炼铜地炉17座，出土青花瓷碗、影青瓷碗、白瓷碗。

从冶炼遗址看，生活用具出土较多的是Ⅺ号矿体冶炼遗址和柯锡太冶炼遗址。从古采矿点的区位和冶炼地点看，古矿工生活区应在泉塘村茅岭嘴南端，石花村北部相连的地方(铁路两边)。

三、田野调查

笔者租了一辆摩托，从栖儒桥北拐至田垅村，在村人田光明引导下，勘察了草王嘴古城址。再从虾子地小路驶向铜绿山，进入柯锡太村。放眼四望，矿区东、北、西濒临大冶湖，湖风大，山麓面积少，临湖山坡陡，不适宜居住。乌鸦卜林塘、螺狮塘在湖滩第一阶梯上，今曹家湾、熊家湾、石家湾在东北湖边第一阶梯上，离矿区中心区较远；山上生存环境比山下差。矿区东、北、西部都不适宜人居，东南角茅岭嘴适宜人居。蛇山头、蛇山尾和大岩阴山、小岩阴山及铜绿山原状基本是两列平衡，首尾相连，从北向南走向，纵贯矿区。却被现代露天开采开得面目全非，山丘不见了，两大采坑占据矿区大半，采坑负70米深，有的负100多米深，只见大岩阴山尚有些许痕迹。铜绿山古铜矿遗址就在大岩阴山上。在询访中将现状与文献对号，才能作出合理判断。

柯锡太村临湖，水运方便，打井用水，就近捕捞鱼虾，三面环山，一面临湖，蛇山挡住了北风，形成一个西向燕窝，避风、向阳、保暖，坐北向南，是铜绿山西边大冶湖的一个天然码头。柯锡太村原址在今村西村祖堂一带，蛇山头南麓，因采矿，蛇山头剥离，村民移至村东段建房，形成新的村庄，2座战国炼炉就在村西。位于战国冶炼场，有少许生活用具出土，矿工上下班方便，推定柯锡太村旧址是矿冶炼工生活区之一，人数少，铜饼从这里上船外运，这里有仓库，专人保护，时间大约在战国时期。

推定铜绿山南麓石花村北部的茅岭嘴南端为古铜矿主要生活区、管理区。理由如下：1.位于Ⅺ号矿体海昌公司冶炼场北边，距Ⅺ号矿区近，在石花湖汊边，今地平高出水面3—4米。大冶湖湖汊茅岭港经泉塘村口达石花村，小岩阴山、Ⅰ号、Ⅱ号、Ⅲ号、Ⅺ号矿体矿石就近运往石花村今海昌公司地冶炼；2.矿区诸山丘遮挡住北、西方来的湖风，避风，向阳，区位位置好；3.这儿可打井用水，水源充足，方便；4.铜绿山、小岩阴山古矿井多，离Ⅺ号矿体约里许，有较多古代生活用具出土，靠近冶炼场，铜是重要的战略物资，铜料铜器国有，这儿是保管存放、外运地，有库房有专人保护；5.北与泉塘村相连，泉塘村位于茅岭嘴之上，分别有郭家、窑屋曹、左家、卢家、郑家、罗家、冯家、新屋曹、熊家、大泉曹、细屋曹。古时是渡口，称茅岭渡。均于清代从金湖、龙角山、大箕铺、汪仁、阳新、国和、江西瑞昌诸地迁来，显然是金湖堤筑成之后。石花是以石板路周家和华家井各取首字(花、华谐音)得名，石花诸村为明末、清代从别地迁来；6.铜锭出土地螺蛳塘距此约1公里；7.Ⅺ号矿体有3处古矿井，有大量古炉渣，有较多文化遗物。所以推定至少从西周时起，石花村北部、茅岭嘴南部铁路边是古矿生活区，范围较大。综合其他因素，它又是矿区生产管理区。技术人员、工匠集中，商周是奴隶制社会，奴隶主是矿老板，此地同时为奴隶主居住地。公路由石花伸向矿区，东、西分向，成U形。墓葬区除铜绿山仙人座外，石花南部靠近马叫大金公路是主要墓葬区。这一带黄土适宜制陶器，又是制陶区。今冯光模村一带古时是沼泽地。

茅岭嘴南部与石花北部古矿生活区，东与大冶湖相连，接大冶湖茅岭渡口，此渡口通大冶西部、西南部各乡镇，古大冶湖(金湖)达石花村。今石花至坑头公路是明、清金湖堤扩展而成；石花村西经株林村、虾子地、金倩曼、栖儒桥、袁伏二、石滩桥、洪滨桥、鲟鱼地、杨桥、三角山到金牛，这是古人走出的大冶西方千年古道，沿途有桥津、牌坊、驿站、寺庙，明代袁宏道从大冶到蒲圻走的就是这条道，有诗为证；而且，大冶古文明以矿冶为主导，从铜绿山向西辐射。向柯锡太、铁屎包、鸡冠嘴、黄牛山、草王嘴辐射。到战国、西汉，在田垅村建起草王嘴古城，管理栖儒桥一带矿冶业。从大冶市历史遗迹分布图一眼可看出，大冶历史文化遗迹循矿冶活动分布，呈八字形，东从五里界古城起，从铜绿山往西南，到草王嘴古城，向陈贵、灵乡、金牛延伸，铜绿山、栖儒桥、陈贵、灵乡为大冶矿带中心。

四、结论

栖儒桥有灵峰山、牌坊、摇篮山、鸡冠嘴、茅陈垴等古矿冶遗址，金湖街办眠羊地水库许家湾、金盆垴、郭华一、郑家垸、港背、石头嘴、冯家山都有古矿冶遗址，出土文物测定为西周、春秋时期。铜绿山、栖儒桥先秦时矿冶点状分布，其生活区、管理区前期在茅岭嘴、郭家庄至卢家庄一线，后期在草王嘴古城。草王嘴伸入湖心一山嘴，水深，枯水季节便于运输，同时具防御能力。

至汉代时，这个地区文明程度较高，由铜绿山古文明发展，筑有草王城，文明程度达到城镇水平。草王城建于战国或西汉初期，使用于西汉早、中期，与铜绿山古铜矿生产期间相叠太少，且离矿区陆路3公里，全是山丘间曲折小道，人烟少，野兽多；水路1.5公里，隔湖相望，矿工没有必要跑这么远。奴隶社会奴隶主对奴隶矿工管制严，只能就近监管，防其逃跑。它不可能成为铜绿山古铜矿生活区，而只是栖儒桥矿群管理区、外运码头。登高远眺，铜绿山嘴、鸡冠嘴和与之对面的草王嘴，都是伸向大冶湖、下袁湖中独立的山嘴。草王嘴古城应该与铜绿山古铜矿无关。草王城是栖儒桥文明的源头，标志栖儒桥古代文明的成熟，东方朔灵峰山上的传说也恰在这一时期。文明中心的西移，同时说明铜绿山铜冶趋于尾声。泉塘、茅岭嘴是矿冶生活区、管理区，汉初转向草王嘴古城。草王城又名楚王城，大概是一个王子或王孙被封于此，监督铜铁冶生产、运输、流通。先秦时期，人烟稀少，野兽极多，居民呈点状分布，大片土地尚未开发，城与城之间，往往百里荒原，千里荒原，氏族聚居，对外联络极少。铜料极为贵重，又很沉重。因之，远在百里之外的东周鄂王城更不可能是铜绿山古铜矿生活区、管理区。运铜船哪有从大冶湖出长江，再从长江进梁子湖上溯 120 里到鄂王城，再从鄂王城原路 120 里返回入长江的道理。

铜绿山泉塘村，茅岭嘴南部生活区，具有矿冶城市规制与功能，应是扬越人族聚的一个“大杂居、小聚居”区域，越楚文明中心，具有天然的防御能力和大冶湖码头的功能，向东过湖，去今大冶城关；还可过湖经三斗七、罗桥、下陆、磁湖入长江或走沣源口入长江，向北过湖可去古鄂邑(秦建鄂县，今鄂州市)；西有水、陆两路达洪滨桥，往保安至古鄂邑；向南经四斗粮、三角山到五里界古城；向西南 2 公里到达马叫；往南或往西是水陆交通枢纽，越楚文明由此中心向鄂州、江夏、武汉发展。

由于矿山生产，人居增多，现在地表全被剥离、平整、建房，形成集镇，已无旧貌可寻，我们只能依据考古报告、文物遗址、遗存，结合人居宜居环境条件分析判断、推理，认为石花村北部和茅岭嘴南端为铜绿山古铜矿生活区、管理区。

大冶先秦时期铜矿居民点浅析

余炳贤

大冶地区发现100多处古矿冶遗址，开采和冶炼规模大、范围广、时间长，那么，这些矿冶居民点在哪里呢?

居民点，或称聚落、村落、生活区、古邑居。

大冶100多处古矿冶遗址，依铜矿带走向，形成三大铜矿中心，分别是：铜绿山、五里界、草王嘴。

铜绿山铜矿中心，包括仙人座、铜绿山、蛇山尾、蛇山头西、蛇山头东、破钟山，乌鸦卜林塘、大岩阴山、小岩阴山等小山丘，在2平方公里内，有大小12个矿体，其中有10个矿体被古人开采过。与之相邻的石头嘴铜矿也被古人开采过。1974年1月至1985年7月，对铜绿山矿体采矿遗址，仙人座矿体采冶遗址，大岩阴山矿体1号点、2号点和5号点采矿遗址，蛇山头西矿体采矿遗址及铜绿山北坡XI号矿体采矿遗址进行大规模发掘，面积达3181平方米，共清理出竖(盲)井231个，平(斜)巷100条及马头门结构4个，铜绿山采矿遗址的开采年代从商代太戊时期开始露天坑采，小乙时期转入地下30米深井开采，经西周、春秋，直至战国至西汉，不间断地开采了千余年时间。其后隋唐、宋代在早期的遗址上又继续开采。许多矿井是因山洪而废弃。

经科学发掘2处冶炼遗址，一是XI号矿体冶炼遗址，一是柯锡太冶炼遗址，发现春秋、战国残炼铜炉20座，宋代炼铜地炉17座。发现至少40万吨古炉渣，分布面积广，出土矿业工具近300件，年代早的可到商代晚期，晚的为战国至西汉时期，分别是探矿、挖掘、铲装、选矿、排水、提升、装运七大类工具，最具代表性的是“凤”字形铜斧和铁锛、铁锤。还发掘出土陶鬲、甗、鼎、尊、豆、缸、瓮等生活用具及木炭、铜锭。铜绿山古铜矿先秦时期历时1000余年，采矿和冶炼从未间断。经考古资料研究和田野调查，推定古铜矿居民点在铜绿山东南麓，今泉塘村茅岭嘴南端，郭家庄至卢家庄一线，石花村古冶炼场之北，靠近铁路线一带地方，称之为茅岭嘴南端居民点。生活区、管理区同在一地。根据何光岳学者《百越沿流史》记载分析，铜绿山为百越中的扬越氏族人。茅岭嘴今已面目全非，地表被剥离、平整，但千年古矿附近必有一个生活区。

铜绿山矿冶文明循矿脉向东南五里界、西南草王嘴两边辐射，形成“八”字形矿冶遗址群。

五里界铜矿中心，包括大谷垴、马家庄、姜家山、老猪林、乌龟墩、鼓墩垴、铁铺山、葫芦山、三角桥、马益兴、江洪后背山、梁家垴、土山、秦兴垴、铁墩包、风住山、铁屎包、小箕铺、赤马山、冯家山、叶花香、东角山等铜矿群，五里界古城周围有21处居住遗址和冶炼遗址，其中6处为冶铜遗址，11处是居民点兼炼铜遗址，遗址时代为新石器至商、周，与铜绿山铜矿矿群大体相当，均出土矿冶文化特征遗存。居民点在冶炼遗址附近，单一生活遗址有东角山吕四龙、东角山马家山等地。吕四龙遗址出土文化遗物有夹砂红陶侧扁鼎足、厚胎大口缸，间断绳纹侈口罐、陶盂、罐底等，多泥质红陶、夹砂褐红陶，有划纹、绳纹。马家山遗址出土陶器：瓮口沿、鸭嘴形鼎足、陶盘、刻槽鬲足，长方形镂孔豆柄及口沿、罐、瓮等，多夹砂褐陶、泥质红陶。有绳纹、附加堆纹、弦纹、方格纹。五里界铜矿中心管理今大箕铺镇范围的铜矿采冶、运输，为扬越族团角雉族人。五里界古城是管理区和冶炼场地，城关是居民点。

草王嘴铜矿中心，包括摇篮山、郭华一、牌坊、茅陈垴、大泉铁屎墩、大泉汤百万湾狮子挂铜铃，大泉、眠羊地许家湾、郑家垸银屎背、港背、鸡冠嘴、铜山口古铜矿，太子山、狮子山、铜子包、赵家山，时代大多为商周。草王嘴古城周围发现12处遗址，其中1处为单一居住区，11处为生活区兼冶炼区。草王嘴铜矿群居住扬越族团中的越嶲族人。其城垣断面采集到春秋时期的陶鬲、豆残片，城内采集的遗物以西汉时期为大宗。城内为国，即氏族贵族生活区，城外为郊，郊外为野，城南门外居住平民，今田垅村在城南门外，发现西汉水井。

草王嘴地处栖儒桥北3公里田垅村后，与栖儒桥四周古矿冶遗址距离较远，不在中心地段，却因草王嘴濒临大冶湖、下袁湖，三面环水，枯水季节仍可航运。故栖儒港畈上游铜料运至草王嘴上大船，成为船运中心。

金湖地区有"上7下8"之说法，就是栖儒桥距大冶城关15华里，分为上7里下8里，草王嘴古城大约为上7里之中心，铜绿山茅岭嘴居民点为下8里之中心，各自管理中心周围矿山。草王嘴古城周围有栖儒桥金盆垴、上罗村单一生活遗址，出土石器石锛、石斧，陶器鼎足、鬲足、鼎、罐、瓮、钵、碗、纺轮、陶拍、长方形镂孔豆、盆等，多夹砂褐红陶，夹砂红陶，泥质红、灰陶，印纹硬陶，有绳纹、指窝纹、拍印绳纹。上罗村遗址文化层厚约2.5米，500平方米面积。金盆垴遗址有120000平方米面积。殷祖镇、刘仁八镇范围的铜矿石出葛山口、铜山口运往草王嘴或铜绿山茅岭嘴上大船。

五里界古城遗址124740平方米，东北临近大冶湖边，时代为西周、春秋中期，考古学文化接近于江西、安徽地区同期文化。越文化特征明显。草王嘴古城55000平方米，时代为西汉早、中期。考古学文化具有楚文化痕迹，越楚文化结合明显，两城均由大的居民点发展形成。铜绿山茅岭嘴居民点面积已无法测算，从地形地貌看，比五里界、草王嘴都要大，考古学文化只能从矿体、冶炼场地出土文化遗物判断，为百越族中扬越文化特征。春秋后，黄人加入矿工队伍。

铜矿区附近有居民点，呈点状分布，随铜矿开采而形成。在一方古邑居群中，有一个中心，这个中心并非地处中央，而是在交通枢纽上，古代主要靠水运，也就是在深水码头上。茅岭嘴、五里界、草王嘴皆因濒临大冶湖深水处，结合矿点分布，且合乎水运路线枢纽，具有地域、矿冶专业特点。其所属矿点铜料船运或车运至码头上大船，由大冶湖出长江。

三个古居民点藩界(古城垣)依地势就地取土夯筑而成，均建在岗地上。所谓城垣，实际是土筑"藩界"，有水一方成天然屏障可不设城垣。古居民点少数发展为城镇，绝大多数随矿体枯竭或废弃转移它处，或因灾害、瘟疫、战争、采矿等损毁。《周礼·地官》说矿官掌管出产金(铜)、玉、锡石的地方，并设立藩界禁令，使当地民人守护。如果要开采，就先要测知产地，然后画好图形授给那些采矿的人，巡视并执行禁令。周代采矿有矿官管理，有多种技师勘探、测绘，在矿官严密监督下开采，矿区设立藩界，非矿工不得逾越，违者"罪死而不赦，有犯令者左足入，左足断，右足入，右足断"。

先秦时期的行政区划的实质就是分民而不分土，不存在任何形式的行政区划。一个宗室，一个氏族，一个部落，或一个行业，它不是以土地面积来划行政区的。今人论述大冶古城遗址，爱以城带矿的方法，把该城周围铜矿囊括于城中，可考古结果是，铜矿开采在前，古城兴建在后，忽视了古代村落的存在，也忽视了城市是由大的古居民点发展而来的。如五里界建城时代为春秋，而该城周围遗址多为西周、春秋时期，西周矿冶遗址早于春秋五里界城遗址。草王嘴城也如此。茅岭嘴古居民点是否有城?不得而知，但其居民点与铜绿山古铜矿是同期的。其职能与城堡无异。

大冶古居民点、古城，规模不大，它是因铜矿而设，为维护经济利益而产生相应的政治、礼教、禁令、军事、守卫、刑罚、商品交易和手工业，一反别地古城单一的政治、军事中心，为政治、军事而设，如武汉盘龙城。这是大冶古居民点古城的特色所在。

古居民点建筑极为原始简陋，但至少可以躲避风雨和洪水的威胁，防止猛兽侵袭，建在河湖的二级阶地上，矿区旁，土地平坦，土质肥沃，接近水源，在雨季汛期不致被洪水淹没。邑居可分为居住区、墓葬区、制陶区三部分，矿冶古邑居又有铜矿开采区、冶炼区、外运码头。在邑居外围，有一条数米深的壕沟，把邑居与外界隔开，以防备猛兽的侵入。房屋分方、圆两种，大门一律面向邑居中心广场，中心广场筑有瑶台(灵台)，上设立天齐(图腾)旗幡，以显氏族之别，扬氏族宗室之威。最早的城市是在农村邑居的基础上发展起来的，城市生活消费品主要依靠农村供给，矿业、商业、手工业带来的财富，由奴隶主掌握，奴隶主贵族是统治者，奴隶、平民是生产者，他们集中一起形成等级，采矿冶炼。位置适合，交通方便，物产丰富，矿点多，人口稠密，大的居民点初具城市规制后，逐渐过渡演变为城市。城具防卫能力，市为商业市场。它要防奴隶主之间、氏族与氏族之间、部落与部落之间的争夺，又要防奴隶、平民的反抗逃跑，还要防野兽侵害。城市是文明发展的象征。但先期城市是很少的，大多是邑居村落、氏族聚落。据不完全统计，商代末年，全国城市 26 座，大都集中在中原地区。春秋时期，城市数量发展到近百座，西汉最盛，全国人口总数达到 6000 万人，城市达 670 座，比秦代增加了一倍，汉代城市集中在黄河中下游。全国政治中心在中原地区。这是大冶古城少的原因。

大冶古邑居、古城，把铜矿采冶专业放在第一位，矿冶特征突出，政治、军事、商业为从属地位，因矿而兴，因矿而毁，是典型的矿冶邑居、矿冶城市。与大冶铜矿带分布相一致，它不是行政区划，而是一座座铜矿采冶专业中心。五里界城存在时间在铜绿山古铜矿中期，草王嘴城在铜绿山古铜矿末期，它们没有承传的历史关系，各自独立自我兴衰。其功能是把周边一二十里铜矿经济集中统一于一个奴隶主贵族集团。当时一个公、侯国方圆 100 里，伯国 80 里，子、男国仅 50 里。附庸小于子、男国。古邑居是矿冶小集镇，集散地性城市是“市”的典型，主要有经济意义，交通、流通为其主要功能及矿冶生产中心功能。除这三座邑居、古城外，还有随矿而建的呈点状的数十处小邑居点。当然不排除会有大居民点、古城址未被发现。古矿居民点没有必要离古矿区距离远，当时野兽多，人口少，靠步行，大片土地未得到开发，荒芜无人，隔山隔水，交通困难，地理环境恶劣，奴隶主贵族还要时刻防止奴隶矿工逃跑，居民点只能在矿区附近。

《黄石——矿冶文明之都》称：大冶地区（包括黄石城区）范围内，目前发现的先秦时期遗址已经超过 130 处，发现直接与采矿冶炼相关的遗址也超过

130处(包括唐、宋和一些时代不确定的冶炼遗址),这两类文化遗存绝大多数属于商周时期遗存。以明显的若干个群体的形式分布于一定的区域,彼此相邻,群体之间则相距较远。这个分析是切合实际的。总之一句话,先秦时期大冶文化遗址(矿冶遗址)分布在大冶"长江铜矿带"上。铜矿居民点、古城在其附近,近水便于生活和运输,因矿而兴,因水而设。城市不看它的大小,而看它在政治与经济系统中的地位。除矿冶居民点、古城外,还有从事农业、制陶、畜牧、狩猎、捕鱼等古先民居民点、古城。他们大多是以氏族为单位自然成长的结构为基础的,而不是经过王室的分封,对于王朝、宗室或者邦、国,仅入贡或从征而已,自生自灭。古大冶没有被分封为国家,只有扬越族团10个氏族群呈点状居住于此。

铜绿山古铜矿的生产安全与环保

余炳贤

在研究大冶青铜文化时，铜绿山古铜矿生产的安全、环保技术措施是人们关注的话题。

安全与环保，伴随采矿技术而兼顾。古铜矿遗址出土的大量文物说明，古代矿工使用木制、石制以及铜制、铁制等简单生产工具进行手工作业，安全成为首先考虑的问题。而安全意识，主要注重地下开采，其次是冶炼粗铜。

铜绿山古铜矿井下采矿基本上是采取竖井、斜井、平巷联合采矿的方式，井下开采史一脉相承，已自成体系。采矿方法多种多样，其间包含有安全、环保理念。归纳起来有 4 类 8 种：

一、群井采矿出现于西周中晚期，井筒下掘过程也就是采矿石的过程，群井深一般只有 20—30 米。一个井下采区的群体竖井多达 22 个。春秋时期一簇垂直竖井增加到 48 个，采矿工作面小，但数目多，矿石总产量较高，这一采矿方法，从西周到春秋延续使用了 500 年。每个井筒的寿命，正常情况下服务时间在 100 天左右，既安全又环保，又简便，但个体井筒产量少，付出劳动力多。

二、井巷联合采矿针对不同矿脉、矿石品种采取不同采矿方法，具体可分为 5 种：即单框竖分条采矿、单层小方框采矿、链式方框支柱、倾斜分层单框链式支柱、方框支柱充填。这 5 种方法，各有作用，有的适用于开采氧化富集带中品位高而松软的孔雀石矿脉；有的由于通风条件差，巷道一般只有 20—30 米，适用于回采高品位的薄矿脉；有的是直接由竖井扩帮，如链式方框支柱，增大采矿空间，同时系统地架设方框支架，对采空区进行支护。框架的每一分层之间，都用凸榫连接，上面铺有木桩或圆木，以减少矿石的损失贫化，人站在上面工作，既方便又安全。开采时进行选别回采，有时还留下一定的矿柱。废矿石和低品位矿石倒在底部框架内，增加了底部框架的稳固性；有的是随着所采富矿体底板的倾斜而倾斜；有的是采出矿石之后立即架设方框，再向上采另一分层时，把废石以及当时不易冶炼的低品位矿石充入底层，减少废石和低品位矿石的运输，从而有效地提高了采矿强度和效率。而且经过充填，使方框更加稳固，也有利于采矿过程中的安全，每采一至两个框架的距离，就必须架设一个框架，以保证回采工作面的安全。战国至西汉时期平巷断面大，距离长，支护坚固，人可以直立行走，掘进在破碎带和围岩独变带内的巷道，采用了封用式支架(即完全棚子)，这证明古人对井巷掘进中出现的地压现象有了一定认识，不但有和顶压、侧压作斗争的经验，而且有防治底鼓的对策，防止塌方。

三、护壁小空场法适用于开采水平产状的孔雀石矿脉，所发现的两个同类采矿场的顶板为褐铁矿，比较稳固，无需支护，采高 1.8—2.4 米，空场面积 20—30 平方米，两个采场均在巷道一侧，采矿场的另一侧是破碎带，围岩松软且含水，容易片帮，古人用木板或圆木做成护壁将采矿场与破碎带隔开，保证了采矿的正常进行和安全。

四、横撑支架是一种上向式回采方法，由地表下掘的竖井，穿过节理、裂隙发育铁帽，进入铜矿石富集的氧化带内，由其井底向四周开采，最大开采幅度 4—5 米。当向上开采超过一定高度时，架高门字形横撑支架，以支撑采空区，横撑支柱最长有 4 米，同时在支架上构筑落矿平台，继续向上开采。用这种方法的采矿场像一个洞穴，其特点是运输距离短，提升距离越采越短，人员操作比较方便，安全系数很高。古人采矿因地制宜，因矿制宜，灵活机动，随机处置，在选择采掘进程、支护架设的同时，考虑了安全性、可行性和避免环境污染。再加上不同的历史时期，古人所使用的采掘工具又不同，工具使用方法、空间也不同，随着历史的发展而不断进步。西周以前，古人大量使用粗笨的石制、木制工具开采矿石；西周以来至西汉，则是使用铜、铁工具进行井下开采，具有时代性、适用性，主要是铜锛、铜斧和铁锤、铁錾、铁铲、铁耙。

竖井支护结构的发展关系是：板木平头双榫卯穿接式——板木平头单榫单卯套接式——板木尖头双卯双榫穿接式——板木尖头单榫单卯套接式——板木尖头双卯、圆木双榫穿接式。平巷支护结构的发展关系是：板木双卯、圆木双榫立柱式——板木双卯、圆木上榫下叉立柱式——鸭嘴与亲口相结合的完全棚子。竖井和平巷支护结构随着时代的发展而演变，时代越晚，支护制作越简单，形式越进步，抗压能力越强，矿工越安全。战国以前，从地表矿体露头向下开拓竖井，上层采完后，在平巷底部向下开凿盲井，于一定部位扩帮，再进行下一水平的开采。战国至汉代采用的是上向式方框支柱充填法，上层采的矿石经手选后运到地表，将贫矿及废石充填到下层巷道。这样既有效地处理了下层采空区，保证了上层采矿的安全，又减少了大量废石的运输与露天堆积，有利于环境保护。

井巷支护是井下采矿的重要安全内容，是保证井下采矿正常进行和安全的必要条件，铜绿山古铜矿西周及西周以前的竖井和平巷均为方形，春秋到西汉时期的竖井(斜井)、平巷(斜巷)多为矩形。古代井巷大多数开凿在矿体富集的接触破碎带内，围岩松软。为了防止井塌，战国以后主要采用榫卯结构木支护技术。战国至西汉时期竖井主要采用垛盘结构，平巷采用鸭嘴结构等符合力学原理的木支护技术。经支护后的井巷，能有效地承受顶压、侧压、底压。西周及其以前的竖井、平巷净断面比春秋时期净断面尺寸要小，比战国至西汉时期更小，从方形到矩形，净断面从小到大，井巷支护基本上采用框架，各个时期的支护形式和方法有所区别，这是因为生产量的需求，生产力随之提高，矿工的经验积累更加丰富，不断加以改进。支护结构非常科学合理，井与巷支护结构不同。竖(盲)井支护有6种框架结构。榫卯穿接各有方式，由于古代工匠对木支护结构与抗压关系有一个认识和改进的过程，所以不同时期的竖(盲)井采用了不同形式的木支护框架结构，多组木支护框架间隔支撑,用木板或小圆木棍作背材护壁。竖井底部是马头门结构。平(斜)巷支护框架有 3 种,穿接方式也不一样,可靠、实用、安全、抗压。

古代工匠们为了保证深井开采的顺利进行,到汉代以后,出现无支护框架竖井和采矿平窿。曾在地面搭了简易的草棚, 大小草棚的主要用途是防雨,防止和减少雨水直接进入井、巷内,减少井下的排水量,确保井、巷不致因水量过大而坍塌。还有提升、通风、排水、照明,也是不可忽视的安全方面。

铜绿山古代矿井的提升方式可分为一段提升、分段提升和联合提升 3 种。根据井深程度不同,采用一段、分段或是联合提升,其提升容器是方形竹筐,可提 20—25 公斤矿石。手提人拉,效率低。当战国至西汉时,竖井井深达 70 余米,且每次提升量增加到 100—200 公斤,用手直接提升已不可能,于是出现了一种带制动机构大辘轳绞轮,并配有木钩、绳索和平衡石,把繁重体力劳动的强度降低到最低限度,降低了在提升过程中的安全隐患。

矿井通风是一个人身安全大事。古代矿井通风,主要靠自然通风。西周至春秋时期的群井采挖,一簇竖井有 20—50 个,井多巷短,竖井之间以平巷相通,靠自然风流循环可以解决地下采挖的通风问题。战国以后,井深近百米,同时采掘的中段增多,但由于一个井下采区内直通地表的竖(斜)井仍不少于 7—8 个,且井巷相连,四通八达,几乎没有独头巷道,仍可借助井巷布局实现自然通风。通风好, 尘毒就少。当平巷与盲井距地表已有相当距离的时候,为使作业面上不出现缺氧的情况,及早充填无用巷道并把它们封堵起来,将有助于新鲜空气顺利地流向深处的作业面,使采掘者免受窒息之苦。在深井多层采矿中,古人用竹材料燃烧,加热井内空气造成负压,新鲜空气由其他井筒前来补充,形成空气的对流,这在夏初秋末地表空气滞流季节,不失为一种简易可行的辅助通风措施。井巷必须有空气,不可缺氧,一旦缺氧,人不能呼吸,照明也将熄灭。井下照明采用植物油灯,本地盛产麻、茶、豆及桐梓,这些都可榨成油料。

矿井排水是井下安全之一。从发掘的井底可以清楚地辨认出原来设置有“水仓”，水仓上部马头门处有较大断面的集水木槽，平巷内铺设有木水沟，或是悬吊在顶梁上的渡槽，这就能有效地将各出水点的水汇集于水仓，然后再用木桶提到地面。此外，对于一些出水点，还采用充填隔离或黏土封堵。由于大多采掘处于潜水面以上，出水点大多属地面降水渗漏至井下，所以这些处理方法还能有效地封堵住出水点。井下无水患，积水少，矿工就安全，潮湿减少，身体健康，防止风湿性疾病，提高劳动力。

粗铜冶炼在地面进行，将矿石粗炼成铜块，是种笨重、高温作业，所以古人筑炉量体裁衣，便于操作。铜绿山炼炉筑在高地平台上，一般高 2 米，其中有 0.5 米炉基在地表以下，地表上约 1.5 米。古人身高为一丈，故称“丈夫”、“大丈夫”，而古制一丈，即后来的七尺，故又称“七尺男儿”，七尺男儿站在炉边投料、观察，1.5 米的炉身约合 4.5 尺，炉口齐人的胸口下，工作台加高一点，完全可以保证操作者的安全，方便操作，减少 1200℃以上高温烘烤。炉身下部设有金口，便于出铜、出渣，也有利于炉前工安全，防止烫伤。古代炼铜是连续进行的，排渣放铜，不影响供风，不影响加料，顺利排放炉渣和粗铜，生产正常连续进行，减轻劳动强度，降低高温风险。炼炉的高度、容量必须有利于鼓风能力和聚集煤气。也必须保证人身安全，便于操作。

我们的祖先在采矿、冶炼生产安全方面，积累了丰富的经验，为后世采冶提供了宝贵的借鉴。古人遵循一定的生产规律和一定的操作规程，以防安全事故的发生。土层下，井巷中，遗留绳索、竹筐、竹签和大量支护木架，未见腐烂。在绿铜山发掘中，特别留意，终未发现人体遗骸，没有大的矿难痕迹，说明开采中未发生顶板冒落和塌方等大的人身事故。排土场人工堆积高，占地少，井然有序，符合环境保护要求。

铜绿山青铜文化的历史地位

徐显之

一、不朽的铜铁之都

铜绿山所孕育的青铜文化，在历史上有着十分重要的地位。铜绿山是五千年的铜都，也是千年来著名的铁都，说它是铁都一千年，并不是从它的产铁的时期算起，而是从它作为铁都形象的地位开始说来。铜绿山古称青山，今仍有大青山、青山曹诸地名。据笔者参与主编的《大冶县志》说：公元 905 年，即唐哀帝天祐二年，吴王杨行密的武昌军节度使秦裴"置青山场院，大兴炉冶，公家仰足"。场是矿冶机构，院是行政管理单位，青山就是指今天的铜绿山。到五代十国的末年，这块地方，转归南唐。公元 967 年，南唐李煜元年，即宋太祖乾德五年。南唐后主李煜，认为铜绿山大可开发，且必须开发，以增强国力，来和北方的宋抗衡，乃升永兴青山场院，并析武昌三乡与之合并，取大兴炉冶之意，定名为大冶县。大冶县之名，自建县以来，一直沿用。1949 年后，其地石黄镇等乡镇划出，成立黄石市。永兴是今阳新的古称，武昌是今鄂州市的古称，大冶是从两县之地划出而成的。后来屡进屡出，市县地界不定，所以在研究大冶古代历史的时候，往往必须与黄石市、鄂州市、阳新县整体观察，连带叙述。但有一点很明白，大冶建县之初，南唐是把大冶作为工矿区，也可以说作为他的铁都来建设的。当时铁矿，包含着今日铁山、金山店乃至密迩鄂州市城区的程潮铁矿，都划归大冶县管辖。这就形成了以今日铜绿山矿为中心的大冶县和铜绿山成为南唐铁都的历史地位。以后历代采冶不断，一直到 1958 年大跃进时期，铜绿山铁矿成为众望所归，各路工人云集，蔚为人的海洋。

铜绿山不单纯是千年铁都，更是五千年的铜都。说它是五千年的铜都，是有根据的。公元前13世纪殷小乙时期，铜绿山古铜矿井的建设已初具规模，这是考古发掘事实证明了的。但是这种规模性的建设，绝非一朝一夕之故。在井下开采以前，必然有个露天开采的过程。甚至无需开采，就靠拣孔雀石来炼铜，也一定有个很长的时期。在未经进一步考古挖掘前，我国的古代文献，足以证明铜绿山铜矿早在四五千年前，就是为当时统治者所重视的地方。具体说来，至少在夏王朝的时候，就被视为铜都。

根据笔者所著《山海经探原》的研究，《山海经》是一部古代宫廷传世之书，先由口诵，而后记录成文，它草创于夏代，润色于春秋战国，所记皆以洛阳为天下中心的山川、物产、人物、图腾等氏族社会时期之事。所以今日中国及周边地区之事尤详。对以铜绿山为中心的金铜矿尤为重视。

《山海经·中次十二经》：中次十二经，洞庭山之首……多黄金。又东南五十里，曰云山……上多黄金。又东南一百三十里，曰龟山……其上多黄金。又东七十里，曰丙山……多黄金、铜、铁。又东南五十里，曰风伯之山，其上多金石。又东一百五十里，曰夫夫之山，其上多黄金。又东南一百三十里，曰洞庭之山，其上多黄金，其下多银、铁。又东南一百八十里，曰暴山……其上多黄金、玉，其下多文石、铁。又东南二百里，曰即公之山，其上多黄金。又东南一百五十九里，曰尧山……其阳多黄金。又东南一百八十里，曰江浮之山，其上多银、砥砺。又东南二百里，曰真陵之山，其上多黄金。又东南一百二十里，曰阳帝之山，多美铜。又东南九十里，曰柴桑之山，其上多铜，其下多银。

洞庭之山，即今洞庭湖的君山；即公山即今之九宫山；柴桑之山，即今江西瑞昌九江一带之山，这些山，都是幕阜山脉，地在今湘东北、鄂东南、赣西北，即古代鄂国的地区(说见拙作《大冶青铜文化渊源》)。阳帝之山，是其间的中心点，这个阳帝之山，就是今日大冶的龙角山(原属阳新，说见拙著《山海经浅注》，下文还要进一步加以阐释)。这个龙角山山脉，其东今有阳新境内的丰山铜矿、牛角山铜矿，其北有大冶的叶花香铜矿、冯家山铜矿、石头嘴铜矿，其西南有正在准备开发的大型铜山口铜矿，其西直径不到 5 公里正是已经开发了数千年而今仍在大规模开采的铜绿山铜矿。从以上资料看来，这个幕阜山脉北端的龙角山山脉，在《山海经》时代的夏王朝谈五金之处，有二百一十二起，而这个幕阜北端地区，就达二十一起，达到了十分之一。整个《山海经》部分产铜之处二十八，幕阜山北端地区，就占三处，高达九分之一。就《山海经·中次十二经》来说，凡十二山，产金之处十一，产铜之处三，产银之处四，产铁之处二，这个数字是很符合当时人的实际认识水平和实际操作的客观情况的。在这里还要说明，幕阜山脉北端产铜之处二，正在西起今大冶、阳新，东到今江西瑞昌这一矿带上，这也和今日铜矿的开发、考古所得完全一致。还有需要重视的，是《山海经·中次十二经》独对阳帝之山所产的铜，称为"美铜"，这就是说，这里铜质最好，铜量最丰，证以今日铜绿山考古发掘的情况，能不说今日的铜绿山，夏代以前在人们心目中就已具铜矿的中心——铜都的地位吗?说它是铜都，还可以从《山海经》中反映出。

一般来说，秦汉以前，我国盛产铜的地方有三，一是以铜绿山为中心的长江中下游的铜矿带，一是以大工山为中心的长江下游的铜矿，一是以今日山西垣曲为中心的中条山铜矿。根据拙著《山海经浅注》的研究，今日的大工山属于《南山经之首》之箕尾山地区，这个箕尾之山，就是今日黄山和天目山的合称，未见有关于铜的记载。中条山见于《山海经·中山经之首》和《中次五经》，所列诸山，诿上山及檀谷之山两处"多赤铜"，未见有称为"美铜"者。可见铜绿山在与大工山、中条山三者之中被视为最重要。且以铜绿山为中心的阳帝之山地区，距夏统治的中心伊河洛河交汇之处甚远。仍划归《山海经》的《中山经》范围，这说明夏已直接控制了这个地区，因为这里盛产"美铜"。按《山海经》的《中山经》是夏直接控制之区，其他《南山经》、《西山经》、《北山经》、《东山经》都为夏势力所及之区。这也说明，以铜绿山为中心的铜矿带，在夏的统治者眼光中，占有何等重要的地位。在这里，对于阳帝之山，还要作一些必要的说明:《山海经浅注》说，阳帝之山，是今日阳新这个县名的由来。阳而称新，就是说在古阳帝之山地区所建立起来的新县份。阳新这个地方，至今还有几处以阳、辛来命名的地方，也可能阳新与阳辛有关，也就是说与古代帝颛顼高阳氏、帝喾高辛氏有关。高阳氏、高辛氏不一定是这个地方的人，但至少可以说，他们曾建功立业于此，因为这里铜绿山、龙角山诸山盛产“美铜”嘛。《山海经·中次十二经》最后说：“凡夫夫之山、即公之山、尧山、阳帝之山，皆冢也，其祠皆肆瘗；祈用酒，毛用少牢，婴毛一吉玉。”夫夫之山、即公之山是黄金的产地；阳帝之山系列之山则以铜矿著于当世，再以今日考古发掘的成果证明，产量之丰，采冶之古，铜绿山又甲于附近各矿。可以说，阳帝之山，在此地区居于铜产的首位和中心位置，或者可以说，铜绿山在古时此一地区在采铜方面，就已居于首要或中心的地位。

从以上种种情况看来，铜绿山在《山海经》时代，无论就同一地区或者同一《中山经》地区乃至今日中国及周边地区相较，铜绿山居于首要或最中心的位置。铜绿山古铜矿在世界历史上也是有着重要地位的。1994 年，国家文物局材料记载说：

铜绿山古铜矿遗址，是中国迄今发现的古矿遗址年代久远、生产时间长、规模最大的一处古铜矿遗址。其分布范围约 2 平方公里，地表遗留的古代炼渣在 40 万吨以上。从 1974 年起，先后对 1、2、4、7、11 号矿体进行了考古发掘，已清理出西周至秦、西汉(公元前 11 世纪到公元 1 世纪)千余年间不同结构、不同支护方法的竖井、斜井数百座，平巷百余条，以及一批春秋(公元前 770—前 476 年)早期的炼铜竖炉……集中完整地反映了中国青铜文化时期采矿生产中井巷的开拓与支护，矿井的提升、排水、通风、照明等一系列技术水平。也真实地反映了这一时期炼炉的形态与结构，筑炉材料的选择，矿石和原料的选用及其工艺水平……矿井的深度，一般都在 40—50 米……与列入《世界文化遗产名录》的同类遗址比较，挪威的勒罗斯(采矿重镇)铜的提炼和铸造始于 1664 年，比铜绿山晚两千余年。1991 年 10 月……一批世界著名的冶金专家到铜绿山参观考察，一致认为：“铜绿山古铜矿的发现和发掘，是世界冶金史的大事。"美国哈佛大学考古系麦丁教授说:"在世界其他地方,看了许多矿冶遗址,铜绿山是第一流的。中东等地虽然很早就开始了铜矿的冶炼,但没有这大规模的地下采掘遗址。较完好的冶炼用炉,炉渣温度高,流动性能好,含铜量低是很少见的。"美国麻省理工学院史密斯教授说:"我们在这里看到了世界其他地方看不到的东西,这在我们一生中是永远不会忘记的。"后来丹麦欧尔豪教授前来参观,也表示:"我到过世界许多地方,但这是我第一次看到的如此有趣的古老的铜矿遗址……"

在那一次外宾的参观活动中,还有许多其他的学者,他们也都一致认为这个古铜矿的发掘"是世界冶金史上的大事","它不仅是中国人民的无价之宝,而且是全人类的共同财富"。

铜绿山,乃至整个大冶,它的铜矿遗址的考古发掘,在今天远远不是已经到了最后阶段。同时,铜绿山和整个大冶的铜矿开采,正以空前的规模展现在世人的面前。

二、可考的女娲氏的传说

《前汉书·古今人物表》列举了许多古代人物,其中女娲氏第一个以女性英雄出现。她大概与太昊伏羲氏同时。这个女娲氏,《淮南子·览冥训》有比较详细而生动的描述:

上古之时,四极废,九州裂,天不兼覆,地不周载,火爁炎而不灭,水浩浩而不息,猛兽食颛民,鸷鸟攫老弱。于是女娲氏炼五色石以补苍天,断鳌足以立四极,淫水涸,冀州平……。考其功烈,上际九天,下契黄垆,名声被后世,光辉重万物,乘雷车,服驾应龙,骖青虬,援绝瑞,席萝图,黄云络,前白幡,后奔蛇,浮消摇。

这段描述,把女娲氏说成是继往开来顶天立地的神一般的杰出人物。她的功绩,是炼五色石补苍天。所谓炼五色石,就是冶炼金属;所谓炼五色石以补苍天,就是冶炼了金属,就可以制造金属工具,就可以战天斗地,改造自然,控制自然,利用自然。这段故事,怎能不叫盛产比较容易冶炼的金铜地区以铜绿山为中心的矿冶之先民及今人，认为这段故事是本地先民生产生活的写照?其实，女娲氏是一个人格化了的氏族或氏族领袖的名称。所谓娲，就是鄂，娲与鄂音近而字异。鄂后来形成国家，它的政治中心就是今天湖北大冶金牛镇所属的鄂王城(原属鄂城县)，说见拙作《大冶青铜文化渊源》。为什么娲氏之前，还要加一个女字呢?我们知道，人类社会是由原始群进化而为母系氏族社会再进而成为父系氏族社会，最后形成国家的。所谓女娲氏及其伟大功绩，正是母系氏族社会时期，鄂氏族在历史上的一次伟大的飞跃，因而对人类社会做出了一个伟大贡献的历史时代是明确无误的。

说女娲氏是鄂这个地区或者说是以铜绿山为中心的这个古矿冶地区先民的代表，还可以从他们先民崇拜的图腾形象看得出来。

图腾形象，总是经历先有原始的、具体性的、地方性的，而后形成具有抽象的、区域性的，最后形成统一的全国性的过程。我们全国各族人民，后来崇拜的统一图腾形象是龙，至于鄂这个地方的原始和区域性的图腾形象，是怎样的呢?通过对《山海经》的研究，不难看出。

《山海经·中次十二经》：洞庭山之首，曰篇遇之山……又东一百五十里，曰夫夫之山……神于儿居之。其状人身而身(此身字当为手字之误)操两蛇……又东南一百二十里，曰洞庭之山……帝之二女居之……是在九江之间……是多怪神，状如人而载蛇，左右操蛇……又东南一百二十里，曰阳帝之山。

阳帝之山，即今之龙角山山脉，已见前释。其附近之山，不乏以蛇为其图腾形象，在这里附带说一句，本文常说到以阳帝之山为中心的山脉，是从地理形势言之；以鄂为其名号的地区，是从政治实体而言；以铜绿山为中心的矿区或铜矿区，是从当时生产的角度而言，概念基本相同。这个地区，也就是今日湘赣边区的地区，这个地区的原始性图腾，其保存到《山海经》时代的是蛇，其区域性的图腾又是什么呢?

《山海经·中次十二经》：凡洞庭山之首，自篇遇之山，至荣余之山，凡十

五山，二千八百里，其神状皆鸟身而龙首。

鸟身而龙首，这就不是原始的具体的地方性的图腾，而是具有抽象的区域性图腾了。这个鸟身龙首的图腾，不只是以铜绿山为当时先进生产中心的湘鄂赣地区的先民所崇拜，也为南岭以北洞庭、鄱阳两湖之间地区的先民所崇拜，试看：

《山海经·南山经之首》：凡䧿山之首，自招摇之山以至箕尾之山，凡十山，二千九百五十里，其神状皆鸟身龙首。

招摇之山，又名桂山，在今湖南郴州；箕尾山即今安徽黄山和浙江天目山之总称，说见拙著《山海经探原》、《山海经浅注》和《山海经证补》。这个《南山经之首》之山和《中次十二经》之山，同在南岭以北长江以南，彼此密迩相邻。

鸟身龙首，这就不是原始的具体的地方性的图腾，而是带有抽象性的区域性图腾了。为什么这两"经"的地区，产生出这样的图腾呢?原来这个鸟身龙首是南北两个大氏族龙鸟两图腾互相融合的象征。古代长江桐柏大别山南的广大地区是以鸟为图腾的。

《山海经·中次八经》：凡荆山之首，自景山至琴鼓之山，凡二十二山，二千八百九十里，其神状皆鸟身而人面。

荆山即今鄂西北汉水南之地；景山即今湖北房县境内之聚龙山。此荆山迤东诸山水，为雎水、漳水、女儿之山、宜诸多之山、危山、光山、岐山、美山、灵山、龙山、衡山、权山、仁举之山，均可从荆山、大别山诸古今地名中探出。此地先民崇拜鸟，可于近年出土的古丝织品和铜制品特别重视鸟绘、鸟饰中可以看出。一般说来"天上九头鸟、地下湖北佬"是戏称，实际上九头鸟是九个以鸟为图腾的氏族总称。

龙是古代珠江流域先民所崇拜的图腾形象。当然，崇拜龙的地区还有我国今日中原和西北的局部地区，这里谈珠江流域地区。

《山海经·南次三经》：凡南次三经之首，白天虞之山以至南禺之山，凡十四山，六千五百三十里，其神皆龙身而人面。其祠，皆一白狗；祈，糈用稌。

《山海经》中有关珠江流域的地名，详见《山海经探原》和《山海经浅注》。有意思的是，爱食狗肉，以狗肉为贵的习俗，至尽犹保存在这一地区的广大居民之中。

南方是以龙为图腾，北方是以鸟为图腾，在这两个地区之间的先民，既接受了鸟文化，也接受了龙文化，长期之中，就逐渐形成了以龙首鸟身的形象作为图腾了，这南北两大氏族，既有斗争，也有往来，互相融合了，天下太平，皆大欢喜，所以自古以来，也就有了龙凤呈祥的说法。女娲氏“服驾应龙，骖青虬……前白幡，后奔蛇”，正说明女娲氏是这个地区的代表人物的形象，既有龙，又有蛇。最为重要的是，汉武梁祠石刻画的女娲的形象“人首蛇躯，尾交首上”，更说明了她是鄂这个地区的图腾形象。女娲氏见于《山海经》的，有这么一处：

《山海经·大荒西经》：有神十人，名曰女娲之肠，化为神，处栗广之野，横道而处。

“女娲之肠”，这个意思是说，女娲氏有十个儿子，以说女娲氏这个部落联盟之下，有十个氏族，都各有其崇拜的图腾形象，因此就都说成神了。很奇怪的是，这十个神都“横道而处”。横道而处，这么不讲理的神，也就是说，哪有这么不讲理的建立图腾形象的人，很难令人理解。我几次到过铜绿山铜矿去参观以后，才悟出了这个道理。开矿的人，见矿就挖，那里还管你走不走现成的路?今日的铜绿山古铜矿遗址博物馆，也可以是令人崇拜的图腾。建在什么地方?就建在应该开挖而不让人开挖的富有的矿体上，这就是理，还有什么别的理可说呢?再说“女娲之肠”，就是矿井纵横的形象。所谓“栗广之野”，表明了采矿坑木与栗木有关。

女娲氏最大的功绩是“炼五色石，以补苍天”。其主要结果是“淫水涸，冀州平”。冀州在什么地方?在今河北省中南部，是古代黄河经以入海之处，当时水患严重，为当时中国地区之最，据《书·禹贡》：黄河故道自今河南武迁陡东北，流至浚县西折至河北平乡北，东北流分为“九河”，最北一支为干流，北流至深县南折东北至静海东南入海。据《山海经·北山经》:故道自河北深县南以上同《禹贡》,以下流经霸县南,东流至天津市区入海。冀州地区的先民,遭河水肆虐,自有铜制工具以后,才开始有所控制,因此说"淫水涸,冀州平"。后来,冀州的先民心存感激,常常思念女娲氏,就在女娲氏后之数千年北齐的时候,在今河北省涉县(原属河南),建立了一座"娘娘庙",也叫"女娲皇宫"来纪念她。大冶、阳新环今龙角山的居民主妇,每年正月二十还"煎粑补天"以纪念女娲。

关于女娲氏的传说,还有很多,比如说,她是兄妹成婚的,但自她以后,就改变了这种情况,不许兄妹成婚了。这完全符合原始社会由族内婚转变而为族外婚历史情况的真实写照。

传说不是没有根据的,也不是不可以作为根据的。司马迁是一个谨慎治学的史学家,他曾说过"山海经所有怪物,余不敢言而之也",不懂就是不懂,不敢冒然否定。他在写《史记》的时候,对于古代传说,不时引用,这对后人研究原始社会,是有作用的,他在写《五帝本纪》之后说的一段话,值得思考:

学者多称五帝尚矣,然《尚书》独载尧以来,而百家言黄帝,其言不雅驯,荐绅先生难言之。孔子所传《宰予问五帝德》及《帝系姓》,儒者或不传。余尝西至空峒,北过逐鹿,东渐于海,南浮江淮矣。至长老往往称黄帝尧舜之处,风教固殊焉,德之不离古者近是。余观《春秋》《国语》,其发明《五帝德》、《帝王姓》,章矣,顾弟弗思考,其所表现皆不虚。《书》缺有间矣,其佚乃时时见于他说。非好学深思,心知其意者,固难为浅见寡闻者道也。余并论次,择其言尤雅者。故著《本纪》书首。

三、世人瞩目的中华沃土

象以齿而焚其身,以铜绿山为中心的铜矿带先民,因其地历来为世人瞩目而屡遭不幸。因为这里铜矿既丰富,质量又好,《山海经》独称其地所产之铜为"美铜",且水路运输方便,历来周边有势力的统治者,谁都想据其地而有之,古代文献,记载甚多。

第一次与铜绿山有关的战争，应该是蚩尤与黄帝之战。这算是唯一不是被动挨打的战争。《史记·五帝本纪》有这么一段话：

诸侯咸来宾从，而蚩尤最为暴，莫能伐……蚩尤作乱，不用帝命，于是黄帝乃征师诸侯，与蚩尤战于逐鹿之野，遂禽杀蚩尤。

蚩尤是什么地方的人，《礼记》郑元注，说他是三苗之人。他是一个什么样的人，《管子》说他爱卢山之金而作五兵。《史记·正义》引《龙鱼河图》云：蚩尤兄弟八十一人，并兽身人语，铜头铁额，作五兵仗，刀戟大弩，威振天下，诛杀无道。三苗、卢山不正是“左洞庭而右彭蠡”之地(下文还要说到)；铜头铁额、作五兵仗、刀戟大弩，不是说蚩尤有着铜铁(铁是后人妄加的)武器吗?蚩尤与黄帝之战，势在必打，黄帝决不允许蚩尤坐大于长江，蚩尤也志在必得黄河，今日常有这样一句口头禅“不到黄河心不死”，出自苗族先民的。

古文献有关以铜绿山为中心地区的战争，要算是“窜三苗于三危”的那场战争了。

《史记·五帝纪·尧纪》：三苗在江淮荆州，数为乱……于是舜归而言于帝：“请迁三苗于三危”。

三苗之地，在今何处?上文说，在江淮荆州，其实这是三苗势力所及之地。其本土是在今湘鄂赣边区。

《史记·正义》：吴起云：三苗之国，左洞庭而右彭蠡。

洞庭就是洞庭湖，彭蠡就是今鄱阳湖，然而，三危山在何处呢? 《史记·正义》云：

《括地志》三危山有三峰，故曰三危，俗亦称阜羽山，在沙州敦煌县东南三十里。

这个三危山，根据《山海经探原》所论，就是今天敦煌的三危山。这里有正合符节的事，三苗之地，自古以龙首鸟身为其图腾，其势力所及的江淮荆州的先民，是以鸟为图腾的。我国西北各地，或以牛为图腾，或以羊、马为图腾，而三危之地，其先民独以鸟为图腾。这不是说“迁三苗于三危”确有其事吗?

请看：

《山海经·西次三经》：又西二百二十里，曰三危山，三青鸟居之。

鸟类图腾，三青鸟是迁居三危山的以鸟为图腾的三个群体。他们原在江淮，是三苗之族，这里便成为三鸟之族了。舜为什么要迁三苗于三危呢？说他“数为乱”，是托辞。其实，就是想要占据以铜绿山为中心的这块地方，因为这里盛产“美铜”。尧舜占有了这个地方，也就能够拓土开疆，势力达到湘江上游，乃至珠江流域。

《史记·五帝纪·舜纪》：(舜)践帝位三十九年，南巡狩，崩于苍梧之野，葬于江南九嶷。

舜征三苗，禹是有很大功劳的。

《尚书·大禹谟》：帝(舜)曰：“咨，禹！惟时有苗弗率，汝徂征。”禹乃今令群后，誓于师曰：“济济有众，咸听朕命，蠢兹有苗，昏迷不恭，侮慢自贤，反道败德，君子在野，小人在位，民弃不保，天降以咎。肆予以尔众士，奉辞伐罪，尔尚一乃心力，其克有勋。”三旬苗民逆命，益赞于禹曰：“惟德动天，无远弗届，满招损，谦受益，时乃天道。”……禹拜昌曰：“俞！班师振旅。”帝乃诞敷文德，舜干羽于两阶，七旬，有苗格。

禹征服了三苗之后，占有了以铜绿山矿为中心的铜矿带，并以此作为夏的直属领土，大兴炉冶铸铜的事业。因此遂成就了历史书上所说的“披九山，通九泽，决九河，定九州”的丰功伟绩。

商代，历有征荆和征伐南土的古文献记载：

《竹书纪年》夏帝癸(桀)二十一年，商师征有洛，克之，遂征荆，荆降。

这个荆，不是后来的楚国，这时古文献的荆、楚都是古代对今湖北地区之代称。以荆为名的地方，至今仍有多处，商征荆，或是直指今日大冶，黄荆山是其遗称，或者荆是今大别山南之邦，奄有今大冶古鄂国之地，或者鄂国奄有荆地。这里有铜，出征这里才有意义，而且从古文献中可以窥见，荆和楚后来才是两个政治实体，一度同时并存。

《国语·郑语·史伯论兴衰》融之兴者，其在姓乎!姓越，不足命也，蛮蛮矣，唯荆实有昭德。若周衰，其必兴矣。姜、嬴、荆，实与诸姬相干也。

姜是指齐，嬴是指秦，荆是指楚，楚是指鄂。是姓与姜嬴同，齐、秦、楚才是国名；荆是奄有古鄂及大别山南之地。此时的荆与楚，是同时存在的两个地方兄弟之邦，但这是西周的事。

《殷墟卜辞》甲编(2902)也有许多关于征南土的记载(南土也指的是荆这个地方)，举其一例：

□占贞，弗雀，噩在南。

戊午卜贞，弗克，贝(败)，弗在南?

己未卜贞，多宵，祸在南土?

庚申卜贞，雀，亡祸在南土?果告事。

辛酉卜贞，雀，亡祸在南土?果告事。

壬戌卜贞，多宵，亡祸才(南土)?果告事。

《殷墟卜辞》2907也有记载：

癸亥卜，王曰：蚩尤自征?不征?

(甲)子卜，千绥王佑?

乙丑卜，示绥王佑?庚午卜贞，土(“多”字之误)

亡祸在南土?

甲戌卜，于来丁酉父乙?

这两版卜辞时日连续，所卜内容，主要是问雀和多宵这两位将领南征南土是否无(亡即无字)祸，以及殷(商)王是否适宜对南土亲征。前述第一条的噩，应该就是鄂。殷商代对以铜绿山为中心的铜矿带，到商末纣王时期，已能控制，下面要说的，是有关铜绿山的第三事件。

《史记·殷本纪》：纣以西伯昌、九侯、鄂侯为三公。九侯有好女，人之纣。九侯之女不淫，纣怒杀之而醢九侯，鄂侯争之强，辨之疾，并脯鄂侯。

鄂是这时以铜绿山铜矿为中心的地区的国名，鄂侯是其君长。因为其地产铜，纣王就以公的地位来笼络他；也因为他势力很大，商不能直接有效地控制，因此借口杀了他。后来果然效果大著，纣王以此作为武器基地，势力很快发展到珠江流域。郭沫若曾论及此。

第四要讲的是"周王南征而不复"前后发生的事。

《竹书纪年》：周昭王十六年，伐楚，涉汉，遇大兕。

这次周昭王南征，伐楚，涉汉。这个楚应是立国不久而已具有相当实力的楚国。周昭王接连发动了几次南征之战，先征楚，以除进军的障碍，再伐荆，以夺取铜矿。请看周昭王的彝器铭文：

《䧹簋》：䧹从王伐荆，孚(俘)，用作饙。

《过伯簋》：过伯从王伐反荆，孚金，用作宝尊彝。

《御簋》：驭从王南征，伐荆楚，又(有)得，用作父戊宝尊彝。

明显地看到，周昭王南征的目的，就是为了铜。它可以铸器铸兵，还可以用作祭器，铭功报德。以铜绿山为中心的这块地方，当时在北方看来也叫荆，也叫鄂。荆是以地言，鄂是以国言。后来许多文献，叫楚为楚，或叫荆，或叫荆楚，是在楚灭荆(鄂)后历史名词的沿用。昭王南征，最后一次溺而不返。

《史记·周纪·昭王》：昭王之时，周室衰微，昭王南巡狩不返，卒于江上。其卒不赴告，讳之也。

为什么要讳其言，是因为有一段难言的故事。

《帝王世纪》：(周昭王)船至中流，胶液始解，王及祭公俱没于水中而崩。

《水经注》：沔水又东径左桑，昔周昭王南征，船人胶舟以进之。昭王渡沔，中流而没。

庾仲雍注"左桑"说：村老云，百姓佐昭王丧使于此，成礼而行，故曰"佐桑"。《左桑》字失体耳。

左桑何处，待考。但昭王没处，仍有可考。今铜绿山下之天子湖，在大冶城与铜绿山之间，是大冶湖的汊湖。

古代堤防未设，江湖为一。其地居民，至今仍传天子湖，是周昭王的死所。铜绿山所在的土著之国鄂国，也就是周昭王时北方人所说的“荆”的地方。为什么这样仇视昭王呢?主要是为保护铜绿山的采矿权免受侵占。“以胶舟进”的人，据说是东方徐国国君所谋，说见《英山徐氏家谱》。据笔者参与编纂的《徐氏古今文化大观》所载，当时正是徐偃王在位，大约先后与周昭王、穆王同时。“偃王地方五百里，行仁义，陆地而朝者三十六国”。徐之势力当已及于鄂，与周争铜。不久，周与楚联兵，伐徐，徐偃王“仁而无权，不忍斗其民，大败”。由此可证，徐与鄂共谋昭王，其事非虚。徐偃王被打败以后，其子承徐之名号，仍在北方，徐偃王则逃到了今日浙江衢州、金华、舟山一带，他自扬州地域而来，而居于百越之地不去，他真是所谓‘扬越”之君。直呼为扬粤(越)，谁曰不宜。

楚为了打败他的东方对手徐君，实际也是为了攻打鄂，夺取铜绿山这一带的铜矿，发动了一连串的向徐进兵，最后直提土著的鄂国，这个楚与鄂之战，就是我现在所要说的第五个有关铜绿山的事件。

《史记·楚世家》：当(周)夷王时，王室微，诸侯或不朝，相伐，(楚)熊渠甚得江汉间民和，乃兴兵伐庸、扬粤，至于鄂。熊渠曰：我蛮夷也，不与中国之号谥，乃立其长子康为句亶王，中子红为鄂王，少子执疵为越章王，皆在江上楚蛮之地。及周厉王之时，暴虐，熊渠畏其伐楚，亦去其王号。后为熊毋康，毋康早死。熊渠卒，子挚卒，其弟弑而代立，曰熊延、熊延生熊勇。

《竹书纪年》：周夷王七年，楚子熊渠伐庸，至于鄂。

这段文字，后人理解不同，对于庸、扬粤、句亶、越章今在何处，各异其说，而鄂则明确无误，就是今日铜绿山为中心的政治实体——鄂。鄂之都，在今湖北大冶金牛镇(原属高河乡)，昔属鄂城。也就是后来鄂县、鄂州、鄂城命名的由来，也就是今日湖北简称鄂的由来。除鄂王城而外，今铜绿山之西，有楚王城(俗称草王城)，东有郢城，历史上曾称永城，今考古学者定名为“五里界东周古城”是其明证，说俱见《大冶青铜文化渊源》。

楚自占有鄂后，势力大增，问鼎中原，北方自周王朝以下，不敢染指铜绿山，达数百年。楚东与吴越争雄，亦在今安徽江淮之间，楚国牢牢掌握了铜绿山这块沃土。但在春秋战国之际，吴越亦曾据有其地。下面就说第六个有关铜绿山的历史事件。

《左传·昭公五年》(公元前537年、楚灵王四年)：楚以诸侯及东夷伐吴，以报棘、栎、麻之役。远射以繁阳之师，会于夏纳，越大夫常寿过率师会楚子于稹……吴人败诸鹊岸，楚子以马至于罗。

夏纳，今之汉口；繁阳，在今河南上蔡北，一说即今安徽繁昌；琐在今湖北黄石，昔曾称锁前，今称所前或锁泉，是黄石长江大桥南端引桥的起点；罗就是今日湖南的汨罗江；鹊岸，在今安徽无为县。从这次战争来看，铜绿山为中心的矿山是双方争夺的焦点，而越是楚的盟军。看来，这次战争，楚是从全线败了下来，吴很可能占有铜绿山这块地方，只是时间不长，公元前536年、公元前530年，楚熊兴师与吴争徐。公元前525年，(吴)公子光伐楚，败而亡王舟”。但到了公元前506年楚昭王十年吴王阖闾九年，吴师一直攻打到楚的都城，楚国几乎被灭亡，吴国从此起占有铜绿山这块地方，达十九年之久，一直到公元前473年越灭吴之日止。

《左传·定公四年》：楚自昭王即位，无岁不有吴师……冬，蔡侯、吴子、唐侯伐楚，舍舟师于淮纳。自豫章与楚夹汉……十一月，庚午，二师陈于柏举……败诸雍澨。五战及郢。

蔡、唐皆今河南的古诸侯之国；淮纳在淮河东流曲折处，当即皖豫交界之地；此豫章在今豫鄂交界处；汉即今汉水；柏举即今湖北麻城柏举河；雍澨在今湖北京山县。这次战争，是在江北淮南之地进行，实际是南、北两路进攻，从此楚的元气大伤，再也无力保有江南之地铜绿山了。《寰宇记》云：“阖闾山在县(兴国军永兴县)南，《史记》阖闾九年，子胥伐楚是也”；《舆地记》也说：“阖闾山在永兴’；《武昌记》也说：“昔阖闾与楚相持，伍子胥屯兵于此，《史记》云，阖闾九年，子胥伐楚是也。”《兴国州志》并说阖闾山有阖闾城。兴国、永兴，皆今阳新之古名，阖闾当年设城屯兵，何止为了进攻楚国，更重要是占有今铜绿山、龙角山、牛角山、丰山等地之铜矿，可能一直到公元473年越灭吴的时候为止，吴占有大冶铜绿山等这些地方，还可以从今四顾闸的古“白阁老坟”看出，白阁老即伯否，楚人，为吴太宰，越灭吴，以其不忠，杀之。伯否，《吴越春秋·阖闾传第四·越湛卢之剑由吴入楚》作白喜。吴亡后，越继有其地，至少在公元前465年越王勾践死之前这样，但时间短暂。

下面再谈谈秦楚之间有关铜绿山其地之事。公元前278年楚顷襄王二十一年，秦将白起拔郢以后，直到公元前221年楚被秦灭亡之前，铜绿山这块土地仍为楚所辖。

《史记·楚世家》：二十三年，襄王乃收东地兵得十余万，复西取秦所拔我江旁十五邑。

《史记·秦始皇纪》：(王政)二十六年(秦始皇元年)，荆王献青阳以西，已而畔约，击我(秦)南郡。故发兵诛得其王，遂定其荆地。

青阳故城即今安徽南陵县治。这两段文献所说的是同一件事情，也就是说，公元前278年至公元前221年间铜绿山这块地方，楚王还继续控制着它达五十多年之久。楚这时不只控制了铜绿山，而且还掌握今日安徽铜陵的大工山，足见楚对铜矿生产的重视，也是楚视为其最后的生命线。

四、灿烂的楚国青铜文化

我们说的古代青铜文化，一般是指秦汉以前时期的文化。铜绿山的青铜文化正是如此。这里准备从下列几个问题来谈楚国的发展情况：生产工具的进步，生产力的提高，生产关系的变化，社会经济及交通的发达，国力的壮大及学术文化的发展等。

第一要说的是生产工具的进步。铜绿山铜的利用和开发是很早的，已见本书前文，在炼铜的基础上，铁的熔铸和铁工具的使用，也是很早的。根据地下发掘，铜绿山古铜矿区发现了西周至春秋时期采掘的铜工具，有铜镢、铜锛、铜斧，其中一只铜斧，重达16.5公斤。就在这个矿区里，还发现了一批铁制采掘工具：铁锤、四棱铁錾、铁铲、铁耙。以上诸物，均见杨永光、袁亦斌主编的《铜绿山矿志》。

铜绿山铁的冶炼和铁工具的制造，最迟起于春秋时期，因为当时铁兵器的使用，已及于楚国全军。请看《越绝书·越绝外传·记宝剑第十三》所记楚昭王和风胡子所作的一段对话。这段对话，约在公元前512年楚昭王四年，正是春秋末年。

风胡子对曰：轩辕、神农、赫胥之时，以石为兵，以伐树木为宫室、凿地……至黄帝之时，以玉为兵，以伐树木为宫室、凿地……禹穴之时，以铜为兵，以凿伊厥，通龙门，决江导河，东注于大海，天下通平，治为宫室……当此之时，作铁兵，威服三军，天下闻之，莫敢不服，此亦铁兵之神，大王有圣德。楚王曰：寡闻命矣。

一般的铁器，已于春秋末期为楚所用，所产的最精锐的钢铁剑，也产于此时，并有据证明，也产于铜绿山这一带。公元前512年，楚昭王五年《吴越春秋·阖闾传第四·越湛卢之剑由吴入楚》。

楚昭王卧而寤，得吴王湛卢之剑于床……阖闾闻楚得湛卢之剑，因斯大怒，遂使孙武、子胥、白喜伐楚……吴拔六与潜二邑。

这个剑，价值连城，同上书：

臣闻此剑，在越之时，客有酬其直者：有市之乡三十，骏马千匹，是其一也。

这种剑是什么造成的?是铜。请看《越绝书·越绝外传·记宝剑第十三》：

越王勾践有宝剑五……薛烛曰：宝剑者，金赐和铜而不离金。

1965年在湖北荆州楚墓出土的"越王勾践"，就是这种类型。这只剑距今2400多年，仍光彩悦目。稍后吴越为楚所制的剑，则是铁制的。仍见《越绝书·越绝外传·记宝剑第十三》：

楚王召风胡子而问之曰："寡人闻吴有干将，越有欧冶子，此二人甲世而生，天下未常有。精诚上通，天下为烈士，寡人愿贵邦之重金，皆以奉子，因吴王请此二人作铁剑可乎？"风胡子曰："善。"于是乃令风胡子之吴，见欧冶子、干将，使人作铁剑。欧冶子、干将凿茨山泄其溪，取铁英，作为铁剑三枚，一曰

龙渊，二曰泰阿，三曰工布。风胡子奏之楚王，楚王见此三剑之精神，大悦。(下面还有一段神乎其神的话)

可见此时，吴越不但能造最好的铜剑，也能做出最好的铁剑，而且这铁剑，还是在铜绿山这块地方铸造的。"茨山"即是今铜绿山紧邻之鹿耳山。《大冶县志》(同治版)有云："鹿头山一名鹿耳山……山麓有茨结形。"此鹿耳山，即古之茨山。今山之下有铜绿山、冯家山、石头嘴等铜铁矿。上述故事，正是发生在越臣服于吴王阖闾的时代。

第二个要说的是生产力的发展。从《史记·五帝本纪》来看，兴修水利有一个很长的时间，经历了几代人，绝不是禹一人的功劳。但从古文献来看，禹的时代，确实掌握了铜矿的生产和铜工具的使用，这样就经历几代人的水利工程，取得了比较大的成果。谁都相信，没有铜工具，决江导河，兴修水利，那简直是不可想象的。

《史记·尧纪》：尧又曰："嗟四岳，汤汤洪水滔天，浩浩怀山襄陵，下民其忧，有能使治者?"皆曰："鲧负毁族，不可。"岳曰"异哉!试不可用而已。"尧于是听岳，用鲧九年，功用不成。

《史记·虞本纪》：唯禹之功为大，披九山、通九泽、决九河、定九州。

《史记·夏本纪》：尧听四岳，用鲧治水九年，而水不息，功用不成。于是帝尧乃求人更得舜。舜登用，摄行天子之政，巡狩行视鲧之治水无状，乃殛鲧于羽山以死……于是舜举鲧子禹，而使续鲧之业……(禹)乃劳神焦思，居外十三年，过家门不入……以开九州，通九道，陂九泽，度九山……

积尧、舜、禹几代人的努力，水患方有所平息，这是当时治水者的功劳，而最先产美铜之地的铜绿山，其功决不可没。

楚国自占有铜绿山等铜矿基地之后，因而有了铜工具，也就开始了大规模地兴修水利。据郭全禄、徐显之主编的《大冶水利文征》记载：

孙叔敖，又名为艾猎，出身于楚国公族，春秋时期楚国期思人(今河南淮溪)，在楚庄王(公元前613—前591年)时，任楚国令尹，辅佐楚庄王，使成五霸之一。孙叔敖墓，在今沙市中山公园北角。孙叔敖既是政治家、军事家，又是历史上有名的水利专家。他主张“宣导川谷，陂障源泉，堤防湖浦，收九泽之利”(见《江陵县志》)，他还提倡“秋冬则劝民山采，春秋以水，各得其便，民皆乐其业”(见《新序》卷之一)，曾在期思、雩娄(今河南商城东)兴修水利工程；据《史记》载，楚渠、芍陂(今安徽寿县安丰塘)亦皆为孙叔敖所凿，以蓄水灌田。

楚渠在何处呢？

《皇览》：孙叔敖激沮水作云梦大泽之地。

今编《湖北江陵水利志》考证说：

后人称这项工程为云梦通渠。通渠将沮漳之水引经江陵、潜江入汉水。既沟通了江汉之间的航运，还可灌溉两岸农田。西晋时期扬水运河，宋代的荆南漕河，都是在云梦通渠的基础上修建而成的。

关于芍陂，古文献亦多记其事：

《后汉书·王景传》：景迁卢江太守，郡界有楚相孙叔敖所起陂池稻田。景率吏民修起荒废，由是垦辟倍多，境内丰给。

《水经注》也说：芍陂上承涧水，北流东经白芍亭，积而为湖，谓之芍陂，楚相孙叔敖所造，后汉刘馥、曹操复开。(期思是孙叔敖的故乡)

《论衡第十五·超奇篇》：孙叔敖，决期思，令尹之兆著。

可见孙叔敖在未为相前，即已着手期思的水利建设，他的为相与此不无关系。

第三，谈谈楚国据有铜绿山之后铜绿山的矿业生产，对于生产关系所起的作用。铜绿山矿井在当时世界上可说是先进的，但是，那时井下作业的艰苦程度，是可以想见的，除非强迫奴隶劳动外，谁甘胜此任。当时奴隶的抵抗方法，主要是逃亡，楚为巩固奴隶主的统治地位，曾实行了一种防止奴隶逃亡的法律，叫“仆区之法”。

《左传·昭公七年》(公元前535年，楚灵王六年)：楚子之为令尹也，为王旌以田，芋尹无宇断之曰：“一国两君，其谁堪之？”王即位，为章华之台，纳亡

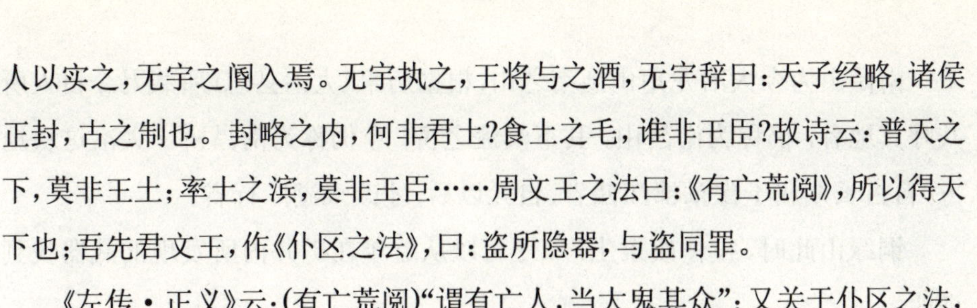

人以实之，无宇之阍入焉。无宇执之，王将与之酒，无宇辞曰：天子经略，诸侯正封，古之制也。封略之内，何非君土?食土之毛，谁非王臣?故诗云：普天之下，莫非王土；率土之滨，莫非王臣……周文王之法曰：《有亡荒阅》，所以得天下也；吾先君文王，作《仆区之法》，曰：盗所隐器，与盗同罪。

《左传·正义》云：(有亡荒阅)“谓有亡人，当大鬼其众”；又关于仆区之法，《左传·正义》注云：“仆，隐也；区，匿也，为隐亡人之法也。”

当时铜绿山铜矿区，是奴隶最集中的地方，这个《仆区之法》肯定与维护和巩固铜绿山奴隶主的统治和生产有关。奴隶制到春秋战国之际，开始动摇，但到了汉代之初，奴隶还盛行于冶炼和煮盐等方面，这对于新兴的封建地主制度，是极为不利的。汉武帝为彻底消灭奴隶制，以维护其代表封建地主阶级的地位，就曾彻底摧毁了奴隶制的残余，而广泛实行其封建国有制，这件事，确与铜绿山等矿有一定的关系。(后有详文专论)

《史记·吴王濞传》：孝惠高后时候，天下初定，鄂国诸侯，各自附循其民。吴有豫章铜山，濞则招致天下亡命者，益铸钱……他郡国欲来捕亡人者，讼其禁弗与。

亡人，就是逃亡奴隶。这些奴隶，一到吴王濞的手里，就被牢牢控制住。甚至与其同等地位的郡国统治者，想来追捕逃亡的奴隶或者其他亡命之人，也是不允许的，而是单方面地强调他有他的禁令。这个豫章铜山，在今何处，下面再说。还是先说当时的奴隶制残余，对社会经济乃至政治所造成的危害。

《史记·平准书》：吴诸侯也，以即山铸钱，富埒天下，其后率以叛逆。

当然，当时作为奴隶主势力残余的，不只刘濞一人，而是有一批人，因此，当时议论极多，汉武帝最后下定决心了。他曾经对卫青说过：“汉家庶事草创……朕不变更制度，后世无法。”于是他起用一批人，雷厉风行的实行封建国有制，这在本书《西汉社会奴隶制残余》一文中作了详细讨论。豫章铜山，在今何处?请看：

《豫章图经》：南昌山，昔吴王濞铸钱之山。

南昌山为今大冶龙角山迤南之山，根据历来《大冶县志》所载乃今日人所共呼其地者，仍称为南昌山，其下溪流之桥，今仍称为南昌桥。大冶这块地方，自古长期属于豫章郡江西省，自元以后，才改隶湖广行省。

铜绿山此时，役使奴隶生产，还可以从近年在矿井内所发现的武器找到证明。

第四，要说的是楚国社会经济的发展及交通的发达。这个要说的社会经济和交通中心，正是铜绿山，而不是别处。1957 年从楚国最后的都城，今安徽寿县出土的《鄂君启金节》就完全证实了这一点。这个《鄂君启金节》的铭文有云："大司马邵(昭)阳败晋币(师)于襄陵之岁，夏属之月，乙亥之日。王居于茂郢之游宫，大工尹雎台(以)王命命……为鄂启之府赓铸金节。"说得有根有据，据考证，这一年正是楚怀王六年(公元前 323 年)。这个《金节》分为《舟节》和《车节》两个部分，先看《舟节》。

《鄂君启舟节》：自鄂往，逾湖，上汉，庚(经)郥，庚芑阳。逾汉，庚郢。逾夏，内(入)已；逾江，庚彭蠡，庚松阳，内泸江，庚爰陵，上江，内湘，庚堞，庚兆阳；内雷，庚鄙，内资，沅、澧、油；上江、庚木关、庚郢。

水路共分西北路、东路、西南路、西路四路。其出发点都在鄂，这个鄂不排除在今鄂王城，但最有可能的是铜绿山或在其附近其他新王域区。湖就是今天的大冶湖，下面再看看《鄂君启车节》：

自鄂往，庚阳丘，庚邡(方城)，庚象禾，庚副焚，庚樊(繁)阳，庚高丘，庚下蔡，庚居巢，庚郢。

此车路是水路的西北路然后由陆路转向今河南、安徽等地。这个舟节和车节，都说了许多经过的地方，证明所经过之地，都有驻守保护商旅并有收税的关卡，这个鄂君启，是楚的贵族，是一地之封君，他所到之处，必须受到保护并享有免税特权的。这个鄂君启几乎到了楚国所有的地方，究竟是为了什么呢?除了送钱币和兵器，以供应楚之各地军政需要之外，还有别的什么呢?因为铜绿山这块地方，有铜以及由当地铸造的钱币和武器，从而就这两《节》所作的表述可以看到铜绿山在楚国社会经济及交通方面的中心地位。还要说一点，楚怀王六年(公元前323年)，下距楚顷襄王二十一年(公元前278年)去郢之前，还有45年，这就说明铜绿山除了供应楚的全国各地的军政需要，同样重要的是供应楚王都和王室的需要。可不是嘛?这个《舟节》两路过“郢”，经过楚的都城。至于《车节》所说最后到达的郢，即是后来楚国的最后的都城，当时的楚东要地。楚国曾迁都数次，所到之处，都称为郢，这也说明自吴入郢(今江陵)以后，楚已早为之所，预在安徽寿县设陪都了。

第五，要说楚自有铜绿山这块地铜的生产基地后，其势力大增，扩土开疆，奄有黄淮以南的广大土地，且看楚国发展的轨迹。

《史记·楚世家》(约公元前11世纪)：周成王时，举文武勤劳之后，而封熊绎于楚蛮，封以子男之田。

初封之时，楚国僻在荆山，方圆不过九十里。

《史记·楚世家》(约公元前887年前后)：周夷王之时……熊渠甚得江汉民和，乃兴兵伐庸、扬粤，至于鄂。

这是楚第一次取得的大胜利，特别是占有鄂这个地方，从此有了铜绿山矿，作为武器的供应基地，更是如虎添翼了。

《史记·楚世家》：楚武王三十年(公元前710年)，楚伐随，随曰：“我无罪。”楚曰：“我蛮夷也，今诸侯皆为叛，相侵，或相杀。我有敝甲，欲以观中国之政，请王室尊吾号，随人为周，请尊楚”。王室不听，还报。三十七年(公元前703年)，楚熊通(楚武王)怒……乃自立为武王……于是始开濮地而有之。

这时的楚，强大到足以与周天子抗衡了，自称为王，并向南扩充势力到湘黔云南一带。他凭什么有这么大的底气呢?他自己说得很清楚：“我有敝甲。”“敝甲”是故作卑辞，其实是说“我有精锐的兵器”。

《史记·楚世家》：楚成王元年(公元前671年)，使人献天子，天子赐柞曰：“镇尔南方吴越之乱，无侵上国。”于是楚地千里。

这次楚向周天子进贡，周天子惶惶不安，无可奈何地说：你不要向北进兵，威胁中原，但楚成王哪里听得进这些话。

《史记·齐太公世家》：齐桓公三十年楚成王十六年(公元前656年)春，齐桓公率诸侯伐蔡，蔡溃遂伐楚。楚成王兴师问曰："何故涉吾也"。管仲对曰："昔召康公命我先君"。太公曰："王侯九伯，若实征之，以夹赐我先君履，东至于海，西至河，南至穆陵，北至楚贡苞茅不入，王祭不共，是以来责。昭王南征不复，是以来问。"楚王曰："贡之不入，有之，寡人之罪也；昭王之不复，君其问之水滨。"齐师还，次于陉。夏，楚王使屈完将兵捍齐，齐师退。次召陵，桓公矜屈完以其众。屈完曰："君以道则可，若不，则楚方城以为城，江汉以为沟，君安能进乎?"乃与屈完盟而去。

齐桓公是当时最强大的武装集团，史书上说他挟天子以令诸侯，九合诸侯，一匡天下，威振天下。他的侵楚，是怕楚的势力深入中原，但楚也毫不在乎，齐也只好与之盟而去。

《史记·楚世家》：楚庄王六年(公元前608年)，伐宋，获五百乘。八年(公元前606年)，伐陆浑戎，至洛，观兵于周郊。周定王使王孙满劳楚王，楚王问鼎大小轻重，对曰："在德不在鼎。"庄王曰："子无阻九鼎，楚折钩之喙足以为九鼎。"

楚在周庭之郊，举行阅兵，并问鼎之轻重大小，意在必得周天子地位而有之。真是狂妄到了极点，也可以说他强大到了权威性顶峰。他为什么这么称强呢?因为他兵力强大，铜制武器多，但总的情况，他的势力一直保持在汝颍淝涡、淮水流域，一直到东海边。其在南边与吴长期交锋，但至楚之亡，保有江淮之间土地的管辖权，最后及于江浙。

《左传·襄公十四年》：楚康王元年(公元前559年)，秋，楚子为庸之役故，子襄师于棠以伐吴。

《寰宇记》：棠即今江苏六合。可见楚的势力已及此，到战国时期，吴为越所灭而越亦帅。楚自是控制了江南广大地区。楚累世不衰，一直到公元前333年楚威王七年时，苏秦为赵王合纵说楚威王时说："是时楚地西有黔中，巫郡；东有夏州、海阳；南有洞庭、苍梧；北有汾陉之塞。”(见《战国策》)到公元前284年楚顷襄王十五年的时候，楚已成强弩之末，仍然是“楚地五千里，带甲百万”。(见《史记·楚世家》)最后，楚都迁都到今日安徽寿县，既仍保有铜绿山铜矿，又有安徽大工山的铜矿，所以他与强秦比，仍有优势，在与秦作最后存亡斗争的时候，楚人还发出了“楚虽三户，亡秦兴楚”的豪言壮语。

第六，再谈谈铜绿山在对楚文化学术方面所作的贡献。前面说的在夏、商、西周时所作的贡献，算是鄂文化时期。自楚占有鄂这块地方，就形成了楚文化。楚人既吸收南方三苗、百濮、百越的文化，又接受北方的中原文化，因而形成彪炳史册的楚文化。这些楚文化，除了近来出土的楚文化，包括丝织、漆器、编钟等之外，还表现在学术著作和文学等方面，在百花齐放的春秋战国时期，楚国人也作出了很大的贡献。最早的古代哲学家老子，是春秋时期楚国苦县人，他所著的《老子》提出了“道生一、一生二、二生三、三生万物”的观点，我认为这个一是天、二是地、三是人、人能创造万物，就是说人能创造一切，这是很了不起的。这曾见于笔者早年所著的《哲学思想评论》中。他还提出了“反者，道之动”的命题，意识到对立面的转化，如说：“祸兮，福之所倚；福兮，祸之所伏。”他的学说，对中国哲学的发展，有很大的影响。后来唯心唯物两个学派，都从不同角度吸收了他的思想。另一个哲学家庄子，是战国时期楚国人，所著《庄子》，其文章洋洋恣肆，并多采用寓言故事，想象丰富，在哲学、文学方面都有较高的研究价值。他读书极多，也到过很多地方，他在《大宗师》篇说过一句话：“以天地为洪炉，以造化为大冶”。如果他没有到过像铜绿山这样大规模炼铜的地方，是说不出这样话的。荀子，是赵国人，游学于齐，后仕于楚，为兰陵令，著书立说，终其地。他和孟子不一样，主张“人之初，性本恶”，是儒家两大学派之一，而又成为法家学说的先驱。屈原是楚国最大的文学家、诗人，他在吸收民间文学艺术营养的基础上，创造出骚体这一新的形式，以优美的语言，丰富的想象，熔化神话传说，塑造出鲜明的形象，富有积极浪漫主义精神，其所作《离骚》、《九歌》、《天问》成为千古绝唱，对后世影响极大。最后要说的是一位汉代今山东人，他叫东方朔，他曾谪居到铜绿山这儿。这里至今还有他的读书堂、讲堂和石室等有关遗址。讲堂和石室（图书室），都是汉代的专有名词，其所作《论客难己》及《设非有先生论》，皆居铜绿山时所作。班孟坚说："朔之文辞，此二篇数善。"说皆见笔者所作《东方朔与东方山》（见《黄石市地名志》）。今曼倩山、栖儒桥，亦与纪念东方朔有关，说见《大冶旧县志》。

大冶青铜文化溯源

徐显之

大冶市古为鄂氏族之所在地，今高河乡胡彦贵村鄂王城遗址，《土俗篇》名为故鄂城，历代相沿，称为鄂王城。鄂王城西依洪水墩，东临高河港，土筑城墙，呈长方形，东西长500米，南北宽400米。近几年出土的文物，有带孔石器残片、陶片、三棱铜箭、三棱铜予、铜戈、铜剑、铁刀、铁斧、铁鼎及金质鄂爰陈爰等。文化堆积，上层为铁器，下层为青铜器、石器，其跨越时代包括石器时期、铜器时期和铁器时期。

夏、商、周时期，鄂氏形成的雄踞江南之鄂国，其辖地，涵盖今鄂东南、湘东北、赣西北。其最盛时期，曾达江淮之间，即《史记·正义》所云："左洞庭石彭？"之地。这块地方自古就以盛产金属矿特别是金铜矿著名，根据拙著《山海经探原》之研究，《山海经·中次十二经》的许多山，都是在鄂的范围内，而且所有的山，都是以金、铜等矿著名。这在《山海经》所说的全国诸山中，是独一无二的。金、铜矿往往混生，古人对金铜亦往往不别。

洞庭之山……其上多黄金，其下多银、铁。

江浮之山，其上多银砥砺。

真陵之山，其上多黄金。

阳帝之山，多美铜。

据分析，洞庭之山，即今岳阳市的君山；即公之山，即今通山县之九宫山；江浮山，即今咸宁市之浮山；真陵之山，即《禹贡》所谓东陵，亦指幕阜山脉北端之山；阳帝之山，即今大冶市所属之龙角山及铜绿山；所以说铜绿山是最古的铜矿盛产之地是有依据的。

大冶市所在的鄂这个地区，其古代氏族图腾，根据《山海经探原》分析，已形成全地区所共同崇拜的地域性图腾，其形象是鸟身而龙首。这是南北图腾相互融合的化身。大别山地区的先民是以鸟为氏族图腾的，珠江流域的先民是以龙为其氏族图腾的。但是这个地区，还有不少地方，保存着原始的图腾形象。《山海经·中次十二经》云：

丈夫之山……神于儿居之，其状人身而身操两蛇。洞庭之山……帝之二女居之，是常游于江渊，澧沅之风，交潇湘之渊，是在九江之间。出入必以飘风暴雨，是多怪神，状如人和载蛇，左右手操蛇。

鄂这个地区，本是以蛇为图腾的，到《山海经》时代的夏代时期，由于受南北两方的影响，其图腾形象就变成鸟身龙首了。

鄂这个地区，最早的氏族，应该是以女娲氏为首的母系氏族鄂氏族了。《前汉书·古今人表》列举古今人物，认为女娲氏大抵与太昊伏羲氏同时，是最古的人物之一。《淮南子·鉴冥训》："往古之时，四极废，九州裂，天不兼覆，地不周载，火火监炎而不灭，水浩洋而不息，猛兽食颛民，鸷鸟攫老弱。于是女娲氏炼五色石以补苍天，断鳌足以立四极，杀黑龙经济冀州，积芦灰以上水。苍天补，四极正，水涸，冀州平……考其功烈，上际九天，下契黄垆，名声被后世，光晖重万物。乘雷车，股驾应龙，骖青虬，援绝瑞，席梦图，黄云络，前白螭，后奔蛇，浮消摇"。把女娲氏说成是继往开来，顶天立地的人物。主要功绩是女娲氏炼五色石以补天。炼五色石就是冶炼金属，有了金属工具，就可以战天斗地，大自然得以被控制和利用。鄂这个地方是盛产最容易冶铸的金和铜的地方。1984 年在大冶铜绿山发现的古铜矿井，据考证是公元前 13 世纪殷小乙时期的遗址。这个遗址，体现了当时采冶铜矿，已初具规模。说明这里铜的采冶，已非一朝一夕，而好多个世纪了，与女娲氏炼石补天之说的时间相合。鄂这个地区的鄂氏族是以蛇为图腾的，《淮南子》所说的女娲氏，反映了这个特点，说她"乘雷车，股驾应龙，骖青虬……前白螭，后奔蛇"，这不是以蛇为图腾的图像吗?汉画砖所见的女娲氏画像，是"蛇躯，尾交首上"，又足证明这一点。女娲的“娲”字，在鄂东南广大地区的本地人读来，其音如“啊”，鄂、娲音近，女娲氏就是母系氏族时期，鄂的人格化的代称，后来的历史，就索性把女娲氏当作一个部落或部落联盟的首领。

“象以齿而焚其身”，鄂这个地区的先民，因为本地盛产金铜矿，往往遭到不幸。《史记·五帝纪》说尧的时候，“三苗在江淮荆州，数为乱，于是舜归而言于帝……迁三苗于三危”。《史记·正义》：吴起云：三苗之国，左洞庭而古彭蠡”。居住在这里的三苗之族，打从长江中游，一直被流窜到三危，今甘肃敦煌有三危山，根据《山海经·西次三经》所云，其地氏族以鸟为图腾，独异于西北各地其他氏族的情况，而与长江中游以北的氏族图腾一致，这说明尧舜窜三苗于三危，确有其事。苗、猫音近，以唇音读则为猫，以上苗音读之则近鄂，因此鄂亦即三苗之族。

商纣王时的鄂侯，其所在的鄂，也应是以鄂王城为中心的鄂。《史记·殷本纪》：“(纣)以西伯昌、九侯、鄂侯为三公。九侯有好女，人之纣，九侯女不喜，纣怒杀之而九侯，鄂侯争之强，辩之疾，并脯鄂侯”。纣之时，根据近数十年来，在湖北崇阳、湖南、广东、江西都出现了殷商铜器，可见殷之势力，早已越过长江流域而到达珠江流域。其所以有这么强大的力量，是与拥有金属武器的鄂是分不开的。然而鄂这个地方，仍有自己的部族首领。为了对鄂实行绝对控制，以加强对南方统治，因而不择手段，将鄂侯处死。本来，鄂就是殷之南的一大政治势力。殷虚甲骨有这么一句卜辞：“□卜贞，弗雀，噩在南”。意思是说，鄂是南方的强大敌手，不要派雀去和他斗个什么胜负，这样才得安宁。

《竹书纪年》周昭王南征而不返的故事，根据大冶市铜绿山附近父老相传，昭王即死于铜绿山与大冶城关之间的天子湖。

《竹书纪年》：周昭王十六年，伐楚，涉汉，遇大兕。

这一次南征，周昭王胜利了，他南征的目的是什么呢?是获取制造武器及祭器的铜。有当时的彝器铭文作证。

周昭王十九年的伐楚之战，是失败了，《竹书纪年》中有记载。

周昭王是怎样死的呢?《帝王世纪》:(周昭王)船至中流,胶液始解,王及祭公俱没于水中而崩。

周昭王死的地方是汉,也叫沔,古人称今武汉以下的长江为汉或沔。

周昭王到过今铜绿山,还到过今白雉山,《楚辞·天问》:"昭王成游,南土爰底,厥利维何?逢彼白雉"。白雉山之名始此。

从以上所说的情况来看,周昭王此次南巡的目的,也是为了夺取青铜而来。而当地的主人,兵力不及,不能硬拼,只能进以胶船,溺杀昭王。

周昭王时期,今大冶所在之地,仍属于鄂,不属于楚。其后到周夷王八年,楚开始向鄂进兵了,并曾在此至少传世有六。从此作为鄂氏族发展而成的鄂国已不存在了。在楚都重返于西后,鄂只成为一个封邑之名。

《史记·楚世家》:"周夷王时,王室微,诸侯或不朝相伐。熊渠甚得江汉民和,乃兴兵伐庸、扬越至于鄂……立其中子红为鄂王"。楚向鄂进攻的目的,也显然是看中了这里的铜矿。至今在鄂王城遗址,仍不时有铜箭、铜矛、铜戈、铜剑出土。鄂成为楚的直接领地后,熊挚红先为鄂王,后继承为楚王。自熊挚红到熊鄂连续六所,近代学者认为,皆以鄂之故城作为楚之国都。清人顾栋高《春秋列国疆域表》云:"熊渠封中子红为鄂王,今武昌府治之武昌县(即故鄂城县,当时鄂王城属之),即楚鄂都也"。王国维《观堂集林》卷十八《夜雨楚公钟跋》云:"夜雨楚公钟……作者为楚公逆,瑞安孙仲颂比部以为即《史记·楚世家》之熊鄂。鄂本从逆,二字形声皆相近,其说不可易矣。此器赵氏《金石录》谓出鄂州嘉鱼县。《复斋款识》引石公弼云:"政和三年武昌太平湖所进"(按:太平湖为梁子湖支湖,其今仍名太平,位于鄂州与武汉江夏区交界处,自今鄂王城至此10公里)。武昌(今鄂州市)、嘉鱼两境相接,盖出二县间矣(按:熊渠卒,子熊挚红立,后六世至熊鄂。今熊鄂之器出于武昌者,武昌即鄂。盖熊渠之卒,熊挚红曾嗣父往,仍居所封之鄂,不居丹阳。越六世至熊鄂犹居于此,故有其遗器。楚之中叶,曾居武昌,于史无闻,唯赖此器所出地知之耳)。郭沫若宗其说,吾师冯永轩亦是之。今人殷崇浩《楚都鄂补》云:"王国维判定此钟出土于宋鄂州嘉鱼、武昌之间，其地望约为今梁子湖之南岸一带，那么楚都距此当不会过远，这里也就是熊渠分封中子红的地方。”《县志》(指《武昌县志》，即《鄂城县志》)所考鄂都旧址在县西南的马迹乡(今大冶高河乡属之)，与楚公鄂钟出土大致接近。今鄂王城为何长期为鄂的都城所在呢?这主要是地势与当时的需要使然。今大冶、黄石、鄂州，自古就是采冶甚盛之乡。而那时从事采冶的人，只有是奴隶。而奴隶的反抗形式，主要是逃亡。这块土地，三面环水，只今鄂王城一带与陆地相通。在古代，只要在这里守住袋口，奴隶就插翅难飞。当然楚在鄂地建都，不等于说全在鄂王城建者。今铜绿山是古铜都之所在，其附近就有栖儒桥楚王城和大箕铺镇五里界之永城。1983 年 8 月底，在今大箕铺镇五里界大沙铁路工地发现东周故城。城垣夯土中，有龙山文化晚期的侧扁陶鼎足、西周时期的陶罐、折肩陶瓮等残片。城内地面有东周时期的陶、鬲、印纹陶片等，被定为东周故城。此城所在地，今称大箕铺，昔称永城里(见《兴国州志》，即旧《阳新县志》，永与郢音同，疑此为最古之郢城，永城本为郢城，而后讹为永城。此后楚都数迁，而所都之城名为郢不变。

春秋晚期，吴越相继称雄于长江中下游，大冶这个地方亦曾属于越吴。而此时大冶铁矿尤重于铜矿。《左传》曾记载了楚越吴三国为争夺今鄂东南铜矿之战，更重要的是为争夺铁矿而战。楚是此地最先的主人，越据于后，而吴后入。越吴据有大冶等地铜铁矿之区后，先后即在其地冶铸铁剑。《吴越春秋》中有记载，又从《越绝书·越绝外传·记宝剑第十三》可知楚已失去盛产铜铁的大冶这块地方，为了铸铁剑，反而要求助于吴越。吴越铸剑之地，与大冶不无蛛丝马迹。还是看《越绝书·越绝外传·记宝剑第十三》：“风胡子曰善，于是乃令风胡子之吴，见欧冶子、干将，使人作铁剑。欧冶子、干将凿茨山，拽其溪，取其铁英，作为铁剑三枚；一曰龙渊，二曰泰阿，三曰工布”。茨山今在何处?《大冶县志》同治版云：“鹿头山，一名鹿耳山……山麓有茨结形”。疑鹿耳山即古茨山，今山之支脉有铜绿山、冯家山、石头咀诸矿，皆盛产铜铁。

战国时，鄂为楚的封邑。1957年，安徽寿县出土《鄂君启节》。据考证，这是楚怀王六年(公元前323年)，楚大工尹受王命为鄂之封君启铸造的金节。

自鄂出发，先经水路中的西北路，到今河南、安徽等地，最后到达楚，最后的都城即寿春之郢。

鄂君启疑为楚王经营铸造和运送武器、钱币到达楚所辖各地的重要封君。因为鄂是楚的武器和货币制造中心。

西汉以后，历代在今大冶地区亦多冶铜铸币的记载，有数处文史资料，须加审视。

《史记》:“孝惠高后时，天下初定，郡国诸侯，各自拊循其民。吴有豫章郡铜山，则招致天下亡命者，益铸钱……”。大冶铜绿山、龙角山曾属于豫章郡。《豫章图经》云:“南昌山，昔吴王铸钱之山”。今龙角山迤南之山，自古迄今，称为南昌山，其山下溪流之桥，至今尚称为南昌桥。梁氏《十道志》所云豫章铜山景况，悉与龙角山合。人常误认此铜山在今江西南昌附近，非也。汉武帝时，根据史志记载，东方朔曾谪居铜绿山。其附近之曼倩山，有东方朔之石室、讲堂遗址。石室是图书馆，讲堂是讲学之所，皆汉代专有名词。其文化之盛如此，创铜绿山之产业兴旺可知。又汉有章山县，在今大冶湖入江附近，是控扼大冶湖而为铜绿山铜锭出境必经之所。由以上可以判断，大冶为最古之铜都，最古之矿冶中心，大冶青铜文化为我国青铜文化之发源地无疑。

大冶青铜文化研究中的“寻根”意识述评

李雄安

大冶铜绿山古铜矿的发现，真是石破天惊，引起世界轰动，一时间中外学者、专家云集，参观考察，模拟实验、集会研词、撰写论文、出版专集，学术活动盛极一时，诸多宏议创见，新人耳目。本文仅就大冶青铜文化研究的“寻根”意识阐发一管之见。

一、“寻根”意识产生的历史背景

中华文明，灿烂辉煌；青铜文化，源远流长；传说黄帝采首山之铜，铸鼎荆山之阳。《尚书》载：尧舜时代，“象以典刑……金(铜)作赎刑。”大禹治水，平定九洲，“远方图物，贡金(铜)九牧”。现行中国历史教科书，在演绎夏王朝史实之端，赫然入目的是：“禹穴之时，以铜为兵。”周承夏、商之盛，蔚为青铜文化之大观。秦汉以降，铜铁并用，盛衰更迭，历时千载，迄至“中国铜器之文艺复兴”时代，明宣德皇帝将铜料铸炉一万八千余座，作为御用祭器和颁赐臣属礼器，后世尊之为“宣德炉”，声震寰宇。其铜质之纯，品类之多，皮色之美，冶铸技艺之高，登峰造极，精美绝伦。此后，陈列在博物馆的是钟、彝，尊、鼎；观象台的是“浑天仪”、“地动仪”等十大仪器；北京故宫、颐和园的铜狮、麒麟、龟鹤；西安的铜车马；四川的三星堆，如一条金光灿烂的风景线，展示着中华五千年文明。

外国有些学者，对我国的青铜制品的种类繁多，铜质精良，技艺高超，叹为观止，比如商代青铜器司母戊大方鼎重 875 公斤；铸造数量惊人，仅殷墟 M5 就出土青铜器 480 多件。随州曾侯乙墓出土春秋时青铜编钟一套 5 吨多，耗铜量之巨大则不言而喻；而他们在中国境内，找不到闻名世界的铜原料产地，就怀疑中华青铜文化是外来的，不是中国人的发明创造。美国学者张光直曾指出：天野元之助和石璋如的研究“令人信服地表明商代的矿工有可供利用的铜锡矿，但是他们都并未证明这些铜锡矿是否确实已被商人开采。为了证实这一点，我们必须在矿区找到考古学的证据或者能将在安阳发现的矿石与某一矿区联系起来的科学证据，迄今为止，此种证据尚告阙如，”又如为美国大中学校广泛采用的由美国著名历史学家、哥伦比亚大学教授海斯、穆恩、韦兰合著于1932年出版的世界历史教科书写道：“在中国，和在欧洲以及近东一样，曾经有过一个旧石器时代，接着又有一个新石器时代……再后便是一个铜或青铜时代，当时的技艺和近东一带的出品是相似的。”在叙述其“相似”的原因时则说：“近代学者们试图追溯中国最初技艺的来源时，就有多种不同的学说。有些人认为这些技艺是由商人或移民从中亚带来的；另一些人认为它们是由近东的采矿者带进来的。”[引自(美)海斯、穆恩、韦兰著《世界史》，生活·读书·新知三联书店出版]

这个千古史谜，像沉甸甸的铅块，压在历代的历史学家的心头。据郭沫若先生研究发现，由于社会历史的多种原因，真正有组织地研究青铜器，是从北宋末年开始的：在青铜文化研究的一千多年来，业经著录的铜器有七八千件，就有铭文记载的进行研究，百分之八十以上的是周器，能断定为殷器的，约在一打左右。由此可以断定殷代已经进入青铜时代，这是由殷虚的发掘所得铜器作为实证的。殷以前的铜器应该有而未能发现或证明。至于铜器时代的上界尚且渺茫，关于技艺的源头更是悬案了。这无论是中国历代经典史学著作的修撰人，还是史学专著的作者们都未曾有过明确的回答。即使是开创“二重论证”的史学研究的王国维先生，在他的《古史新证》等史学专著中也找不到答案。再如开创“三重论证”的革命史学家郭沫若先生，在半个世纪之前所写的《青铜器时代》中也只作出推测性的答案。

……在这儿可能有两种推测：一种是还埋藏在黄河流域的土里未被发

现，另一种是青铜或铜的冶铸技术系由别的区域输入黄河流域的，而原产地尚未发现。在我认为第二种的推测可能性更大。……将来有组织的科学发掘普遍而彻底地进行时，青铜器时代的上界必然有被阐明的一天。

他还引证《考工记》的“吴、越之金锡”和李斯《谏逐客书》的“江南之金锡”等文献资料，认定中国南方江淮流域下游是金锡合金——青铜的名产地。

郭沫若先生的预言，在新中国成立后的数十年间，随着工业生产大发展而逐渐被考古发现所证实。国内先后发现的先秦古铜矿遗址，大致可分为南、北两大系：北方系，仅见内蒙古林西大井一处，距今约2900年，即西周晚期。南方系，矿脉分布较广，但仍可集中分为三大片：一是湖南麻阳地区，通过考古调查发现古矿井14处；一是皖南地区，包括今南陵、铜陵两县，发现古铜矿遗址(点)20余处；再一处，是更重要的一处，即位于长江中游的大冶——九江地区，包括今湖北大冶铜绿山、阳新港下、瑞昌铜岭等地。这里集中笔墨重点地介绍大冶铜绿山古铜矿遗址的情况。

1973年秋，大冶有色金属公司的矿工在铜绿山为接触交带型矿卡岩矿床内12个矿体进行露天开采，当电铲剥离到40多米深时，出现了密如珠网、迷宫般神奇的古代矿井，其分布范围约2平方公里，地表遗留的古代炼渣在40万吨以上(估计前后冶铜10万吨左右)。经过11年的时间，先后对1、2、4、7、11号矿体进行了考古发掘，已清理出商、周至西汉(公元前11世纪至公元1世纪)千余年间不同结构、不同支护方法的竖井、斜井四百多座，与上千条平巷纵横交错，层层叠压；矿井内，整木雕成的排水槽，蜿蜒连绵，四通八达；一根根圆木榫接或搭接固定的方框，支护着井壁；提升矿石用的木制绞车，结构灵巧，制作精细。还发掘出一批古炼铜竖炉(中科院考古研究所实验室对第10号炉炉壁的热释光年代测定为3014±320年。——《考古》1981年第6期)，随同出土的还有一批生产工具：如铜质斧、锤、锛、凿、锄；……铁质斧、四棱钻、耙、锄、斧形凿……木制的铲、锹、桶、瓢、辘轳轴子、钩、棍、船形木斗(选矿用具)……竹制的筐、签、簸箕、藤篓；石质砧、石球；陶罐、陶片……还有生活用具：如木制耳环、葫芦瓢、竹篮和绳纹陶器碎片等等，这些真实记载着中国古代矿业发展历史和卓越技术成就的实物，都是研究中国青铜文化的一批珍贵文物和典型实例。

大冶铜绿山古铜矿遗址，同随后在内蒙古、湖南、安徽、江西等地陆续发现的同时期的古铜矿遗存相比，在开采规模、实物资料的丰富完整和保存的完好程度，都有过之而无不及，即使以之与列入《世界文化遗产名录》的挪威采铜重镇——勒罗斯相比，仅从时间一项来说，就早它两千余年。因此，铜绿山古铜矿，不仅是中国目前唯一列为全国重点文物保护单位，更是唯一将要列入《世界文化遗产名录》的我国的古铜矿遗址。因而，它带给我们的历史使命和现实意义，可想而知。

事实胜于雄辩，在 1981 年 10 月出席北京古代冶金技术国际讨论会的专家前来大冶铜绿山古铜矿遗址参观的学者群中，78 岁的美国麻省理工学院教授史密斯激动地说："多么聪明的人民!我在这里看到了世界其他地方看不到的东西。"美国哈佛大学考古学家麦丁教授来冶考察后说："中东等地虽然很早就开始了铜矿的冶炼，但其采矿遗址的规模、冶炼用炉的先进程度等等，均远不能与中国铜绿山古铜矿相比，铜绿山古铜矿遗址无疑是世界第一流的古铜矿遗址。"在这些赞美声中，"中国青铜文化外来论"，悄然冰释。

二、从人类学角度看"寻根"之争

千古之谜已揭开谜底，青铜文化"寻根"意识理应淡化，而事实上却是随着时间的推移，越来越强烈，为者何?

有人说，文化寻根意识的产生和强化，标志着民族文化的更新和日臻成熟。

当我们思想上牢固树立起建设有中国特色的社会主义现代化这一丰碑时，就会意识到"旧邦维新"是现代化的必由之路，那就不能回避"旧邦"这一现实：因为只有了解民族历史，并正视民族历史，才能真正把握今天，预示明天；既然认定必须把"旧邦"作为"维新"的主体，那就不能回避"旧邦"的民族文化传统赋予人们的智慧和力量，只有用现代化意识重新观照民族历史和文化传统，才能获得对自身的真正理解，并斩断旧思想的羁绊。一个民族在积聚力量纵身腾飞之际，人们迫切需要在现代科学发展的基础上重新认识民族力量，重新挖掘民族文化的生命内核，以寻求民族文化传统和现代化建设的融合点。所以，当我们在“传承文明，开拓创新”的关键时刻，一定会认真地反思自身：我们的祖先是谁?我们是谁?我们从哪里来?走到哪里去?这就是现代化建设过程中形成青铜文化研究的“寻根”意识的大背景。

青铜文化，也和其他民族文化一样，是一种受本民族历史制约的行为、生产方式或生活观念；从某一角度说，文化离不开时间的母体，所谓文化之“根”，简而言之，它是时间的逆向运动的结果——越是原始的，越是接近文化之根。至于青铜文化之根，也可以如此理解。当然，时间与邦国、民族、地域等诸多因素融为一体，而不可分割。因此，在大冶青铜文化研究中吸引着社会各界名流，在“寻根”的大纛下，奋勇争先，各抒己见，掀起了“争鸣”的热潮。概括起来，可分为三大派。

第一，鄂族说，即认为大冶铜绿山古铜矿的主人是古鄂族部落。

根据徐显之先生《山海经探原》之研究，《山海经·中次十二经》所述诸山，大半在鄂的范围内，并以盛产金、铜、铁著称。徐先生认为：洞庭之山为君山，公之山是通山之九宫山，江浮山为咸宁之浮山，真陵山即幕阜山脉北端诸山：阳帝之山，就是大冶之龙角山、铜绿山……；再从鄂的地域性图腾——“蛇”的图像看，与鄂族用“蛇躯，尾交首上”的图像敬祀女娲神祇相合；再次，鄂东南古方言中的“鄂”与“娲”读音相近。而女娲氏是母系氏族时期“鄂”的人格化代称；后来的历史就把女娲当作鄂氏族的首领。因而认为鄂人的采冶铜矿的技艺是从“炼五石以补苍天”的女娲那里传下来的。这是从神话传说的折光里悟出的史前氏族史的影像。

当有信史以后，《史记·殷本纪》载：“(纣)以西伯、九侯、鄂侯为三公。”殷墟甲骨文卜辞：“□卜贞，弗雀，噩在南”。这里的金文“噩”即“鄂”，全句的意思是：鄂是在南方的强敌，不要派雀与之争斗，才会安宁。商纣时的鄂侯，雄踞一方。周王朝为掠夺铜原料，三次南征。据《竹书纪年》载周昭王十六年南征获胜，十九年南征不返。据大冶居民说，昭王曾到过铜绿山与白雉山，即死于铜绿山与大冶城之间的天子湖，一说昭王死于与天子湖相通的沔江。《帝王世纪》："(周昭王)船至中流，胶液始解，王及祭公俱浸水中而崩。"这是鄂氏族对周王朝的报复：土著舟人以食白雉诱昭王，然后以胶船送之，在天子湖至沔的水域中溺死。这有《楚辞·天问》佐证："昭王成游，南土爰底，厥胜维何？逢彼白雉"。大冶白雉山因以得名。此后，大冶则隶属于楚。《史记·楚世家》："周夷王时，王室微，诸侯或不朝，相伐。熊渠甚得江汉民和，乃兴兵伐庸、扬粤，至于鄂……立其中子红为鄂王"。鄂成为楚的领地，即占有了大冶铜绿山铜矿。《春秋列国疆域表》云："熊渠封中子红为鄂王，今武昌府治之武昌县楚鄂都也。"古鄂都所在地——今湖北省大冶金牛镇胡彦贵村，有鄂王城遗址，原属武昌县(即鄂城县)管辖。楚历六世，均都于此。有出土楚公逆(即鄂)钟佐证。郭沫若等均宗此说。春秋晚期大冶属越吴，战国时鄂为楚的封邑。这是以徐显之先生为代表的一派意见。

第二，越族说。认为越人是最先开发大冶铜绿山古铜矿的主人。理由有三：

其一，两周之际，楚地不到今大冶。据《史记·楚世家》载：周成王封熊绎于楚蛮，居丹阳。丹阳，初在丹淅，后徙荆山，"土不过同"。而二地皆距大冶千里。再说，周夷王时，熊渠兴兵伐庸、扬粤，至于鄂，封其中子红为鄂王。"鄂"是当时的赫赫大邦，楚难在"鄂"地立足，很快就走了，未长期占领。这可从两周之际的遗址、墓葬找到物证：如圻春毛家嘴、红安金盆、黄陂鲁台山、鄂城周扬桥、黄石李家湾等，这些已发现的古文化遗址都很难定为楚文化遗址；又如黄陂双凤亭、大冶还地桥等地西周时的墓葬和铜器，尚无可断为楚墓楚器者。

其二，两周之际，扬越域括今黄石。依据林惠祥和"江南地区印纹陶学术讨论会”的专家们所达成的共识，几何形印纹陶及共出的有段石锛，是“百越”的文化遗存。而在大冶铜绿山古矿遗址两周之际之遗存和大冶上罗村两周之际遗存中尚未发现，但都发现一种刻槽鬲足——即在陶鬲足外部有一刻槽。刻槽鬲足同几何形印纹陶和有段石锛一样，也是越文化的一个重要特征。《吕氏春秋·恃君篇》云：“扬、汉之南，百越之际，敝凯诸夫风余靡之地，缚娄阳禺欢兜之国，多无君。”既然“百越”分布地区囊括汉水以南，当包容今鄂东南在内。《史记·殷本纪》所载的鄂侯之“鄂”，就是《噩侯御方鼎》之“噩”，即两栖类鳄鱼。鳄在古代被称为“蛟”，属龙一类。而吴越民族断发文身，像蛟龙状，东鄂之所以称鄂，或许正因为它是越人所建，而越人恰恰崇拜扬子鳄。

其三，春秋中期，楚地已濒今九江。《史记·齐太公世家》云：“楚成王初收荆蛮而有之”。司马贞《索隐》注：“荆蛮者，闽也，南夷之名，蛮亦称越。”可见此时，楚已拓疆千里。铜绿山已成为楚地，楚则如虎添翼，所以楚庄王观兵周郊，敢向王孙满炫耀：“楚国折钩之喙，足以为九鼎”。

在出土文物中，春秋早、中期之楚青铜器已有所见，仅河南淅川出土青铜礼器168件，乐器52件，及许多兵器和车马器，湖北的江陵、松滋、秭归、鄂城、大冶……以及湖南、江西等一些地方，均有发现，这种地方性文化虽在铜绿山古矿遗址未得到充分反映，但在与之山水相连的鄂城、黄州楚墓出土文物中却屡见不鲜。1958—1978年在鄂城东南郊的百子畈、七里界、洋澜湖、鄂钢、五里墩等地共发掘战国时期的楚墓30座，鄂钢94号墓和106号墓出土两件陶鼎：“扁圆腹、平底，方耳微外撇，盖呈弧形”，越文化之特征依稀可见。在黄州国儿冲发掘的5号墓，发现“三兽蹄形高足”铜鼎两件，是典型的越式鼎。同时出土的还有“直唇、敛口、广肩、鼓腹、平底”的大瓷罐和鄂钢出土的器形系楚文化嫡系之硬陶杯九件，总之楚越器物同存并出，反映两种文化上的相得益彰。这说明军事占领可计日成功，而文化上的替代需漫长的过程。

还确认青铜采、冶、铸技艺系由南方吴越人传授北方华夏族的。并引证吕思勉的话说："铜器时期，南方似较北方为早。""北方之用铜，至东周时，尚远在南方之后。"

这是以楚史研究专家张正明先生、刘玉堂先生为代表的一派观点。

第三，楚族说，认定楚人是大冶铜绿山古铜矿的主人。近年来，楚史研究专家一致认为，历史上楚人的"喜迁"是其明显的特点。从始居楚丘到迁徙丹田，经过了漫长的历史阶段，其迁徙路线有：何光岳的西线说；顾铁符、李玉洁的中线说；谭戒甫的东线说，至于线路的具体内容，与论题无关，恕不赘述。三说虽然正误难辨，但持"楚人说"的同仁们，认为"东线说"较符合历史事实，认定楚人在建国前确已来到东鄂。正如郭沫若在《殷周青铜器铭文研究》和《两周金文辞大系图录考释》中所说的："淮夷即楚人，亦即《逸周书·作雒解》中之'熊盈族'。""楚之先祖实居淮水下游，与奄人、徐人等同属东国……熊盈当即鬻熊，盈、熊一声转。熊盈族为周人所迫，始南下至江，……西上至鄂，"可见商周之际，楚人与东鄂土著氏族部落业已融合，物证多多。如《噩侯驭方鼎净》："王南征角，……噩侯驭方纳醴于王……"金文"噩"即"鄂"。可见在方国中，确有"鄂"的存在；又如《禹鼎铭》："用天降大丧于下国，亦唯噩侯驭方率南夷、东夷，广伐南国、东国，至于厉内。王乃命西六师，殷八师曰：'扑伐噩侯驭方，勿遗寿幼'。……"这反映周鄂关系由和谐到破裂。这固然是周王朝为了加强对南方的统治，更是为了掠夺东鄂的铜原料。可能鄂已由方国变为氏族部落了。

又据《史记·楚世家》所载，楚族系季连之苗裔。文章逐代祖述直至穴熊，戛然中断，代以插说："其后中微，或在中国，或在蛮夷，弗能纪其世。"这不也为楚人在迁徙中流散在"蛮夷"——东鄂等地提供了文字根据么?再者，《楚世家》详述熊渠业绩："熊渠甚得江汉间民和，乃兴兵伐庸、扬越，至于鄂。……乃立长子康为句？王，中子红为鄂王，少子执疵为越章王。"联系上文看来，太史笔法高妙至极，前有伏笔，后有照应。熊渠对庸和扬越大加挞伐，而对鄂则不然，何也?原来是对楚族别支的一种亲善。有如楚之灭夔，夔子是楚人，而不祀祝融、鬻熊；楚则以夔子是问，不服，然后以武力伐灭，可作参证。当然，也可能是另一种原因："到昭王时，以楚国为首的方国部落侵犯周朝的疆土，昭王率兵伐楚，当时南夷、东夷来见的有26邦，这次南征激起当地人民的愤怒，他们在渡昭王过汉水时，用了以胶粘接的船只，船身到中流解体，昭王被淹死，周六军大都丧亡。"（见郭沫若《中国史稿》和《左传·僖公26年》）与楚联盟抗周的东南夷中必包括鄂族在内，可见他们是生死与共的盟国，楚王东征时，给鄂以最优惠国待遇，也是理所当然的。

西周后期，熊渠卒，熊挚红继位楚王，仍居所封之鄂，越六世至熊鄂犹居于此，有王国维《观堂集·夜雨楚公钟跋》佐证。春秋时期楚国疆土方五千里，拥有中国南方所有的铜矿，铜业生产发达，国力强盛，促使楚庄王成就霸业，并勇于问九鼎于周王室，夸耀"楚国折钩之喙足以为九鼎"成为美谈。大冶铜绿山古铜矿正勃发于这一时期。

夏鼐、殷玮璋《湖北铜绿山古铜矿》作出的考古论断是："关于这些矿井的年代，我们曾经根据出土物推定1号矿体的12线老窿为春秋晚期，24线老窿则属战国时代。……最近又作了几个碳十四测定。(见附表)"这里择其主要的项目分述于后：

①Ⅶ号矿体2k—877(巷19)树轮校正年代为距今2810±130年；②10号炉的热释光年代距今为2895±305年、3014±320年；③6号炉旁出土木炭标本距今3205±400年、3014±320年。据此，断定铜绿山古矿遗址的上限年代"可能到西周"。文章最后作出如下结论道："从铜绿山古铜矿获得的丰富资料，还说明东周时期的楚国在铜矿的开采和冶炼方面都已达到较高的水平，从而对于像曾侯乙墓出土的青铜器，总重量达到十吨之多的惊人数字也就有了更深的理解。"

关于技艺源头，《楚文化的东渐》认为：楚人的青铜冶铸技术是从中原传入的。可是在发展过程中，却吸收了多种文化因素。如青铜冶炼技术就有扬越的贡献。据《越绝书》记载：楚曾不惜"邦之重宝"聘请吴越铸剑名师，以获得铸造兵器的先进技术……。这派意见是以夏鼐、殷玮璋为表代，汪从元先生等，力主此说。

如上所述三派鼎立，其实只有两派。根据郭沫若先生所说淮夷即楚人，在商代晚期，武丁“复兴殷道”、“奋伐荆楚”，楚人多数臣服，少数逃散，西上至东鄂者，即楚人。是其一。其二，鄂族说，认定周夷王时，熊渠封熊挚红为鄂王，定都大冶历六世之。在两周之际成为大冶铜绿山古铜矿业主。可见“鄂族说”与“楚人说”看法一致。所以说与“楚人说”对立的是“越人说”。学者评说颇多，如高至喜先生在《楚文化的南渐》一书中说：“‘关于铜绿山古铜矿的国属，主要有两说，一说属楚，认为从铜绿山古铜矿获得的丰富资料，还说明东周时期的楚国在古铜矿的开采和冶炼方面都已达到较高的水平’。第二说是‘两周之际，楚地不到大冶’，因而‘把铜绿山古铜矿西周至春秋早期的主人定为古越族，在楚成王时，铜绿山已成为楚国囊中之物’。根据现有资料，当以第二说较为接近实际，即铜绿山铜矿先由越人开采，后归楚人所有，这是很正确的。”(见《楚文化的南渐·楚人南渐的历程》P43)荆璞先生在《楚国采矿与冶炼概述》中说道：“经分析研究，在春秋早期以前，矿山由扬越系属东鄂所经营，从春秋中期楚成王时起，就成为楚地，而由楚人所采冶了。”还有李天元先生指出：“从考古发现的文化遗物来考察，鄂东古铜矿先越后楚的观点是能成立的。楚控制鄂东古铜矿的时间或许会比春秋更早一些。”万全文先生说：“楚人所至之鄂，即东鄂，在今湖北鄂州市境，是扬越的经济中心。大冶铜绿山产铜中心就位于鄂南面不远的地方。熊渠可能就是在当时头等的战略物质——红铜的诱惑下，才不惮长江风涛之险，劳师远征到鄂去的。”

而持“楚人说”的看法截然不同，对“两周之际楚地不到大冶”则持否定态度：

第一，对“越人说”根据《楚世家》：“当周成王之时，……封熊绎于楚蛮，……居丹阳”以及《左传·昭公23年》：“鬭冒至于武，文，土不过同”(周制“方百里为同”)认定楚地不到大冶；“楚人说”则根据《墨子·非攻(下)》：“昔者楚熊丽始讨(毕沅云:“讨”字当为“封”)。此雎山之间,……地方数百里”,以及《左传·襄公25年》:“且昔天子之地一圻,列国一同,自是以衰。今大国多数圻矣”与之抗衡:离东鄂数百里之楚国,尚有“千里江陵一日还”之便捷;而远在数千里外的越国真是鞭长莫及了。

第二,对“越人说”关于熊渠封其中子红为鄂王后,楚人难在鄂地立足,“很快就走了,未长期占领”一说不以为然。刘和惠先生说:“西周晚期楚熊渠伐扬越,至于鄂。鄂在今湖北鄂州市一带,说明西周时期今大冶铜绿山铜矿已归楚所有。铜在当时仍是重要的战略物资,兵器、礼器和工具无不需要铜作为原料。楚经营铜绿山地区古铜矿的时间相当长,而完全控制皖南古铜矿,大约要到战国中期。”(见刘和惠《楚文化的东渐——长江中下游地区古铜矿的比较》)文里的“楚经营铜绿山地区古铜矿的时间相当长”,具体地说,是从熊挚红称鄂王,后继位楚王,仍都于鄂,历六世至熊鄂为止,有距铜绿山约30公里的大冶金牛镇内的鄂王城遗址和楚公逆(即鄂)钟作为考古物证。王国维《观堂集林卷十八·夜雨楚公钟跋》云:“夜雨楚公钟……作者为楚公逆,瑞安孙仲颂比部以为即《史记·楚世家》之熊鄂。……《复斋款识》引石公弼云:“政和三年武昌太平湖所进”(太平湖为梁子湖支湖,离大冶古鄂王城10公里)。在张正明、刘玉堂《大冶铜绿山古铜矿的国属》一文发表十年之后,又出土一套8件甬钟,钟铭中有“楚公逆祀(厥)先高且(祖)考”一句。依《史记》所载,熊渠即其高祖父,熊延为其曾祖父,熊严为其祖父,熊徇为其父亲,熊鄂为子辈。恰恰是都于鄂的楚君六个朝代,此时的熊鄂王国,略显霸主气势。有楚公逆钟铭文为证:“楚公逆出,求氒(厥)用祀。四方首休多勤(钦)融子内(纳)飨(享)赤金九迈(万)钧,楚公逆用自作和齐锡(盈)钟百肆。”(见黄锡金《山西晋侯墓地所出楚公逆钟铭文初探》,“丁村文化与晋文化国际学术讨会”论文,1994年)楚王出巡,有四方部落首领朝贡,贡品红铜达九万钧。可见楚人在东鄂绝不是“难以立足”。“当时熊渠虽去其王号,但未必放弃了对铜矿的占领,去王号乃权宜之计,将远征军变成驻防军,以占领盛产红铜的这块‘飞地’,

则是其根本目的。”(万全文《楚地铜资源与先秦铜料获取方式略论》,《楚俗研究》第三集)这才是历史的真面目。

第三,“越人说”认为“熊渠兴兵伐庸、扬越,至于鄂”,从行文上看,鄂从属于扬越,而不是与扬越并列。其实不然。《史记》上这类句式很多,可作参证。如《齐太公世家》:“齐桓公救燕,遂伐山戎,至于孤竹而还。……桓公称曰:寡人南伐至召陵,望熊山:北伐山戎、离枝、孤竹……西伐大夏,涉流沙;束马悬车登太行,至卑耳山而还。”如果说例子还嫌含糊的话,再将《国语·齐语》所叙同一事件(指加着重号的句子)的句子加以比较:“遂北伐山戎,刜令支(即离枝),斩孤竹而南归。”这里的山戎部族与孤竹国是并列的。

又如罗香林《中夏系统中之百越》载:“熊渠所伐之扬越,仍在汉水流域:楚人略地本循汉水顺流而南,故先庸,后扬越,后至鄂。扬越界庸鄂之间”。罗先生也认为三者并列。

第四,“越人说”再列举《吕氏春秋·恃君篇》:“扬汉之南,百越之际,……”证明大冶属越。“扬汉之南”的“扬”,一说指汉水中游的支流扬水;一说指扬州。而大冶既不在扬水之南,也不在汉水之南,更不在古扬州所辖范围。参照汉代所置十三刺史部之一的扬州府管辖地域:相当于今湖北英山、黄梅、广济和安徽淮水、江苏长江以南,及江西、浙江、福建三省。大冶、阳新、鄂城都不属扬州府。

第五,“越人说”还有一条文献论据是:《说苑·善说篇》记述鄂君子晰游于江上,与榜枻越人交欢尽意。证明东鄂确有越人。反对派则说:这一史实有如下问题:一是时限上晚于西周;二是“游于江上”的“江”,不知是指什么江?因为古代史书上的“江”,不专指长江,再说,长江万里,流经楚、越、吴诸国,又未确指某一地段;三是榜枻故人只是与鄂君子皙同舟共济,而无文字说明长期同居一地。总之,鄂君子皙与越人交欢尽意的故事,只能说明在楚国的鄂地没有越人杂居,要是到处有越人,鄂君子皙怎么会听不懂越语呢?那还用得着请越语翻译么?或者是鄂君子皙乘船到了越国地带,听不懂榜枻越人的歌唱，就要求他用楚语翻译，结果他不懂楚语，不能翻译。还得从其他船上找一个懂楚语的越人或懂越语的楚人翻译，可见这个榜枻越人并不住在楚国了。难道在楚国土生土长的越国人，不会说楚国话么？

如上所述，认为两周之际，大冶属越国所辖范围，从文献资料上是找不到有力证据的。“越人说”的结论，是来自于对考古发掘的文物的判断：“西周至春秋初期鄂东南的文化遗址，比较重要的发现有：圻春毛家嘴，红安金盆，黄陂鲁台山，鄂城周扬桥，黄石李家湾，汉阳纱帽山，黄陂磨之城和汉川乌龟山等。据考古工作者研究，这些古文化遗址很难定为楚文化遗址。”既然很难定为楚文化遗址，大概更难定为越文化遗址了。如举证“两周之际扬越域括今黄石”的有越文化重要特征的刻槽鬲足；可是许多考古专家却认定是“楚式鬲”的特征。（见《楚文化研究论集（第一集）·江汉地区楚式鬲的初步分析》）再者就是有关几何形印纹陶的看法，“越人说”认为只有越人居地才有：而“楚人说”则认为是处于楚尾越头的东鄂地区留下楚越文化交流的遗存。可见军事势力封疆割据，而文化渗透藕断丝连；所以在匈奴的领地尚存汉砖汉瓦。

两家的争论，见仁见智，各执一端，高下难分。从学术角度来看，还须继续深入研究，下结论为时尚早，定案之日，是新的文献和新的考古文物发现之时。如果从人类学的角度来看，态度迥异。《世本》云：“越，芈姓，与楚同祖也。”可见楚越同族，在人种方面，无优劣之分，只是因居住的地域不同，民风习俗有了变异，文化有了差异而已。严复所译甄克思《社会通诠》论道：“世界历史所必不可诬之事实，必严种界，使常清而不杂者，其种将日弱而驯，致于不足以自存。广进异种者，其社会将日即于盛强，而种界因之日泯。此其理自草木禽兽以致明之民，在可证实之实例。”我国学者也认识到，“世界上没有血统很纯粹的民族，民族既非单元，文化也就不会单元。反过来，文化越灿烂，民族的血统似乎越复杂。”这是对以上两个源头方面中肯的结论。

三、让青铜文化的老根生长现代化的新芽

纵观青铜文化的发展，由朴到繁，由繁到朴，盛衰更迭，循环往复，演化无穷，时间于此，无甚意义。而青铜文化之根，可反映出民族文化精神的内核，寓永恒于一瞬。如能真正挖掘出民族文化精神的核心，在现代化的理念的观照下，阐释民族文化，必然能推动现代化建设。这也就是古老的民族文化之根，把根须深深扎进现代化的土壤之中，古代精神，即现代精神，如若不然，即使尧舜禹汤在世，也对现代化无甚裨益。用人类学的观点来看，从人类精神现象着手，具体地阐释青铜文化，才能认识到，一种文化的形成，都是人类认识能力的提高，同时又是一种限制。因而寻根者所寻之“根”，绝不是纯物态的矿井和炼炉，绝不是碳十四测定、热释光年代、树轮校正的古老岁月，也不只是古铜矿业主的民族和国别。青铜文化研究者所寻的青铜文化之根，它当然是生长在遥远的古代，而且湮没在时间的长河里和堆积如山的铜矿炼渣中。她似乎失去了活力和光彩，可是透过她的形体，可以想象到她曾活跃在古代的社会大舞台，使王权烜赫，国力强盛，民族振兴，称王称霸，不可一世，雄视千古，所以，我们既要见物，只要见“人”，即叫物质变精神，化腐朽为神奇，令有限为无限，古为今用，让青铜文化之老根生长出现代化的新芽。

在这方面，已有许多同仁作出了有益的探索。如黄又平提山，“研究大冶青铜文化，要提炼出一种精神来”，即：“艰苦奋斗，自强不息，奋力开拓，勇于改革的精神”；“重视科技，重视人才的优良传统”；“团结协作的精神”(见《研究古文化，形成新思维》《铜草花》杂志 1993.3)。余炳贤提出“从青铜文化中提炼出的大冶精神，其实是民族精神，即：筚路蓝缕的创业精神；富民强国的爱国精神；广采博纳的开放精神；刻意求新的敬业精神。”这都是颇有见地的倡议。那么，我们下一步的工作是什么呢?

首先是对青铜文化精神内核的发掘。这里仍以大冶铜绿山古铜矿而言，经过同仁们用人类学的显微镜的透视，她蕴含着历史价值，科学价值，文化价值；还领悟到物质文明和精神文明的融通性，自然科学与社会科学的互补性，哲学与美学的共同性；经过博而后约的提炼，概括出一种崇高的精神，即民族文化之内核；笔者以为就是产生爱家、爱国、爱民族、爱学习、爱劳动、爱科学、爱事业、爱自然、爱人类的一颗赤诚、善良、聪颖、雄豪而执著的“爱心”。因为如果离开了这一关爱人类的人格基座，青铜文化人便是无所为无所不为的一群了。历史事实表明：只因为有了这种关爱之心的人格精神，才有了铜绿山古铜矿跃居世界领先地位的传奇，才有了曾侯乙墓出土五吨重的编钟的演奏；只因为有了这，才有了司母戊大方鼎的重器，才有了灿烂的青铜文化，因为有了这种人格精神，才有了熊绎称王，楚庄王称霸，因为有了这，才有了屈原的《离骚》、老庄的哲学，《山海经》、《淮南子》的神话；因为有了这，才有了孙叔敖的清廉、诸御己的劝谏、鲁班的木艺以及卞和献璞的执著，……总之，这种“爱心”，是敬业、自强、创新的力量源泉，她是民族精神的核心，是核心中的内核，是素质中的基因。

其次是加强青铜文化的宣传力度。中央电视台综合频道每当新闻联播开播前，伴随着主题乐曲显现在荧屏上的字幕是：“传承文明，开拓创新。”可见“开拓创新”，是以宣传和继承中华文明为前提的，其重要性，不言而喻。宣传青铜文明，是青铜文化发祥地的大冶人民义不容辞的责任，如建立铜绿山古矿遗址管理机构，文物博览馆，大冶青铜文化广场；出版《大冶——青铜文化的发祥地》等等。这些举措，已取得较大成绩；笔者以为在宣传青铜文化传人及其人格精神方面还应加强。这里应强调要走出几个误区：文化知识不能与文化素质混为一谈；文化技艺与文化人格不能混为一谈；技术性的文化细节与整体性的文化品格不能混为一谈。鉴于青铜文化的人格精神，沉淀于商周以降的各个朝代，渗透到社会历史的方方面面，有如空气之于空间，无孔不入，无所不在。而文化的力量，又在于整体结合，在于价值选择，在于人文方向。根据数十年文化宣传“厚今薄古”的原则和实施情况，从现代化建设的实际需要出发，宣传青铜文化过程中特别重视宣传“楚史”，它就是一部开发和保卫青铜的英雄史诗，有圣君贤相、谋臣策士、仁人墨客，灿若群星，彪炳千秋。如楚庄王的雄武，庄辛的贤明，保申的刚直，毕升的活字印刷，李时珍的《本草纲目》，鄂君启的水陆通商……真是有说不完的故事，道不完的佳话，唱不完的颂歌，一桩桩，一件件，对我们今天的建设，都有借鉴意义。比如我们看大冶作家胡燕怀先生创作的电视剧《张之洞》，从开创汉冶萍钢铁公司的斗争风云中，看到了熟悉的楚地风情，异常亲切，异常感人，能收到特殊效果，由此可见，运用地方志上的传奇人物故事进行宣传教育，有一种乡情魅力，驱使人们接受、体悟和消化，希望大冶今后有多部这类好的历史剧作宣扬青铜文化。

再次是找准青铜文化与现代化的融合点。新中国成立以来，大冶地区铜矿的开采，有十来个矿业公司，开采手段在50年代就已机械化电汽化了；还在黄石建立了大型的现代化冶炼厂，国家和地方政府在政策上予以倾斜，为社会主义建设已立新功，这无疑是拿准了的青铜文化与现代化融合点。彭爱云的《"放养"青铜》的倡议，已引起市政府的重视，有消息说在积极筹备开发古矿遗址的旅游资源。可是还有一个科技和艺术含量浓重而急需开发的项目，却被遗忘了。那就是青铜艺术铸造所出现的断层现象。这是包括大冶在内的全国性的普遍现象。如80年代，北京大学为蔡元培先生树一尊青铜胸像，竟要几家科研单位联合"攻关"。有外国人士讥讽说："中国的艺术铸造已经失传，只有去外国重新学习回来。"就是在这种舆论的压力下，有人出于民族的自尊心，喊出了"创青铜艺术的再辉煌"的口号，这位勇士，不是生长在青铜文化发祥地的大冶人，而是四川成都人，大名叫做霍季民!据有关资料介绍，霍季民先生，数十年如一日，潜心钻研，勇于开拓，现已实现了他的诺言，成绩卓著：他"会同雕塑家，科技界朋友，前后制出青铜艺术品数万件，1989年在北京举办了中国首届青铜雕塑展览，主持了首届青铜艺术研讨会，1991年在澳门举办了《中国青铜雕塑、玉器、书画艺术精品慈善大展》，1997年为江苏无锡高104米的灵山大佛配套工程承制高42厘米的青铜释迦牟尼真身佛像五千尊垂成万佛殿。"他把自己的创作经验浓缩为三个"结合"：即艺术与科技结合；现代科技与传统工作结合；研制与市场相结合。他山之石可以攻玉，因而引此特例，以飨读者；特别是给研究青铜文化与现代科技融合点的经济部门的同志，提供一条信息。

最后一点，让青铜文化乘“三龙”漂洋过海。大冶成功地举办了2001年国际“三龙节”，为招商引资开辟了一条国际性航道，这是创举；本应是青铜文化与现代化的传奇性交融活动，但未如愿以偿。在活动的全过程中，突出青铜文化发祥地的基本特色还嫌不够。在某些环节上还有“龙文化”与大冶青铜文化脱钩的倾向。笔者极为自信地断言：在青铜时代的“铜”就是“龙”。理由何在?这得从中华民族崇拜“龙”图腾说起。

“图腾”，一般以为源于摩尔根《古代社会》，说图腾(Totem)是北美印第安人鄂吉瓦族的方言，意为“他的亲族”，用作族徽标记。而严复说，“图腾者，蛮夷之徽帜，用以自别其众于余众者也。”《山海经·海外南经》云：“南方祝融，兽身入面，乘两龙。”古代神话中神人的坐骑，往往就是其主人的动物化身。祝融乘龙，其化身即为龙。楚人为祝融之后裔，故尚龙，作为图腾崇拜。

《史记·天官书》：“轩辕，黄龙体。”其注曰：“人首蛇身，尾交首上。”这里的“尾交首上”就是“黄龙体”，这就是夏族崇拜龙图腾的起源。所以夏族的旗帜为龙旗，旗上绘交龙。

《列子·黄帝篇》：“庖牺氏、女娲氏……蛇身人面。”据此，女娲氏族应以“蛇”为图腾，为什么崇拜龙图腾呢?古龙字的偏旁形符保留了“已”字，“已”即蛇之形象。在古人眼里龙蛇混杂，同类如一，古籍多有记载。而这种图腾的融合，是中华文化所特有的。更有趣的是，在中国古代传说中，许多“神”都是“人首蛇身”；《山海经》中载有共工、相柳、窫窳、贰负等都是人面蛇身：雷神、烛龙(烛阴)、鼓等都是龙身人首；《竹书纪年》中说，属于伏羲氏系统的长龙氏、潜龙氏、居龙氏、降龙氏、上龙氏、水龙氏、青龙氏、赤龙氏、白龙氏……也是一大群龙蛇。这些都是后世诸多氏族以“龙”作为图腾的来由。由此可见远古时代，生活在中国大地上的氏族、部落及其联盟，用“龙”的图像作一个共同的图腾、符号和标志。

其次，再进一步探究崇拜“龙”图腾的原因。《广博物志》卷九引《五远历年纪》:“盘古之君,龙首蛇身,嘘为风雨,吹为雷电,开目为昼,闭目为夜”。这是开天辟地的盘古时代的先民们,在受到天旱缺水的威胁时,苦于无法战胜自然力的情况下,祈求“龙”降水赐福,佑护自己的愿望,就用崇拜龙图腾的活动,曲折地反映出来。

《史记·三皇本纪》司马贞补曰:“炎帝,神农氏,姜姓,母曰女登,有娲氏之女,为少典妃,感神龙而生炎帝,人身牛首……”《孝经援神契·谶讳书》也有这类记载:“神农氏蛇身而牛头。”这里出现了图腾的融合现象,即把龙图腾与牛图腾合二而一了。据有关研究图腾的学者说,有的氏族只有一个图腾,有的氏族有多个图腾,图腾也会产生分解与融合。如澳大利业的阿兰达、洛里贾部落,有400多个图腾,全用动物身体的某一部分,像袋鼠的尾、胃、脂肪等。又如古埃及就有鹰和鳄鱼的复合图腾。那么,这种复合图腾产生的原因又是什么呢?除上述有关氏族联盟之外,还有一个重要原因:弗洛依德在破译图腾的奥秘而中肯地界定为:“宗族的祖先,同时也是保护神”,当人类由旧石器时代进入新石器时代,也就是农人时代,人们从驯养狗开始,到驯养牛,作为耕作的动力。收成的好坏,取决于这种主要生产力——“牛”。人们通过幻想,就把“牛”也神化了,也作为图腾来崇拜。

由此,可以推知帝王也崇拜“龙”图腾的原因了。“龙”为帝王所关注和崇拜,既不是把龙当作自己的祖先供奉,也不是因为龙是通天的使者,是瑞兽,是掌管着与人们生活性命攸关的降雨权力的“神”,真正的原因还是把“龙”作为“保护神”。它在帝王心目中“龙”象征着一种战胜敌人而保护了自己的强大武器。这里就以传说中的黄帝与蚩尤之间的战争为例来说吧。

据《世本·作篇》云:“蚩尤以金(铜)为兵。”“蚩尤部族,兽身人语。铜头铁额,食沙石子。造立杖、刀戟、大弩,强勇善战,威振天下。”(见张振犁:《中国古典神话流变论考》,91页)这把蚩尤部落从冶炼铜矿到铸铜兵,再到战士披坚执锐予以人格化的图像描写。

而作战的对方呢?“黄帝以玉为兵。”金石对阵,蚩尤就是处于绝对的优势。

“蚩尤乃逐帝，战于涿鹿之阿，九隅无遗。”(《逸周书·尝麦》)黄帝兵败逃走，陷入绝境，后来得到其他部落的援助，黄帝也使用了铜器。黄帝率其部落，陈兵于“多赤金，色赤如火”的昆吾山，“地掘深百尺，犹未及泉，惟见火光如星。地中多丹，炼石为铜，铜色青而利。”可见黄帝部落也学会了开采铜矿，冶铜，并铸铜兵，而且是锋利的青铜兵器。“甘肃临夏东乡林家文化遗址，发现一口残青铜刀，距今五六千年。”(王献唐：《炎黄氏族文化考》16页)据考古工作者从时间和地点上推测，此刀的主人正是黄帝的将士。因而，“黄帝三年九战，方擒杀蚩尤。”(王献唐：《炎黄氏族文化考》25页)。由此可见，黄帝战胜敌人而保住了自己帝位的“神灵”，便是青铜兵器，简而言之，就是“铜”；以后的多个朝代，凡掌握了青铜生产的帝王，王朝就稳固；春秋战国时期，凡占有南方铜产业的王侯，便可成就霸业。因而“铜”给“龙”图腾的原有涵义注入了新意，“龙”(铜)成了王权的象征，天子从此称为“真龙天子”，天子的仪仗有龙旗，天子的朝服上画有卷龙，称为“衮龙袍”；天子起居的宫殿称“龙庭”；从此“龙”也成为人们心中吉祥的宠物，与铜器并出共存，凡是铜礼器、祭器、酒器、食器、乐器、兵器、车马器都有“龙”形花纹，只是在盛衰不同的时期内有繁简不同而已，如楚王“酓章鎛钟”上有龙纹；“郑伽子绷浴缶”包括盖在内通体是龙纹；“盘尊”及盘尊的“尊”繁体龙纹与简化龙纹并存；“鉴缶”有变形龙纹；“樽”有连环龙纹；“方纹铜禁”有龙纹二十余条；“镶绿松石铜怪兽”的头部有数不清的浮雕的立体龙；“大府铜牛”背、腹部有简笔龙纹图案；“地动仪”上有八条张口立体龙……还有举不胜举的例子。总之，在青铜时代，龙文化与青铜文化是孪生姐妹，连体婴孩，不可分离。由此类推，钢铁时代先进的钢铁生产就是“龙”电子时代，先进的电子技术就是“龙”；纳米时代，先进的纳米技术就是“龙”。一言以蔽之，先进生产力就是龙。而“龙”的原始概念，即《说文》注：“鳞虫之长。能幽能明，能细能巨，能短能长；春分而登天，秋分而潜渊。”早已蜕变。正如毛诗蓼萧传曰：“龙，宠也。”在人们心目中，“金玉满堂，龙凤呈祥”，“金”质而“龙”形，总是相伴而生，相得益彰。因此，龙(铜)是古代人的宠物，符合古典美学价值的取向。而现代人呢，则爱“气质高雅，人面桃花；楼上楼下，电视电话。”那么，纳米时代呢，当然更高一筹。所以，建议国际三龙协会的中方有关人士，能理解“铜”、“龙”音近而义转，形神合一的内蕴，同时，随着时代的前进，用发展的眼光来看待“铜”和“龙”，并赋予新的涵义，勇于把“龙”看成“铜”文化的图腾。从而借三龙节的大好时机，宣传青铜文化，让世界了解大冶，让大冶走向世界。

给青铜文化史上的大冶戴上王冠

李雄安

本文要重点阐述的中心议题，即建设以铜绿山古铜矿遗址为主的青铜文化旅游区，形成集青铜文化、城市休闲游憩、旅游集散基地为主导功能，体现大冶“青铜冶韵”、“矿冶史诗”的旅游形象。为此，现已建成大冶市博物馆、铜绿山古铜矿遗址博物馆、青龙山公园、青龙广场、青铜广场等，将自然风光、老城区气象、遗址附近的矿坑遗存实景与青铜文化有机结合，再配上建筑小品；青铜雕塑、岗亭、路牌、栏杆、灯柱、坐凳、候车亭、喷水池、广告牌等，点缀青铜街景特色；责成星级酒店开设青铜器橱窗和青铜主题餐厅，运用现代仿青铜器作为菜肴容器；大众餐饮推出符合“青铜文化内容”菜系；商店推出青铜文化书籍、青铜修饰纺织品、青铜餐具、乐器、古币、古玩等；举办年度青铜文化艺术节、青铜视觉艺术展、音乐会、艺术家交流及作品展……尽管在有关青铜文化的建设与宣传方面做了不少工作，但离总体目标还有一定差距。政府责成有关部门要在提高青铜文化宣传、建设的品位上下功夫，以充实内涵，拓宽外延；并广泛地征求社会各界人士的意见，群策群力，通过各种渠道，在城市建设中彰显青铜文化特色。给青铜文化史上的大冶戴上王冠，还她历史的本来面目。具体地说要做好以下工作：

一、跻身“世遗名录”，见证“世界一流”

铜绿山古铜矿遗址，1982 年 2 月 23 日，国务院公布为全国重点文物保护单位。遗址博物馆自 1984 年开馆以来，有世界五大洲 30 多个国家的专家学者前来参观考察。1991 年 10 月，在北京召开的古代冶金技术国际学术研讨会，一批世界著名的冶金方面的专家到铜绿山参观考查，美国哈佛大学考古专家麦丁教授说:“在世界其他地方看了许多矿冶遗物,中东等地虽然很早就开始了铜矿的冶炼,但其采矿遗址的规模,冶炼用炉的先进程度等等,均远不能与中国铜绿山古铜矿遗址相比,铜绿山古铜矿遗址无疑是世界第一流的古铜矿遗址。”美国麻省理工学院史密斯教授说:“我们在这里看到了世界其他地方看不到的东西。”加拿大弗兰克林教授说:“你们在这里经常接触可能不觉得,但对于我们来说,这是世界其他地方所没有的,可惜时间太短,我们十分留恋这个地方。”后来,丹麦欧乐豪杰博士前来参观后也表示:“我到过世界许多地方,但这是我第一次看到如此有趣的古老的铜矿遗址。”由此可见,在世界青铜文化史上的大冶铜绿山具有独一无二的地位。这也就是说,大冶铜绿山古铜矿遗址,不仅是中华民族的瑰宝,也是世界青铜文化艺术天地的一颗耀眼的明星。它应属于全人类所有。鉴于铜绿山的历史价值和重大科学价值,国家文物局将该古铜矿遗址的材料呈送联合国教科文组织申报为世界文化遗产。1998 年,联合国教科文组织派专家专程到遗址现场考察,对遗址的科学价值与历史价值给予充分肯定和极高的评价。并斩钉截铁地说:“只要中国政府把遗址周围的环境污染和进馆道路问题解决好,世界文化遗产名录上就有铜绿山古铜矿遗址。”10 个年头过去,存在的问题尚未解决,又出现遗址的西南部地表道路建筑物不均匀地下沉、断裂的严重情况。2006 年 12 月国家文物局公布的“申遗”预备名单中该遗址也被江西铜岭遗址所取代。

争取增补申报及申报成功的前提条件都是要解决遗址目前存在的新老问题。实际情况表明,新老问题的出现只是一种表象,而不是本质所在。相关人士对产生问题的根本原因的分析有多种:有的说是对青铜文化认识不足的问题;有的说是遗址维护、开发经费问题。我以为主要是对青铜文化缺乏必要的认识。据大冶一中青铜文化研究小组指导老师刘堂禄《关于大冶市民对青铜文化了解情况的调查报告》:“你是否认为大冶铜绿山古铜矿遗址是世界一流的文化遗产?”回答“不认为”或“不好说”的占 61%,大冶市民对近在咫尺的大冶铜绿山古铜矿遗址竟一无所知,这不是咄咄怪事么!就是在知识阶层中也有少数人对青铜文化知识了解甚少。例如，青龙山公园的“铁谊亭”有这么两副对联：“铁冶洪炉独铸青铜文化，谊联赤县同兴绿色园林”；“铁冶千秋方显青铜本色，交九域赢来古邑殊荣”。至于联语的精粗巧拙可见仁见智，撇开不谈，而文本中事体始末绝不可倒置。两位作者和审稿人对铜铁生产，谁先谁后都没搞清楚，对青铜文化知识和发展史的了解就不言而喻了。使人更难以接受的是：那些体现“青铜冶韵”、“矿冶史诗”的形象工程和公共设施中点缀特色的铜板、铁链等装饰物，被一些贪小便宜的人偷个精光。这不禁让人们联想到：省文物管理局及有关部门组织调查了解遗址下沉原因时，“据古矿冶遗址附近居民反映，曾在半夜多次听到放炮的巨大声响，且声响是从古矿冶遗址下方传来的，有可能是非法开采干的。”（《黄石社会科学·〈让明天更美好——铜绿山古铜矿冶遗址保护与开发刍议〉》总第99—100期）。这种恶劣行为人的素质，不仅与“青铜文明”不相称，更是玷污了“世界一流”的美誉。其根本原因，是精神文明建设的滞后，缺乏传承中华文化方面的基础教育。当然，有严重问题的人是极少数的。特殊问题用特殊方法处理。如“遗址”下沉的情况出现后，引起了省委、省政府和黄石、大冶各方面的重视，按国务院的要求组成“铜绿山古文物保护协调委员会”，对遗址采取“停、防、固、查”的抢救保护措施，使险情得到了解决。凭着铜绿山古铜矿蜚声海外等优势，跻身“世界文化遗产名录”，定是指日可待的。当我大冶走向世界，让世界人民了解“天下一洪炉”的大冶，定会发自内心地给大冶戴上“世界一流”的王冠。

二、修复鄂王城，见证荆楚楚铜都

《史记·楚世家》：“周夷王之时，王室微，诸侯或不朝、相伐。熊渠甚得江汉间民和，乃兴兵伐庸，扬越，至于鄂……乃立其长子康为句亶王，中子红为鄂王，少子执疵为越章王，皆在江上楚蛮之地。”学术界对于这里的“鄂”的地望一直有争议。自楚公逆钟出土，经王国维对铭文的考释与阐发，使学术界的看法形成了共识。王国维《观堂集林》卷十八《夜雨楚公钟跋》云：“夜雨楚公钟，宋赵德父金石录及王后斋鼎款识册已著录。乙卯冬见于沪肆。为上虞罗参事所得。作钟者为楚公逆。瑞安孙仲颂比部以为即《史记·楚世家》之熊号。咢本从屰。二字形声皆近，其说不可易矣。此器赵氏金石录谓出鄂州嘉鱼县，后斋款识引石公弼云，政和三年武昌太平湖所进。武昌嘉鱼南境相接，盖出二县间矣。楚世家言熊绎居丹阳，至文王熊赀始都郢。中间无迁都事，惟言周夷王时，熊渠甚得江汉间民和，乃兴兵伐庸，扬粤至于鄂。乃立其长子毋庸为句直王，中子红为鄂王，少子执疵为越章王，皆在江上楚蛮之地。熊渠卒，子熊挚红立，后六世至熊号。今熊号之器出于武昌者，武昌即鄂。盖熊渠之卒，熊挚红(即中子红)虽嗣父位，仍居所封之鄂，不居丹阳。越六世至熊号，犹居于此。故有其遗器。楚之中叫——曾居武昌，于史无闻，惟赖是器所出地知之耳。"孙贻让认为："以字形及文献核之，此钟为熊号所作殆无疑"。冯永轩、殷崇浩都撰写了学术论文阐释同一论点：郭沫若在《西周金文辞大系图录考释》中表示赞同该观点。因而熊挚红作为鄂王和嗣位楚王的"鄂"即古名武昌——现名鄂州、大冶一带已成定论。而"鄂王城"位于"鄂"的什么方位，又有三说：一说为鄂城县东汉鄂县；二说为鄂城西南二里鄂王城；三说为鄂城县西南一百二十里马迹乡鄂王城。据《山海经》研究专家徐显之先生引殷崇浩《楚都鄂补》云："王国维判定此钟出于宋鄂州嘉鱼、武昌之间，其地望约为今梁子湖之南岸一带，那楚都距此当不会过远，这里也就是熊渠分封中子红的地方。"《县志》(指《武昌县志》，即《鄂城县志》)所考鄂都旧址在县西南的马迹乡(今大冶高河乡所辖之胡彦贵村)，与楚公号钟出土地最近。李贤浚先生据鄂君启舟节铭文："……自鄂往，逾湖，上汉……"认定楚都鄂王城应在鄂城县西南一百二十里的马迹乡，即现今的大冶县高河乡胡彦贵村之鄂王城。"因为前两处都在长江边，舟行应为'入江，上汉'，没有理由要'逾湖'过江，然后'上汉'。而高河鄂王城不靠长江，由此地出发，走水路，必须'逾湖'，穿越梁子湖，再过长江，上汉水。"(见《大冶铜与中华青铜文化》第37页)笔者也补充一条理由：高河乡鄂王城离铜绿山铜矿最近，保护和管理也最方便。

这应是鄂王和楚王建都的战略决策的重要依据之一。总之,从二重论证的观点看完全可以推定鄂王城的确切都址是在现今的大冶市高河乡胡彦贵村。更有说服力的是,出生于"鄂王城"邻近村子的邹天福先生将他童年所见的鄂王城遗址及其文物原汁原味地再现于他撰写的《鄂王城初探》一书中。是田野调查的铁证。湖北省考古学会理事、湖北省文化厅原副厅长兼省文物局局长、研究员胡美洲先生在该书《序》中说:"20 世纪 70 年代初,我到该城址进行文物调查时,尚见古城垣高出地面 8 米左右,保存较完整。护城河遗迹也清楚可见。城垣的侧面可见夯层,夯层内包含有东周时期陶片。城址内暴露的陶片俯拾即是,亦大多为东周时期。城址外岗地上分布着百余座有封土的古墓葬。在古城及周围还发现了一批重要的遗址和遗物。我在大冶博物馆曾见到他们收藏的许多珍贵的东周时期文物和楚文物,就出自鄂王城及周围一带。特别是距古城不远的铜绿山古铜矿遗址的发现和发掘,表明在商和西周时期,人们就在这里开采铜矿,到春秋战国时期这里的铜矿开采和冶炼已经在大规模地进行,且技术水平已达到相当高的程度。"这可谓历史见证人的一段证词。高介华、刘玉堂合著《楚国的城市与建筑·楚国别都》云:"近年来,考古工作者在湖北大冶县城关西南 58 公里的西畈乡(即高河乡)胡彦贵村的岗陵上(以前属鄂城县马迹乡)发现一座城址。……考古界多以为即文献所记的鄂王城。"在文献与文物完全吻合的情况下,考古界已确认熊挚红初封鄂王,后嗣位楚王所居的"鄂王城"在大冶境内的"鄂王城",这是确定无疑了。笔者建议按楚王都城规格重建一座新"鄂王城"。地址可在"鄂王城"旧址,也可移至大冶市内靠近铜绿山古矿冶遗址的地段,以资见证大冶为楚国铜都。其理由如次。

当我们今天民族崛起腾飞之际,极需用现代意识对民族文化作新的认识。从楚民族文化历史看,它是我国青铜时代一个地区的青铜文化发展史,而楚文化史就是楚民族精神的载体。在我们建设经济小康的和谐社会的过程中正需要传承并发扬楚民族精神:即"筚路蓝缕,以启山林"的创业精神;不畏强暴，敢为天下先的开拓精神；忧国忧民的爱国精神。以之激活雄心，鼓舞斗志，壮实胆气。还要彰显明君贤臣、义士高人的功德。如楚武王：发奋图强，“我有敝甲，观中国政”，三时务农，一时讲武；英雄迟暮，视死如归，战死沙场。又如楚文王，锋芒毕露，逐鹿中原：允保申谏，杀犬折箭，逐月·之姬，进直退佞，选贤举能，至公无私。又如楚庄王，一飞冲天，饮马黄河，问鼎中原；求贤若渴，勇于纳谏；茆门立法，优孟讽喻，樊姬谏猎，绝缨宴庆等千古美谈，绝世佳话。贤相孙叔敖，为政清静，不扰民，不疲民，不虐民，恬卧养德，折冲千里，敌国不犯，郢人不举。还有“贫其身，廉其爵”以启社稷的子文，实行变法富国强兵的吴起；哭秦庭搬师救楚的申包胥，贤明的庄辛，刚直的保申，直谏的诸御己等等。我希望有关宣教部门组织专班，将青铜文化知识与历史撰写成乡土教材，进入小学、初中、高中课堂；并编成普及通俗读物进入农民、市民夜校，编成戏曲、曲艺、唱词等，进入大众文化俱乐部；在“鄂王城”开辟楚史人物蜡像馆，以接待游客。从而做到家喻户晓，人人皆知，有口皆碑。

以上材料表明：熊渠兴兵东征，是为了夺取大冶铜矿；分封中子红为鄂王，是为了占有大冶铜矿。熊挚红定都鄂王城，是为了护卫大冶铜矿；熊挚红嗣楚王位，仍居鄂王城，正是为了长久拥有大冶铜矿。其后，历经 6 代之久，定都鄂王城，其目的一以贯之，是为了占有、开发、利用大冶铜矿；楚庄王饮马黄河，问鼎中原，成就霸业，靠的是大冶铜矿。因此，给青铜文化史上的大冶，戴上王冠，称大冶为铜都，这是历史的必然。

三、展示青铜宝器，见证青铜故里

有人说，大冶境内发现的古铜矿遗址，到目前为止有百余处，面积 800 余平方公里；冶炼场有 50 余处，炼铜炉数十座；包括著名古铜矿遗址铜绿山在内，都未发现铸造场；青铜器大概与我们关系不大吧！其实不然。

青铜器时代，即青铜时代。青铜时代的概念，与青铜文明的概念相合到几乎可以互换的程度。我国青铜时代的最大特征，在于青铜器的使用与祭祀、战争分不开。如《左传》云：“国之大事，在祀与戎。”而礼乐器又是贵族“明贵贱，辨等列”的标志物。郭宝钧先生在《商周铜器群综合研究》一文中说：“当时的风俗好尚，意识形态，工艺水平，文化进程，均蕴蓄其中。”因此，夏商周三代高度发达的青铜文明不仅在我国历史上而且在世界历史上都闪耀着极为灿烂的光芒。无论是研究自然科学的，还是研究哲学、政治、经济、文化、军事等各种专业的，都离不开对青铜时代的研究。那也就是说，必然离不开对青铜器的研究。因为青铜器对我国文明的发展起了很大的推动作用。殷玮璋教授说：“青铜，其实世界各地都有，但真正算得上文化遗产的，只有中国的青铜器。”(殷玮璋《青铜文化与大冶旅游业发展》)他在谈到中国殷周青铜器与大冶铜绿山的关系时，讲了一个具体而生动的例子：“2001 年春天，在美国纽约拍卖了一件我国商代青铜器。最后拍卖价为 940 多万美元。青铜器在国外这么受欢迎，如果说这个原材料的产地找不到，那就不好说了。所以从安阳殷墟发现以后，一直在找这个铜的原产地。1979 年，铜绿山古矿冶遗址的考古发掘提供了这样一种依据，铜的原产地有了答案。”这么一个典型事例，言简意赅，很是经典。有着极深刻的青铜文化意蕴。要解读它还得花大力气。

“我们大冶铜绿山古铜矿看似简单，但它的内涵是极其丰富的。”(殷玮璋语) 大冶铜绿山铜资源在殷商时期就开始被奴隶主统治阶级残酷地掠夺。《诗·商颂·殷武》：“挞彼殷武，奋伐荆楚，罙入其阻，裒荆之旅，有截其所，汤孙之绪。”关于这段史诗，东汉的郑玄注释道：“殷(即商)道衰而楚人叛；高宗(武丁)挞然扬威武，出兵伐之，冒入其险阻，谓逾方城之隘，克其军率而俘虏其士众”。所谓“裒荆之旅”正是奴隶社会战争中掠取奴隶的现象。(见江鸿《盘龙城与商朝的南土》)这里只说了掠夺奴隶，没有说掠夺或占有铜资源。但是我们从所引的《诗·商颂·殷武》中的记载可以看到，武丁“奋发荆楚”的目的就是要荆楚臣服于商，“莫敢不来享，莫敢不来王，曰商是常”(《诗·商颂·殷武》)就证明了这一点。武丁控制了这一地区，当然也就进一步控制或占有江南的铜矿。彭适凡等指出：吴城文化“从其文化面貌有其强烈的中原文化因素看，反映出中原文化在赣境的传播与影响正是通过大江入赣，再溯赣江而上逐渐推进的。从湖北黄陂盘龙城顺长江而下入赣所经过的正是位于长江南岸的大冶、阳新及瑞昌等地的铜矿区。中原商文化从盘龙城向吴城的推进过程中，整个鄂东及鄂东南到赣西北的产铜区都先后成为商王朝的财产。又如《诗·鲁颂·泮水》云："憬彼淮夷，来献其琛，元龟象齿，大赂南金。""淮夷悔悟有诚心，特地来献宝和珍。呈上大龟和象牙，再加上巨玉和南金(铜)。"这里所记载的"南金"就是指长江中下游鄂东南一带铜矿区所出产的铜。从最近的考古发掘资料来看，大冶铜绿山阳新港下等铜矿在商代已开始开采，而且有一定规模和水准。《左传·僖公四年》记载："昭王南征而不复"的史实。《吕氏春秋·音初》云："周昭王，亲将征荆，辛余靡长且多力。为王右。还反涉汉，梁败，王及蔡公抎于汉中"。

北宋重和元年(公元1118年)在现今的安陆一带出土了6件西周时期的青铜器，世称"安州六器"，这组青铜器上的铭文记载着周昭王南征时所经过的地区，其中包括现今的京山、随州市及秭归等一些地方。在现今的钟祥县东桥、洋梓等地曾发现有古代矿冶遗址，其旁有铜矿，其时为东周时代。

出土的西周青铜器《过伯簋》上的铭文有"过伯从王伐反荆，俘金，用作宝尊彝"的记载。杨宪先生认为："周成王晚年南征楚国，从征大臣掠得大量铜器，用来铸造青铜礼器。《过伯簋》所说的俘金，是指夺得的铜器。其时，楚国立国不长，'辟在荆山，筚路蓝缕'不可能有大量青铜器。可能是进贡制造青铜器的原料。"正如胡尔克先生在《地下古都——殷墟发现发掘记》中谈到，只见那里铸造铜器作坊内的陶范、铜块、坩埚等，不见炼铜的矿石、炼炉、炉渣，从而他推知说："在殷墟这里只铸造铜器而不炼铜。原料是从其他地方运到王都的。"他接着又指明原料来源："近年来湖北省黄石市的大冶、湖南省麻阳、江西瑞昌县的铜岭、安徽省的繁昌、铜陵等县都发现规模相当大的古采铜矿的遗迹。有的矿井中还出土了商代的用器。"

根据以上史实，我们可以得出这样一个结论：.殷周王朝青铜器多半是从南方掠夺的铜原料所制造的，尤其是那精美的礼乐器，又多是选择“状元矿”——铜绿山的铜原料生产的。

万全文先生《商周王朝南进掠铜论》云：“殷人在长江中游地区建立了旨在掠取铜锡的据点——盘龙城。盘龙城是商王朝伸向长江浪迹萍踪的桥头堡，也是铜锡运输线上的中转站……考古资料也表明，殷人曾在大冶铜绿山矿冶遗址周围活动过，在铜绿山附近已经发现多处商代的冶炼遗址和其他古代有关遗址，也出土过带(商)族徽的铜器。”这些话可作为对殷人南下掠铜的田野调查的结语，补充和印证了殷玮璋教授关于以大冶铜绿山为中心生产的“南金”是殷商青铜器的源头。说得形象一点，即大冶是青铜故里。

至于楚系青铜器，特别是精美绝伦价值连城的青铜宝器，多数出自大冶铜。比如：“举世闻名的曾侯乙墓出土的编钟，共65枚，重达2500公斤，连同其他构件总重量约5000公斤。通过化学成份测定，发现其中微量元素与大冶铜绿山古铜矿井内铜矿石中微量元素的含量十分相近。(具体数据如下表)

编钟的化学成份(%)

成分、含量 / 名称	Cu	Fe	Zn	Na	Al	Mg	Ba	Pb
曾侯乙甬钟	＞10	＜0.1	＜0.01	＜0.1	0.1—1	0.1	＜0.01	0.5
铜绿山古铜矿井出土孔雀石上的共生自然铜	＞10	0.8	≤0.01	≤0.1	0.1—1	0.1—1	0.015	0.001

由此推测，这套大型编钟有可能是采用大冶铜绿山生产的铜块为原料，约在公元前433年前后制造的。”(后德俊《楚国的矿冶髹漆和玻璃制造》，湖北教育出版社，1996年)

鉴于上文列举的三大论据，论证以大冶铜绿山古铜矿冶遗址为中心的百余处古铜矿遗址隶属大冶，给青铜文化史上的大冶，戴上“青铜故里”“荆楚铜都”和“世界一流”的王冠，理由是充足的，相应的文物也是齐备的，应为广大人们所接受。因此，在大冶市处于经济转型关头，把大冶打造成青铜文化旅游名城，彰显青铜文化特色方面，除上述建议外，最后，特别着重提出如下建议。

在博物馆、公园、广场、街头巷尾的各种宣传栏、路碑、灯柱、车亭、下水道井盖，以及群众所到之处的适当之处，张挂青铜器画片。主要分三类：

一、青铜器器形。可按朝代来安排，商代周代的著名青铜器安排少许，而以楚系青铜器为主，楚铜器器物形态，如同其他楚文物一样，使人看到了绚丽多彩而富有特异魅力的楚文化特征。楚铜器形态的基础是商周以来的传统器形。但不与之雷同。也与同时期中原地区铜器有异。这种楚器风格因器而异，变化程度也不一。从与其他文化系统器形加以比较来看，可分为三个有差异的类型：甲、中原传统型。例如鼎类器中的折沿鼎、子口鼎、周式鬲、甗、簋、篮、豆、壶、盘、匜等；乙、周楚结合型。器类是周式的，但对形态做了革新，有楚器独特风格。例如束腰平底、箍口鼎、楚式鬲，装饰华丽的禁、盘、尊、浴缶等；丙、楚地独创型。如敦的第一个类型——盏等，丁、夷、越式铜器。如越式鼎。楚受其影响，并加进楚的因素，成为楚化了的越式鼎……

这样，可使游客从中悟出，楚文化“博采众长”而独创一格的兼收并蓄的品格。

二、青铜器铭文。楚铜器铭文，（亦称金文），以其数量之多与内容之丰富，文字形态之多变，而成为中国古文字学研究中一个重要的课题，特别受到关注。

郭沫若在30年代就指出：南文尚华藻，字多秀丽；北文重事实，字多浑厚。楚文字为南方文字的代表。它的秀丽表现在两方面：一为美术字体，一为艺术化的鸟虫书体。

美术字体出现早，例如王子午鼎铭文笔划富于变化，多波折弯曲，给人以美的享受。同墓出的王孙浩钟铭文字体较为方整、简朴，确证当时已有专攻书法艺术的专门家。这类图片资料定能博得书法爱好者的青睐。

鸟虫书体，早在王子午鼎上已见端倪，如“用”字下面就有鸟形饰笔。以后有了王孙鱼戟铭文等鸟虫书的发现，加上传世的楚惠王酓章戈等，可以认定“鸟书首创于楚国”。

三、青铜器纹饰。楚铜器纹饰风格与其他质地器物上花纹的风格以及器形的风格，都是“独创一格”的楚文化总体风格的组成部分。楚铜器，以东周时段而言，可分为七期：与中原地区一样，主要为动物纹和几何纹两大类。动物纹中以龙凤纹为大宗。对龙的崇拜与装饰，其他地区也一样，并贯串于我国历史文明的各个历史时期。它成了中华民族的象征。楚族地区的龙纹有自身的表现方式，楚铜器上的龙纹更有它特定的表现手法。据刘彬徽先生的《楚系青铜器研究》可分为如下小类：窃曲纹、蟠曲纹、蟠绕龙纹、侧行龙纹、蟠虺纹、尖浮龙纹、双钩龙纹、变形云龙及透空、圆雕龙形装饰等。

楚铜器上其他动物纹包括凤纹在内，以及植物纹均少见。商周时期盛行饕餮纹或兽面纹，在东周仍存在但已变形：在战国中期的包山M2出土铜尊、铜镜上有凤纹；写实性动物造型引人注目的是小立牛或卧牛二型纽，为圆雕状，雕铸逼真。在曾侯乙鉴缶龙形耳的尾部有立雕的花叶形装饰。战国时盛行的焦叶纹、垂叶纹，如不计其填纹，也可视为植物叶形之轮廓。但都极为少见。这里只点到为止。在艺术上最成熟而且独具楚风格特征的还数龙凤纹。

总之，楚铜器的四大类别反映出楚文化“博采众长”而独创一格的兼收并蓄的品格。这体现了楚人在开疆拓土中采取“滚雪球”的方式建立起来的超级大国时，楚文化也逐渐积累成为充满自然情调和原始气息的独特超等文化，充满着动态的生命感。楚人雄心勃勃，数百年间，吞并诸姬，席卷巴濮，征取百越，灭亡吴越，国力盛极一时；楚庄王观兵周郊，问鼎中原，折钩之喙，可铸九鼎。这足以见证楚人开拓性的历史精神的确认。

《楚辞·离骚》云：“佩缤纷其繁饰兮，芳菲菲兮其弥章。”楚文化特征之一的“繁饰”不仅在佩戴中有所呈现，在楚铜器纹饰中，包括龙纹更是处于突出地位；不仅器类和器表上纹饰分布广，器物上尤多附加的繁复装饰。如曾侯乙墓出土的盘、尊有百看不厌，百谈不烦的纹饰。在器表的龙纹和装饰的龙形总数不下千条。为中原纹饰和夷越纹饰望尘莫及。荆楚文化在与中原文化发生撞击和融合中，不是安于蒙昧，抱残守阙，而是积极奋进，敢于创新，不是退缩为丑陋，而是升华为奇丽。作为龙的传人的楚族，注重自己民族性格的铸造，锤炼一种龙马精神，使整个民族从原始野性活力中升华出进取精神和刚烈作风。长江文明的博大坚毅的文化结构和文化性格，推动着一种雄奇绮丽，精采绝艳的极富创造的文化现象。这就是楚系青铜器，给旅游的各界人士提供的物质文明和精神文明，它将营养着现代的物质文明与精神文明。

大冶之火

这座山间的江南小城，却有一个极富刚性的名字，叫大冶，它取自大兴炉冶之火的意思。

三千多年前，被矿工点燃的“炉冶之火”，一直绵延至今。昔日的山峦变成了深谷，挖掘还在继续，轰鸣依旧回荡。远古的传说枝蔓伸展，每逢大雨冲刷，漫山遍野的山石显出斑斓色彩，远远望去，仿佛孔雀开屏。这石，叫孔雀石；这山，叫铜绿山。

1973年发现的铜绿山古铜矿遗址，被一幢库房式的大建筑保护起来，实际上铜绿山一带的矿井遗址远不止这一处，这里只是最具代表性的春秋铜矿。

曲曲折折的坑道，横七竖八的木桩，乍一看，像是一件构思奇特的现代装饰艺术。而用专业术语来说，这番场面该叫做“采用木支护结构进行开采的井巷”。那些只容得下一个成年人身体上下出入的洞眼，称作“井”，曲折的巷道就是“巷”，横七竖八的木桩则是“支护”，支护是用来抵挡井巷内来自上下左右压力的构件。

狭窄、昏暗、缺氧、多水，考古人员在发掘和清理这些井巷时，却没有发现因崩塌而伤人的迹象。可见，当时采掘工作的安全系数已经相当高了。

人类由蒙昧到文明，除了城市的建立，文字的发明，还有一个重要标志，就是金属冶炼的开始。在中国，这个历史可以上溯到四千年以前。那时，甘青地区开始出现青铜冶炼的萌芽，后来，逐步向东、向南扩展。在距今两千五百年左右，青铜冶炼技术趋于成熟。这一千多年的时间，被称为中国历史上的“青铜时代”。

铜绿山古铜矿遗址，铭刻的正是青铜时代鼎盛和繁荣的足迹。

开采孔雀石的历史，算来已经有三千多年了。颜色酷似孔雀羽毛的高品位矿石孔雀石，含铜量相当高，它的光泽，是历代矿工最想看到的。

铜绿山矿井在春秋时期的开采深度，一般在三四十米左右，有的深度达60米，已经低于当地23米的潜水位，这就意味着必须解决井巷中大量地下水渗入的问题。为此，当时的工匠们打造了木水槽，开凿了积水井，整个排水系统质朴而实用；先把水引到积水井，再用水桶提出井外。除此之外，还有通风、输送、照明等一系列复杂的技术问题，在当时都得到妥善解决。

那时，是春秋时代。距今二千五百多年以前的事了。

那时，中原地区，周王室渐弱，各诸侯国势力渐强，这意味着一个热闹的时代即将来临。这个时代将诞生老子、孔子、百家诸子；这个时代将诞生众多著名君主、爱国者和谋略家。

那时的铜绿山早已人声鼎沸，炉火飞扬。这里是上古时代劳动力集结的中心，青铜文明的基地和国家经济命脉所在。

青铜铸鼎，用以显示王室功勋，威镇天下；青铜铸成剑戈兵器，用来攻城掠地，争霸中原；青铜也被用来锻造农具和手工工具，提高生产效力。青铜的产量和质量此时正象征着国力的强弱。

那个时候，周朝虽然势力衰败，已经名存实亡，但按照传统，周天子的地位仍然至高无上，这王权的象征就是九只青铜铸的鼎。诸侯们野心膨胀，尤其是一度称霸的楚国国君，公然向周朝的大夫公孙满询问九鼎的重量，言下之意就是要依样打造一套，向周天子示威。

楚庄王"问鼎中原"的故事，使天下人都知道了楚国的实力。这份自信，大概与楚国独占铜绿山是分不开的。

铜绿山一带生长着一种小草，春天的时候，和其他草混杂在一起，很不起眼，直到秋天，才会齐刷刷地长高。这种小草有个别名叫"铜草"，据说是因为它们生长在富含铜盐的泥土中，仿佛天造的标签指示着地下的矿藏。千百年来，无数工匠就是追随着铜草的踪迹，从春秋到战国，从秦汉到唐宋。而漫山遍野的铜草，就等在铜绿山上，它们在风中摇曳，宛如对工匠们殷勤的召唤。

现代重工业基地尽量靠近原料、燃料产地的原则，同样适用于古铜绿山。铜绿山在春秋时已是采、炼、铸汇集一地。迄今为止，当地发现的冶炼场遗址有数十处。

那些炼炉都采用“鼓风竖炉”的形式,用红色黏土、石英沙、铁矿粉、高岭土等耐火材料夯筑而成。

在发掘铜绿山冶炼场时,研究人员曾用复原的炼炉,模拟了一次炼铜过程。操作过程中,除了使用电动鼓风机以外,完全依照古法,结果,炼完的铜渣是青色的,和砖红色的古铜渣相比,对矿石的利用率要低得多。是什么原因造成今不如昔的结果呢?原来,问题出在研究人员使用的电动鼓风机上。古人手动鼓风,分寸、火候把握得恰如其分,他们炉火纯青的经验,也许正是现代技术所不能达到的境界。

铜绿山古矿区的许多地方,现在还覆盖着古代炉渣,厚度往往在1米以上。考古人员估算,它们的总重量,有40万吨左右,这意味着古代炼出的铜有10万吨上下。面对这样一个庞大的数字,再看看当时开采和冶炼用的简陋工具,真让人惊讶古人智慧的力量。

成千成万吨的铜被冶炼出来,从大冶湖到长江,再由长江源源不断运往中原。中原大地就在这大冶之火中,建立起一个青铜时代的文明。

青铜器的铭文中,用不着再有冶炼铸造的字句,雄壮浑厚的铜鼎本身,已经铸造出上古铜业的气势;碎金断玉、刃寒千年的铜剑,已折射出技艺纯青;古朴的青铜饰物,工匠的手摸了多少遍,仕女的手又摸了多少遍,美丽,已远不止千年。

古老中国的农业文明中,田园诗里没有写的,牧歌声中没有唱的,是金水奔流的场面,是山谷里的炉火熊熊。随着铁器的发明和普及,铜的应用范围逐渐缩小,青铜时代也走完了将近两千年的历程。但铜绿山,年复一年的铜矿开采和冶炼,并没有因此而停止。那炉冶之火,也一直没有熄灭。

撰稿:吴晓梅等

——2002年中央电视台文化专题片《中国博物馆》解说词

(原载余秋雨主编:《藏着的中国》,百花文艺出版社,2002年10月。)

铜绿山古铜矿的青铜之光

《长江文艺》杂志社社长　主编　刘益善

五月在湖北大冶参加青铜之光文学笔会。文学笔会冠名以“青铜之光”，是有其深厚意蕴的。大冶有全国重点文物保护单位——铜绿山古铜矿遗址，是世界文化遗产的瑰宝，是中国青铜文化的一座丰碑。大冶地方政府和人民希望作家们以手中之笔，来张扬和发挥青铜文化的灿烂光辉。

大冶有铜绿山，意即铜绿色的山。据清修《大冶县志》载：“铜绿山山顶高平，巨石对峙，每骤雨过时，有铜绿如雪花小豆点缀土石之上，故名。”这是何等的奇观啊，当雨过天晴，漫山的土石上都是雪花小豆的绿色，太阳出来了，照射那片片绿色的雪花小豆，何等的艳丽眩目，这就是光，这就是青铜之光。人有人情，物有物理，铜绿山为何在雨后有这种奇异的现象呢?这是因为铜绿山地底下蕴藏有矿物，从矿物的物理性来看，这是金属光泽的反射，是山丘地表露出的自然元素和金属化合物，经雨水洗刷后，金属表面所显示的固有之光。

青铜文化，那是一个特有的时代，形成于公元前二千年，经夏、商、西周和春秋，长达十五个世纪。当人们从石器时代走出，能冶炼出铜和锡或与铅的合金，成为青铜，并用青铜制作各种器物，运用于生产和生活领域，时代就发生了质的变化。金属代替了石器，人类发生了一次飞跃，这不仅是生活和时代的飞跃，更是一次文化的飞跃。那制作精良的青铜器具，那青铜器具上镌下的铭文，是艺术是历史是中华民族文明的阳光。

但是我们的祖先是怎么样发掘矿物冶炼成铜的，以至最后怎么样制作成青铜器具的?这中间的漫长的探索与发掘，是一部动人的人类文明发展史。这部发展史我们后人可以想象，但是如果能有实物遗址来证明，那该是多么重要多么宝贵的发现啊!然而这种发现几千年却没有能到来。

青铜文化的奥秘就埋藏在大冶铜绿山下,一千年过去,又一千年过去,再一千年过去。20世纪50年代,一位苏联专家带着地质队到铜绿山进行勘探,结论是"矽卡岩区无大矿"而离去。1957年鄂东南地质队再次来到铜绿山勘探,却发现大量的矿产,品位之高分布之广居全国铜矿首位,于是铜绿山建矿,大量矿石开采出来用于国家的经济建设。在采矿过程中,不断发现一些古巷道和支护井巷的木质构件。1973年,采掘工在一批古巷道中先后发现了13把铜斧,最大一把重达3.5公斤。铜斧送到中国历史博物馆,于是一支由中国历史博物馆、湖北省博物馆以及黄石、大冶有关部门组成的考古调查队来到了铜绿山。

中国青铜文化的形成发展的轨迹,以大量的实物与遗址在铜绿山的土壤里展现在世界的面前,奥秘揭开了,历史揭开了光辉的一页,世界的眼光聚到了湖北大冶铜绿山,铜绿山是中国目前发现的第一处古铜矿遗址,称之为世界文化遗产的瑰宝名副其实。国家领导人来了,联合国科教文组织和世界各国的专家来了,千千万万的人民大众来了,来一睹中华民族青铜文化的历史见证。铜绿山,中华民族的骄傲,人类文明的历史丰碑!

青铜之光文学笔会的作家们,面对陈列大厅的古巷道,面对陈列柜中的文物,心灵的震撼是巨大的。我和我的作家朋友们,走出了展览馆,沐浴在五月的阳光下。铜绿山苍翠碧绿,那是铜绿,也是青春之绿,铜绿山是古老的,也是青春的,青铜之光是青春之光,永远不灭的民族之光。

我想到了那个苏联专家,浅尝辄止,伟大的发现从他眼皮下溜走。而鄂东南地质队能深掘进去,一个历史的辉煌就此展现出来。我们搞写作的,要有不畏艰难的探矿精神,深掘进去,生活的富矿才能发现,而一个新的辉煌的文化时代才能到来。

青铜之光,照耀中华民族的历史之光。

铜草花

——记铜绿山古铜矿遗址

沈光华

我曾游历过黄山、庐山、西华山等名山大川，也曾经饱览过滇池、桂林、西子湖等绮丽风光，它们那峻峭的风骨、妩媚的姿容，给我以种种美的享受和许多美的联想。这多半是因为它是自然的造化、天地的杰作，本身的寓意便是深刻而隽永的。

当朋友提要我去观赏铜绿山古代采矿、冶炼遗址时，我踌躇了，我猜想那是考古学家和冶金史专家们出入的地方，恐怕很难激起我这个凡夫俗子的兴味。但经不住我的一位好友——铜绿山矿副总工程师的再三怂恿，抱着姑且试一试的态度，成行了。

汽车从武昌出发，向东南而行，两个多小时，经过旧中国“汉冶萍”公司的铁矿基地、则今成为武汉钢铁公司最大的矿山——铁山，就进入了以矿产资源丰富而闻名于世界的黄石市大冶县。

我打开手头的一本《大冶县志》，只见上面记载着：“铜绿山，在县西马叫堡，距城五里，山顶高平，巨石对峙。每骤雨过时，有铜绿如雪花小豆，点缀土石之上，故名。”我尽量发挥丰富的想象力，遥想“巨石对峙”高入云霄的铜绿山，到处嵌镶着碧绿的“雪花小豆”似的孔雀石，在这样的奇异宝山上，寻觅祖先采铜、炼铜的遗迹，发点思古之幽情，再吟咏李白的《秋浦歌》：“炉火照天地，红星乱紫烟。赧郎明月夜，歌曲动寒川”，大概不会虚此一行。

谁知汽车拐进矿山，纵目四望，见不到一座壁立突兀的高山，更不要说美丽的孔雀石铜矿石了。齐副总工程师站在水泥铺就的宽阔的矿山道上，早在那里等候了，一见我惘然的神态，乐呵呵地拍着我的肩膀说：“这儿虽然不是风景胜地、名刹古寺，但有着比壮观的山河更为珍贵的东西呢。”我揶揄地说：“那么说‘山不在高，有仙则名，水不在深，有龙则灵’了。”

“眼见为实，实践检验真理嘛，”齐工朝我诡谲地笑笑，“走，上山去！”

转过几个弯，前面有些山了。说是“山”，在我眼里，也不过是些泥丸似的小土包。可是，在明净的秋空下，这些矮矮的山，仿佛也透着些灵秀。远远的山砧上，有几株枫树，火般的叶子，在澄碧的蓝天下燃烧；附近的坡上，是成片的杉木林，像降落山坳的一朵绿云。最惹眼的，要数沟上壑边、溪流旁盛开的铜草花了，齐工告诉我，这种花形如唇、色泽鲜艳、馥郁芳香的植物叫“海州香薷”。哪里有“海州香薷”繁生，哪里的地下就蕴藏着铜矿，为此，“海州香薷”便获得“铜草”的美名，古人凭这种找矿办法，结合山坡上裸露的孔雀石，在这里大规模开采铜矿，迄今已有三千多年了！

听着齐工的介绍，面对着青山绿水，呼吸着新鲜沁人的空气，对于生活在城市人海尘寰中的我，的确有点动情了。我弯腰折一枝铜草花在手中，细看它那牙刷状别致的花穗，莹蓝而略带紫红的颜色，想起它那独特的专恋铜矿的性格，不由对眼前长年生活在僻远矿区的齐工产生了由衷的钦佩之情。我已记起了刘禹锡的《陋室铭》：“山不在高，……，”这“仙”，这“龙”，莫非就是齐工这样的人？

我们离开大道，开始登山了，不知怎的，脚下总是咯咯吱吱的响，我低头一看，尽是黑褐色的块状炉渣。正要发问，老齐拣起一块，说：“看，这就是古代炼铜遗弃的炉渣，估计这一带有四十万吨左右，按这个渣量来推算，这里炼出的金属铜，至少在十万吨以上！”

“十万吨铜？”我惊讶得伸了伸舌头，“乖乖，这得多大的冶炼规模啊！”

齐工没有直接回答，却反问我：“假如没有高超的炼铜技术和大规模铜金属的产生，我国哪来闻名于世的青铜时代？哪来灿烂的青铜文化？”

“你瞧”，齐工又说：“这炉渣，系流渣，渣形合理，呈薄片状，证明春秋时期炼炉的温度是相当高的，并且掌握了难度较大的用配料调整炉成分的方法。

经取样分析，渣含铜很低，冶炼水平很高……”

我没有细听老齐的技术分析，那是行家的事。我只觉得古代劳动人民的聪明才智，在搅动我的感情的波澜，启迪我深思……我向远处望去，前头的路上，都堆叠着这种炉渣，黑乎乎一大片，直铺到目尽处。我暗暗思忖：这许是前人铺下的路吧，尽管它不是用金砖铺就，而那闪亮的黑色，却是鲜血和汗水、智慧和勤劳凝成的。这是一条崎岖的科学之路，生产力发展之路。它不仅告诉我们的昨天，同时也指引我们走向明天……恍惚间，我发现眼前的渣地上，踯躅着两个模糊的人影，是古装打扮的一男一妇。我再仔细一看，哟，原来是春秋战国时期的炼铸名将：干将、莫邪夫妻俩！我正惊疑间，有许许多多渣块动了起来，竟变成三百名童男童女，围着一个偌大的炼炉忙碌。我终于想起来了：是干将、莫邪率领三百童男童女，“采五山之铁精，六合之金黄”，正在炼制吴王宝剑哩！他们浑身灰尘，疲惫不堪，但精神是庄重和专注的。只听莫邪对她丈夫说：“夫君，炼了整整三年啦，今天再交不出宝剑，吴王会处死我们的。我听说要造出神妙的东西，总要付出重大的牺牲——夫君，您珍重，我去了。”话音刚落，倏地，莫邪纵身跳进熊熊的火焰中。我的心突然紧缩了，快步奔了过去，也怪，眼前所有的人影不见了，冲腾的炉火幻灭了，渣地上却留下两柄雌雄剑，但见寒光四射，纯青透明，锋利无比，它们跃动着，飞舞起来，发出铮铮的声响，转瞬间，又化为两条巨大的青龙，呼啸翻腾，而后逸进碧空，消逝了……

当我从遐思暝想中清醒过来的时候，已站在两只出土的炼铜竖炉残骸前了，它们半截身子在渣地上蹲着，真像是两个古人呢。齐工脸上挂着明显的自豪神色，如数家珍般给我介绍：“别小看这两个土疙瘩，它们在春秋时期曾大显过身手。我们不得不佩服古代工匠的技术，它们几乎和现代鼓风炉的结构一样，你看，它同样有鼓风口、金门和防止炉缸冻结的炉下风沟，同国外的坩埚法熔炼比较，鼓风炉就具有规模大、效率高等优点。重要的是，炼铜鼓风炉为后来发展高炉冶炼生铁创造了条件，我国在春秋晚期就出现了生铁，要比外国早两千年！当后来我国几乎家家户户使用生铁锅煮饭炒菜的时候，英国国王还把生铁锅和生铁盘作为宫廷珍宝，供人欣赏哩。”

我会心地笑了。是的，我国历史上许多科学，直至明代，还在世界上遥遥领先，只是到了近代，徘徊不前。我久久地俯身于古炼炉前，轻轻抚摸着它瘢痕累累的躯体，不愿离去。它们的盛年，正处于“战国乱纷纷，兵戈乱浮云”的时代，诸侯争当霸主，连年征战，需要大量的铜作兵器；它们又处于奴隶社会崩溃，封建社会开始形成的时期，生产力迅速发展，也需要很多铜制生产工具。古炬炉，你作为楚文化的有机组成部分，你的历史功绩，将永存人间。

离炼铜竖炉不远处，有一个规模宏大的古矿井遗存，来自全国各地的考古工作者，正在作细致的清理工作，拍电影的、搞测绘的、照相的、作坑木防腐的，忙碌而秩序井然。他们那种小心翼翼、一丝不苟的工作情景，使我这个外行也感受到这处遗址的重要。“这是一代瑰宝呀。齐工为了让我看清它的全貌，引我登上高处。啊，映入我眼帘的与其说是距今两千四百多年前井下巷道，倒不如说是一座穹宏深广、气象森严的地下宫殿!北京的明陵，有它这般气魄么?没有!

看那纵横交错，密密麻麻，齐齐整整地还支撑在那儿的数不清的坑木，无不胜过地下宫殿巍巍的梁柱；看那曲曲弯弯，峰回路转，四通八达的平巷、斜井、竖井，无疑赛过地下宫殿曲径通幽的回廊；看那出土的一件件闪着金属光泽的铜斧、铜锛和精巧的铜制工具，更比那放在地下宫殿中的玉带紫袍，更珍贵千百倍!

纵然这些井下巷道被埋在黄土深处三十几个世纪，又承受着泥石的重压，流砂和地下水的冲刷，而今日出土，却依然挺挺地站着，已经够使人赞叹的了。齐工告诉我，那时还根本没有锯子，留在坑木上的全是砍劈的痕迹，几处古矿井，光是坑木支柱，就多达二千多立方米，工程的难度和浩繁是可想而知的。而且，矿井深入地表五十多米，处在水位线以下，却有效地解决了井下通风、排水、提升、照明和支护问题，并采取了竖井、斜井、平巷相结合的开拓方式……

参观到此，我流连忘返。老实说，在我的半生中，曾见过数以千计的青铜器，有涪陵的编钟，兴平的犀尊，西汉的铜壶，东汉的奔马，以及小到西安的古币，大到随县曾侯乙墓中出土的用铜量达十吨以上的青铜构件。我赞颂这些造型精美、品种繁多、器形巨大的青铜器皿，叹服在当时具有世界一流水平的铸造工艺。然而在赞叹之余，总不免思忖：古代是怎么获得大量的铜金属的？用什么方法进行大规模开采和冶炼的？虽然在古书《考工记》、《子产铸刑鼎》中略有记载，但毕竟是零碎的文字资料，没有实物证据。目前，铜绿山发掘出土的古矿冶遗址，将对古代矿冶工艺的研究，探索青铜文化的起源，该有多大帮助啊！我忽然觉得，这些古矿井和古炼炉，其宝贵的程度，远远超过价值连城的青铜古玩。因为它们是一部无字史书，写下了无可辩驳的中华民族古代科学技术发达兴旺的篇章，记载着炎黄子孙出众的智慧和骄傲。

于是，我又想起了刘禹锡的《陋室铭》："山不在高……"名山大川固然可敬，那是天造地设，自然赐予我们的；低矮的铜绿山上那古代矿冶的遗址，却是长江黄河的儿女，用自己的双手雕琢成的。它不仰赖神力，而依仗人民的自力。铜绿山哟，你是荣幸的！

归来的路上，已是星斗满空了。一轮圆月，将她的清辉洒在这古楚国广袤的土地上。我回首凝望，忽见铜绿山那"巨石对峙"的巍峨身姿，矗立在黑黝黝的群山之上，山坳处，红光耀眼，人声鼎沸，几十座高高耸立的炼铜竖炉，冒着腾腾的烟霭，吐出血红的火焰，与月争辉。山脚下，烟波浩渺的大冶湖，数百条满载铜锭的木船，头尾相连，浩浩荡荡地驶出沣源口。点点帆影，移动在滚滚的长江。有的溯流而上，前往楚国的郢都；有的顺水东去，风高船疾，直驶吴越的皖苏……也许，有些风帆已经驶入大海，到了大洋的彼岸。

我手中的一枝铜草花，还紧紧地捏着，我要带回去，插在案几旁……

（原载：《长江文艺》1981 年第 2 期，中央人民广播电台 1981 年 9 月以配乐散文形式在文学节目中多次播出。其后，湖北省人民广播电台及各地人民广播电台陆续播出。）

大冶怎样做活青铜文化文章

万维加

被很多人称为“中国的一件珍贵文物”的中国文物学会名誉会长谢辰生，现年 84 岁。1984 年中秋节前来参观考察大冶铜绿山古铜矿遗址后挥笔题辞，称该遗址是“中华民族古代青铜文化的历史见证。其历史科学价值是不能以经济数字来衡量的，必须妥善保护，为建设社会主义精神文明作出贡献”。

城市的演进和持续发展，需要不断有新的策动力来支撑。当前，面对大冶已进入矿产资源枯竭的态势，我认为大冶要适时地、理直气壮地高举起彰显青铜文化的大旗，促进大冶的经济建设、文化建设、社会建设的全面发展，为中国特色社会主义道路的建设，为全面实现小康社会而不断作出新的贡献。

我愿就大冶在今后的城市建设过程中彰显青铜文化，怎样做活青铜文化文章的问题谈谈三个方面的看法，供有识之士参考、指正。

一、大冶是中国青铜文化的重要发祥地之一

人类文明进化与生产工具的使用和改进密不可分。在长达数十万年的远古时期，人类使用石器进行生产劳动，考古学家把这个时期称为石器时代，分为以打制石器为特征的旧石器时代（约 60 万年—1 万年前）和以磨制石器为特征的新石器时代（约 1 万年—4 千年前）。在新石器时代晚期才发明了铜器。铜是人类历史上认识的第一种金属。

从世界范围来看，亚洲伊朗南部，土耳其和美索不达米亚一带（在叙利亚东和伊拉克境内），早在公元前四千年初即开始制造青铜器，是发明青铜器最早的地区。中国也是世界上出现青铜器较早的地区之一。根据考古发现，在新石器时代晚期，一些地方已经有了青铜器，不过数量少，器形简单，同石器、

红铜器相比，尚未占主导地位。中国真正进入青铜时代大约从公元前 21 世纪开始，从公元前 21 世纪至公元前 5 世纪中叶，包括古代文献上记载的夏、商、西周、春秋几个历史时期是中国的青铜时代，时间长达 1600 年左右。中国青铜文化始于夏，盛于商和西周前期。从西周后期到春秋，中国青铜文化渐趋衰落，继春秋而后的战国时期虽已开始进入早期铁器时代，但青铜器的铸造和使用仍然延续了很长时间。

中国青铜文化举世闻名，据享有国际声誉的著名华裔考古学家、美国哈佛大学人类学系主任张光直教授大胆宣称："就已发现的铜器来说，在中国古代新发现的青铜器的量，可能大于世界其余各地新发现的铜器的总和；在中国新发现的青铜器的种类，又可能多于世界其余各地新发现的青铜器的种类的总和。"自汉代以来大量出土的青铜器皿，品种繁多，造型生动，铸造精美，古往今来备受世人称羡。1920 年从位于河南安阳殷墟王陵区遗址考古发掘出土的一件方鼎，鼎内铸有"后母戊"三个大字，据研究，是一代商王为其名戊的母后所做的祭器。这件大方鼎高 133 厘米，重 873 公斤，器形庄重、花纹瑰丽，集中体现了商后期青铜文化发展的最高水平，是世界上最了不起的宝贵遗产。1978 年湖北省随州擂鼓墩曾侯乙墓出土的编钟，共计 65 枚，重达 2500 公斤，连同其他构件总重量达 5000 公斤，也是世界青铜文化中罕见的珍宝。

但是，铸造这些青铜器的铜是从哪里来的呢？这些铜是怎样开采，又是怎样冶炼的呢？由于文献缺乏，又没有发现与之相应的古矿冶遗址而成为史学界十分关注的历史课题。有很长时间国内外学者争论不休。一种说法认为中国的青铜是外来的，理由是中国境内没有找到铜原料产地。甚至有人认为殷墟青铜器在我国突然出现和繁荣，不是中国的发明创造，是接受了外来影响，从西亚过来的。新中国成立后，经过考古界的艰苦努力，先后发现了郑州二里岗商代早、中期青铜文化，用事实说明了中国青铜文化有自己的发展序列，是从无到有、从小到大、从简单到复杂自然发展的。并且从形制到合金成分到铸造技术都有自己鲜明的特点。但仍然没有回答铸造青铜器的那么多原料从哪里来。中国的青铜文化延续一千多年，它的物质基础就是采铜炼铜，没有铜怎么称得上灿烂的青铜文化？

1973年10月，湖北大冶铜绿山古铜矿遗址发现和发掘，为回答我国青铜文化时代铜的来源问题，第一次提供了可靠的极其珍贵的第一手资料，为中国青铜文化的起源和发展提供了最坚实的科学基础。它说明了我国的青铜文化是一部独立的、完整的历史。中国青铜文化是在中国发达的新石器文化基础上独立起源和发展的，是世界上出现较早，在当时发展程度最高的青铜文化。1981年在美国纽约大都会艺术博物馆主办的中国青铜文化学术讨论会上，新中国考古事业的开拓者、已故著名考古学家夏鼐先生指出："今天，我们不仅研究青铜器本身的来源，即它的出土地点，还要研究它们的原料来源，包括对古铜矿的调查、发掘和研究，这是中国古代青铜文化研究的一个新领域，也是中国考古学开辟的一个新领域。"他的专题学术报告引起了世界的轰动。随后，世界五大洲三十几个国家的专家、学者及其他方面的友人慕名来到铜绿山参观考察，他们一致认为："它不仅是中国人民的无价之宝，而且是全人类的共同财富"、"铜绿山古铜矿是世界文化遗产瑰宝"。

1983年2月22日，时任中共中央总书记胡耀邦，在省、市领导陪同下视察、参观铜绿山古铜矿遗址陈列展览。

美国哈佛大学麦丁教授来此考察后认为："中东等地虽然很早就开始了铜矿的开采和冶炼，但其采矿遗址的规模，冶炼用炉的先进程度等等，均远不能与中国铜绿山古铜矿遗址相比。铜绿山古铜矿遗址无疑是世界第一流的古铜矿遗址！"

1998年9月6日，专程来大冶铜绿山古铜矿遗址就世界文化遗产名录申报和管理进行考察、提供咨询意见的国际古迹遗址理事会世界遗产项目协调员亨利·克利尔博士夫妇、罗马文物修复研究中心协调员尤嘎·昭克赖特夫妇，在参观遗址后发表了如下感慨和评价："能参观中国三千多年前冶炼金属的古矿冶遗址，我们备感荣幸。同时我们还要向发掘和保护这个重要遗址的人们表示祝贺。铜绿山古铜矿遗址列于世界文化遗产名录大有希望！”世界著名冶金史专家、美国麻省理工学院教授史密斯先生说：“我们在这里看到了世界其他地方看不到的东西，这在我一生是永远不会忘记的。”加拿大弗兰克林教授说：“你们在这里经常接触可能不觉得，但对我们来说，这是世界上其他地方所没有的，可惜时间太短，我十分留恋这个地方。”

中国的有色金属和稀有金属大多分布在南方，这是因为南方在地质史上受喜马拉雅山和燕山造山运动的影响，火成岩活动特别强烈，大约在距今 0.8—1.9 亿年前发生了罕有其匹的花岗岩活动。以四川盆地和贵州高原为中心，向东南和西南方持续增强，而出现了成矿带，中国的铜矿密集在长江南岸，青铜时代的战略资源主要是铜。根据古文献记载和现代地质勘探资料表明，奠都在中原的夏朝和商朝，无论安阳、镐京、洛邑及其近畿地区都没有大的铜矿资源，远远不能满足该时期对铜料的大量需求。不得不到长江流域去找，后来的周朝当然也如此。根据考古发现，铜器时代的黄河流域和长江流域，正是以铜为纽带联结起来的。

湖北大冶铜绿山古铜矿遗址最初的发现者是大冶有色金属公司铜绿山矿。1973 年 6 月，铜绿山矿在该矿二号矿体址二勘探线采矿至地表以下四十米深处的富矿带时，先后发现十三把铜斧，最大的一把铜斧重 3.5 公斤，有的在出土时还保留有长 80 厘米左右的木质把柄。矿山的一些干部和技术人员凭着他们掌握的生产和历史知识，首先断定这是古代直接用于采矿的生产工具，断然决定将一柄形制最大、保存最完整的铜斧寄给了中国历史博物馆。铜斧到北京，即收到中国历史博物馆发来的电报：“保留现场、即来人调查”。三天后，中国历史博物馆在一名副馆长的带队下一行来到铜绿山矿调查研究，引起了考古界的重视。以后国家文物局、文化部和各方面都派人到铜绿山进行大规模发掘和保护，以致在世界引起关注！经发掘后 ^{14}C 测定的年代距今 3000 年以前，大冶铜绿山古铜矿的开采建设，就已初具规模，更快发展。矿床的开采采取了竖井、斜井、斜巷、平巷相结合的采掘方式。同时又用各种技术手段初步解决了井下的通风、排水、提升和巷道支护等一系列复杂的技术难题。

铜绿山古铜矿遗址南北长约2公里，东西宽约1公里，铜绿山矿是我国目前最大的精铜基地，在矿区的11个矿体中都发现有老窿，铜绿山老窿处在由花岗闪长斑岩和大理岩接触变质而生成的破碎带中，这里铜矿富集，主要有孔雀石、自然铜、赤铜矿等，矿石颜色鲜明，易于发现和采选。据两处发掘点(另外多处都已封存)发掘所知，古人建设的采矿老窿洞就有100万立方米，竖井252条，井巷总长8000米，所用木料约3000立方米，采掘与冶炼技术之精，为同时世界所仅见。据考证，大冶铜绿山古铜矿遗址两处发掘点的炼铜竖炉，在正常情况下一炉可生产粗铜43公斤左右，一昼夜可产铜350公斤，铜绿山古矿遗址中遗留下来约14万平方米、数量至少在40万吨以上的古代炼渣，由此推算出整个铜绿山古铜矿遗址的矿石累计产铜在10万吨以上。

上古时代的青铜生产，经考古界研究发现铸造与冶炼往往通常不在一地，即采掘之后就地冶炼，冶炼之后易地铸造。迄今为止，大冶地区五十五处古矿冶遗址考古发掘尚未发现铸造青铜器的手工业作坊，也没有发现大量的青铜器。大冶铜绿山古铜矿炼铜竖炉生产的10万吨左右的铜块通过什么途径运往外地呢？从古铜矿的古代地理位置看，产出的铜块主要依靠水运为主、陆运为辅输往外地。大冶铜绿山古铜矿北部濒临大冶湖，与长江水系相通，水上交通方便。水运经大冶湖，出沣源口进入长江。沿长江上溯可达楚郢；顺长江而下可达吴越地区；北上经汉水，过随(随州)枣(枣阳)走廊可进入中原；南下从岳阳进入洞庭湖，可与湘、资、沅、澧四水相通。1973年在大冶湖边曾出土过多块饼状铜锭，每块重约1.5公斤，含铜量为91.86%。据考证，这些铜锭就是铜绿山古铜矿产的产品，通过大冶湖向长江方向运输时遗留下来的。

近年科技考古方兴未艾，科技学者与考古学者相结合，采取自然科学相关学科合作的途径，运用先进的仪器来检测古代铜器中所含微量元素，以探求铜矿来源的工作已取得进展。用铅同位素分析法，可以确定青铜原料的产地。其原理是矿物形成以后，它的铅同位素组成的百分比含量就不再变化，而且在经过冶炼、铸造和锈蚀等物理化学反应过程之后仍保持不变。不同矿区的矿石中铅的含量不一样，具体的成矿条件也不同，铅同位素组成也各不相同，这就构成了用古代铅同位素比值进行比照，来追溯矿料来源的依据。经研究发现，大冶铜绿山古铜矿所生产的铜主要是被用来制造铜礼兵器、铜乐器、铜工具及货币等。例如：举世闻名的曾侯乙墓出土的编钟，通过现代科学技术测定，发现其中同位素比值与铜绿山古铜矿井内铜矿石中的同位素比值十分相近。由此推断，这套大型编钟可能就是利用大冶铜绿山古铜矿生产的铜块为原料制造的。曾侯乙墓出土的青铜器数量很大，总重量约数吨之巨，经检测，这些铜可能都是从铜绿山古铜矿地区运来的。距今已有三千余年历史的河南安阳殷墟妇好墓所出土的青铜器试样 12 件，其中有 6 件的同位素比值与铜绿山古铜矿所出古代炼渣、铜锭、矿石相近；检测陕西宝鸡弶国墓地所出剑、戈、簋、铙、鼎等青铜器 24 个金属样品，所得到的数据表明与铜绿山古铜矿的铅同位素比值相近，证明其铜原料很有可能都来自铜绿山古铜矿。再如距大冶 100 公里的武汉市北郊的商代盘龙城遗址，经 1998 年仅少量发掘，即出土“铜钺”等数十件青铜器珍品，经检测，制造青铜器的铜料也应是铜绿山古铜矿的。

大冶铜绿山古铜矿遗址的发现和发掘，为研究中国乃至世界矿冶科技史提供了重要的实物资料，铜绿山古铜矿遗址是中国迄今发现的古矿冶遗址中年代久远，生产时间最长（千余年间），规模最大的一处古铜矿遗址。铜绿山古铜矿遗址发现后，在中国的内蒙古、湖南、江西、安徽等地也陆续发现了一批同时期的古铜矿遗址，但就其开采规模，实物资料的丰实和完整，以及保存的完好程度，都不及铜绿山古铜矿遗址。在距今 3000 年前的漫长岁月，古代大冶从事矿冶的先民们在铜绿山大规模开采铜矿，成功解决了深井开采中一系列技术问题。同时，他们还创先使用了鼓风竖炉炼铜。所有这些，充分说明了在很早以前，我国的采冶技术便有一套独立而完整的体系，中科院院士、著名冶金史专家柯俊教授指出:“铜绿山古铜矿代表了一个时代的采铜炼铜技术。”

大冶铜绿山古铜矿遗址的发掘，提供了中国青铜文化起源的实物依据，填补了中国冶金史和考古学上的空白，它告诉世人:大冶应是中国青铜文化的重要发祥地之一。

基于铜绿山古铜矿遗址具有重要的文化价值、科学价值和历史价值。1981年，国家冶金工业部和国家文物局联合决定，依照矿山生产服务于文物保护的原则，将其古铜矿遗址永久保留，在其范围内停止采矿作业。1982年2月，国务院公布铜绿山古铜矿遗址为全国重点文物保护单位并对外开放，1991年，国务院正式批准铜绿山古铜矿遗址原地保护方案，为此，国家将少回采价值高达几十亿元以上的矿产资源。随后，国家文物局又投资数百万元，对铜绿山古铜矿遗址实施地表水防渗处理、古坑水防腐蚀处理、古矿井围岩加固等多项科学保护工程。遗址上部修建了遗址博物馆，配备了相应的管理人员和技术队伍。2001年被评为“中国20世纪100项考古大发现”，而且是唯一获此殊荣的古铜矿遗址。

1994年3月20日，国家文物局正式以中华人民共和国名义向联合国教科文组织提出申请，将铜绿山古铜矿遗址列入申报《世界文化遗产名录》预备清单。大冶铜绿山古铜矿遗址，是大冶古代劳动人民智慧的结晶，是我们的祖先留给我们的一份珍贵遗产，它不仅是中国的瑰宝，同时也是世界古代文明的一个组成部分。中国夏商周三代高度发达的青铜文化不仅在中国历史上，而且在世界历史上闪烁着极为灿烂的光芒。

二、大冶怎样做活青铜文化文章

“天地一洪炉，举世无双冶”的大冶，历来有“矿冶之城”的美誉，据文物管理部门的调查，到目前为止，大冶市辖区内共发现古矿冶遗址55处之多，最具代表性的是1973年10月发现的铜绿山古铜矿遗址。

铜绿山古铜矿遗址文化内涵极为丰富。从定位来看，1995年3月20日中华人民共和国国家文物局将铜绿山古铜矿遗址向联合国申请列于《世界文化遗产名录》预备清单中，称“铜绿山古铜矿遗址是中国迄今发现的古矿冶遗址中年代久远（同位素 ^{14}C 测定的年代距今 3000 年左右），生产时间最长（千余年间），规模最大（其分布范围约两平方公里），地表遗留的古代铜炼渣在四十万吨以上的一处古铜矿遗址”，具有“一久两最”的特点。从科学价值来看，它不仅“埋藏着丰富而珍贵的青铜文明的科学资料与信息，蕴涵着青铜文化研究的巨大潜力”（中国社科院研究员，考古学家殷玮璋语），是“中华民族古代青铜文化的历史见证”（国家文物局顾问谢辰生语），而且对研究我国当时冶炼技术有着前所未有的科学价值。从对大冶的影响来看，折射出大冶的昨天、今天与明天，勾画了大冶工业文化，包括古代工业、近代工业、现代工业的走向与趋势，并使之闪耀着中国青铜文化的历史光环。

铜绿山古铜矿遗址在国际和国内的地位无与伦比。从国际地位来看，目前进入《世界文化遗产名录》的可比遗产有两项：一是挪威的矿都勒罗斯，铜的提炼和铸造始于公元 1664 年，比铜绿山晚二千多年；二是波兰的维利奇卡盐矿，该矿始采于 13 世纪，开采的对象与铜绿山不同。

从社会影响来看，美国哈佛大学、麻省理工学院的知名教授，丹麦、罗马和联合国的考古专家以及中国科学院、社科院、北京大学、清华大学的专家学者亲临参观考察铜绿山古铜矿遗址后都表示惊叹，给予了高度赞赏，并纷纷著书立说。1998 年 9 月 6 日，国际古迹理事会世界遗产项目协调员亨利·克利尔博士夫妇、罗马文物修复研究中心协调员尤嘎·昭克赖特先生夫妇由国家文物局文物保护处处长郭旃、新华社对外记者周笑梅、湖北省文物局文物处处长黄传懿陪同，专程来大冶就铜绿山古铜矿遗址申报《世界文化遗产名录》工作进行考察并提供咨询意见。

亨利博士说：“铜绿山遗址列为世界文化遗产是大有希望的。现在需要在文物展示方面作很大努力，更要注意遗址周边环境的改善和道路的建设。我真诚地希望等我们下次再来这里时，能够见到《世界文化遗产名录》的牌子出现在这个遗址博物馆门前”。

国家文物局文物保护处处长郭旃认为：“国际文物保护组织的专家能来铜绿山古铜矿遗址进行考察，说明这个遗产项目已经得到有关方面的重视。一个城市如果有了世界文化遗产项目，可以扩大该城市在国际上的影响，其潜在价值是不可估量的。”铜绿山古铜矿遗址在国内外已经具有相当大影响和知名度。

1.大冶文化：因铜而名

在大冶，“石龙头文化”、“矿冶文化”、“铜斧文化”、“小雷山文化”、“劲牌文化”等多种文化形式并存。但在大冶文化的定位问题上，只能是“青铜文化”。其一，青铜文化具有独特的城市个性。作为举世无双的“矿冶之城”大冶在发展过程中形成的独特的文化风格和文化个性，是大冶的生命力和独特魅力所在。大冶铜以其独特的发展史，成为大冶城市文化发展的重要依托。正如北京的“皇城文化”，上海的“现代都市文化”，苏杭的“山水园林文化”，以及南京和西安的“古城文化”一样，大冶诸文化之中，在中国乃至世界上“最突出、最具有代表性、最具城市个性化”的只能是“青铜文化”。

其二，铜孕育了大冶的历史文化，大冶铜历史悠久，根据现有的考古资料，国内历史考古学家考证分析，早在商周时期，大冶成千成万吨的铜被冶炼出来，从大冶湖到长江，再由长江源源不断运往中原，大冶铜为中原大地建立青铜时代的文明作出了不可磨灭的贡献。千百年来，大冶先民择铜而居，繁衍生息，创造着物质文明和精神文明。大冶的城市沿革，历史事件，文化蕴涵，民风民俗，无不与铜有着密切联系。铜承载了大冶这座城市的生命。

其三，大自然的神奇造化之功，构成了大冶成为中国铜矿密集成矿带的成员，辖下的现代铜绿山矿成为国内屈指可数的富铜矿山。它的储量全国有名，品位居全国之首。古代的大冶矿冶遗址，星罗棋布，分布在大冶的各处，现代的大冶仍是我国一处重要的产铜基地。

21世纪的大冶人民继续不停地在追寻中国青铜文化的足迹，把自豪和荣耀化为开创美好未来的精神力量，去奋力攀登大冶新世纪的辉煌。

2.打造品牌：做足文章

铜是大冶的“灵魂”所在，也是大冶人繁衍生息和几千年来大冶社会经济发展的命脉所在。有关专家指出，大冶要继续提高在国内外的知名度，就必须打好“青铜文化”这张品牌，把铜和青铜蕴涵的文化内涵充分挖掘出来，做大做活青铜文化文章。

近几年来，围绕突出青铜文化资源打“中国青铜古都”的旗帜，大冶市委、市政府采取了一系列宣传措施，经湖北省社科院批准，市委、市政府在大冶成立了“湖北省青铜文化研究所”，对青铜文化资源的保护、规划、开发和利用，开展广泛的对外交流和合作，起到了积极的推动作用。

如何做足青铜文化文章，有关专家学者提出了一套可行性的建议：坚持定期举办“青铜文化节”，建“中国青铜文化公园”及“中国青铜文化博物馆”，积极申报铜绿山古铜矿为“世界文化遗产”。

既有发掘的铜绿山古铜矿，又有丰厚的历史文化内涵，大冶铜融自然地理、历史文化、矿冶景观于一体，堪称世界一流，举办“青铜文化节”非大冶莫属，殷玮璋在谈到大冶举办青铜文化节的必要性时说，其实大冶市应早日制定出“中国大冶首届青铜文化节”的具体方案。据有关人士预测，今后大冶举办“青铜文化节”，国内外知名专家、学者及有关人士将从世界及全国各地聚会大冶，大大拉动大冶的对外开放，促进大冶经济、旅游、文化事业的发展，带动社会效益、环境效益和经济效益应该不成问题。

大冶铜独特的地质构造，唯一的自然景观，悠久的历史文化，以及由此而繁衍出的格局，世界上任何一个城市都无法比拟，建“中国青铜文化博物馆”亦非大冶莫属。拟建的“中国青铜文化公园”，将全国有名气的各类不同青铜器精品景观，历史文化和特色青铜文化建筑予以微缩展示。在“青铜文化公园”内建“中国青铜文化博物馆”，围绕一个“铜”字策划旅游景点，再现出“中国第一”——铜矿历史村，作为了解铜矿历史和生产过程的天然课堂。大冶应开发以青铜文化博物馆为中心的多处教育娱乐设施，通过全息照片、幻灯片、录音、录像等方式，展出包括铜矿的形成、分布、利用、开采、技术改良等各个主题内容，由仿真蜡像人物展示劳动情景，使参观者真有身临其境的感觉，寓知识性、观赏性、趣味性、科普教育于一体，对于提高"矿冶之城"知名度，弘扬青铜文化，都会带来良好效应。

1995年国家文物局将铜绿山古铜矿遗址列入《世界文化遗产目录》预备清单期间，联合国教科文组织曾先后两次到铜绿山古铜矿遗址进行了考察，他们认为，凭借遗址本身的历史文化之深厚，科普科研之价值，都可列世界之最。在此基础上，通过科学规划构建，特别是要对遗址目前周边环境的改善和道路的建设，铜绿山古铜矿遗址完全有条件申报世界自然文化遗产，也完全有可能被列入世界自然文化遗产。铜绿山古铜矿遗址列入世界自然文化遗产，将更加有利于保护和管理，大大提高大冶在世界上的知名度。有关专家称，做足青铜文化文章全社会必须形成共识，形成强大的整体合力，从城市建设、经济、旅游、文化事业发展到企事业单位的名优产品，都要围绕青铜文化做文章，经过坚持不懈的努力，使青铜文化更好地为大冶市的对外开放、经济、文化、旅游事业的发展服务。

三、大冶目前要做的几件事

近十几年来，我到过安徽铜陵5次。18年前，安徽铜陵的经济建设和社会建设还不能与黄石相比。1991年10月，安徽铜陵市举办第三届花卉博览会，由于缺少鲜明的地方文化特色，因此缺乏应有的号召力和吸引力，不少同志向市政府建议搞花卉不是铜陵的强项，并且难以弘扬和继续发展，恰巧当时铜陵市文物管理所借铜陵市航运大楼二楼举办了《铜陵市青铜文物展》，并在航运大楼楼顶悬挂了铜陵当时鲜见的一条巨幅标语："弘扬铜文化，振兴铜陵经济"，许多参观展览的来宾和被邓小平称为"娃娃市长"的汪洋（现任中共中央政治局委员，广东省委书记）对这幅标语和展览给予了很高评价，认为抓住了铜陵发展的主题和宗旨，1991年11月14日，汪洋市长在《铜陵日报》发表署名文章《醒来，铜陵！》。随后，市政府多次召集宣传、文化 、规划、建设等部门进行商讨，并广泛征集社会各界的意见和建议而达成共识：铜陵的特色文化就是贯穿铜陵三千多年，伴随铜陵兴盛和发展的铜文化，这才是铜陵对外开放和各项事业建设的有利条件和优势。因此，大力宣传和开发利用铜文化资源，打“古铜都”旗帜，搭起铜文化这个具有一定广度和深度大舞台，不仅对宣传和扩大铜陵知名度，繁荣城市经济文化、发展旅游事业，促进改革开放有着重要的现实作用，同时对宣传和弘扬中华民族优秀文化，开展爱国主义教育，丰富人民群众文化生活都具有深远的历史意义。

1992 年 8 月 2 日，时任铜陵市委书记孙树兴题词：“弘扬铜文化，发展铜工业”；铜陵市人大常委会主任赵指南题词：“灿烂的铜文化，绚丽的发展史”；铜陵市市长汪洋题词：“弘扬铜文化，创造新文明”。从 1992 年开始，铜陵市齐心协力弘扬铜文化，促进了经济建设、文化建设、社会建设的全面发展，铜陵的面貌迅速发生了显著的变化，受到世人的称羡！

贯穿大冶历史几千年的特色文化就是青铜文化，这是不容置疑的。国家级的权威专家、学者都在眼睁睁地盼望着大冶市将此战略性的资源保护好、弘扬好、开发好，以利大冶市各项事业更快发展。我建议：

1. 若黄石市目前同意将铜绿山古铜矿遗址经有关合法手续移交大冶市管理〈或托管〉，在核实好该遗址的现实状况的基础上，大冶市应理直气壮地接受，千万不要认为是一种负担(原湖北省文化厅长胡美洲、北京考古学家殷玮璋语)。

2.大冶市政府牵头，迅速成立专班、设立办公室，制订《保护、修缮、整治、建设铜绿山古铜矿遗址规划》，以利向省及北京申请部分修缮建设资金，在修缮、建设好的基础上，以政府名义启动铜绿山古铜矿遗址申报世界遗产工作。

3.全市统一认识，继续大力宣传、大造舆论，打出“青铜古都”旗帜。一是频繁在国家、省、市级报刊或其他媒体上发表广告宣传文章，不论什么内容，每篇文章标题必有“青铜古都”字样。二是邀请国内外专家到大冶考察座谈，挖掘研究，编纂中国青铜古都大冶书籍。三是争取国家级领导人支持，如“青铜古都”的题词。

4.在大冶市规划建设局设立“青铜古都城市建设咨询办公室”，以利统领大冶市青铜古都城市建设规划事宜，除领导成员外，拟聘请 3 名对大冶青铜文化有一定研究的人员当顾问为宜，大的青铜古都城市建设项目采取邀请国家级有关专家评审论证。

5.在城市建设中，突出青铜古都特色，注入青铜文化品位。走进大冶市，处处都应感到一种“青铜古都”氛围，城东、南、西、北大门选择适当位置应设立大型铜雕塑，或大型铜浮雕。已与黄石对接的快速通道、新冶大道已成型的主要街道从现在开始制定以符合青铜文化为主题的建设规划，逐步建设设置符合青铜文化氛围的艺术精品。

6.大冶青铜文化广场范围内毫无青铜文化因子的构件应去掉，应重新设置注入青铜文化品位的构件。在青铜文化广场应构建竖立用青铜铸制的大型标志性城市铜雕。构建大冶标志性城雕应紧紧围绕“大兴炉冶”这一理念。城雕是“无音的诗”、“凝固的音乐”，对美化城市环境、记录人文历史、升华民众情感、塑造城市个性及传播商业信息均有独特的作用。

7.筹建“大冶青铜文化公园”。可否将“大冶青龙山公园”更名为“大冶青铜文化公园”，使其建成有浓郁的青铜文化气息，参观、浏览、休闲和进行文化艺术交流为一体的旅游公园。大兴炉冶碑林也可考虑在此园建立。在公园大门两边及延展地带、东岳路、保康路都可逐步演变发展为“青铜文化一条街”。

8. 建标志性建筑物。可否将“金湾国际大酒店”更名为“青铜古都大酒店”。大冶市近几年高楼大厦建了不少，但没有一座能体现青铜古都特色和表现青铜文化品位的城市标志性建筑物。青铜古都国际大酒店〈包括大冶会展中心〉内外置景应突出雄浑、凝重、古朴等青铜古都特色和青铜文化氛围。

9.大冶老物质局原地址及相邻有关地域，建议再不要批准建住宅楼之类建筑物，留置于大冶大道旁，准备建进入铜绿山古铜矿遗址主入口，设入口广场及标志物，与铜绿山古铜矿遗址形成对景。大冶城市在不同地段应留意规划建设广场。2006 年南京市政府把玄武门附近一块地方卖给了房地产商，售价 1.42 亿元，后来发觉不对，又以 1.8 亿元的价钱买了回来，不再建什么了，就作为城市绿地留着，这是多大的魄力。

（此论文荣获黄石市人民政府颁发的黄石市第六届社会科学优秀成果(2006—2007 年)二等奖）

建设中国青铜古都——大冶的构想

张国祥

大冶历史悠久。考古发掘表明：四十万年前，古代先民们就在这片肥沃的土地上辛勤劳作；三千多年前，古代先民们就在这里“大兴炉冶”，创造了灿烂的青铜文化。

大冶矿产资源丰富。现已探明的金属和非金属有50余种，遍地都蕴藏着巨大的宝藏。以大冶有色金属公司铜绿山铜铁矿为例，从储量看，这里相当于一座特大型金矿、一座大型铜矿、一座大型钴矿、一座中型银矿、一座中型铁矿。

大冶虽说历史悠久、资源丰富，古代先民们在这里创造了举世瞩目的物质财富和精神财富，为推动社会发展和人类历史的进步作出了不可磨灭的贡献。但由于各种的原因，比我们古代开采规模小几十倍、开采年限晚千余年的安徽省铜陵市却戴上了“中国古铜都”的桂冠；没有任何铜矿资源，仅凭江西铜业公司在该地建有一冶炼厂的江西省贵溪市也成为“中国新铜都”。面对这种现实，我们无不为之叹息；面对这种处境，我们应该急起直追，打好“中国青铜古都”牌，建好大冶中国青铜文化历史名城。

一、保护历史遗产，再现青铜时代的光芒。大冶的历史文化遗址有100余处，其中古矿冶遗址有50余处。在这些遗址中，被列为全国重点文物保护单位的遗址有4处：铜绿山古铜矿遗址、鄂王城遗址、红三军团革命遗址、大冶兵暴旧址。被列为湖北省重点文物保护单位的遗址有12处：五里界古城、草王嘴古城、老猪林遗址、邹村古墓群、红八军遗址、鄂皖湘赣指挥部、大谷垴遗址、太婆山遗址、水南湾民居、胡家大院、邹氏祠堂、大冶中心县委旧址。这些遗址是先民们留给我们的宝贵财富，是无价之宝。它凝聚了古代先民辛勤劳动的汗水，它记录了古代先民创造历史的艰难历程，它展现了革命先烈为了推翻三座大山建立新中国不惜抛头颅洒热血的英勇画面和丰功伟绩。

在这些遗址中，最有代表性的重要遗址是铜绿山古铜矿遗址。自1973年发现后就立即引起了国内外的高度关注。1982年被列为全国重点文物保护单位；1994年被列入《世界文化遗产名录》预备清单；2001年被评为中国20世纪100项考古大发现之一。它与已列入《世界文化遗产名录》的同类遗址比较，比挪威的勒罗斯矿和波兰的维耶利奇卡盐矿均早两千余年。铜绿山古铜矿遗址是我国迄今发现的古矿遗址中开采年代久远、开采时间最长、开采规模最大的一处古矿冶遗址，其分布范围约2平方公里。遗址不可再生，保护、利用、开发好我们大冶境内的历史文化遗产是我们应尽的责任，也是时代赋予我们的光荣使命。我们应该积极发掘青铜资源，再现青铜时代的光芒。

二、重塑城市形象，展现青铜古都的风采。青铜是铜锡或铜铅的合金，呈青灰色。我国青铜时代经历了夏、商、周三代，共计1500余年。青铜时代是以青铜作为制造工具、用具和武器的人类物质文化发展阶段。古代青铜器的类型有工具、兵器、礼器、烹饪器、食器、酒器、水器、乐器、车马器、货币等。举世闻名的湖北随州曾侯乙墓出土的编钟所用的铜就是出自于铜绿山。该钟总重达2500多公斤。2001年9月在香港举行的第九届国际中国科学史会议上，大会组委会将编钟的全景图像作为会标悬挂于主席台上。

我市作为中国青铜古都，应该营造浓厚的青铜文化氛围，让人们进入大冶就能观铜形、闻铜香、听铜声，感受到大冶浓厚的文化底蕴和青铜色彩。由于我们还刚刚起步，在青铜文化建设上还做得很不够，缺乏城市之魂。到目前为止，我市除青铜文化广场有两件铜制品外，其他地方没有任何青铜制品的城市雕塑。青铜文化广场也是有其名而无其实，“青铜文化广场”六个字也是刻在一块青石上。凭心而论，青铜文化广场的设计还是非常有创意的，城区也只有这个地方可以找到青铜文化的影子。我们要建设中国青铜文化历史名城，应该进一步加大青铜文化建设力度，全方位地展示青铜文化。我个人认为，如果将青铜文化广场现有的汉白玉九龙柱和壁雕改成青铜柱、青铜壁雕，并在草丛中、树林间放置一些诸如十二生肖等青铜制品，可以提高我市的青铜文化品位。使人们在休闲、娱乐的同时，既能够陶冶情操、增长知识，又能够感受到青铜文化的气息。

一个城市有一个城市的文化定位和风格。我们大冶要建设中国青铜文化历史名城，应该搞好城市雕型，充分展示我市青铜文化的风采。

三、加大宣传力度，营造青铜文化的氛围。大冶物华天宝、地灵人杰。古代先民们为了管理、开采铜绿山及其周边地区的矿产资源，先后在大冶境内建设了五里界古城、鄂王城和草王嘴古城，创造了灿烂的青铜文化。在铜绿山古铜矿遗址十余年的发掘中，发现了大量种类繁多、功能各异、专业化程度高的生产、生活用具。制作工具的材质有：铜、铁、木、竹、石料等。工具用途可分为：采掘工具，如铜凿、铜锛、铜镢、铜斧，铁斧、铁钻、铁锤等；耙（铲）矿工具，如木铲、木锹、铜锄、铁耙、凹字形铁口锄等；装矿工具，如竹箕、竹筐、藤篓等；排水工具，如木槽、木桶、木撮瓢等；提升工具，如木绞车、木钩、草绳、平衡石锤等；选矿工具，如船形木斗、条状木盘、木溜槽等；碎矿工具。如石砧、石球等；照明工具，如竹签；生活用具，如陶器、小竹篮、木耳杯、葫芦瓢等。这些工具由粗糙到精致，由石器到铜器到铁器，无一不是我们先民集体智慧的结晶。许多国际友人和考古专家看过铜绿山古铜矿遗址后都伸出大拇指赞叹说，这样保存完好的遗址在世界其他地方是看不到的，铜绿山古铜矿遗址在世界上是一流的。

大冶青铜文化是中华民族传统文化的重要组成部分，也是世界古代文化的一支奇葩。三千多年前的大冶先民们用自己辛勤的劳动和卓越的智慧，为发展我国灿烂的青铜文化作出了巨大的贡献。时至今日，我们 90 万大冶人民对青铜文化知之甚少，对大冶的历史了解甚少。在黄石市政府将铜绿山古铜矿遗址移交给大冶市管理的今天，我们应该加大宣传力度，大力弘扬青铜文化，通过广播、电视、报纸、杂志、网络、研讨会等多种途径宣传青铜文化、发掘青铜文化、推介青铜文化。让世界了解大冶、让大冶走向世界。

四、搞好旅游开发，传播青铜特色的文化。旅游业被人们喻为“朝阳产业”，旅游业的发展带来了世界产业的结构性变化。在以往习以为常的世界三大产业划分中，旅游业隶属于第三产业，随着旅游业的迅猛发展，产业结构正在发生变化。目前，在西欧、北美等发达国家，在原有三大产业结构中已分离出第四产业——科技信息业。而旅游业正从原第三产业中分离出来，成为一个独立的产业——第五产业。并被预测为21世纪最大的产业。我国在经历了三十年的改革开放之后，人民生活水平已有很大提高，特别是实行双休日和节假日后，空余时间增多，旅游已经不再是过去小部分人在“出差”、“考察”名目下进行的业余活动，而是现在大多数人通过旅游来追求一种丰富多彩的精神和文化生活。

旅游，在本质上是一种文化现象。旅游者所选择的目标一般分二类：一是自然景观，二是文化景观。而更多的旅游者既希望能够享受自然景观的美景，又企盼获得知识和文化的营养，所以旅游资源的开发，除了对自然风景区的开发治理和保护之外，更重要的是对人文景观的发掘。我市旅游开发具有得天独厚的优势，既有古代的文化遗存，又有现代的红色旧址；既有巧夺天工的自然景观，又有现代气息浓烈的城市画卷。我们通过旅游开发，既可创造巨大的经济效益，又能宣传大冶、展示大冶，提高大冶的知名度，传播大冶的青铜文化。

建设中国青铜古都，创建中国青铜文化历史名城是一项伟大的工程，需要全市人民共同努力。青铜文化有着非常丰富的文化底蕴，是我市最保贵的传统文化。特别是以铜绿山古铜矿为代表的文化和文明载体所体现的极具竞争力和生命力的文化举世无双。我们在传承青铜文化的同时，还要提高全市人民的思想素质、文化素质，提高大冶的文化品位。大力培育支柱产业，大力整治城市环境，进一步美化大冶、建设大冶。只有这样，才能把大冶建设成中国青铜文化历史名城乃至世界青铜文化历史名城，才能让大冶在中华大地上再展昔日雄风。

铜绿山古铜矿遗址大事记

张国祥

1. 1973年10月，铜绿山矿在露天剥离时在古矿井巷道中发现铜斧、铜锛以及木槌、木铲、陶罐等。该矿将保存完好的一柄铜斧寄给中国历史博物馆后，引起了中国历史博物馆的高度重视。随即派孔祥星会同湖北省博物馆王劲到铜绿山矿进行矿冶遗址调查。

2. 1974年1月—1975年，湖北省博物馆王劲带领黄石市、大冶县文物考古人员及铜绿山、铜山口、龙角山、丰山等矿业余考古人员开始对铜绿山古铜矿遗址进行考古发掘。

3. 1976年—1979年夏，黄石市博物馆主持组织铜绿山矿、铜山口矿、丰山铜矿、红卫铁矿等单位业余考古人员发掘Ⅶ号矿体1、2、3号点及Ⅺ号矿体和柯锡太村冶炼遗址。

4. 1979年秋—1980年夏，国家文物局黄景略负责，组织包括中国科学院考古所、河南省博物馆、内蒙古昭乌达盟文化站、湖北省博物馆、黄石市博物馆等国内多家单位的专业人员对铜绿山古铜矿遗址进行大规模考古发掘。

5. 1979年4月，中国科学院自然科学研究所所长仑孝和以及国家文物局向冶金部发出保护铜绿山古铜矿遗址的呼吁。

6. 1979年5月12日，新华通讯社在《内部参考》上印发了黄石博物馆对铜绿山古铜矿遗址选择重点进行保护的要求。

7. 1979年8月，冶金工业部和国家文物局联合在黄石召开第一次文物保护座谈会并形成《纪要》，决定将铜绿山Ⅺ号矿体采矿遗址永久保留。

8. 1979、1991年中国科学院考古研究所所长夏鼐先后两次考察铜绿山古铜矿遗址。

9. 1980年6月2日，中国科学院考古研究所所长夏鼐在美国纽约大都会博物馆召开的中国古代青铜器学术会上作了《铜绿山古铜矿的发掘》的演讲。

10. 1981年4月，冶金工业部和国家文物局在黄石召开第二次文物座谈会，决定将原Ⅺ号矿体交给矿山生产，Ⅶ号矿体采矿遗址永久保留。

11. 1981年10月25日，中国科学院院士柯俊先生陪同美国哈佛大学考古系教授麦丁先生和美国麻省理工学院教授、世界冶金史专家史密斯先生等出席北京举行的“古代冶金技术国际学术讨论会”的一批世界著名冶金史专家到铜绿山古铜矿遗址参观考察。

12. 1981年12月1日，国家文物局、湖北省人民政府在铜绿山矿召开授奖大会，奖励保护铜绿山古铜矿遗址有功单位24个，有功个人37人。

13. 1981年—1985年夏，由黄石市博物馆主持发掘Ⅺ号矿体古采矿遗址。

14. 1982年2月23日，国务院公布铜绿山古铜矿遗址为全国重点文物保护单位。

15. 1983年2月22日，中共中央总书记胡耀邦到黄石博物馆参观铜绿山古铜矿遗址陈列展览。

16. 1984年5月，夏鼐先生为遗址博物馆题写馆名：“铜绿山古铜矿遗址”。

17. 1984年12月，铜绿山古铜矿遗址博物馆落成并对外开放。

18. 1990年1月，湖北省召开省长办公会，专题听取生产与文物部门对保护遗址的意见，省政府认为遗址应原地保护，不同意搬迁，并将此意见呈报国务院。

19. 1990年7月15日，国务院秘书长罗干主持召开铜绿山古铜矿遗址文物保护协调会，听取中国有色工业总公司、国家文物局、湖北省人民政府对遗址保护的意见。提出：文物保护是主题，妥善保护是前提，矿山生产建设要服从文物保护，在妥善保护好文物的前提下，文物兼顾矿山生产，为矿山生产创造一些有利条件。

20. 1991 年 5 月 16 日，中共中央政治局常委宋平同志专程到铜绿山参观古铜矿遗址。

21. 1991 年 6 月，国务院办公厅委托国家计委和国家文物局在黄石召开评审会，邀请文物、考古、采矿、冶金、地质、工程等方面 32 位高层次专家参加，对中国有色金属工业总公司提出的《铜绿山古铜矿遗址搬迁保护方案》和湖北省人民政府提出的《铜绿山古铜矿遗址原地保护和合理开采方案论证报告》进行评审，最后基本取得一致意见，同意原地保护方案。

22. 1991 年 8 月，国务院正式批复将铜绿山古铜矿遗址进行原地保护。

23. 1993 年 5 月 14 日，伍修权同志参观铜绿山古铜矿遗址，并在贵宾留言簿上签名留念。

24. 1994 年 3 月 20 日，国家文物局依据《世界遗产名录》第三、第四、第五条标准，将铜绿山古铜矿遗址申请列入《世界文化遗产》预备清单。

25. 1998 年 9 月 6 日，国际古迹遗址理事会世界遗产项目协调员亨利·克利尔博士夫妇、罗马文物修复研究中心协调员尤嘎·昭克赖特夫妇专程来我省就世界文化遗产名录申报和管理进行考察和提供咨询意见。亨利·克利尔博士夫妇在考察铜绿山古铜矿遗址后说：“能参观中国三千年前冶炼金属的古矿冶遗址，我们备感荣幸。同时，我们还要向发掘和保护这个重要遗址的人们表示祝贺，铜绿山古铜矿遗址列入世界文化遗产名录大有希望!”

26. 1999 年 12 月，《铜绿山古铜矿遗址发掘报告》由文物出版社正式出版发行。这是中国第一部矿冶考古发掘报告。

27. 2001 年，铜绿山古铜矿遗址被评为中国 20 世纪 100 项考古大发现之一。

28. 2006 年 6 月，铜绿山古铜矿遗址博物馆因地面开裂等原因闭馆。

29. 2006 年 12 月 20 日,《中国文物报》公布了重设《中国世界文化遗产预备名单》,江西铜岭古铜矿遗址取代湖北大冶铜绿山古铜矿遗址列入预备名单。

30. 2009 年 9 月,中共大冶市委书记傅继成、中共大冶市委副书记、大冶市人民政府代市长荣绪俭相继主持召开专题会议,研究部署铜绿山古铜矿遗址保护、治理、开发工作,并决议聘请北京清华城市规划设计研究院编制《湖北省大冶市铜绿山古铜矿遗址保护规划》。

31. 2009 年 11 月,黄石市人民政府根据湖北省文物局鄂文物综[2009]46 号文件《关于调整铜绿山古铜矿遗址管理体制的批复》的意见,决定从 2009 年 11 月 26 日起正式将铜绿山古铜矿遗址博物馆管理权移交大冶市人民政府管理。并以[2009]88 号专题会议纪要印发各有关单位。

32. 2010 年 5 月,铜绿山古铜矿遗址维修、改造、治理工程全面启动。

33. 2010 年 6 月 3 日,大冶市编委根椐黄编发[2009]13 号文件规定,决定设立"大冶市铜绿山古铜矿遗址管理处"。

历史渊源

中国青铜文化的发展和特点

熊志红

人类在最初的时候，主要是使用石器进行生产劳动的，考古学家把这个时期称为石器时代，时间约60万年—4千年前。石器时代又分为以打制石器为特征的旧石器时代(时间约60万年—1万年前)和以磨制石器为特征的新石器时代(时间约1万年—4千年前)，在新石器时代的晚期才发明了铜器。铜是人类历史上认识的第一种金属。

现代的化学知识告诉我们，在一般的条件下，铜是一种化学性质不太活泼的金属，在门捷列夫元素周期表中，铜位于第四周期第一副族内，在金属活动顺序表中铜又位于氢的后面，相对来说是一种比较稳定的金属，因此，在自然界中有自然铜存在。在许多现代铜矿产地可以找到数量不等的自然铜，特别是在铜矿矿苗露出地面的地方。在大冶铜绿山古铜矿遗址中就采集到呈细丝状的自然铜，一定数量的自然铜的存在是铜的化学性质所决定的，这一点正是人类早期开始使用铜的重要条件之一。自然界的铜通常呈赤红色，所以又称红铜，在某个地区如发现有自然铜存在，不仅预示着该地蕴藏有铜矿资源，为人类从使用自然铜到开采及冶炼矿石直接地得到铜金属，还为红铜工具的制造提供了天然的原料。

铜及铜的矿物都是有各种不同的颜色或金属光泽，比较能引起人们的注意，这也是人类早期开始使用铜的条件之一。在石器时代，对经常使用石器的人们来说，在不断地寻找制作石器的原料时，石材的美丽颜色是其选择的一个重要原因。这样一来，人们对铜及其矿物的认识和了解，相对来说就深刻一些。清代同治年间编纂的《大冶县志》记载：大冶铜绿山“山顶高平，巨石对峙，每骤雨过时，有铜绿如雪花小豆，点缀土石之上，故名。”这种露出地表的铜矿石因带有比较鲜艳的颜色，就成了寻找铜矿的重要标志。考古发掘资料表明，在大冶铜绿山古矿井井口附近均有较丰富的自然铜、孔雀石等铜矿物，而古矿井的开口部位也往往选择在这些地方，这说明当时大冶的先民们是通过露出地表的铜矿物的指引进行采矿活动的。

铜与铁相比，铜的熔点较低，此外，铜的化学性质不如铁活泼，所以在自然界中人们采到自然铜的机会远远超过采集到自然铁的机会，这可能就是人类使用铜比使用铁要早的两个最主要的原因。后来，人们在长期的生产实践中发现，在红铜中加入少量的锡或铅，制造的工具更加锋利和适用。这种铜和锡或铅的合金本来呈金黄色，生锈后则多呈青绿色，所以叫做青铜。青铜的熔点低，硬度大，远比红铜优越，广大的先民们用他们的辛勤劳动和聪明才智制造出众多的青铜器，创造了光辉灿烂的“青铜文化”。因此，青铜发明以后，很快就代替了红铜，历史上把已经掌握青铜冶炼和铸造技术、普遍使用青铜工具和器具的时代称为青铜时代。

从世界范围看，亚洲伊朗南部，土耳其和美索不达米亚一带(在叙利亚东部和伊拉克境内)早在公元前四千年初即开始制造青铜器，是发明青铜器最早的地区。中国也是世界上出现青铜器较早的地区之一。根据考古发现，在新石器时代晚期，一些地方已经有了青铜器，不过数量少，器形简单，同石器、红铜器相比，尚未占主要地位。中国真正进入青铜时代大约是从公元前21世纪开始的，从公元前21世纪至公元前5世纪中叶，包括古代文献上记载的夏、商、西周、春秋几个历史时期是中国的青铜时代，时间长达1600年左右。夏时期是中国青铜文化的初始阶段；商和西周前期，青铜文化发展到高峰，是中国青铜文化的鼎盛期；从西周后期到春秋，中国青铜文化渐趋衰落，继春秋而后的战国时期虽已开始进入早期铁器时代，但青铜器的铸造和使用仍然延续了很长的时间。

夏王朝(约公元前2070—前1600年)是中国历史上出现的第一个奴隶制

国家。夏时期，黄河流域率先进入青铜时代，在该区域考古发掘的青铜制品有刀、锥、锯、鱼钩等小件工具和戈等武器，还出土了原始的爵、鼎等酒器和炊器。其形态多仿同时期的陶器，工艺粗糙，器形单调，缺少花纹，一望就知还处在刚刚起步的初始阶段。

公元前 16 世纪，商朝建立(约公元前 1600—前 1046 年)，据考古工作者研究，商朝前期是青铜文化的发展时期，除了黄河流域，长江流域也纳入了青铜文化的分布范围，从河南郑州商城、湖北黄陂盘龙城发掘的考古发现来看，青铜器的种类较前有较大增加，这时期，青铜器上开始普遍流行花纹(现称为兽面纹)，此外还有云雷纹、圆涡纹、乳丁纹等。

商朝后期，青铜文化发展到了高峰，工艺技术大大提高，青铜器上的花纹繁缛华美，有的还铸有文字。青铜器的数量成倍增加，青铜器种类一应俱全，按用途划分，至少可分为礼器、饮食器类，如鼎、镬、鬲、釜、甑、俎、豆、尊等；乐器类，如钟、镗、铙、钲等；兵器类，如戈、矛、钺、刀、斧、戟、剑、盾等；生产工具类，如铲、斧、刀、钻、凿、锥、锯、锉等。其使用范围涉及社会生产和生活各个方面。礼器数量最多，制作也最考究。礼器是奴隶主贵族在举行祭祀、宴飨、丧葬等礼仪活动时使用的青铜器具，只归贵族专用，是他们身份地位的标志，死后大都就随葬到墓穴里。位于河南安阳殷墟王陵区的一座大墓中，曾出土一件大方鼎，鼎内铸有“司母戊”三个大字。据研究，是一代商王为其名戊的母后所做的祭器。这件大方鼎高 133 厘米，重 870 多公斤，器形庄重、花纹瑰丽，集中体现了商后期青铜文化发展的最高水平，也是世界青铜文化中罕见的珍宝。

商代后期，青铜文化的分布范围几乎涵盖了整个中国大陆，不同地区之间开始显现出明显的地方特色。公元前 11 世纪中叶，西周王朝建立(公元前 1046—前 771 年)。西周前期，青铜文化仍处在繁荣期，西周后期，青铜文化开始走向衰落。中央王朝铸造的铜器越来越少，可能是因为铜的来源减少，或者人们的观念发生了变化，这时期出现较多专为随葬用的青铜器，质量差，花纹粗疏，没有实际使用价值。先前青铜器所流行的其创意之新奇，铸工之精巧渐渐退居次要地位或简而化之。总体来看，西周后期青铜文化的确在一步步衰落下去。

公元前770年，周平王将首都由镐京(今西安市南郊)迁至洛阳，史称东周(公元前770—前256年)。东周时期铁器已经发明，青铜时代也逐步过渡到了早期铁器时代。铁器使用的推广，对青铜工业带来了巨大的冲击，青铜器原有的功能显然已大大减少。

中国青铜文化是在中国发达的新石器文化基础上独立起源和发展起来的，是当时发展程度最高的一支青铜文化。

中国的青铜器主要是表示贵族身份地位的礼器和用于战争的兵器、车马器，而较少工具和农具，与其他国家和地区的青铜文化形成了鲜明的对比。

中国青铜器作为一种造型艺术，其主题主要是表达商周时期人们对天上神祇和祖先的信仰、期待与寄托，以及真实地反映了社会生活。

中国夏、商、周三代高度发达的青铜文化不仅在中国历史上，而且在世界历史上都闪耀着极为灿烂的光芒，它的光辉成就至今仍极富吸引力，无论是研究社会科学或研究自然科学的，都离不开对青铜文化的研究。新中国成立50年来，随着青铜器的大量发现，对中国青铜文化的研究达到了一个崭新的阶段，获得了不少可喜的成果，它将帮助我们了解中华民族悠久的文明历史和源远流长的优秀艺术传统，给后人以启迪和借鉴，激励炎黄子孙创造出新的无愧于中华民族的伟大的文化和艺术。

何谓中国青铜文化(概要)

万维加

要理解中国青铜文化的含义，要从什么叫文化，什么是青铜及青铜器，中国青铜时代的划分等几个方面来理解。

什么叫文化？古今中外有200多种解释，众说纷纭，争论不休。但从200多种说法中都有一个共同点，就是都承认文化不是自然产物，文化离不开人类，人类也离不开文化，文化是人类创造力实现的成果。比如太阳不是文化，但利用太阳能，甚而进行日光浴，却都是文化。文化不是天生的，也不是地造的，它是人类创造的。只有当自然存在物经过人的加工、改造、利用或创造，而成为社会的对象，成为人的对象的时候，就是文化现象了。可以说，凡是反映人类创造力的事物，都是文化现象。因此，对文化可以作一个简单的概括：文化是人类创造力在一切领域中的体现。这里说的“创造力”，包括人的思维方式、价值观念、心理活动、审美意识等。这里说的“一切领域”，是指物质和精神两个方面。一般认为，文化的定义有两种，广义的——文化是人类社会历史实践中创造的物质财富和精神财富的总和；狭义的——文化专指社会意识形态，以及相应的制度和组织机构，就是专指精神财富。

对文化有了初步认识之后，就需要了解什么是青铜，什么是青铜器，以及对中国青铜时代的划分。

所谓青铜，主要是铜、锡、铅等元素的合金。从它们所占构成的成分看，大致上百分之八十五左右的是铜，百分之十五左右是锡、铅等。青铜呈青灰色或灰黄色，硬度大、耐磨、抗腐蚀。

青铜器即指用青铜制成的一切物品。青铜的发现和利用是人类进入文明社会的标志之一，凝集了当时人类社会发展进步的一切优秀成果。青铜器是人类创造的成果，它既是物质财富，也体现了精神文化，因此，青铜器本身就是一种文化存在。

在人类历史上，世界几个主要的文明古国先后经过了石器时代、青铜时代和铁器时代，随后即进入近现代时代。青铜时代，这时人类已经能用青铜制成一切相关物品。在青铜时代，青铜器的铸造和使用在当时社会生产和生活中处于十分突出的地位。青铜器的发展水平反映了一个国家的经济发达程度，是衡量一个国家生产力发展水平的重要标志。

迄今为止，世界上最早的铜器发现于西亚地区。如伊拉克的札威·彻米发现的装饰品，年代为公元前10000年—前9000年，在伊朗西部的阿里·喀什发现的装饰品，时代约为公元前9000年或公元前7000年，土耳其东南部的恰约尼遗址出土的铜针，时代约为公元前8000年，这些都是天然铜的打制品，在土耳其的安纳托利亚高原的遗址中出土了公元前6000年的铸造铜器，从公元前4000年后期开始，美索不达亚出土了公元前6000年的铸造铜器，从公元前4000年后期开始，美索不达亚南部出现青铜工具和武器，进入了青铜时代。在北非的埃及，从公元前4500年开始出现铜器，公元前3100年进入青铜时代。

从考古发现看，中国历史上的青铜时代，即夏（公元前2070—前1600年）商（公元前1600—前1046年）周（公元前1046—前256年）三代，已经把青铜器制造运用于政治、经济、军事以及社会生活的一切领域，使社会面貌发生了质的变化。夏商周时期即具有技术先进，规模宏大的采矿、冶炼、铸造业，迄今发现的夏商周时代青铜器数以万计，其中有不少是举世无双的艺术珍品，是中华民族的祖先留给后人的珍贵财富。

中国的青铜时代时间持续了1500年以上，已故美籍华人，著名考古学家，美国科学院及美国文理科学院院士张光直教授曾指出："在世界上就已发现的青铜器来看，已经出土的中国青铜器的数量，是世界出土青铜器数量的总和，已经出土的中国青铜器的种类，是世界出土青铜器种类的总和。”中国自汉代以来大量出土的青铜器皿，造型之生动，铸造工艺之精美，至今深受世界人民之称羡！

简单地说：中国青铜文化就是中华民族古代先民的创造力、价值观、思维方式、心理活动、审美意识等的集中体现，中国青铜文化是所有参与社会活动的中国先民共同创造、共同维持、共同遵循、共同发展的群体文化现象。

大冶石龙头旧石器时代遗址简介

黄石市博物馆

大冶章山公社石龙头旧石器时代遗址，是我国原始公社早期人类活动的一个重要地点，这一发现把大冶地区人类活动的历史，追溯到了二三十万年以前的远古时代。

1971 年冬季，大冶县民工在大冶湖排涝总站建设工地——章山公社石龙头开山取石，发现了一个山洞，洞里填满含有动物骨头化石的红土堆积，立刻引起了县委领导和有关部门的重视，参加大冶湖建设的民兵同志日夜守卫，经中国科学院、湖北省博物馆科学文物工作者发掘、清理，发现了远古人类的劳动工具——旧石器，还发现了剑齿象、大熊猫、犀牛、鬣(音列)狗、虎、野牛、豪猪、野猪等十余种动物化石。根据石器和化石的初步观察，这个遗址的时代离现在大约二三十万年了。因此早在远古时代，我们的祖先，就生活在大冶一带，用石头打制的简单工具进行劳动，向自然界进行艰苦的斗争。

这是湖北省古人类遗迹的一个重要发现，对今后在湖北东部以至长江中下游地区寻找早期人类化石提供了新线索，也为本区第四地质及地质地貌发育史的研究提供了一个时代对比的新资料。

石龙头遗址位于东经 115 度、北纬 30 度附近。西北距武汉市 100 公里、距离黄石约 20 公里。西距大冶县城约 30 公里。东北距长江 4 公里。

长江自武汉到九江，大体由西北向东南方向曲折流注。大江两旁丘陵起伏，湖泊星罗棋布。大冶湖为一东西向断陷盆地。长约 50 公里，宽约 8 公里。长江与大冶湖之间为一东西向狭长低山，主要由晚古代的石灰岩及煤系地层组成。西段名黄荆山，东段名章山，石龙头就是章山东南端的一个小山嘴，呈半岛状伸入大冶湖汊之中。

本区石灰岩总厚度在千米以上，出露面积相当广泛。由于石灰岩常常与砂岩互层或石灰岩本身含白云质、硅质，泥质较多，岩溶地貌不很发达，堆在黄荆山斜向轴部一带，由厚层三迭纪石灰岩组成，地质较纯，产状平缓，岩溶相当发达，形成了大型竖井、溶洞、伏流等。黄荆山周围有许多伏流出口形成大泉和飞瀑，甚为壮观。

在章山、黄荆山一带，石灰溶洞比较发育，自顶到湖面附近广泛分布，并有分带现象，最高者相对高程在百米左右，其次 60—80 米，10—40 米，湖面附近为一系列涌泉。洞穴以沿节理面及沿层面发育的中小型者为多数，堆积为红色、黄色砂质土、灰岩角砾、钟乳石等为主，在一些洞穴堆积中含更新世中晚期的大熊猫、剑齿象动物群化石。

大冶石龙头的石制品就其技术水平或文化发展阶段而论，与北京人相当或稍晚，但仍属旧石器时代初期。这一结论同时得到地层、古生物方面的支持。

我国旧石器时代初期的遗址过去多发现于北方，但材料较多而同时发现人类化石或哺乳动物化石者还是不多，至于南方各省过去只在贵州黔今观音洞发现有大量石制品和哺乳动物化石，据初步观察，观音洞的堆积物的时代属于中更新世，其石制品则属于旧石器时代初期。观音洞如何与石龙洞对比，还有待于观音洞材料的研究结果。无论如何，大冶石龙头的发现，使我们对南方旧石器时代初期的文化增加了新的知识，为了解和研究远古人类的生产和生活状况提供了重要的资料。这些资料对研究第四纪地质和地层，对研究哺乳动物的发展变化都是有益的。

湖北长阳发现过著名的长阳人化石，人们对更新世晚期湖北古代人类的情况开始了了解。大冶的发现把人们的视线移到更为古老的时期。现在我们接触到湖北境内旧石器时代初期的工具，仅仅是开始，进一步的调查和发掘，寻找更多的古代人类化石和他们的文化遗物，从而阐明原始人类的历史发展过程，是很有必要而且也是很有希望实现的。

（原载大冶县文化教育局编:《大冶县文化志》，1983 年 8 月。）

大冶五里界古城简介

龚长根

大冶地区先秦时期文化遗存非常丰富，除了矿冶文化遗存，古城遗址更是特别集中。根据科学考古调查资料证实，在大冶地区分别遗存有春秋、战国、汉代三座不同时期的古城遗址，而这三座古城的时代又与大冶地区铜矿采冶业的鼎盛时期相对应，这就是位于大冶大箕铺镇五里界村石家大庄屋自然村的五里界古城、金牛镇高河管理区胡彦贵自然村的鄂王城、金湖街道办事处田垄村的草王嘴古城(图一)。

五里界古城(图二)历经近三千年的风雨沧桑，再加上人类生产活动的影响，原始地貌发生了很大的变化。但是，古城垣、城垣缺口及城外城壕仍然清晰可见。2003年6月4日至8月18日、2004年2月14日至4月10日，湖北省考古研究所为配合“大沙铁路(九江沙河街至大冶)”工程建设，先后对这处古城遗址进行了两次大规模的科学考古发掘。

古城北临大冶湖，其宽广的水域直接与长江相连；北部有大冶有色公司叶花乡铜矿，东部有东角山铜矿。五里界古城中心地理坐标为北纬30°01′39″，东经115°01′40″。城垣呈南北向长方形，以中轴线为准测量的数据为，城址南北长405米(南、北城垣基外边)，东西宽308米(东、西城垣基外边)，周长1426米，城址面积124740平方米，方向358°。

古城依地势就地取土夯筑而成，四周城垣与城外地表高低落差较大，南城垣的东端比城外地表高18米，南城垣西端因为建在岗地上，故仅比城外地表高出2米；东城垣高出城外地表4—7.5米；北城垣高出城外地表4.5—6米；西城垣高出城外地表5—7米。东城垣北端与西城垣南端缺口在土层之上未发现城垣夯土层，并且堆积有几个不同时期的文化层，这两处遗址应为城门遗迹。

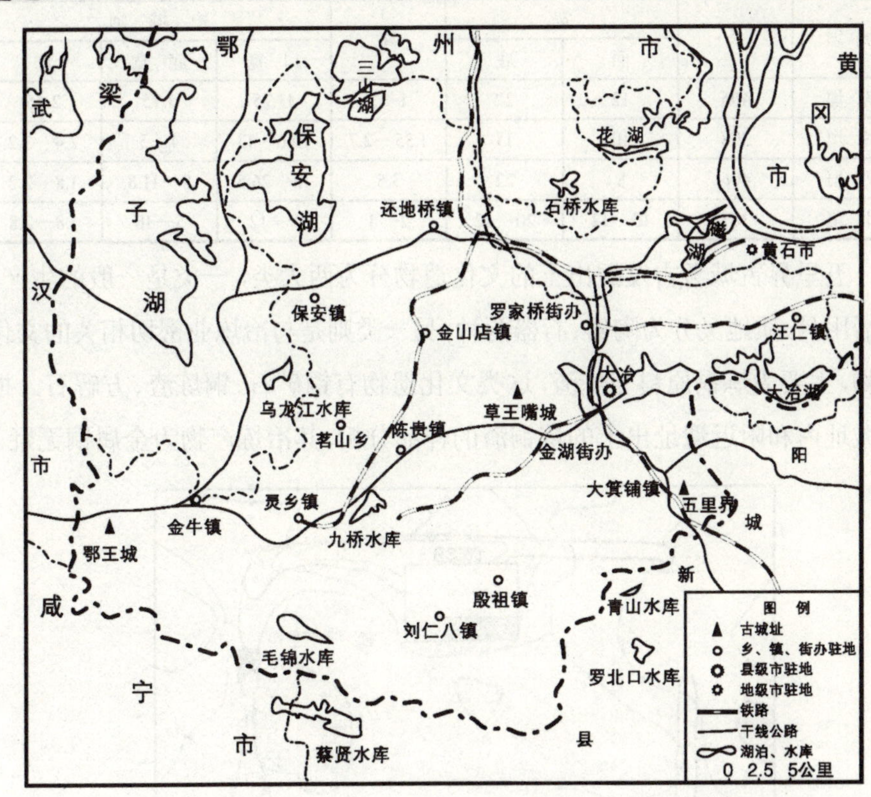

图一　五里界古城、鄂王城、草王嘴古城遗址位置图

古城垣外挖有城壕。四周城壕与城垣距离不等，宽窄不一，深浅不同。东城垣外城壕口宽 11.75 米、底宽 3.75 米、深 2.45 米。南城垣外城壕口宽 10.6—13 米、底宽 4—5 米、深 2.4—3.2 米。西城垣外城壕开口宽 12—26.5 米、底宽 8—11.8 米、深约 1.8—2.2 米。北城垣外城壕口宽 8—12 米、底宽 5—10 米、深 1.8—2.8 米(表一)。根据勘探资料分析，城壕深浅不一，宽窄不等，基本是依据地形随形就势挖成，之前并未进行专门的设计或规划。城壕有三处与自然湖港水道相通，这除了有利排水外，可能更有利于交通运输。从城壕的遗存情况看，城壕排水运输功能应该大于护城的作用。

表一:五里界古城城垣、城壕勘探数据表

（单位:米）

城垣	长	宽		高	护城河		
		面	底		口宽	底宽	深
东垣	405	12	22	1—3	11.75	3.75	2.45
南垣	308	10	15	1.35—2.7	10.6—13	4—5	2.4—3.2
西垣	406	8	22	3.5	12—26.5	8—11.8	1.8—2.2
北垣	307	10—12	20—12	2—3	8—12	5—10	1.8—2.8

五里界古城考古发掘出土的文化遗物分为两大类，一类是一般的生产、生活用具，质地又分为陶器、石器两种；另一类则是与冶炼业密切相关的文化遗物，主要为炼铜原料与炼渣，这类文化遗物有铜矿石、铜炼渣、方解石。根据城址内和附近遗址出土的炼铜渣的样品分析，其冶炼产物为金属铜无疑。

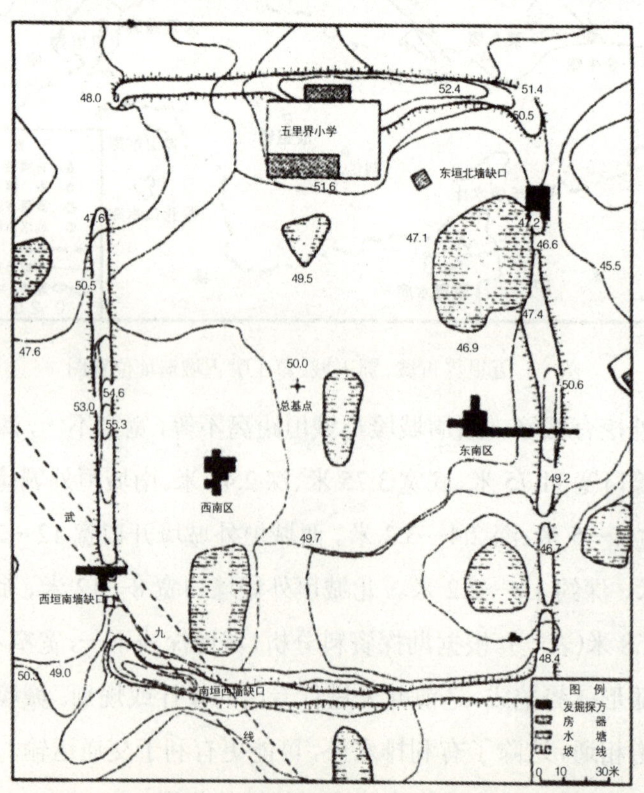

图二　五里界古城遗址平面图

生活用具主要为陶质，器形有鬲、鼎、甗、豆、罐、盆、盂、钵等。这其中鬲、罐、豆的出土数量最多。陶质以夹砂陶为主，泥质陶较少。夹砂陶中绝大多数为红褐陶和黄褐陶。泥质陶中，红褐陶、褐陶、灰陶较多。硬陶数量约占十分之一。纹饰主要有条纹、绳纹、篮纹、弦纹、附加堆纹。其中鬲足外侧多有纵向刻槽。

生产类石器工具有石斧、石锛、石凿、石圆饼，石质多为青灰色砂岩或黄色灰岩。制作方法为打制、琢制、磨制相结合。陶器类工具有纺轮和锚坠。

城址内春秋时期文化层还出土了数十块铜矿石、方解石和较多炼铜渣。铜矿石的形状多呈不规则的菱形片状、颗粒状、砣状等，体积都比较小，大小为长 7.5 厘米、宽 7.5 厘米、厚 4 厘米左右。出土的六块方解石形状为不规则长方体、六棱圭形、圆柱体和椭圆体，体积都比较小，一般在 2—6 厘米之间。在铜矿还原冶炼过程中，方解石是必需的配渣原料。炼铜渣形状多呈片状，表面可见流动的皱褶和气孔，厚度 1—5 厘米左右。

五里界古城出土的文化遗物从考古学文化讲，它与赣北、皖西南地区商周时期的考古学文化更相似。“五里界古城出土的遗物依据堆积单位所在的地层关系分为二期四段，第 1 段为一期，2、3、4 段为二期。”“特别是和一些典型遗址如大冶的铜绿山、阳新的大路铺、和尚垴、江西铜岭、安徽金牛洞等遗址出土陶器的对比，发现五里界古城出土的陶器与上述遗址出土的春秋时期的陶器在制法、陶质陶色、纹饰与器形上极为相似，它们同属一个文化圈，同属一个考古学文化。故此，我们把五里界古城的时代确定为春秋时期。其中第一期的器类既有西周晚期的特征，又具有春秋早期的特征，是西周晚期向春秋早期过渡阶段的形态，因此第一期的年代约相当于两周之际。第二期的器类具有明显的鄂东南地区春秋时期的特征，年代约相当于春秋中期，其中第 2 段年代约相当于春秋中期偏早，第 4 段相对年代约在春秋中期偏晚。也就是说五里界古城(城垣)建筑在两周之际，春秋中期偏晚废弃。”

（原载龚长根、胡新生著：《大冶之火——铜绿山古铜矿遗址》，湖北人民出版社，2008 年 10 月。）

大冶鄂王城简介

龚长根

鄂王城是大冶地区非常重要的古城遗址之一,2001 年,国务院已将这座东周时期的古城遗址公布为第五批全国重点文物保护单位。这说明鄂王城有重要的历史与学术研究价值。

1982 年 9 月至 1983 年 5 月、2004 年 5 月,考古工作者先后对鄂王城进行了多次考古调查,并测绘了城址地形图(如图)。鄂王城地处大冶市西南边陲,东北距铜绿山古铜矿约 36 公里,东距五里界春秋城址 42.5 公里,南与咸宁、西与武汉江夏区、北与鄂州相邻。地理坐标为北纬 29°59′23.4″,东经 114°33′14.5″。据光绪十九年撰《武昌县志》载:鄂王城属武昌县马迹乡。1958 年以后划归大冶管辖。

该城依岗地地形而建,呈东高西低坡状。城内地面比城址周围地面高出 5—10 米。城址平面呈不规则多边形,其东西长 187—225 米、南北宽 125—225 米,城垣周长 762 米,占地面积为 53972 平方米。现存城垣基脚宽约为 20 米,残存最高处 3.5 米左右。据初步考察,城门遗迹现存两处,一处位于东城垣偏北,相传称之为大东门,现存缺口宽 15 米,其城垣断面宽 7.4 米、底宽 27 米、高 4.7 米,出门左侧城垣略向外凸出。另一处位于北城垣中部,称之为北门,其缺口宽 12 米,出城右侧城垣略向外凸出。城址四周有明显的护城河遗迹。护城河遗迹为低于两岸的洼地,洼地多为连续相接的紧临城垣的水塘。北垣外护城河西高东低,口宽约 42 米;东垣外护城河口宽约 50 米;南垣和东垣外护城河距城垣约 80 米。整个护城河的水在东南与高河港相连,然后再注入梁子湖,贯通长江。

鄂王城内出土的文化遗物比较丰富，主要有陶器、铁器、铜器、金币等。

陶器。有鬲、豆、罐、瓮等。鬲足有柱状平跟足、矮尖锥足，前者为褐红色夹粗砂陶，形体粗壮，饰绳纹；后者为夹细砂陶，素面，形体较小。豆，均为豆盘残片，可分为两种，一种为泥质灰褐陶，薄胎，浅盘；另一种为泥质红陶，外饰黑衣，浅盘。陶罐，出土于城外西边，泥质灰陶，陶质较硬，饰拍印小方格纹，敞口，平沿，鼓腹，平底。小口瓮，泥质灰陶，直口，平沿外折，方唇，短颈，斜肩，鼓腹，这些器物均为日常之用炊具或盛具。

建筑遗物。主要为筒瓦、板瓦、瓦当。筒瓦，大致可分为两种，一种为泥质褐陶，瓦舌圆短、瓦面饰绳纹、内有手捏痕迹，厚薄不均，为泥条盘筑；另一种为泥质灰陶，瓦舌较长、稍向上翘、质地较前者硬、瓦面饰绳纹。板瓦，有泥质黄褐陶、泥质灰陶，多饰绳纹、斜方格纹、交错绳纹、米格纹等。瓦当，正面为半圆形，面饰浮雕状卷云纹，瓦身饰绳纹。

青铜兵器。有戈、戟、箭镞、铜弩矢等。戈，前锋稍宽大，援上昂，中脊凸起，长胡带刃，阑侧三穿，直内两面均饰嵌金鸟纹。戟，仅存戈部，未见刺(矛)，援稍昂，长胡二穿，阑侧有一纳柄圆銎，直内上刻有“[illegible]”二字。箭镞，出土数量较多，其锋多呈三棱形，长茎也多呈三棱形。铜弩矢，发现较多，锋均作三棱形，其中一件较完整，长铤呈三角形，圆关大多残断。

关于铜戈直内上的“[illegible]”二字铭文，一些学者进行了考释。有学者将铭文释读为“云土”也有学者考释为“陈往”。

铁器。铁斧，从收藏的两件看，可分为两种，一种为钺形，器身较薄，弧刃，似为兵器；另一种为长方形，器身较厚，方形直銎，銎内遗存朽木，当为工具。镬两件，一件稍长，一件短，均为长方形，上端銎口横长方形，下部至刃渐薄“V”纵剖面，銎内有朽木痕迹。

金币曾先后出土过两次。20 世纪 50 年代初当地农民便在鄂王城发现“瓜子金”即楚国金币，现收藏“陈爰”一枚金质，色泽金黄，一面模印有“陈爰”两个篆体字，重 6.6 克，当为楚国的金币。

在鄂王城2公里周边范围内的西南、西、西北岗地上还有大量的封土堆，初步勘探调查证实，计有117座。它们分别分布在尖角山、下邹山、上邹山、石头嘴等岗陵地带。其中较大的封土堆有十八座，高约2.5—3.5米，直径约为20米。其他封土堆一般为1—2.5米高，直径约为14—18米。经考古工作者科学探测，这些封土堆大部分是长方形土坑竖穴墓。从对其中六座土坑墓的详细钻探结果来看，其墓向方位为南北向，墓口长2.5—3.5米，宽1.9—2.5米，封土堆以下约1.5米即见五花土，墓口向下3米左右为经过夯打的墓底。墓内充填有白膏泥，厚度约为20厘米，亦有填鹅卵石现象，厚度约为10厘米。棺椁保存均差，仅见腐烂痕迹。从这几个墓葬的形制、风格，以及探铲带出的黑衣陶片看，当是战国时期的墓葬，而且还具有浓厚的楚文化特征。十分显然，这些墓葬群与鄂王城有着非同寻常的密切关系。

考古资料表明，鄂王城城垣为先后两次筑成。早期城垣直接构筑在生土之上，系用纯净红色黏土夯筑而成。在这期城垣里，一般未见文化遗物，尤其是各种瓦砾根本见不到，对于这一点不仅在已被挖掉的南城垣里得到了证实，而且在东城垣上中部的近十眼现代苕窖里也得到了印证。在早期城垣上面，还直接叠压着一期稍晚的城垣，晚期城垣是在早期城垣基础是构筑的，因而，可以说这两期城垣的文化是有一定内在联系和继承性的。况且，后期城垣只是对早期城垣的高度和宽度进行了加固性质的修整，因而城垣仍保持了早期城垣的风格和风貌，也就是人们今天所见到的鄂王城。

在两期城垣之间，叠压着一层板瓦、筒瓦及其他陶器碎块，厚约20—30厘米，在城垣断面上看呈“八”字形，十分均匀地分布在四周城垣的断面上。晚期城垣的土色比早期城垣的土色要浅，土质黏性也差些；并包含各种陶片、瓦砾。十分显然，城垣里面一层规整的陶片，是在修筑后期城垣时人为铺垫的一层。据此可以推断，早期城垣的时代应与后期城垣所包含及叠压的文化遗物同属一个时期。这是因为，后期城垣里所包含的大量陶片绝非是同期的遗弃，它只能是与早期城坦同时期的城内建筑和其他生活遗弃，这样，后人才可能将这些陶片筑进后期城垣里。那么，这些与早期城垣同期文化遗物是什么时代呢?以数量较多的板瓦为例，其制作方法、风格形制、纹饰特征等都与江陵纪南城(楚国都城)西垣北边门第五层出土的板瓦比较接近。而纪南城西垣北边门第五层年代“相当于春秋晚期到战国早期”。城垣剖面出土的圜底壶，唇外折、颈较高、鼓腹、圜底、腹饰绳纹，这也是春秋战国之际楚人常见器物之一。从城垣平面结构来看，鄂王城城东北角、西北角、西南角均呈切角形，这种风格的构筑方法与江陵纪南城十分相似，而楚都“现存规模宏大的纪南城城垣形成于春秋晚期至战国早期”。综上所述，大冶西畈故城的形成年代当比纪南城稍晚，即战国早中期。

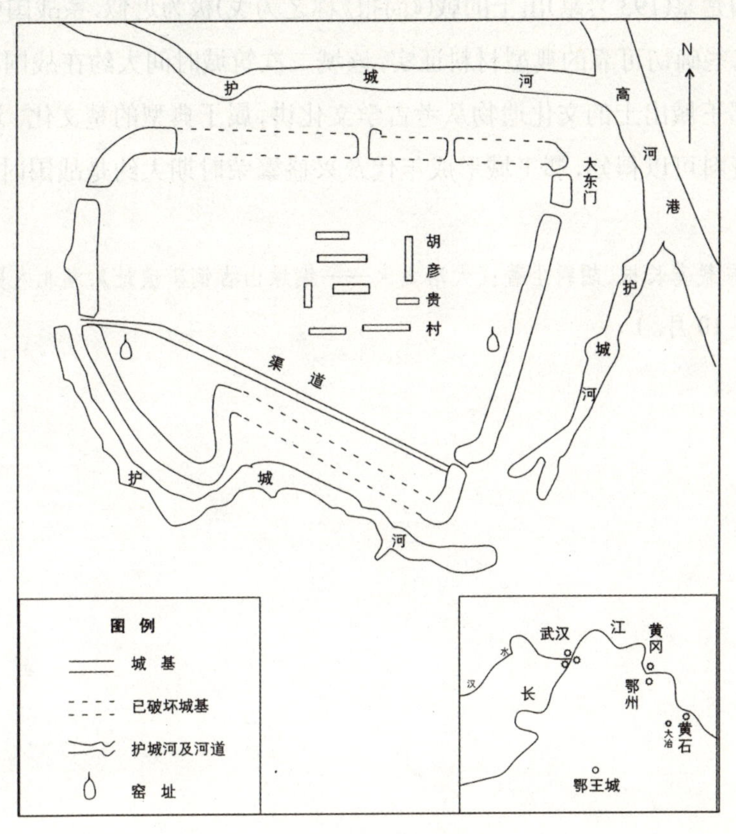

鄂王城遗址平面图

鄂王城二次筑城时代，当与城址内现存主要文化遗物时代相当，这是因为城内的主要文化遗物是伴随着该城的没落而遗留下来的。从城内废墟出土的各类残瓦来看，要比城垣内出土的瓦火候要高些，其瓦面的绳纹纹饰也要清晰、深峻些，尽管这二者之间的制作方法、形制以及风格颇为近似，但城垣内的文化遗物要早于城址内的遗物还是十分明显的。从城址内出土的半圆瓦当来推断，其二次筑城的时代约在战国中晚期，因为这种浮雕式卷云纹半圆瓦当发展的趋势是，战国晚期“普遍向卷云纹发展，或带有卷云纹的因素”，况且汉代的瓦当与之差别也十分明显。又如，城址内出土的兵器的时代也与城内文化遗物时代相近。青铜戟(仅存戈部)其形制与风格与湖南资兴旧市战国楚墓(193 号墓)出土的戟(《简报》称之为戈)极为近似，系战国中晚期遗物。这些确切可靠的典型材料证实，该城二次筑城时间大约在战国中晚期。

鄂王城出土的文化遗物从考古学文化讲，属于典型的楚文化。通过这些考古资料可以得知，鄂王城形成年代及兴盛繁荣时期大约是战国时期。

（原载龚长根、胡新生著:《大冶之火——铜绿山古铜矿遗址》，湖北人民出版社，2008 年 10 月。）

大冶草王嘴古城简介

龚长根

草王嘴古城(如图)东距大冶市区约6.5公里，东南距铜绿山古铜矿遗址约2.7公里。地理坐标为北纬30°05′41.9″，东经114°53′52.7″。

古城东南为陆路，与东南部的大箕铺、南部的殷祖丘陵地带相连，西南、西、北、东面均临大冶湖(现为水田)，湖水经沣源口注入长江。城址东面2—3公里处从北到南分别有鸡冠嘴、柯锡太、大青山、铜绿山、小青山、石头嘴等众多古铜矿遗址。

古城建在岗地上，城垣外现为低洼农田，落差6—13米。十多年前，大冶湖水曾淹没古城周边低洼农田，直至城边。城内高程从南到北分别为南24米、西18米、北27米。当年的古城基本是三面环水，一面为陆路。鸟瞰其形，草王嘴古城犹如系在大冶湖岸边的一条方舟。

城址平面呈不规则长方形。南北长约280米，东西宽228米，城垣周长990米，面积约55000平方米。东城垣长约300米，残高3—5米，现存垣面宽(弧形坡)30米，北端内弧，中部缺口南北宽约18米，垣截面上宽13米，高3米，灰褐色土夯筑。南城垣长约220米，上宽13—19米，底宽24—26米，残高5—6米。西城垣长约260米，上宽11米，底宽约30米，中段缺口南北宽75米。北垣长约210米，上宽11米，底宽30米。

古城东、西城垣中段各有一个缺口，直线相对。西城垣缺口已被填平，其上修建有过水渠道。根据西垣底部剖面土质土色观察，缺口宽度约20米。从地形上观察，城址平面呈西高东低态势，即从西垣缺口至东垣缺口城内平面地势逐渐低矮呈缓坡状。相对应的两个缺口可能为城门。根据城址地形和周边环境分析，西垣缺口可能为陆地城门，东城垣缺口则直通城外水域，可能为水域通行运输专设城门。

草王嘴古城未进行勘探和考古发掘，一般性地面调查没有发现遗迹。但在城外东南角150米处发现了一口陶井圈水井，并采集到陶井圈标本。陶井圈内有凸起的菱形纹，外有直行绳纹，厚约4厘米、直径约75厘米。从纹饰和形制观察，陶井圈的时代可能为西汉。水井所在地现在是一水塘。

考古调查采集到的文化遗物按质料分为陶器和铜器，按功用分为生产工具、建筑材料和生活用具。

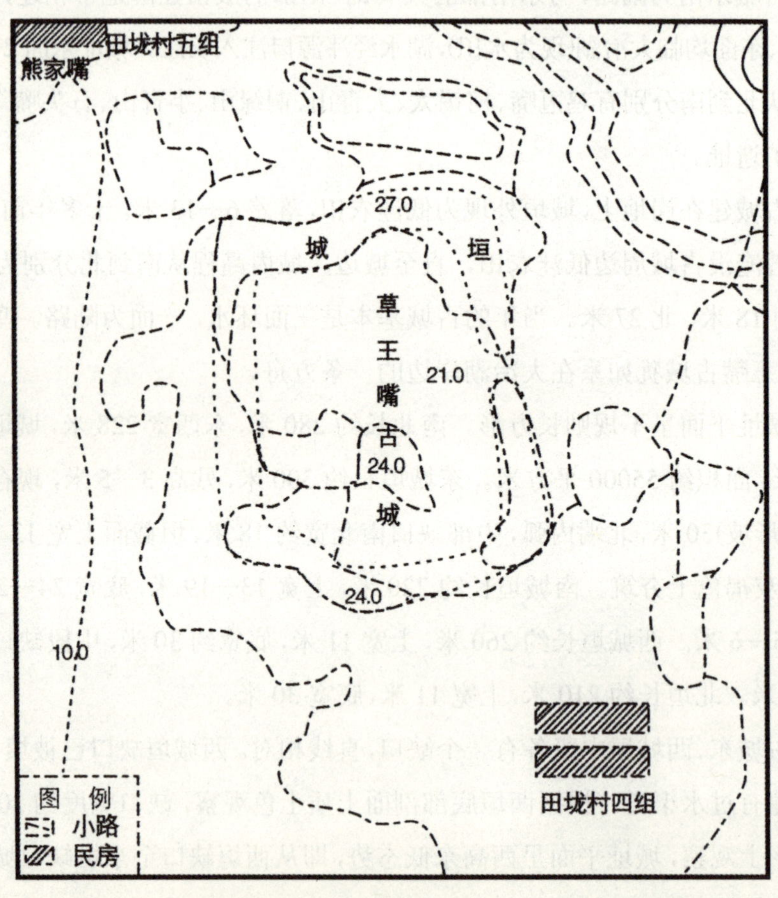

草王嘴古城遗址平面图

生产用具有网坠,质地多为泥质灰陶,制作方法主要为模制,少数为手制。

建筑材料有筒瓦、板瓦和瓦当,质地多为泥质灰陶,制作方法为轮模兼制。瓦当,多饰对称的凸起卷云纹。筒瓦,半筒形,平榫或榫微翘,斜肩,瓦身饰粗斜绳纹或直绳纹。板瓦,长方形,瓦面微呈弧形,饰压印粗绳纹,瓦头饰一至两道凹弦纹。

生活用具有陶器和铜器。

陶器有鬲、罐、豆、鼎、盆、瓮等,其中鬲足外侧有一道刻槽。陶器质地多泥质灰陶,泥质红陶次之;纹饰以绳纹为主,有弦纹和方格纹。

铜器、铜壶一件,青铜。颈、腹、圈足均残损。圆肩,鼓腹。肩部饰铺首,可能衔环。圈足外斜显高,平底。器壁较薄,锈蚀严重。残高 17 厘米、底径 9.6 厘米、最大腹径 15.6 厘米。

古城外东南角是田垄自然村,这里遗存有大量炼铜炉渣堆积,其中多为块、片和砣状。砣状渣一般厚 3.5—4 厘米左右,表面光滑,无孔隙。片状渣厚 1—3.5 厘米左右,表面有流动性皱褶,底面较光滑,少孔隙。

草王嘴古城采集的文化遗物以西汉时期为主,春秋战国时期文化遗物极少。其中只有刻槽鬲足可以早到春秋时期,铜壶为典型的战国晚期遗物。西汉时期文化遗物器类有瓦当、筒瓦、板瓦、盆、罐、瓮、豆、鼎足等。春秋时期的文化遗物主要采集于城垣断面,城内地面极少见到春秋时代的遗物。铜壶采集于城外附近,极有可能是墓葬的出土物,"根据遗物的时代与采集地点分析,可以确定草王嘴古城建筑于西汉初期,使用于西汉早中期。

(原载龚长根、胡新生著:《大冶之火——铜绿山古铜矿遗址》,湖北人民出版社,2008 年 10 月。)

大冶五里界古城、鄂王城、草王嘴古城与古铜矿采冶业关系推测

龚长根

大冶(包括黄石城区)地区范围内目前发现的先秦时期遗址已经超过130余处,发现直接与采矿冶炼相关的遗址也超过130处(包括唐、宋时期和一些时代不确定的冶炼遗址),这两类文化遗存绝大多数属于商周时期遗存。这些文化遗址的分布有一定的规律,它们明显的以若干个群体的形式分布于一定的区域,彼此相邻,群体之间则相距较远。商周时期遗址大多都有炼铜渣,这些遗址一般都紧邻铜矿资源丰富的矿区,有的直接围绕古铜矿分布,这些遗址本身的特点和分布情况表明,大冶地区古文化遗址的特点就是直接服务于这一地区当时的铜矿采冶业。

五里界古城、鄂王城、草王嘴古城是分布于大冶地区不同地点、不同时代的三座古城。通过对这三座古城的考古调查资料的深入研究和对比,可以得知它们之间的相同点和不同点。相同点:其一古城均临湖、河而建,有通畅便利的水路通道。鄂王城北临鄂州梁子湖(1954年,梁子湖水曾涨到鄂王城下),其护城河连通高河与梁子湖相连。草王嘴古城东傍大冶湖;五里界古城东北临近大冶湖。梁子湖、大冶湖分别通过樊口、沣源口与长江相通。其二古城周围均有丰富的铜矿资源和密集的古铜矿采冶遗址,形成以城址为中心的遗址群。不同点:其一古城址时代不同。五里界古城时代为春秋,鄂王城时代为战国,草王嘴古城时代为汉代早期。其二古城所处地理位置不同。鄂王城在大冶市的西南角,处于大冶、武汉江夏区、咸宁、鄂州市的交会地带。草王嘴古城位于大冶市的中心部位。五里界古城位于大冶市东南部,与阳新县相

距不远。

大冶地区三座古城从时代上讲有差异，其考古学文化也有较大的区别，但是这三座古城历史作用应该是一致的。三座古城分别属于春秋、战国、西汉早期，从历史时空上讲它们是连接的。从文化内涵上讲它们是既有区别又有联系。五里界古城址的考古学文化更接近于江西、安徽地区同期文化。鄂王城址考古学文化则是典型的楚文化，其中部分文化遗存又与五里界古城址文化相同。草王嘴古城址考古学文化与鄂王城址文化遗存比较接近，比如建筑材料板瓦、瓦当、筒瓦纹饰风格、制作方法都极其相似，主要是时代差异。

三座古城遗址周边文化遗存十分丰富，同时也反映出与矿冶文化遗存有着密切的关系。五里界古城，周围(主要是今大冶大箕铺镇)共发现二十一处新石器至东周时期遗址，其中两处为单纯的新石器时代聚落遗址。其余十九处遗址中，两处没有发现冶炼遗物，仅有生活用具，应该属于住居遗址；六处遗址只有大量的炼铜渣遗存，没有生活用具；十一处既有生活用具又有炼铜渣遗存；此外，城址内本身也出土了炼铜渣、铜矿石、冶炼的配渣原料等。鄂王城，周围(主要是今大冶金牛镇、高河乡)共发现十九处遗址，三处没有发现冶炼遗物，仅有生活用具，应该属于住居遗址；四处既有生活用具又有炼铜渣遗存；十二处遗址只有大量的炼铜渣遗存，没有生活用具，根据对这些炼渣渣形分析，其冶炼水平大约处于两周时期。草王嘴古城，周围(主要是今大冶金湖街道办事处)共发现十二处遗址，一处没有发现冶炼遗物，仅有生活用具，应该属于住居遗址；十一处既有生活用具又有大量炼铜渣遗存；此外，草王嘴古城址旁边的田垄村亦有大量炼铜渣遗存，此城距铜绿山古铜矿直线距离约 3 公里。

长江中下游流域地区是中国最为重要的铜、铁、金矿成矿带，也是中国先秦时期粗铜的主要产地，处于这一地带的大冶地区铜矿采冶业的兴起和发展也就成为必然。大冶地区铜矿采冶业的兴起应该最迟不晚于商代中后期，这一时期，对于粗铜资源的占有和利用是一个政治集团或国家强盛的标志之一。因此，为了获得这里丰富的铜矿资源，就得加强对这一地区的控制，同时对矿业生产进行有效管理。春秋、战国至汉代早期正是大冶地区铜矿采冶业鼎盛时期，五里界古城、鄂王城、草王嘴古城应该就是这一时期铜矿采冶业管理中心，即负责生产秩序、资源管理、粗铜的调配交换以及运输等项职能。

《管子》是中国古老的先秦名著，是先秦子书中最为重要的几部基本元典之一，所论主要是春秋战国时期政治、军事、经济、文化等方方面面，其中就专门论述了矿藏资源及管理情况，“苟山之见荣者，谨封而为禁。有动封山者，罪死而不赦。有犯令者，左足人，左足断；右足人，右足断。然则其与犯之远矣。”这段论述证实，先秦时期的国家对矿产资源的垄断和控制是非常严格的，民间和个人是不能够随意开采的，否则就会受刑。

《周礼》、《管子》关于矿产管理机构和矿产资源管理办法的论述，均为春秋战国时代，这说明中国古代矿产管理机构和资源管理办法，至迟在春秋时代已经比较规范，以后历代沿用。“我们认为五里界古城、鄂王城、草王嘴古城是历史性关系，是春秋、战国、西汉时期，各政治集团为管理大冶地区铜矿的采冶而修筑的城址。”中国著名考古学家李伯谦先生也认为：“五里界春秋城址以及该报告附录报道的鄂王城战国城址、草王嘴汉代城址均与该地区铜矿的开采冶炼有密切关系，确是管理矿冶生产的机构所在地。这三座古城性质的确定，具有重要意义，因为以往发现的先秦城址，无论规模大小，皆认为与政治或军事有关，即使商业、手工业相当发达，也都是依托政治性质的城市才得以发展起来。而这三座城址则是首次被确认的直接与经济生产有关的城址。这不仅表明春秋战国时期的‘城市革命’应包含有经济的内容，而且对今后拓展先秦城市考古领域、转变研究观念也有积极的启发意义。”文献与考古实物资料证实，至迟从春秋时期开始，大冶地区矿业管理已经进入比较规范时期。

（原载龚长根、胡新生著：《大冶之火——铜绿山古铜矿遗址》，湖北人民出版社，2008年10月。）

大冶市建制沿革初录

方英杰

在元古代中期以前(距今约20亿年前后),大冶地区全部被原始的海洋所覆盖。现今大冶的最高山峰太婆尖(海拔849米)以及连绵起伏的大小山脉,当时都沉睡于汪洋大海之中。

太古代末期(距今约17亿年前后),因地球构造运动强度加大,岩浆不断喷发,地壳发生了强烈的褶皱和隆起,伴随有花岗岩侵入,湖北地区第一次出现了陆地。大冶所处在的鄂东南地区是此次湖北地区的地壳运动基本上分为三大构造单元之一的地槽区。

震旦纪末期(距今约7亿年前后),由于地壳下降,湖北地区又沦为沧海。

到古生代寒武纪早期(距今约6亿年前后)除大洪山一带为古海岛外,湖北其他地区均为浅海陆棚区。

到志留纪中期和末期(距今约4亿年前后)由于鄂西北发生火山爆发,武当山一带上升为陆地,至此,海水退出,湖北境内大都成为陆地。

在泥盆纪时期(距今约3.75亿—距今约3.2亿年)湖北大地上开始生长裸蕨植物,首次披上了绿装。

在二迭纪(距今约2亿多年),地壳又一次升降频繁,湖北境内又出现两次大的海进海退,成为湖北重要的成煤时期。

三迭纪末期(距今约2亿—距今约1.9亿年)的印支运动,使得地壳再次上升,湖北境内又上升为陆地。至此,湖北地区才最终与大海告别,成为真正的内陆地区。

中生代晚期的燕山运动在湖北境内表现为一次规模巨大的造山运动,伴随大规模的岩浆活动，火成岩活动特别强烈，大约在距今 0.8—1.9 亿年前发生了罕有其匹的花岗岩活动，以四川盆地和贵州高原为中心，向东南方和西南方持续增强，而出现了成矿带，大冶就处在铜铁矿密集带中。

随着地球历史的发展，湖北境内经历了多次构造活动，才造成了今日湖北境内主要构造雏形。

距今约 30 万年左右，湖北东南部今大冶一带已有晚期猿人生息其间，考古学家和古人类学家虽说迄今未在此发现猿人牙齿或骨骼化石，却在大冶市湖山乡章山村石龙头发现晚期猿人使用的石器和动物化石。

夏商时，据《禹贡》及《史记》记载，今大冶地属荆州之域。两周之际，今大冶地属古越族中扬越人所建立之东鄂国。春秋中期，今大冶在楚国境内。

秦昭王二十九年(公元前 278 年)秦白起攻楚，取郢为南郡，今大冶在南郡境内。

汉高祖六年(公元前 201 年)，汉分南郡置江夏县，统十四县，有鄂县、下雉县等，今大冶在鄂县境内。

三国时期，后汉章武元年、魏黄初二年(公元 221 年)，吴孙权自公安迁都于鄂，改鄂县为武昌县(今鄂州市)，并分鄂之南置阳新县，与下雉并隶武昌郡，今大冶地域当时在该郡之武昌、阳新两县境内。

魏黄初四年(公元 223 年)孙权将郡冶迁至夏口(汉口)，改武昌郡为江夏郡，今大冶在江夏郡之武昌、阳新两县境内。

西晋太康元年(公元 208 年)又改江夏郡为武昌郡，以武昌、鄂、阳新等七县属之，今大冶地域在武昌、鄂、阳新三县境内。不久武昌与鄂县合并，仍为武昌县，今大冶地域在武昌、阳新两县境内。

宋、齐、梁、陈时，今大冶地域隶属关系未变。

隋开皇九年(公元 589 年)改阳新为富川，不久又改富川为永兴，今大冶地域在武昌、永兴两县境内。

唐代今大冶地域隶属关系仍未变。唐末，南方的九国已经兴起，今大冶地域在吴国境内。唐哀帝天祐二年(公元905年),吴王杨行密在今大冶地域的铜绿山一带建置青山场院(场是采冶机构、院是行政管理机构),大规模采矿冶炼。

五代十国时期(公元907年至960年),今大冶地域先在吴国,后在南唐国境内。

北宋建立之初,南方的南唐国仍在。宋乾德五年(公元967年)李煜为南唐国主时,拆武昌县三乡,与青山场院合并,新设一县,根据《庄子大宗师》“天地为火炉,造化为大冶”之语,取“大兴炉冶”之意,定名为“大冶县”。隶属于鄂州。

宋太平兴国二年(公元九977年)升永兴县为永兴军,第二年又改永兴军为兴国军,大冶县先后隶属于永兴军与兴国军。

元至元十四年(公元1277年),升兴国军为兴国路,隶属于江西行省;元至元三十年(公元1293年)兴国路划归湖广行省。此间,大冶县均属兴国路所辖。

明洪武元年(公元1368年),朱元璋改路为府,兴国路改为兴国府,后来又降兴国府为兴国州。此间,大冶县先后隶属于兴国府和兴国州。

清康熙三年(公元1664年),大冶县直属武昌府。

1911年辛亥革命推翻清王朝创立中华民国以后,废府为道。公元1912年大冶县属湖北省江汉道。后道废,大冶县直隶于省。

1949年5月,大冶县解放。先后属大冶专区、黄冈专区,1959年改属黄石市,1995年撤销大冶县建制,成立大冶市,仍属黄石市管辖。

如何申报世界遗产

——积极推动铜绿山古铜矿遗址申报工作

龚长根

全国重点文物保护单位铜绿山古铜矿遗址申报世界遗产的工作曾经受到社会各界广泛关注，希望能把这处优秀的文化遗产推向世界，铭刻在《世界遗产名录》上。那么，怎样申报世界遗产，是否应该积极、主动推动铜绿山古铜矿遗址的申报工作呢?

首先，要了解相关渠道和程序

向国际社会申报世界遗产是国家行为。总协调机构是联合国教科文组织《保护世界文化和自然遗产公约》缔约国(至 1999 年底共 158 个)推举出的世界遗产委员会(有 21 个国家代表)，联合国教科文组织下设的世界遗产中心兼任秘书处，处理日常事务。

世界遗产委员会是政府间机构。为确保世界遗产工作的科学性和公正性，其相关事项要建立在独立的国际专业咨询机构——“国际古迹遗址理事会”、“保护世界遗产自然资源联盟”和“国际文物修复研究中心”研讨、论证的基础上议决。其中，审定新的世界遗产，主要经前两个非政府间机构进行专业考察和综合论证。文化遗产的考察论证一般由“国际古迹遗址理事会”进行，自然遗产由“保护世界自然资源联盟”负责，双重遗产则由两个专业机构联合进行。

各个缔约国的世界遗产工作由各国的联合国教科文组织全国委员会(在我国，其日常办事机构——秘书处设在教育部)对外联络协调，我国申报世界文化遗产工作的业务主管部门是国家文物局。向国际社会报送世界遗产申报项目，要经主管部门报请国务院批准。

《保护世界文化和自然遗产公约》的运作方针规定，缔约各国应将本国今后5—10年拟申世界遗产的单位列入《世界遗产预备清单》。通报世界遗产中心备案。然后，每年的7月1日前，按照统一规定的严格格式和内容将本国自认为条件已经完全成熟的预备项目正式申报文本(包括文字、图纸、幻灯、照片、录像或光盘等)送达世界遗产中心，世界遗产中心将把有关材料转达国家专业咨询机构，由相关的专业机构从当年年底至下一年的3、4月份进行考察和论证，并向世界遗产委员会提交评估报告。世界遗产委员会于每年的6月底至7月初召开一次主席团(7个成员国)会议，初步审议与世界遗产工作有关的事项，包括新的(上一年)世界遗产申报项目，提出建议，再于每年的11月底至12月初召开主席团特别会议，补充审议第一次主席团会议未尽事宜，然后将包括审定新的世界遗产申报项目在内的相关大事提交紧随此次主席团会后召开的世界遗产委员会全会通过。

至此，一轮申报工作完成。也就是说，申报一项新的世界遗产，至少需要两年。

第二，申报世界遗产，要有正确、清醒的认识

曾经有人问："申报世界遗产，有什么好处?"这里的好处当然是指经济援助一类的直接利益。应当明确地说，这样的好处基本上是没有，且不说联合国教科文组织自己的日子是如何的入不敷出，即便寄希望于国际社会的其他方面，同各项事业一样，这也是不切实际的。一个民族、一个国家要想办好自己的事情，不以自己的力量为主，那只能是幻想。

但从另一个角度讲，申报世界遗产的意义又是无限的，一些经济、文化比较发达的国家把文化遗产保护工作列在环境保护系列，他们认为人类生存不仅要有纯净的自然环境，还应有隽永、深厚的人文环境。保护世界遗产，无疑是在为保护人类生存的基本环境作最光辉的贡献。申报世界遗产进一步激发了人们的爱国主义情感,也增进人们对促进全球文明进步的责任感。

当然,世界遗产工作对于社会经济、文化发展的实际促进作用也是有目共睹的。遗产价值被充分认识,环境大大改善,知名度空前提高,旅游业及其他相关事业必然得到极大的实惠。比如,承德避暑山庄及周围寺庙在申报世界遗产成功的第二年,游客人数就增加了10%。五夷山在申报过程中完成了较好的环境整治工作,海内外游客在惊叹之余,纷纷相约邀集亲友再来。平遥古城1997年底被列入《世界遗产名录》,其后,旅游年收入从申办前的18万元跃升至100余万元。江苏周庄刚刚传出以江南水乡古镇特色申报世界遗产的消息,周围大小城市的游客已纷至沓来,人满为患。但这些毕竟还只是申报世界遗产工作的一部分作用。特别从文物保护角度来看,如何从不同遗产的实际容量出发,合理地开展旅游,确保不因过度、超负荷的开发利用而损害遗产,确保对遗产的永续利用,确保社会各项事业的可持续发展,这是更需要时时关注的方向性问题。

另外,成功申报世界遗产对加强同国际社会的有效、密切合作的作用也是不可低估的。这种合作首先不应着眼于金钱。人才的培训,观念、理论的探讨,经验、教训的交流,技术、设备的互补,以及国际相互的支持与合作往往比金钱更重要。

第三,应当强调,申报世界遗产必需成为政府行为,成为全社会的举措,单靠某一个业务主管部门是断然难以实现的

作为世界遗产的候选单位,它首先是一处具有一定规模和范围的不可移动的文化遗产和景区,同时,除遗产本身的价值外,遗产还须拥有一个适宜的环境。这就牵涉到社会的方方面面,比如交通、厂矿、居民等等。而由于历史的原因,我们今天的政府在做出申报世界遗产的决定之时,大都面临历史留下的不如人意的管理现状。人们曾经痛心地把一些申报工作的要旨归结为一个字即“拆”!拆去那些与遗产不相协调、甚至危及遗产安全和完整性的近代建筑,拆去那些没有美感、违背科学的规划管理原则的一切附加物。由此可以看出，国际间的合作规则和运作程序决定了它必须是政府和全社会的一项行动。也应当看到，申报世界遗产的过程也是全社会提高文明水准的过程，是社会进步、完善的过程。

在已经完成和正在进行的世界遗产申报项目中，无不伴随着全社会多层面的宣传和动员，其教育作用，精神文明建设作用以及对环境的改善作用，是极其特殊的，影响深远。同时，为整治环境所付出的眼前物质代价也是巨大的。比如，重庆大足在申报过程中，拆迁面积达 3.4 万平方米，新绿化面积 10.5 万平方米。武夷山为环境整治工作花费近亿元。申报世界文化遗产的洛阳龙门石窟(2000 年已申报成功)，一期投入已 6200 万元，二期投入 5100 万元。完成这些壮举，没有政府的综合领导与组织，没有全社会的积极参与，是不可想象的。

第四，要认清和把握申报工作基本的具体的要素

一是要按照既定的程序，按时完成预备清单、正式申报、整治环境、迎接和配合国际专家考察、配合做好国际机构所要求的必要的补充工作、参加相关的国际会议及应答必要的质询等项工作。

二是要切实对照符合相关的遗产标准。这是硬指标。如果这方面差距过大，那将是任何工作包括公关工作都无法弥补的。关于遗产的定义和具体标准，《保护世界文化和自然遗产公约》及其实施方针是这样规定的：

文化遗产的定义有三条：

1. 文物：从历史、艺术和科学角度来看，具有突出价值的建筑物、雕刻和绘画、具有考古意义的部件和结构、铭文、洞穴、住区及文物组合体。

2. 建筑群：从历史、艺术和科学角度来看，在建筑形式、统一性及其与环境景观结合方面，具有突出的普遍价值的单独或相互联系的建筑群体。

3. 遗址：从历史、美学、人种学或人类学的角度来看，具有突出的普遍价值的人造工程或自然与人类结合工程以及考古遗址的地区。

三是要痛下决心将环境整治到国际公认的优良水平。一处遗产如果没有适当的历史自然环境，其景观乃至自身的安全都会受到损害，这是不言而喻的。国际社会评定世界遗产对这方面的要求是严格的，毫不含糊。对我国而言大家都能体会到环境整治的现实需要与沉重负担之间的矛盾。

四是要完备一套能体现被申报遗产所在地人民和政府保护热情的法规、设施和措施。特别是制定专项保护法规规划，设立专业管理机构、配备专业工作人员，保障必须的经费、划定保护范围和建设控制地带。这些具体工作，缺一不可。

第五，铜绿山古铜矿遗址申报概况

1994年国家文物局将铜绿山古铜矿遗址列入申报《世界遗产预备清单》，并通报世界遗产中心备案。1998年9月6日，国际古迹理事会世界遗产项目协调员亨利·克利尔博士夫妇、罗马文物修复研究中心协调员尤嘎·昭克赖特夫妇专程来黄石市就世界遗产申报与管理工作进行考察和提供咨询意见。亨利博士说："作为研究古代金属的专家，参观了中国三千年前冶炼金属的古矿冶遗址，我感到非常荣幸，同时产生了一种无比的优越感。我要向发掘和保护这个重要遗址的人们表示祝贺。铜绿山遗址列为世界文化遗产是大有希望的。现在需要在文物展示方面作很大努力，更要注重遗址周边环境的改善和道路建设。我真诚地希望等我们下次再来这里时，能见到《世界文化遗产名录》的牌子出现在这个遗址博物馆门前。"国家文物局文物保护处处长郭旃认为，国际文物保护组织的专家能来铜绿山古矿冶遗址进行考察，说明这个遗产项目已经得到有关方面的重视。一个城市如果有了世界文化遗产项目，可以扩大该城市在国际上的影响，其潜在价值是不可估量的。他还强调，除了文物本身价值这一前提，很重要的是周边环境治理问题，这一问题必须引起当地政府的高度重视，在正式申报前妥善地将各方面工作做好。

第六，应该积极推进遗址的申报工作

全国重点文物保护单位铜绿山古铜矿遗址申报世界遗产的工作，已经越来越被人们所淡忘，但是它的历史价值、学术和科研价值是完全够资格铭刻在《世界文化遗产名录》上的。

中国的青铜时代也是中国古代文明的象征，中华民族的进步、发展与繁荣皆源于此。使用青铜是世界共同创造的文明，但把青铜作为一种文化融入一个民族悠久的文明历史中，这是中华民族所独有的，事实上它包含了隽永、丰富的文化内涵，它也是当时政治、经济、文化、宗教等方面的集中体现。铜绿山古铜矿遗址，铭刻的正是青铜时代鼎盛和繁荣的足迹。

铜绿山古铜矿遗址是建国以来重大考古发现之一，1982 年被国务院公布为第二批全国重点文物保护单位；1994 年国家文物局将其列入《世界文化遗产》预备清单；2001 年被评为中国 20 世纪 100 项考古大发现。

1994 年 3 月 20 日，国家文物局根据《世界遗产名录》标准第三条、第四条、第五条之标准，正式以中华人民共和国名义向联合国教科文组织提出申请，将铜绿山古铜矿遗址列入《世界文化遗产》预备清单。在申报文本中，国家文物局将铜绿山古铜矿遗址与其他类似遗产作了这样的比较：

"铜绿山古铜矿遗址发现后，在中国的内蒙古、湖南、江西、安徽等地也陆续发现了一批同时期的古铜矿遗址，但就其开采规模、实物资料的丰富和完整，以及保存的完好程度，都不及铜绿山古铜矿遗址。铜绿山古铜矿是中国目前(1994 年)唯一列为全国重点文物保护单位的一处古铜矿遗址。

与列入《世界文化遗产名录》的同类型遗址比较，挪威的勒罗斯(采矿重镇)，铜的提炼和铸造始于 1644 年，比铜绿山晚两千余年，现在地面上尚可见到 18、19 和 20 世纪比较典型的房屋建筑。

另一处列为《世界文化遗产名录》的是波兰的维耶利奇卡盐矿，该矿始采于 13 世纪，开采的对象与铜绿山不同。它的纪念价值主要是'水晶体岩洞'，洞内众多的由盐凝结后形成的大型晶体盐标本而显得珍贵。此处还发现有第三纪中新世时期的动植物化石和保存完一的能体现矿藏地壳构造形成的地质剖面。"

这是国家文物局第一次主动将一处文化遗址列入世界遗产预备清单，这在我国遗产申报工作中是极其少见的。

世界文化遗产是一种超越时空、超越国界、超越文化种属而被公认的、人类共同的文化遗产，它所产生的影响是巨大的，包括在政治、经济、文化等方面，因而世界各国对遗产的申报非常重视。

世界遗产对于一个城市来说，肯定是一个亮点，而更重要的是一个巨大的、新的经济增长点。这也是为什么现在许多地方那么热衷于申报世界遗产的因由之一。

河南安阳市略大于黄石，经济发展也略高于黄石，安阳最为著名的文化遗产就是小屯村殷墟遗址即商代后期都城遗址，最为著名的甲骨文就出自这里。从前，安阳市政建设并不十分突出，年游客量不过数10万人，2005年安阳殷墟成功申报世界文化遗产，城市建设有了质的飞跃，达到了很高的水平，2006年10月前到安阳旅游观光、商务投资等各类人员超过200万。“申遗”工作是一个比较复杂的系统工程，其难点在于遗产周边的环境整治和遗址本身的规划建设。这就是既要拆去那些必须拆去的东西，还要适当投入资金进行规划建设。“申遗”过程是促进城市发展的过程。“申遗”工作必然会动员全社会各个层面全方位地宣传黄石地区悠久的文明与历史、自然风光和风景名胜，一方面可以提高城市的文明水平，更重要的是从一个全新的角度即文化的层面提高黄石在国际上的知名度；“申遗”过程也是促进城市市容建设过程，利用这个机遇大力进行市容整顿和建设，使黄石的城市建设来一个质的飞跃；“申遗”过程也是促进城市招商引资发展的过程，利用这个机遇大力进行招商引资工作，以促进黄石地区招商引资工作的进一步发展。

铜绿山古铜矿遗址“申遗”工作，方方面面都十分关注，但详情均不清楚。其实，黄石的“申遗”工作从未正式启动过。

1998年、2001年，有关单位曾先后向政府有关主管部门写出书面“申遗”工作报告，但均无下文。但是，应该指出的是，这些年来，大冶市人民政府根据黄石市政府的意见，对铜绿山古铜矿遗址的“申遗”作了许多扎实的基础性工作，如投入大量资金聘请武汉大学规划设计院初步制订了“铜绿山古铜矿遗址建设发展规划”，遗憾的是这项工作没有继续进行。

“申遗”工作应该尽快启动。据了解，安徽铜陵正在抓紧机会筹备“申遗”工作，为此，专门投资修建了通往凤凰山遗址的“顺风公路”，同时每年还邀请国外知名青铜文化研究专家在铜陵召开青铜文化研讨会，每年出版一本《青铜文化研究》专集。如果铜陵的“申遗”工作走在前面，黄石将十分被动。

2001 年，国家文物局文物保护司明确表示，希望以黄石铜绿山古铜矿遗址为主联合江西铜岭古铜矿遗址、安徽铜陵凤凰山古铜矿遗址实行捆绑式申报，并希望黄石率先动起来。

要提高对文化遗产的认识。需要指出的是，文化遗产是人类的共同财富，仅以地域来分你我，实在是封建小农思想作祟，过去，所谓黄石、大冶之分更是迂腐至极。我们的目的只有一个，就是把我们祖先创造的青铜文明发扬光大，能够让世界了解铜绿山古铜矿遗址。

“申遗”必需是政府行为，向国际社会申报世界遗产是国家行为。只要敢于启动“申遗”工作就不会是失败者。一旦启动申报程序就会是全省的大事，国家同意了，就是国家的大事，那时将会举全省之力、全国之力来促进这项事业的成功，安阳遗址的申报成功就是先例。

铜绿山古铜矿遗址现在出现了一些不尽人意的地方，但是，只要采取有效措施，这处遗址的保护工作仍然可以做好。2006 年，铜绿山古铜矿遗址世界遗产预备清单资格被江西铜岭古铜矿遗址所取代，但这并不意味着铜绿山古铜矿遗址不可以申报世界遗产，相反，说明国家非常希望我国的古铜矿遗址能够成功申报世界遗产，更何况铜绿山古铜矿遗址的科学性、系统性、完整性以及知名度不是哪一个遗址可以替代的。1994 年，国家文物局在将铜绿山古铜矿遗址列入世界遗产预备清单时认为：“铜绿山古铜矿遗址发现后，在中国的内蒙古、湖南、江西、安徽等地也陆续发现了一批同时期的古铜矿遗址，但就其开采规模、实物资料的丰富和完整，以及保存的完好程度，都不及铜绿山古铜矿遗址。”现在需要做的是，一、作好遗址的保护和规划；二、与江西铜岭、安徽铜陵古铜矿遗址主管部门加强沟通联系，联手申报。

往者不可谏，来者犹可追。我们祖先用血与汗创造的无与伦比的辉煌极大促进了中华文明的进步与繁荣，如果我们不能够将这种青铜文明的辉煌和繁荣的足迹告诉世界，并使之成为世界遗产，我们将愧对祖先，愧对他们的创造。

（原载龚长根、胡新生著：《大冶之火——铜绿山古铜矿遗址》，湖北人民出版社，2008年10月。）

后 记

《中国青铜古都——大冶》一书问世，正值中国黄石首届国际矿冶文化旅游节暨“中国青铜文化——大冶论坛(2010)”开幕。

“天下一洪炉，举世无双冶”的大冶，历来以矿冶之名著称于世。特别是1973年10月铜绿山古铜矿遗址的发现和发掘，经中国科学院院士、著名考古学家、新中国考古工作的主要指导和组织者、中国现代考古学奠基人之一的夏鼐先生，于1980年6月2日在美国纽约大都会博物馆召开的中国古代青铜器学术讨论会上宣读了“铜绿山古铜矿的发掘”的论文后，它犹如一声惊雷，震动了世界！铜绿山古铜矿遗址是迄今为止我国发现的采矿冶炼技术水平高，规模大，保存完整，采冶时间长的一处古铜矿遗址。该遗址的发现和发掘，为回答我国古老的青铜时代铜原料来源问题，首次提供了可靠的依据。它使流传至今、代表中国青铜时代文明的青铜制品得到正本清源。中国青铜时代创造了举世闻名的青铜文化。铜绿山古铜矿遗址的问世表明；中国青铜文化完全是本土发育和发展的，大冶是中国青铜文化的重要发祥地之一。它粉碎了“中国青铜文化外来论”，而且为我们研究“中国青铜之源”、“中国青铜之路”、“中国青铜之光”打开了通道。

铜绿山古铜矿遗址所蕴含的丰富的历史文化信息，精湛绝伦的采冶技艺，延绵一千多年的采冶历史，规模大、保存完整的宏伟场面，在人们心目中奠定了中国冶金史及青铜文化史卓尔不群的显赫地位，引起了联合国世界遗产委员会及中国政府和有关部门的高度重视。吸引了众多国内外专家学者探赜索隐，阐发宏论。也引来了许多作家、文学和文艺工作者以极富功底的文字和翔实周密的文物信息给读者以宽广的感悟空间。他们表达了自己的观点，撰写出了让我们爱不释手的好文章。其中，既有文博界、史学界专家的研究力作，又有近年来学者们新的探析研究成果；既有中国学者的长篇宏论，又有美国、欧美专家的独到点评见解；既有铜绿山古铜矿遗址及大冶历史源流的宏观阐发、讴歌绝唱；又有对某些细节的微观考察、真情呼唤；既有各方较为一致的看法和结论，又有各家共同的意见和争鸣。可以说，书中所收内容证明，铜绿山古铜矿遗址及大冶历史的研究已经取得了丰硕的成果。当然，仍有一些问题需要继续探讨。

为了汇集前期的研究成果，特结集编成这本《中国青铜古都——大冶》一书。

几十年来，有关铜绿山古铜矿遗址及大冶历史的研究相继发表的有关论文、专书达数百篇（部），各类简介、相关报道更难以数计。限于篇幅，对一些该收而未收入的论著只得割爱，也限于篇幅与条件，一些插图未能收入。另外，因阅读有限，难免遗珠之憾，只好暂付阙如。

中国社会科学院研究员、考古学家殷玮璋先生是最早参与发掘和研究铜绿山古铜矿遗址的专家之一，这一次应邀又欣然命笔，为本书写序，支持本书的出版。

中共大冶市委书记、市人大常委会主任傅继成，大冶市人民政府市长荣绪俭对本书的编辑和出版非常重视，市政府拨出专款，支持本书的问世。傅继成同志并为本书题写了书名。

在收集资料的过程中，得到了黄石市博物馆、大冶市博物馆、黄石市博物馆原馆长周保权先生等许多单位和作者的大力帮助。

在本书的整理过程中，得到了文物出版社的同志们临卷指点，在繁忙的工作之际，他们对书稿句读斟酌逐字核对，态度之认真令人感佩。

对于这些支持和帮助，在此谨致敬意与感谢。

付印在即，由于多种原因，难于与一些作者和资料提供者取得联系，希望这些作者和资料提供者或亲友在见到本书时，请与我们联系。同时也在此致以由衷的谢意！

铜绿山古铜矿遗址是大冶先民们留给我们的一份珍贵的历史文化遗产，面对这份遗产，我们有责任要保护好、建设好。

自2009年9月以来，中共大冶市委、大冶市政府开创性地聘请北京清华城市规划设计研究院的专家前来大冶以申报世界文化遗产的各项要求规划铜绿山古铜矿遗址的保护建设方案。2010年3月29日，概算总投资2.57亿元的保护铜绿山古铜矿遗址的基础性工程正式动工。

本书的出版，铜绿山古铜矿遗址基础性工程的正式启动及该遗址保护建设规划方案的编制完成和中国黄石首届国际矿冶文化旅游节的举办，堪称黄石地区的开山之作。

谨以此书献给为创造中国青铜文明而付出辛勤汗水的大冶古代先民；献给37年前为发现和发掘铜绿山古铜矿遗址而做出贡献的专家和学者们；献给关心和支持铜绿山古铜矿遗址研究的各级领导和各界友人；献给为编制中国一流水平的铜绿山古铜矿遗址的保护和建设规划并为此规划的实施而做出里程碑式贡献的各位专家各级领导和工程技术人员！

编委会

2010年7月8日